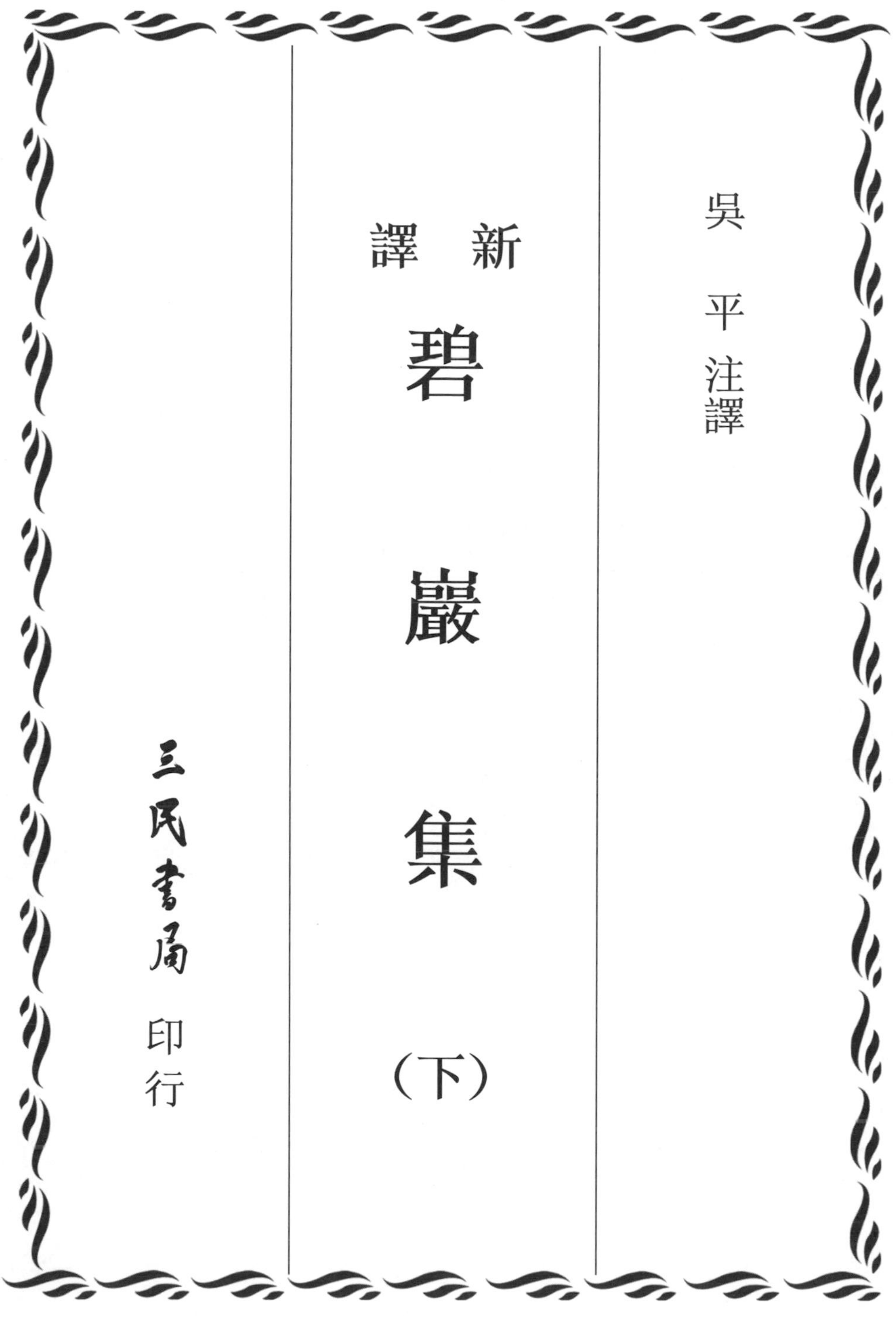

吳平注譯

新譯碧巖集（下）

三民書局印行

國家圖書館出版品預行編目資料

新譯碧巖集／吳平注譯.－－初版二刷.－－臺北
市：三民，2019
冊；　公分.－－(古籍今注新譯叢書)

ISBN 978-957-14-3832-0　(全套：平裝)
1.禪宗－語錄

226.65　　93008723

© 新譯碧巖集（下）

注譯者	吳　平
發行人	劉振強
著作財產權人	三民書局股份有限公司
發行所	三民書局股份有限公司 地址　臺北市復興北路386號 電話　(02)25006600 郵撥帳號　0009998-5
門市部	(復北店) 臺北市復興北路386號 (重南店) 臺北市重慶南路一段61號
出版日期	初版一刷　2005年1月 初版二刷　2019年7月
編　號	S 032310

上、下冊不分售
行政院新聞局登記證局版臺業字第〇二〇〇號

ISBN　978-957-14-3832-0　(下冊：平裝)

http://www.sanmin.com.tw　三民網路書店
※本書如有缺頁、破損或裝訂錯誤，請寄回本公司更換。

新譯碧巖集 目次

下冊

第五一則　雪峰甚處

【題　解】這則公案通過雪峰義存向兩位僧人問「是什麼」的話語，表現了悟道者的禪機運用自在，而平庸的僧人卻無法窺知。

示眾

纔有是非，紛然失心；不落階梯❶，又摸索不著。且道，放行則是，把住則是？這裡若有一絲毫解路❷，猶滯言詮❸；尚拘機境，盡是依草附木❹、竹木精靈。直饒便到獨脫❺處，未免萬里望鄉關❻。還搆得麼？若也未然，且只理會現成公案，試請舉看。

【注　釋】❶不落階梯　意謂禪法直指人心，當下即悟，其間沒有等級階位。❷解路　產生知見情解的途徑，通常的思維、解析過程。❸言詮　用語言文字來表達義旨。❹依草附木　古人以為神鬼能依附在草木等物體上顯靈作怪，謂之「依草附木」。禪家使用此語，多喻指不能領悟禪義，只是一味地模仿他人語句，作為自己的見解。❺獨脫　獨立、超脫，無所依賴。是禪悟者的機用。❻萬里望鄉關　萬里之外，遙望家鄉。比喻離開禪法甚遠。鄉關，家鄉。

【語　譯】圜悟克勤開示：如果一個人只要還有是非得失的計較，那麼他就會陷入紛然錯雜的情境之中，從而迷失本心。就參禪悟道來講，它並不立等級階位，也無從摸索。你來說說看，是應該採用放行的方法呢，還是應該採用把住的方法呢？到了這個地步，你如果還存有一絲一毫的知見，那就會停留在言句的解釋上；拘泥於一機一境，通通都是依附草木的鬼神，都是依附竹木的精靈。即使進入了所謂獨自解脫的境界，未免離禪法還相差十萬八千里，就像萬里之外的遊子遠望家鄉一樣。你還能領會嗎？如果不能領會，那就請你領會現成的公案，我試舉一則公案給你們看看。

舉

雪峰住庵時，有兩僧來禮拜。（作什麼，一狀領過❶。）

峰見來，以手托❷庵門，放身出云：「是什麼？」（鬼眼睛，無孔笛子❸，擎頭帶角❹。）

僧亦云：「是什麼？」（泥彈子❺，氈拍板❻，箭鋒相拄。）

峰低頭歸庵。（爛泥裡有刺❼，如龍無足、似虎有角，就中❽難措置❾。）

僧後到巖頭，頭問：「什麼處來？」（也須是同道者方知，也須是作家始得。這老漢往往納敗闕，若不是同參，幾乎放過。）

僧云：「嶺南❿來。」（傳箇什麼消息來⓫？也須是通箇消息，還見雪峰麼？）

頭云：「曾到雪峰麼？」（勘破了也，又不可道不到。）

僧云：「曾到。」（實頭人難得，打作兩橛。）

頭云：「有何言句？」僧舉前話。（便與麼去也⓬！）

頭云：「他道什麼？」（好劈⑬口便打，失卻鼻孔了也⑭。）

僧云：「他無語，低頭歸庵。」（又納敗闕⑮！你且道，他是什麼？）

頭云：「噫⑯！當初悔不向他道末後句⑰，（洪波浩渺，白浪滔天⑱。）若向伊道，天下人不奈雪老何！」（癩兒牽伴⑲，不必白浪滔天，須彌也粉碎。且道，圈繢在什麼處？）

僧至夏末，再舉前話請益。（已是不惺惺。正賊去多時⑳，又賊過後張弓，便打。）

頭云：「何不早問？」（也好便打，猶自不知過也。）

僧云：「未敢容易㉑。」（者棒也是者漢喫。回頭㉒穿卻鼻孔！停囚長智㉓，已是兩重公案。）

頭云：「雪峰雖與我同條生㉔，不與我同條死㉕；（謾天謾地。）要識末後句，只這是！」（賺殺一船人，我也不信，洎乎分疏不下。）

【注釋】❶一狀領過　指這兩位僧人動本位的罪狀，已經結案了。❷托　推開之意。❸無孔笛子　無孔的笛子不能吹出曲調，喻指深密幽玄、不可表述的禪機。❹擎頭帶角　謂雪峰義存的機用難以近旁。擎，舉起；向上托。❺泥彈子　意謂原來不是金玉。❻氈拍板　一種不能發出聲音的東西。❼爛泥裡有刺　謂雪峰義存無語歸庵的動作有機鋒。❽就中　其中。❾措

置　處置；安排。⑩嶺南　指五嶺以南的地區，即廣東、廣西一帶。這裡似指福建。⑪傳箇什麼消息來　意謂來的地方人傑地靈，一定會帶好消息來。⑫便與麼去也　嗟歎這位僧人只會隨著巖頭全豁的言語轉，沒有自己的主見。⑬劈　正對著；衝著。⑭失卻鼻孔了也　謂巖頭全豁失去了禪機。⑮又納敗闕　謂這位僧人還是不知道雪峰義存的用意。⑯噫　歎詞。表示悲痛或歎息。⑰末後句　述佛道極妙境地的語句。謂到達徹底大悟的極處所說的至極語，更無其他語句能超越者。⑱洪波浩渺二句　喻指巖頭全豁的活機用。⑲癲兒牽伴　意謂巖頭全豁與雪峰義存是知音。⑳正賊去多時　意謂巖頭全豁的機鋒早就無蹤跡可尋了。㉑容易　輕率；草率；輕易。㉒回頭　回頭之間，喻時間短促。猶言一會兒。㉓停囚長智　借停頓的機會思考對付的辦法，此語多使用於機語交鋒之中。禪家推崇敏於接機，要求擺脫情念意想，「停囚長智」自然要受到批評，因此帶有貶義色彩。㉔雪峰雖與我同條生　意指巖頭全豁與雪峰義存同參學於德山宣鑒門下。㉕不與我同條死　意指對「末後句」透悟的不同。

【語　譯】舉說公案：當雪峰義存還在住草庵的時候，有兩位僧人前來禮拜。（做什麼，一張狀子把這二人記錄在案。）雪峰義存看見他們來了，用手推開庵門，伸出身子問：「是什麼？」（鬼花樣，沒有洞孔的笛子，抬頭帶角。）僧人也問：「是什麼？」（泥彈子，氈拍板，禪機如同箭鋒，互相契中。）雪峰義存低著頭走回庵裡。（爛泥之中有刺，如龍無腳，似虎有角，其中的禪機難以對付。）

兩位僧人後來到巖頭全豁處參禪。巖頭全豁問：「你們從什麼地方來？」（也應該是同道才能相知，也應該是機用傑出的行家高手才行。這老漢往往受挫折，巖頭全豁如果與雪峰義存不是同參的話，幾乎要放過這勘驗的禪機。）僧人回答說：「我們從嶺南來。」（帶一個什麼消息來？也應該通一個消息，還見過雪峰義存嗎？）巖頭全豁問：「你們到過雪峰嗎？」（看破了，又不可說沒到過雪峰。）僧人回答說：「我們到過雪峰。」（實心眼的人很難得到禪法，把他們打成兩段。）巖頭全豁問：「雪峰義存說了些什麼？」兩位僧人把前面的話一五一十說了一遍。（就這樣過去了。）巖頭全豁問：「他還說了些什麼？」（僧人一開口說話的時候就應該對著他的嘴巴打過去，巖頭全豁放過他們了。）僧人回答說：「雪峰義存一言不發，低著頭走回庵裡。」（又受挫折。你來說說看，他是什麼人？）巖頭全豁說：「唉！我真後悔當初沒有告訴他末後句，（波濤滾滾，一望無邊。）我如果對他說了，那麼當今天下的人對雪峰義存真是無可奈何。」（無獺小兒牽著知心的伴侶，不要說白浪滔天，就是須彌山也會擊得粉碎。你來說說看，巖頭全豁的用意在什麼地方？）

夏安居快要結束的時候，兩位僧人再舉前面的話頭向巖頭全豁請教。（真是不聰明。盜賊跑得不見蹤跡了，才來架設弓箭，該打。）巖頭全豁問：「你們怎麼不早一點提出來問？」（正好挨打，他們還是不知道自己錯在哪裡。）僧人回答說：「不敢隨隨便便地問。」（這根棒也應該打這傢伙。很快就穿住了鼻孔，不得超脫自在。這個問題悶了一個夏天才提出來，已經是兩重公案。）巖頭全豁說：「雪峰義存雖然和我同時生在一根枝條上，但不和我同時死在一根枝條上。（巖頭全豁的機用蓋天蓋地。）你如果要知道末後句，這個就是。」（折騰了一船的人，我也不相信，幾乎分辨不出高下。）

評唱

大凡扶豎宗教，須是辨箇當機❶，知進退是非、明煞❷活擒縱。若或❸眼目迷梨麻囉❹，到處逢問便問、逢答便答，殊不知鼻孔在別人手裡。只如雪峰、巖頭同參德山，此僧參見雪峰，見解只及恁麼處，及乎見巖頭，亦不成得一邊事。虛煩二老宿❺，一問一答、一擒一縱，直至如今，天下人成譊訛節角，分疏不下。且道，節角譊訛，在什麼處？

雪峰雖遍歷諸方，末後於鰲山店，巖頭因而激❻之，方得勦絕❼大徹。

巖頭後值沙汰，於湖邊作渡子❽。接人話，兩岸頭各掛一板子，有人過渡打板一下。頭云：「阿誰？」或云：「要過那邊去。」頭序舞棹❾迎之。一日有婆子❿，抱孩兒來，乃問：「呈撓⓫舞棹即不問，且道，婆手中兒甚處得來？」頭便打。婆云：「婆生七子，六箇不遇知音，只這一箇也不消得。」便拋向水中。

雪峰歸嶺南住院。這僧亦是久參底人，雪峰見來，以手托庵門，放身出云：「是什麼？」僧亦云：「是什麼？」如今有底，恁麼問著，便去他語下咬嚼。這僧亦怪也，只對他道：「是什麼？」峰低頭歸庵，往往喚作無語會去也。這僧便摸索不著。有底道：「雪峰被這僧一問，直得無語，便歸庵。」殊不知，雪峰意有毒害處⓬。雪峰雖然一期⓭得便宜，爭奈藏身露影！

【注釋】❶當機　契合禪機、根機。❷煞　同「殺」。❸若或　假如；如果。❹迷梨麻囉　謂眼光迷亂。❺老宿　稱釋道當中年老而有德行者。❻激　激發；激勵。❼勦絕　殺滅；滅絕。這裡指打破疑情。❽渡子　擺渡的船夫。❾棹　船槳。❿婆子　年老的婦女。⓫撓　船槳。⓬雪峰意有毒害處　意謂本分作略，觸著就要喪失生命。⓭一期　一時。

【語譯】圜悟克勤評唱：大抵說來，要扶持禪宗法門，必須懂得隨機說法，知道進退是非，明白殺活擒縱。如果眼睛迷迷糊糊，到處亂問亂答，逢人問也跟著問，逢人答也跟著人答，竟然不知道你的鼻孔掌握在別人手中。就像雪峰義存和巖頭全豁曾經一起在德山宣鑒門下參禪，這兩位僧人去參訪雪峰義存，見解只到這樣的地步，等到參見巖頭全豁，也沒有成就得了什麼事，還得麻煩雪峰義存、巖頭全豁兩位老禪師一問一答，一擒一縱，直到現在天下的人仍然弄不清這則公案窮微至幽的地方在哪裡。你來說說看，這則公案窮微至幽的地方到底在哪裡？

雪峰義存雖然走遍各地的禪林，最後還是在鰲山的客店裡，被巖頭全豁乘機用話激活，才得以去除妄念，終於大徹大悟。

巖頭全豁後來遇上會昌法難，只得在湖邊作船夫，靠擺渡為生。為了得到人們要擺渡的消息，他在湖的兩岸都掛了一塊板子，如果有人需要擺渡，就敲一下板。巖頭全豁聽見聲音就問：「是誰？」敲板的人回答說：「要到那邊去。」於是巖頭全豁揮動船槳，划著船兒來迎接擺渡客。一天，有一位老太婆抱著一個小孩來到岸邊，說：「不要問了，快把船搖過來。你來說說看，我手上抱的小孩是從什麼地方得來的？」巖頭全豁動手就打那老太婆。老太婆說：「我生了七個小孩，有六個都沒遇上知音，只有這一個了，說不定也遇不上。」於是就把小孩丟進湖水之中。

雪峰義存則回到嶺南，住庵修行。這位僧人也是長期參禪的人，雪峰義存看見他來了，便用手推開庵門，伸出身子，問：「是什麼？」這位僧人也跟著問：「是什麼？」現在往往有人被這樣問著了，就去他的言句之下反覆玩味。這位僧人的表現也很奇怪，只對他說：「是什麼？」雪峰義存低著頭走回庵裡，往往有人把他的行為當作是「無語」來解釋。這位僧人就摸不著頭腦。有的人說：「雪峰義存被這位僧人一問，弄得回答不出來，只得走回庵裡。」他們竟然不知道雪峰義存的這一手法是很毒辣的。雪峰義存雖然一時占了上風，無奈的是，藏住了身子，卻露出了身影。

這僧後辭雪峰，峰修書❶馳❷此公案，令巖頭判❸。既到彼，頭問：「什麼處來？」僧云：「嶺南來。」「曾到雪峰麼？」若要見，只此一句，也好急著眼看。僧云：「曾到。」頭云：「有何言句？」此語亦不空過，這僧不曉❹，只管隨他取問❺。巖頭云：「他道什麼？」僧云：「他低頭無語歸庵。」這僧殊不知，巖頭著草鞋在他肚皮裡，走幾匝了也❻。巖頭云：「噫！我當初悔不向他道末後句。若向他道末後句，天下人不奈雪老何。」巖頭也是扶強不扶弱❼，這僧依前黑漫漫❽地，不分緇素，懷一抱❾疑道：「雪峰不會。」至夏末，再舉前話，請益巖頭。頭云：「何不早問？」這老漢，計較生也。僧云：「未敢容易。」頭云：「雪峰雖與我同條生，不與我同條死；要識末後句，只這是。」巖頭太煞不惜眉毛，諸人畢竟作麼生會？

雪峰在德山會下作飯頭❿。一日齋晚⓫，德山托鉢⓬，下至法堂，峰云：「鐘未鳴、鼓未響，這老漢托鉢，向什麼處去？」山無語，低頭歸方丈。雪峰舉似巖頭，頭云：「大小⓭德山，不會末後句。」山聞，令侍者喚至方丈，問云：「汝不肯⓮老僧那⓯？」頭密啟⓰其語。山至來日上堂，與尋常不同。頭於僧堂前，撫掌大笑云：「且喜老漢會末後句。他後天下人不奈他何！雖然如是，只得三年。」

此公案中，如雪峰見德山無語，將謂得便宜，殊不知著賊了也⓱。蓋為他親著此機，後來亦解作賊⓲。所以古人道：「末後一句，始到牢關⓳。」有者道：「巖頭勝雪峰」，即錯會了也。巖頭常用此機示眾云：「明眼漢沒窠臼，卻物⓴為上、逐物㉑為下。」這末後句，設使親見祖師來，也理會不得。古云：「只許老胡知，不許老胡會㉒。」自古及今，公案千差萬別，如荊棘林相似。你若透得去，天下人不奈何，三世諸佛亦不奈你何。巖頭道：「雪峰雖與我同條生，不與我同條死。」只這一句，自有出身之處。

【注　釋】❶修書　寫信。❷馳　傳揚；傳播。❸判　裁定；評判。❹曉　明白；了解。❺只管隨他取問　謂隨著巖頭全豁的問話轉，卻不知道巖頭全豁的玄旨。取問，猶詢問。❻巖頭著草鞋在他肚皮裡二句　意謂巖頭全豁進入這僧的肚子裡，看穿了他的心肝五臟。匝，周；圈。❼扶強不扶弱　謂扶持雪峰義存而不開導這僧。❽黑漫漫　原指水流廣遠，一片漆黑之意。禪林轉指不明是非、善惡的無知狀態。❾一抱　猶言滿胸；滿肚子。抱，人體胸腹間的部位。❿飯頭　寺院中管伙食的和尚。⓫齋晚　指晚飯。⓬托缽　佛教戒律規定僧人到齋堂用膳或向施主家乞求佈施，都要手托缽盂。⓭大小　同「大小大」。偌大；這麼大；那麼大。後多跟著名人物名號。⓮不肯　不承認；不首肯。⓯那　語助詞。表疑問。⓰密啟　秘密啟奏、啟稟。⓱殊不知著賊了也　雪峰義存不知道自己屋裡的財寶被德山宣鑒奪去了。著賊，家中財物被盜。⓲後來亦解作賊　指雪峰義存奪去這兩位僧人的財物。⓳末後一句二句　謂到達徹底大悟之極處所說的至極語，更無其他語句能超越者。末後一句，是述佛道極妙境地的語句。牢關，堅牢的關門。即不能以思量分別通過到達的向上境地。⓴卻物　對禪道佛法不暫住，更不受一法。㉑逐物　追逐萬物而住著。㉒只許老胡知二句　只許真智契當，不許解會。

【語　譯】這兩位僧人後來向雪峰義存告辭，雪峰義存寫了一封信給巖頭全豁，請他判定這則公案。兩位僧人來到巖頭全豁那裡，巖頭全豁問：「你從什麼地方來？」僧人回答說：「從嶺南來。」巖頭全豁問：「你到過雪峰嗎？」你如果想看出巖頭全豁的用意，只須對這一問句，趕快睜開眼睛仔細看。僧人回答說：「我到過雪峰。」巖頭全豁問：「雪峰義存有些什麼言句？」他這句問話並不是一句空話，這兩位僧人不懂，只會隨著他的問話轉。巖頭全豁問：「雪峰義存說了些什麼？」僧人回答說：「雪峰義存一言不發，低著頭走回庵裡。」這兩位僧人竟然不知道巖頭全豁穿著草鞋在他們肚皮裡走了好幾圈了。巖頭全豁說：「唉！我真後悔當初沒告訴他末後句，我如果對他說了，那麼當今天下的人對雪峰義存真是無可奈何。」巖頭全豁這樣講，可以說是扶強不扶弱，這兩位僧人仍舊是眼前一片漆黑，分不清黑白，滿肚子懷疑，說：「雪峰義存不懂禪法。」夏安居快要結束的時候，這兩位僧人再舉前面的話頭向巖頭全豁請教。巖頭全豁問：「你們怎麼不早一點提出來問？」這老漢生出計較來了。僧人回答說：「不敢隨隨便便地問。」巖頭全豁說：「雪峰義存雖然和我同時生在一根枝條上，但不和我同時死在一根枝條上；你如果要知道末後句，這個就是。」巖頭全豁使用言語傳授禪法，絲毫也不隱瞞，一切都為你們說出來了，即使眉毛全部掉光也在所不惜。你們到底要怎樣說才能明白呢？

雪峰義存曾在德山宣鑒門下做飯頭。有一天吃晚飯的時候，德山宣鑒手托缽盂走進法堂，雪峰義存說：「既沒有敲鐘，也沒有擊鼓，這老漢手托缽盂，要到什麼地方去？」德山宣鑒不回答他的問話，只是低著頭走回方丈室。雪峰義存把這件事告訴巖頭全豁，巖頭全豁說：「如此著名的德山宣鑒都不懂末後句。」德山宣鑒聽說後，便叫侍者把巖頭全豁叫到方丈室，問他：「你不認可老僧嗎？」巖頭全豁悄悄地對他說了一些話。第二天，德山宣鑒上堂說法，果然和平常不一樣，巖頭全豁便在僧堂前拍手大笑說：「真開心啊！德山老漢終於懂得末後句了。以後天下的人對他無可奈何。儘管這樣，也只能再活三年。」

在這則公案中，雪峰義存看見德山宣鑒不開口回答，以為得到了便宜，竟然不知道自己的珍寶被德山宣鑒偷去了。因為他親自嘗過德山宣鑒機鋒的味道，所以後來也用同樣的手法來接引學人。因此從前的禪師說：「末後一句，始到牢關。」有的人說：「巖頭全豁戰勝了雪峰義存。」那真是一種錯誤的理解。巖頭全豁常用這種禪機開示僧眾說：「法眼明亮的人不落窠臼，不執著外物為上，追逐外物為下。」這末後句，即使你親自見到了祖師，也不可能理解。從前的禪師說：「只許老胡自證自悟，不許老胡作解會。」自古以來的公案千差萬別，就像荊棘林一樣。你如果能參透得過去，天下的人都對你無可奈何，三世諸佛也對你無可奈何。巖頭全豁說：「雪峰義存雖然和我同時生在一根枝條上，但不和我同時死在一根枝條上。」就這一句話，自然就有轉身的出路。

頌

末後句，（已在言前，將謂真箇，覷著則瞎。）
為君說，（舌頭落地，說不著。有頭無尾、有尾無頭。）
明暗雙雙底時節。（葛藤老漢，如牛無角，似虎有角❶，彼此且恁麼。）
同條生也共相知，（是何種族❷？彼此勿干涉❸，君向瀟湘我向秦❹。）
不同條死還殊絕❺，（拄杖子在我手裡❻，爭怪得山僧？你鼻孔為什麼卻在我手裡？）
還殊絕，（要棒喫，有什麼摸索處？）
黃頭碧眼須甄別❼。（盡大地人，亡鋒結舌❽，只許老胡知，不許老胡會。我也不恁麼，他也不恁麼。）
南北東西歸去來，（收。腳跟下猶帶五色線在❾，乞❿你一條拄杖子。）
夜深同看千巖雪⓫。（猶較半月程⓬，從他大地雪漫漫⓭，填溝塞壑無人會，也只是箇瞎漢，還識末後句麼？便打。）

【注釋】❶如牛無角二句　牛無角則不是牛，虎有角則不是虎。意謂總是很難描述。❷種族　人種。❸干涉　關涉；關係。❹君向瀟湘我向秦　意謂有見佛光悟道者，有夢中悟道者，所得途徑不一樣，其目標是一致的。此述相共知的境界。❺殊絕差別；差異。❻拄杖子在我手裡　圜悟克勤自謂受用自在，豈用他人所得。❼黃頭碧眼須甄別　意謂即使對釋迦牟尼、達摩也應該甄明辨別才行。黃頭，指釋迦牟尼，因全身金色，故稱。碧眼，指達摩，因其眼睛碧綠色，故稱。甄別，鑑別；區別。❽亡鋒結舌　指絕言絕說的境界。❾腳跟下猶帶五色線在　喻指雪竇重顯還未剿絕妄念。五色線，合青、黃、赤、白、黑五色細絲為一條的線縷。❿乞　給；給與。⓫夜深同看千巖雪　這是本分無差別的境界。巖頭全豁看見了，雪峰義存也看見了。⓬猶較半月程　嘲諷雪竇重顯對禪法的認識還在半途上。⓭從他大地雪漫漫　圜悟克勤自謂不要這一相無差之處。漫漫，廣遠無際貌。

【語　譯】雪竇重顯頌古：末後句，（已在言語之前，原以為是真的，仔細一看就不對了。）為君說，（舌頭掉在地上了，說不著。有頭無尾，有尾無頭。）明暗雙雙底時節。（這老漢說得太多了，如牛無角，似虎有角，那裡是明暗成雙成對，這裡也是明暗成雙成對。）同條生也共相知，（是什麼法脈？他們兩位彼此之間沒有關係，你去湖南地區，我去陝西地區。）不同條死還殊絕，（拄杖掌握在我手裡，怎麼能怪我？你的鼻孔為什麼卻在我手裡？）還殊絕，（要挨棒打，有什麼摸索的地方？）黃頭碧眼須甄別。（整個大地的人都不說話了，只許老胡自證自悟，不許老胡作解會。我也不這樣，他也不這樣。）南北東西歸去來，（收。腳跟下還有五彩線，給你一根拄杖。）夜深同看千巖雪。（還差一半的路程，隨他大地雪漫漫，山溝裡人滿為患，卻沒人理解，也只是一個瞎眼漢，還知道末後句嗎？動手就打。）

評唱

雪竇頌末後句，甚有落草❶相為❷。頌則煞❸頌，也只頌得毛彩些子❹，若要透見也未在。頌云：「末後句為君說」，雪竇敢開大口便道：「明暗雙雙底時節」，開一線道，與你撲殺❺了也，末後更為注解。

舉，羅山示眾云，乃是招慶問雙明雙暗話❻。末後一句，正是這箇道理。羅山會下有僧，便用致問。問招慶云：「雪峰雖與我同條生，不與我同條死時，如何？」慶云：「彼此合取狗口❼。」僧云：「大師收取口喫飯。」其僧卻來問羅山：「同生不同死時如何？」山云：「如牛無角。」僧云：「同生亦同死時如何？」山云：「如虎帶角。」慶云：「彼此皆知。」何故？我若向東勝身洲❽，道一句，西瞿耶尼洲❾也知；天上道一句，人間也知。心心相知，眼眼相照。「同條生」則猶易見，「不同條死」則猶難見。「還殊絕」，釋迦老子、達摩黃頭碧眼，也摸索不著❿。

「南北東西歸去來」，有些子好境界。「夜深同看千巖雪」，且道，是雙明，是雙暗？是同條生，是同條死？

【注釋】❶落草　指「明暗雙雙底時節」。❷相為　相助；相護。❸煞　副詞。極；甚。❹也只頌得毛彩些子　意謂不得頌全體。❺撲殺　摔死；擊殺。❻舉三句　指招慶道匡問羅山道閑：「巖頭全豁說『那麼那麼，不那麼不那麼。』這句話的意旨是什麼？」羅山道閑喊了一聲：「大師！」招慶道匡應聲而答，羅山道閑說：「雙明亦雙暗。」招慶道匡禮謝而去。三天後招慶道匡又問：「前天承蒙師父慈悲開示，只是我還看不懂。」羅山道閑說：「我已經竭盡全力對你說過了。」招慶道匡說：「請師父拿著火把為我照明吧。」羅山道閑說：「你如果還看不懂，那就把你的疑問提出來吧。」招慶道匡問：「什麼是雙明亦雙暗？」羅山道閑說：「同生亦同死。」招慶道匡聽後禮謝而去。❼彼此合取狗口　謂用處太辛辣，不是言語所及。彼此，雙方。合取，閉上。❽東勝身洲　四洲之一。以其身形殊勝，故稱勝身。地形如半月，人面亦如半月。❾西瞿耶尼洲　四洲之一。又稱西牛貨洲，以牛行貿易而得名。地形如滿月，人面亦如滿月。❿釋迦老子達摩黃頭碧眼二句　意謂無影無聲的境界，即使佛祖也無處下手。

【語　譯】圜悟克勤評唱：雪竇重顯頌這末後句，不惜使用言語來幫助參學者。儘管他竭盡全力來頌，但也只是頌出了一些皮毛，如果要說其中有些什麼透徹的見解，那是沒有的。頌古說「末後句，為君說」，雪竇重顯還敢開大口就說「明暗雙雙底時節」，這是在為你放開一線之道，讓你有路可循，也為你用一句話把疑惑都驅除了，最後還替你作了注解。

舉說羅山道閑開示僧眾的言句，以及招慶道匡問羅山道閑雙明雙暗的話頭。末後一句，正是這個道理。羅山道閑門下有一位僧人問招慶道匡：「雪峰義存雖然和我同時生在一根枝條上，但不和我同時死在同一根枝條上的時候，應該怎麼辦？」招慶道匡回答說：「彼此都應該閉上狗嘴。」僧人說：「大師的嘴巴應該用來喫飯。」這位僧人又去問羅山道閑：「同生不同死的時候，應該怎麼辦？」羅山道閑回答說：「就像牛沒有角。」僧人又問：「同生亦同死的時候，應該怎麼辦？」羅山道閑說：「就像老虎長出了角。」招慶道匡說：「彼此都知道了。」為什麼這樣說呢？如果我在東勝身洲說了一句話，西瞿耶尼洲的人也就知道了；我在天上說一句話，人間也都知道了。心心相印，眼眼相照。「同時生在一根枝條上」，這還算比較容易見到；「不同時死在一根枝條上」，那就很難見到了。「還殊絕」，即使連釋迦牟尼、達摩祖師也摸不著頭腦。

「南北東西歸去來」，這就有點兒好境界了。「夜深同看千巖雪」，你來說說看，這是雙明還是雙暗？是同時生在一根枝條上，還是同時死在一根枝條上？

【說　明】這則公案的另一種解釋是：雪峰義存向兩位僧人問「是什麼」的話語，是想勘驗一下他們的禪機。不論他們回答什麼，都是思維在起作用，都經過了知見的中介。但這兩位僧人並沒有回答他，而是重複他的話。用同樣的話來反問雪峰義存，既顯示了機鋒相對，又保持了自性的寂然不同。雪峰義存本想勘驗他人，不料反而自己露出了把柄，所以才低頭歸庵。巖頭全豁從僧人舉說雪峰義存的托門相問中，看出了雪峰義存「不與我同條死」，即兩人對「末後句」的透悟的不同。

當年，德山宣鑒曾被雪峰義存駁倒過，當時身為一代師尊的德山宣鑒就是低著頭退回去的，一點也沒有師道尊嚴的架子。此時的雪峰義存也繼承了師父謙遜的作風，保持勝不驕敗不餒的風格，虛懷若谷的風度。

在鰲山時，巖頭全豁只是對雪峰義存說了依賴他人不可能徹底覺悟，悟道的體會必須從自己心中流出，這不過是教給雪峰義存如何入聖的法門，但最高境界並不在於住空、住聖，而在於由聖返俗，回到平常事中來，這才是任運自由的中道，從這裡才能參透禪悟的關口。所以巖頭全豁說：「當初悔不向他道末後句。」

「南北東西歸去來，夜深同看千巖雪。」雪竇重顯在不可言說之處，描繪出一幅純潔澄靜的真境，比喻參學者經過了南北東西的闖蕩之後，終於找到了精神家園，得到了般若智慧。

第五二則　趙州石橋

【題解】問話的僧人故意借貶石橋來減損趙州從諗的「威光」。趙州從諗則稱趙州石橋「渡驢渡馬」，暗含普度眾生之意，將問話的僧人也網羅在內，用不動聲色的嘲諷回敬了問話僧人的貶損。

舉

僧問趙州：「久嚮❶趙州石橋❷，到來只見略彴❸。」（也有人捋虎鬚❹，也是衲僧本分事❺。）

州云：「汝只見略彴，且不見石橋。」（慣得其便❻，這老漢賣身去也❼，打開飯店。）

僧云：「如何是石橋？」（上鉤來也，吞他鉤子了也。）

州云：「渡驢渡馬❽。」（一網打就❾，直得盡大地人無出氣處，一死不再活❿。）

【注釋】❶嚮　嚮往；仰慕。❷趙州石橋　原名安濟橋。位於河北趙縣城南洨河上。隋開皇、大業年間（西元五九〇～六〇八年）名匠李春所建，為中國現存古代著名建築之一。❸略彴　小木橋。❹也有人捋虎鬚　謂這位僧人向如虎一樣的趙州從諗提問，自身難保。❺也是衲僧本分事　意謂人人本具堅固石橋。❻慣得其便　意謂趙州從諗常以本分接人得利，今亦慣得其利，以石橋為本分來接人。❼這老漢賣身去也　謂趙州從諗全都把悟道的本分大事展示出來了。賣身，獻身。❽渡驢渡

馬　比喻接引各種根器的人，度眾無數。❾一網打就　謂一搠即起，而無剩餘。比喻禪師一語就能道盡佛法的真髓而無餘。❿一死不再活　稱讚趙州從諗以本分事接人始終如一。

【語　譯】舉說公案：有一位僧人問趙州從諗：「久聞趙州石橋的大名，可是當我來到趙州的時候，看見的只是一座獨木橋。」（也有人竟敢去摸老虎的鬍鬚，這也是禪宗僧人的本分事。）趙州從諗說：「你只看見獨木橋，卻沒有見到石橋。」（趙州從諗一向占上風，這老漢賣身去了，打開飯店。）僧人問：「石橋是什麼樣子？」（上鉤來了，把他的鉤子吞下去了。）趙州從諗回答說：「既可以讓驢子渡過去，也可以讓馬兒渡過去。」（一網打盡，弄得整個大地的人都沒有出氣的地方，一死就再也活不過來了。）

評唱

「略彴」是獨木橋。這僧故意滅他威光。州云：「汝只見略彴，且不見石橋。」也只是平常說話，要釣者僧，這僧果然上鉤。「如何是石橋？」州云：「渡驢渡馬。」言中有出身處。趙州不似德山、臨濟，行棒行喝，他只以言句殺活。者公案只是平常鬥機鋒相似。雖然如此，也不妨難湊泊❶。

一日與首座看石橋。州乃問首座：「是恁麼人造？」座云：「李膺❷造。」州云：「造時向什麼處下手？」座無對。州云：「尋常說石橋，問著下手處也不知。」

又一日，州掃地次，僧問：「和尚是善知識，為什麼有塵❸？」州云：「外來底。」又問：「清淨伽藍❹，為什麼卻有塵？」云：「從外來。」又云：「有一點塵也。」

又僧問：「如何是道？」州云：「牆外底。」僧云：「不問這箇道，問大道。」州云：「大道透❺長安。」趙州偏用此機❻，他到平實安穩處，為人不傷鋒犯手，自然孤峻，用得此機甚妙。

【注釋】❶湊泊　附著；親近；投合；契合。❷李膺　一作李春，隋朝工匠。❸塵　飛揚的灰土。這裡一語雙關，亦指世間一切虛幻不實的事物和妄念，能污染真性，故稱為塵。❹伽藍　梵語僧伽藍摩音譯的略稱。意為眾園或僧院，即僧眾居住的庭園。後因稱佛寺為伽藍。❺透　通過；穿過。❻此機　指用平常的語言來接引學人。

【語譯】圜悟克勤評唱：「略彴」是獨木橋的意思。這位僧人故意要殺殺趙州從諗的威風光彩，因而提出這樣一個問題。趙州從諗說：「你只看見獨木橋，卻沒有看見石橋。」他的答話就像平常說話一樣，要引誘這位僧人。這位僧人果然上鉤了，隨後便問：「石橋是什麼樣子？」趙州從諗回答說：「既可以讓驢子渡過去，也可以讓馬兒渡過去。」他這句話有轉身的出路。趙州從諗不像德山宣鑒、臨濟義玄那樣行棒行喝，只是用言句來斬除分別妄念、復活靈覺真性。這則公案看上去只是像平常鬥機鋒一樣。儘管這樣，卻很難入手，不容易理解。

有一天，趙州從諗和首座一起去觀賞石橋。趙州從諗問首座：「這石橋是誰建造的呢？」首座回答說：「是李膺建造的。」趙州從諗又問：「他建造這座石橋的時候，是從什麼地方入手的呢？」首座回答不出來。趙州從諗說：「平常你們都在談論石橋，可是一問你造這座石橋從什麼地方入手，你卻不知道。」

又有一天，當趙州從諗正在掃地的時候，一位僧人問：「師父是一位大禪師，為什麼還有灰塵？」趙州從諗回答說：「那是外面的風吹進來的。」僧人又問：「如此清淨的寺院，為什麼會有灰塵？」趙州從諗回答說：「從外面飛進來的。」又說：「又有一點灰塵了。」

另外又有一位僧人問：「什麼是道？」趙州從諗回答說：「牆外面的就是。」僧人說：「我並不是問那牆外的道路，問的是大道。」趙州從諗說：「大道直通長安。」從這些言句之中，可以看出趙州從諗偏偏喜歡用這種機鋒。他就是用這種平實安穩的禪風來接引學人，從不傷鋒犯手，自然孤危峭峻，用得非常巧妙。

頌

孤危不立道方高❶，（須是到者田地始得，還他本分草料，言猶在耳。）
入海還須釣巨鼇❷。（坐斷要津，不通凡聖❸，蝦蜆螺蚌不足問，大丈夫漢不可兩兩三三❹。）
堪笑同時灌溪老❺，（也曾有恁麼人來，也有恁麼用機關底。）
解云「劈箭」亦徒勞❻！（猶較半月程❼，似則似，是則不是，猶較五百里❽。）

【注釋】❶孤危不立道方高　指趙州從諗用平實的語言來顯示高深的禪法。❷入海還須釣巨鼇　謂趙州從諗入禪海吐一言半句，其目的是釣像巨鼇一樣的大根器。鼇，傳說大海中能背負大山的大鱉或大龜。❸坐斷要津二句　形容遮斷從此岸（凡）渡到彼岸（聖）的渡口津要，亦即表示斷絕凡聖、生佛、迷悟等修證的所有對待關係。這裡指趙州從諗宛轉自在的機用截斷根源。要津，重要的津渡。亦比喻要害之地。❹兩兩三三　謂三兩為群。❺堪笑同時灌溪老　灌溪志閑曾中臨濟義玄毒箭，喪盡玄妙得失，此後接人手段雖然移轉天關，倒翻地軸，但在雪竇重顯看來，還是不曾動分毫力，實在可笑。堪笑，可笑。灌溪，法名志閑，唐代禪僧。俗姓史氏，生年不詳，館陶（今屬河北境內）人。臨濟義玄的嗣法弟子，後隨末山了然尼三年。

出住灌溪，四眾親依。乾寧二年（西元八九五年）圓寂。❻解云劈箭亦徒勞　謂灌溪志閑「劈箭急」的答語看上去不費氣力，但與趙州從諗的答語相比，還是費氣力。雪竇重顯認為跟趙州從諗比起來，灌溪志閑尚顯得自負有餘，沉穩不足，仍欠火候。❼猶較半月程　謂與趙州從諗的禪法相比，灌溪志閑的禪法還在半途之中。❽猶較五百里　與「猶較半月程」義同。

【語譯】雪竇重顯頌古：孤危不立道方高，（必須到趙州從諗的境界才能做到這樣，還給他本分草料，言猶在耳。）入海還須釣巨鼇。（截斷要路，聖人和凡夫都通不過，蝦蜆螺蚌不值得過問，要論男子漢大丈夫，只是趙州從諗一人而已。）堪笑同時灌溪老，（也有灌溪志閑這樣的人用釣鼇的手段，灌溪志閑也有像趙州從諗一樣的機鋒。）解云劈箭亦徒勞！（還相差半個月的路程，灌溪志閑的禪法和趙州從諗的禪法有點兒像，但還是不一樣，還相差五百里的路程。）

評唱

「孤危不立道方高」，雪竇頌趙州尋常為人處，不立玄妙、不立孤危，不似諸方道：「打破虛空，擊碎須彌，海底生塵，須彌鼓浪，方稱祖師之道❶。」所以雪竇道：「孤危不立道方高」。壁立千仞，顯佛法奇特靈驗❷。雖然孤危峭峻，不如不立孤危，平常自然轉轆轆地，不立而自立，不高而自高，機出孤危，方見得妙❸。

「入海還須釣巨鼇」，看他具眼宗師，等閑垂一語、用一機，不釣蝦蜆螺蚌，直釣巨鼇❹，也不妨是作家。此一句頌，用顯前面公案。

「堪笑同時灌溪老」，不見僧問灌溪：「久響灌溪❺，及乎到來，只見箇漚麻❻池。」溪云：「汝只見漚麻池，且不見灌溪。」僧云：「如何是灌溪？」溪云：「劈箭急❼。」

又僧問黃龍❽：「久響黃龍，及乎到來，只見箇赤❾斑❿蛇。」龍云：「子只見赤斑蛇，且不見黃龍⓫。」僧云：「如何是黃龍？」龍云：「拖拖地⓬。」僧云：「忽遇金翅鳥⓭來時如何？」龍云：「性命難存。」僧云：「恁麼則遭他食啗⓮去也。」龍云：「謝子供養⓯。」此總是立孤危，是則也是，不免費力，終不如趙州用尋常底。所以雪竇道：「解云『劈箭』亦徒勞」。只如灌溪、黃龍即且致，趙州云「渡驢渡馬」，又作麼生會？試辨看。

【注釋】❶不似諸方道六句　意謂各地禪師都以玄妙險峻之語為祖師之道，趙州從諗卻不是這樣。虛空，天空。生塵，形容中空無物。❷靈驗　神奇的效應。❸平常自然轉轆轆地五句　意謂天不欲高而自高，地不欲厚而自厚。趙州從諗能超出孤危玄妙之外，故無機關卻能自立機關，無孤危卻能自立孤危，接引學人的手段自在無礙，無玄妙卻能得玄妙。轉轆轆地，以車輪之旋轉，比喻圓轉無礙，自由自在的境地。❹不釣蝦蜆螺蚌二句　意謂不釣小智見者，直釣具有大根機者。❺灌溪　與「趙州石橋」一樣，既實指實物實地，又虛指人。❻漚麻　將麻莖或已剝下的麻皮浸泡在水中，使之自然發酵，達到部分脫膠的目的。❼劈箭急　意謂機鋒快速如箭。❽黃龍　法名晦機，又作誨機。唐代禪僧。俗姓張氏，生卒年不詳，清河（治今河北境內）人。玄泉山彥的嗣法弟子。天祐（西元九〇四～九〇七年）住鄂州（治今湖北武漢）黃龍山，大張法席，教化群迷。❾赤　淺朱色。亦泛指紅色。❿斑　指花紋或斑點。⓫且不見黃龍　意謂此龍不可以形色見。⓬拖拖地　指黃龍出現的樣子。拖拖，綿長的樣子。⑬金翅鳥　印度神話之鳥。在佛教中，為八部眾之一，翅金色，兩翼廣三百三十六萬里，住在須彌山下層。常取諸龍為食。⑭食瞰　俯食。瞰，看；俯視。⑮供養　佛教稱以香花、明燈、飲食等資養三寶（佛、法、僧）為「供養」，並分財供養、法供養兩種。香花、飲食等為財供養；修行、利益眾生叫法供養。供養就是禮佛，或施捨僧人、齋僧的意思。

【語　譯】圜悟克勤評唱：「孤危不立道方高」，雪竇重顯這句話是在頌趙州從諗平常接引學人的禪風，從來不標榜玄妙奇特，也不標榜孤危峭峻，他不像其他禪師那樣說：「打破天空，擊碎須彌山，海底乾枯，須彌山鼓起波浪，才配稱祖師之道。」所以雪竇重顯說「孤危不立道方高」。禪風像山崖石壁一樣高峻陡峭，能夠顯示佛法的奇特神靈。儘管他們的禪風孤危峭峻，但不如趙州從諗的不立孤危峭峻的禪風。趙州從諗平常的禪風自然圓轉自在，得心應手，不欲立而自立，不欲高而自高了。禪機出自孤危峭峻之外，自然見得玄妙。

「入海還須釣巨鼇」，你看趙州從諗這樣具備法眼的禪宗法師平常開示一言半句，使用一種機鋒，不釣像蝦、蜆、螺、蚌那樣小根器的人，只釣像海中巨鼇那樣大根器的人，確實是一位機用傑出的大禪師。這一句頌古是用來顯示前面公案的旨意。

「堪笑同時灌溪老」，有一位僧人問灌溪志閑：「久仰灌溪的大名，可是當我來到這裡的時候，看見的只是一個浸麻的水池。」灌溪志閑說：「你只看見浸麻的水池，卻沒有看見灌溪。」僧人問：「灌溪是什麼樣子？」灌溪志閑說：「你沒看見灌溪的溪水滾滾，奔流如箭嗎？」

還有一位僧人問黃龍晦機：「久聞黃龍的大名，可是當我來到黃龍山以後，怎麼只看見赤斑蛇。」黃龍晦機說：「你只看見赤斑蛇，卻沒有見到黃龍。」僧人問：「黃龍是什麼樣子？」黃龍晦機說：「拖拖地。」僧人又問：「突然遇見金翅鳥飛來的時候該怎麼辦？」黃龍晦機回答說：「生命難保。」僧人說：「這樣一來，金翅鳥就會從天空中衝下來把它吃掉了。」黃龍晦機回答說：「多謝你的供養。」灌溪志閑、黃龍晦機都是把禪風標榜得十分突兀奇特，對倒是對，可是不免太費力氣，終究比不上趙州從諗所舉的一切都是平常所用的言句。所以雪竇重顯說：「解云『劈箭』亦徒勞！」現在灌溪志閑、黃龍晦機的話暫且不提，趙州從諗說的「渡驢渡馬」這句話要怎樣去理解呢？請你試著分辨看看。

【說　明】趙州從諗接人示物只是平平常常，但趙州禪易見難識。趙州從諗把「難識」之處，略露端倪，說：「渡驢渡馬。」可這位僧人卻看不出趙州禪的高妙之處。可見要識趙州禪，也只有自己體會才行。

雪竇重顯對此頌道：「孤危不立道方高，入海還須釣巨鼇。堪笑同時灌溪老，解云『劈箭』亦徒勞！」在雪竇重顯看來，趙州從諗沒有用險峻的手段卻把禪法說得如此透徹，實在是老到，道風非常高峻。猶如英雄好漢，既然已經下了五洋，就要捉到巨鼇一樣。跟趙州從諗相比，同時代的灌溪老人就顯得幼稚、淺顯得多了。「劈箭急」一語顯然是在刻意立孤危，與趙州從諗看似平常、實則脫去鋒芒返樸歸真的圓熟機鋒相比，畢竟顯得費勁多了。

禪是不動的動者。禪重隱德，從不顯山露水，亦不虛偽造作。禪像一座默默無言的石橋，載驢過馬，載人過車，為人們的幸福而默默地奉獻。

第五三則　百丈野鴨

【題解】這則公案敘述了馬祖道一借物顯性，促使百丈懷海開悟的過程。浩瀚的宇宙本來就沒有東南西北的區別，如果沒有分別心，也就不會有飛過來、飛過去的區別。野鴨子飛過僅僅是一個象徵而已。不僅野鴨子是虛妄的象徵，世界上的一切都是虛妄。如果執著妄相，則難以悟道，故馬祖道一以迅雷不及掩耳的霹靂手段，猛擊百丈懷海不悟之心，促使他破除虛妄而認識到自己的清淨本性。

示眾

遍界不藏，全機獨露❶。觸途無滯❷，著著❸有出身之機❹；是處無私❺，頭頭❻有煞❼活之意。且道，古人畢竟向什麼處休歇❽？試請舉看。

【注釋】❶全機獨露　當下即是，達到解脫自在無礙的境地。全機，禪者自在無礙的活動。機，機用之意。❷觸途無滯　處處無障礙，處處通暢，指徹悟禪法。❸著著　每一個行為或動作。❹出身之機　形容進入自由自在悟境者的無礙自在機鋒。出身，指出於生死之身。❺是處無私　謂一言一行皆與道合。是處，到處；處處。❻頭頭　事事；處處；樣樣。❼煞　同「殺」。❽休歇　停止。這裡指悟道。

【語譯】圜悟克勤開示：佛法真理遍及任何地方，自在無礙的禪機完全顯現。暢通無阻，每一步都有圓轉無礙的機用；向參學者開示的一言一行毫無主觀意識，處處都有斬除分別妄念、復活靈覺真性的用意。你來說說看，從前的禪師究竟要修行到什麼情況之下才會大徹大悟呢？我試舉一則公案給你們看看。

舉

馬大師與百丈行次，（兩箇草裡漢❶，草裡輥❷。）見野鴨子❸飛過。（驀顧作什麼❹？）

大師云：「是什麼？」（和尚合知，老漢鼻孔也不知。）

丈云：「野鴨子。」（鼻孔在別人手裡❺，只管供款❻，第二杓惡水更毒❼。）

大師云：「什麼處去也？」（前箭猶輕後箭深❽，第二回啗啄❾，也合自知。）

丈云：「飛過去也。」（只管隨人後轉，當面蹉過，只管喫。）

大師遂扭百丈鼻頭，（父母所生鼻孔，卻在別人手裡，拽轉話頭，捩轉❿鼻孔來也。）

丈作忍痛聲，（只在者裡，喚作野鴨子得麼？又打云：還識痛癢麼？）

大師云：「何曾⓫飛去？」（且莫謾⓬人。者老漢元來只在鬼窟裡。）

【注釋】❶兩箇草裡漢　謂二人皆太過於老婆心切，已逾越自己之所能。此一用語，意在抑止疏於自省，超越本分而脫離正道的學人。❷輥　躺。❸野鴨子　形狀跟家鴨相似，野生，能飛翔，又善於游泳，吃小魚、貝類及植物的種子、果實等。❹驀顧作什麼　指責百丈懷海不該回頭看野鴨子，因為不見一法才是真見。驀，忽然。顧，回首；回視。❺鼻孔在別人手裡　意謂失本逐末，隨著他人的語言轉。❻只管供款　謂無生機一路。只管，只顧。供款，指供詞。❼第二杓惡水更毒　謂馬祖大師的第二句問話更惡辣。惡水，污水；髒水。❽前箭猶輕後箭深　意謂前一個問題還可回答，後一個問題透骨入髓。❾第

二回咍啄　謂再勘辨處太緊切。咍，食；吃。啄，咬。⑩捩轉　掉轉；扭轉。⑪何曾　用反問的語氣表示未曾或並不。⑫謾　欺騙；蒙蔽。

【語　譯】舉說公案：有一天，馬祖大師和百丈懷海一道外出，（兩個掉進草堆裡的傢伙，躺在草堆裡。）看見一群野鴨子從頭上飛過。（突然回頭看幹什麼？）馬祖大師問：「那是什麼？」（和尚應該知道，這老漢連自己的鼻孔也不知道。）百丈懷海回答說：「野鴨子。」（自己的鼻孔掌握在別人手裡，只得老老實實招供。馬祖大師的第二杓髒水更毒辣。）馬祖大師又問：「牠們飛到什麼地方去了？」（前面射出去的箭較輕，後面射出去的箭更重，第二回咬嚼，自己也應該知道野鴨子的去處。）百丈懷海回答說：「牠們飛過去了。」（只會跟在別人的言句後面轉，當面錯過禪機，只好挨打了。）馬祖大師於是扭住百丈懷海的鼻子，（自己父母所生的鼻子，卻掌握在別人手裡，拉轉話頭，扭轉鼻子來了。）百丈懷海痛得叫了起來，（就在這裡，叫做野鴨子行嗎？打過之後又說：還知道痛癢嗎？）馬祖大師說：「牠們什麼時候飛過去了呢？」（千萬不要欺騙人。這老漢原來還在鬼窩裡。）

評唱

正眼❶觀來，卻是百丈具正因❷，大師無風起浪。諸人要與祖師為師，參取百丈；要自救不了，參取馬大師。看他古人，二六時中，未嘗不在箇裡❸。百丈不茹葷❹，要與天下人為父。二十年為侍者，因此語方悟。有者道：「本無迷悟，且作箇悟門，建立❺此事。」若作恁麼見解，如獅子身中蟲，自食獅子肉。又道：「源不深者流不長，智不大者見不遠。」若用作建立會，佛法爭到今日？

只如馬大師，豈不知是野鴨子？為什麼卻恁麼問？他意在什麼處？百丈只管隨後走，馬祖遂扭鼻。丈作痛聲，大師云：「何曾飛去？」百丈便省。如今有底才問著，便作痛聲，且喜跳不出！

宗師家為人，見他不會，不免傷鋒犯手，只要教他明此事。所以道：「會則途中受用，不會則世諦流布。」當時若不扭住，只成世諦流布，也須是逢境遇緣、宛轉❻教歸自己。十二時❼中，無空闕❽處，謂之性地❾明白。若只依草附木❿，認驢前馬後⓫，有何用處？看他馬祖百丈恁麼用，雖似昭昭靈靈⓬，卻不在昭昭靈靈處。丈作痛聲，若恁麼見去，遍界不曾藏，頭頭成現⓭。所以道：「一處透，千處萬處悉皆透。」

舉，次日捲蓆，侍者寮哭話⓮。看他悟後，阿轆轆⓯地，羅籠不住，自然八面玲瓏。

【注釋】❶正眼　指在佛法上具有真實正見的慧眼，而不是凡夫的肉眼。❷正因　三因佛性之一，正即中正，中必雙照，離於邊邪，照空照假，非空非假，三諦具足，為正因佛性。亦即諸法實相之理體是成佛之正因。❸箇裡　此中；其中。❹茹葷　本指吃蔥韭等辛辣的蔬菜。後指吃魚肉等。❺建立　設置；設立（教法）。❻宛轉　隨順變化。❼十二時　猶言一晝夜，全天。古時分一晝夜為十二時，以干支為記。❽空闕　缺少；間隔。❾性地　稟性；性情。❿依草附木　本指人死後生緣未定之際，精靈無法獨立自存，必須依附草木而住。禪宗轉指參學者被語言文字所拘束，無法頓然達到絕對自由自在的悟境。⓫驢前馬後　指在主人前後服役效勞的奴僕。禪宗用以指責追隨他人言行，而無自己的獨特機用者。⓬昭昭靈靈　指意識。昭昭，明亮；明白；顯著。⓭成現　現成具備，含有本來存在，一直存在，現在也看得到的意思，多指佛性、禪法而言。⓮侍者寮哭話　第二天，馬祖道一升座說法。僧眾剛集合，百丈懷海走出來，把坐具收起來，馬祖道一便下座，回到方丈室的時候問百丈懷海：「我剛才上堂還沒開口說法，你為什麼就收起坐具？」百丈懷海回答說：「昨天被師父捏得鼻子很痛。」馬祖道一說：「你昨天從什麼地方用心？」百丈懷海說：「今天鼻子又不痛了。」馬祖道一說：「你已經深深瞭解今天的事了。」百丈懷海向馬祖道一頂禮而退，回到侍者寮，大哭一場，同參問：「你在哭什麼？」百丈懷海說：「你去問問師父。」那位同參就去問馬祖道一，馬祖道一說：「你去問問他自己。」那位同參又回到侍者寮問百丈懷海，百丈懷海卻哈哈大笑，同參問：「你怎麼剛才哭，現在卻又大笑？」百丈懷海回答說：「對！我剛才哭，現在笑。」侍者寮，寺院中供侍者住的宿舍。寮，僧舍。⓯阿轆轆　以車輪之旋轉，比喻圓轉無礙、自由自在的境地。

【語　譯】圜悟克勤評唱：用禪者的智慧眼光看來，百丈懷海倒是具備正因佛性，而馬祖大師卻是有意無風起浪。你們各位如果要想做祖師的師父，那就參究百丈懷海的話頭；如果要連自己都救不了的話，那就參取馬祖大師的話頭。你看從前的禪師，一天十二個時辰，從來也沒有離開過自己的本性。

百丈懷海不吃葷菜，要想做天下人的師父。他投在馬祖大師門下，做了二十年侍者，通過馬祖大師這句話頭才開悟。當他後來再參的時候，在馬祖大師的大喝之下，大徹大悟。現在往往有人說：「本來就沒有『迷悟』這件事，現在卻設立頓悟法門，只是故意標榜『頓悟』而已。」你如果也抱著這樣的見解，那就如同獅子身上的蟲，吃著獅子身上的肉一樣。從前的禪師又說：「源頭不深，流水就不能綿長；智慧不大，見識就不會深遠。」如果理解為就是設立一種教法，佛法怎麼可能傳到今天？

就拿馬祖大師來說吧，他難道不知道是野鴨子嗎？為什麼卻要這樣問？他的用意在什麼地方？百丈懷海只顧跟著馬祖大師的言句走，馬祖大師於是扭他的鼻子。百丈懷海痛得哇哇叫，馬祖大師說：「牠們什麼時候飛過去了？」百丈懷海突然覺悟了。現在有的人錯誤地理解了這則公案的旨意，一被問著，就發出痛苦的叫聲，只會單純地模仿，卻不會從馬祖大師、百丈懷海機用之外來領悟禪法。

一位禪宗法師既然要接引學人，那就要教得徹底，看見他不懂禪法，即使傷鋒犯手也要把他教到明瞭禪法為止。所以說：「明瞭禪法，修行途中就會受用不盡；不明瞭禪法，就要用世俗真理來傳授。」當時馬祖大師如果不扭百丈懷海的鼻子，就會變成用世俗真理來傳授，一定要達到逢境遇緣，圓轉地教他回歸自己的本來面目。在一天的十二個時辰當中打成一片，沒有絲毫空隙，這就叫做「性地明白」。如果只是一味地模仿他人的語句，就像一個跟隨在驢前馬後的奴僕一樣，那有什麼用處？你看馬祖大師、百丈懷海那樣的受用，雖然像是昭昭靈靈，卻又不執著昭昭靈靈。百丈懷海痛得哇哇叫，你如果也有像他這樣的認識，那麼佛教真理就會呈現在任何地方，事事具備，所以說：「一處參透了，千處萬處一齊都參透了。」

舉說第二天百丈懷海捲蓆，在侍者寮又哭又笑的話頭。你看百丈懷海開悟之後，活潑潑地網羅不住，自然八面玲瓏。

頌

野鴨子，（過去只在❶，成群作隊，又有一隻❷。）

知何許❸？（用作什麼？如麻似粟。）

馬祖見來相共語，（打葛藤有什麼了期❹？說箇什麼？獨有馬祖識得箇俊❺底❻。）

話盡山雲海月情❼。（東家杓柄長❽、西家杓柄短❾，知他打葛藤多少？）

依前不會還飛去❿，（㘞⓫！莫道他不會，飛去什麼處？）

欲飛去，（鼻孔在別人手裡，與你下注腳了也。）

卻把住⓬。（老婆心切，更道什麼？）

「道道！」（不可教山僧道，不可作野鴨子叫⓭，蒼天蒼天⓮，不知什麼處去？腳跟下好與三十棒！）

評唱

雪竇劈頭便道：「野鴨子，知何許？」且道，有多少？「馬祖見來相共語」，此頌馬祖問他道：「是什麼？」丈云：「野鴨子。」「話盡山雲海月情」，此頌馬祖再問：「什麼處去？」馬祖與他意旨，自然脫體⓯現前⓰。他不會，卻道「飛去也。」兩重⓱蹉過。

「欲飛去，卻把住」，雪竇據款結案。又云：「道道。」此是雪竇轉身處，且道，作麼生道？若作忍痛聲則錯。不作忍痛聲，又作麼生會？雪竇雖然頌得甚好，爭奈也跳不出！

【注　釋】❶只在　總在；仍在。❷又有一隻　喻指百丈懷海。❸知何許　這野鴨子現千身萬身百億無量身。❹了期　猶言了局。指解決問題的辦法。❺俊　傑出；卓越。❻底　結構助詞。猶「的」。❼話盡山雲海月情　喻指馬祖大師的話語如同山間雲現，海上月生，真情盡顯。❽東家杓柄長　稱讚馬祖大師禪法高超。❾西家杓柄短　嘲諷百丈懷海未悟。❿依前不會還飛去　謂百丈懷海於初問處不懂，於第二問上也錯過禪機，還說「飛走了」。⓫囮　拉船時的呼號聲。這裡作歎詞用。⓬欲飛去卻把住　謂馬祖大師把百丈懷海要飛走的心牢牢地抓住了，不讓他迷失本性。⓭不可作野鴨子叫　意謂聲音、蹤跡都不應該有。⓮蒼天蒼天　為鴨子叫而可悲。⓯脫體　全體。脫，全。⓰現前　即顯現於眼前或於目前存在之意。⓱兩重　重複；兩度。

【語　譯】雪竇重顯頌古：野鴨子，（過去一直在，成群結隊，又有一隻。）知何許？（用作什麼？多得來如麻似粟。）馬祖見來相共語，（用言語說禪，不知何時才能解脫？他說了些什麼話？只有馬祖大師才知道百丈懷海是一個大根器。）話盡山雲海月情。（東面人家的杓柄長，西面人家的杓柄短，你知道馬祖大師說過多少言句嗎？）依前不會還飛去，（囮！不要說百丈懷海不懂，飛到什麼地方去了？）欲飛去，（百丈懷海的鼻子掌握在別人的手裡，為你下注腳了。）卻把住。（馬祖大師像老婆婆一樣慈悲心切，在說過「卻把住」之後還要說什麼？）道！道！（不可教我說，不可作野鴨子叫，蒼天啊蒼天！不知到什麼地方去了？腳跟下饒他三十棒。）

圜悟克勤評唱：雪竇重顯開頭就說：「野鴨子，知何許？」你來說說看，到底有多少野鴨子？「馬祖見來相共語」，這句話是在頌馬祖大師問百丈懷海：「是什麼？」百丈懷海回答說：「野鴨子。」「話盡山雲海月情」，這句話則是在頌馬祖大師再問百丈懷海：「飛到什麼地方去了？」馬祖大師把自己要引導百丈懷海的用意自然而然地全都說出來了。百丈懷海仍舊不懂，卻回答說「飛過去了」，經過了這樣兩問兩答，百丈懷海兩次都錯過了禪機。

「欲飛去，卻把住」，雪竇重顯根據口供來判斷這則公案。又說：「道！道！」這是雪竇重顯的轉身之處。你來說說看，要怎麼說才好呢？你如果也是這樣哇哇叫的話那是不對的。但是如果不這樣哇哇叫的話，那又該怎麼表達呢？雪竇重顯雖然頌得很巧妙，無奈的是他自己也跳不出這個圈子。

【說　明】在這則公案中，可以看出禪門祖師把握著生命的活作用。這生命，就是人人具足、個個圓成，決不是依傍於他人的禪機作略。這個正是本具的佛性，天台宗曰「正因佛性」。《涅槃經》說：「欲識佛性義，當觀時節因緣。」由因與緣，而佛性始得具現開發。因，是本具的佛性；緣，是一切助緣，即指公案、坐禪、念佛、看經等；這就是「緣因佛性」。但無「了因佛性」時，「正因佛性」也不會顯現。了，是照了義，是智用。只有智用，也是依「正因佛性」而發生；總之，不外是本體所有的光明，適應客觀的動作作用而已。可是這客觀的作用，憑藉其他的助緣而發動，所以這三因佛性，任缺其一，生命的體驗便是不可能的。從這種意義上來看「百丈野鴨子」的公案，就可明瞭禪門祖師把握生命的意味，其實圜悟克勤也說穿了，「正眼觀來，卻是百丈具正因。」絕沒有從無而生有的，這是因果規律，所以有著具足的佛性，生命的把握才有可能。馬祖道一說的「是什麼？」直示出禪法是絕無隱秘的，是頭頭顯露的，所以問「是什麼」，是為了促使百丈懷海把握禪的生命。百丈懷海照著現實的本相回答：「是野鴨子。」如果就禪的自體說：野鴨子就是野鴨子，和山自高海自深同樣地構成了生命體。但如果把野鴨子作為境會而看作是客觀的存在物，主觀就因此分裂墮陷到對立界去而違背了禪的精神；同時，自己的精神界也分為內外而生起意識的分別，終於失去了安穩。

圜悟克勤評唱說：「所以道：『會則途中受用，不會則世諦流布。』當時若不扭住，只成世諦流布，也須是逢境遇緣、宛轉教歸自己。十二時中，無空闕處，謂之性地明白。」會，就是生命的把握。所謂生命，就是佛性、法性、真如。萬法萬緣，都是真如的現起，是原來本地的風光。野鴨子也罷；真如也罷，都是本地風光，是法身的自體。體得萬境都是真如而體現時，心境一如打成一片，萬境就是自己，自己就是萬境。脫離了對立的分別想，將境緣為自己所受用，境緣都成為生命的作用。但在那時，百丈懷海仍舊有自己和野鴨子個別的存在之見，被野鴨子所轉，未能契當於真生命，所以馬祖道一又問「什麼處去也？」第二次喚起百丈懷海的注意。可是百丈懷海回答「飛過去也。」依然是追逐著客觀而忘記了歸向主體的自己。禪，對於客觀的態度，一定以主體的展開而創造的，故常不離主體。但百丈懷海還沒有明白為主觀展開的客觀，所以馬祖道一要讓他體認，於是扭著百丈懷海的鼻子。於是百丈懷海「作忍痛聲」，就在這個忍痛的時刻，自己的主觀和野鴨子的客觀的對立被破壞了，同時分別的情識也被破壞了。故馬祖道一又說「何曾飛去？」促使其心機一轉而飛躍進另一天地。百丈懷海果然因此而飛躍大悟了。

雪竇重顯頌古的意思是說：野鴨子飛到哪裡去了，馬祖道一見狀與百丈懷海共語。話語像山雲推湧，海上月生，真情至性，何等契闊。可是百丈懷海仍然不理解，還胡說「飛走了」。馬祖道一於是把這個要飛走的百丈懷海的心牢牢抓住了，不讓百丈懷海迷失了自己的心。因為至人用心如鏡，一切事與物來時則現之，去之則不現。鏡仍然在，心依然明。

第五四則　雲門展手

【題　解】雲門文偃問行腳僧「近離什處?」這不僅僅是指處所。這是他試禪的第一步。僧人的回答是準確的。不過僅憑這一句，還無法辨別他的功夫的高低深淺，真假善偽。於是雲門文偃又射出了第二支箭：「西禪近日有何言句?」僧人什麼也沒回答，只是做了個攤開雙手的動作，看來他似乎還有點功底。不過任何一位僧人模仿他人的禪機都無法逃過雲門文偃的銳眼。他打了僧人一巴掌。這是雲門文偃的第三招。僧人見此情形，忙改口道：「我還有道理要說。」這種言行在禪師看來極其愚鈍，破綻百出。在僧人正想開口申辯時，這次雲門文偃攤開了雙手，打出了第四招。僧人語塞，又無言以對了。雲門文偃隨即狠狠地揍了他一頓，這是雲門文偃的第五招。

示眾

透❶出生死❷，撥動機關，等閑截鐵斬釘、隨處❸蓋天蓋地。且道，是什麼人行履❹處?舉看。

舉

雲門問僧：「近離什處?」(不可道西禪也❺。探竿影草，不可道東西南北也。)

僧云：「西禪。」（果然，當時好與本分草料，可殺實頭。）

門云：「西禪❻近日有何言句？」（欲舉恐驚和尚，深辨來風❼，也是和尚寐語❽。）

僧展兩手，（敗缺了也❾，勾賊破家，不妨令人疑著。）

門打一掌。（好打！快便難逢❿，據令而行。）

僧云：「某甲話在。」（你待番款那，卻似有箇攙旗奪鼓底手腳。）

門卻展兩手。（嶮！駕與青龍不解騎⓫。）

僧無語，（可惜許。）

門便打。（此棒合是雲門喫。何故？當斷不斷，返招其亂⓬。闍黎合喫多少？放過一著！若不放過，合作麼生？）

評唱

這箇話是當面話，如閃電相似。門云：「近日有何言句？」乃平常說話。這僧也不妨是箇作家，卻倒去驗雲門，展開兩手。若是平常人，遭一驗，便腳手忙亂。雲門有石火之機⓭，便掌其僧。僧云：「你打，某甲有事在。」這僧有轉身處，所以雲門放開，卻展兩手，其僧無語，門便打。

看他雲門，自是作家，行一步知一步落處。會瞻前亦解顧後⓮，不失蹤由⓯。這僧只解瞻前，不能顧後。

【注釋】❶透　指超過。❷生死　佛教謂流轉輪迴。❸隨處　不拘何地；到處。❹行履　猶「往來」、「交往」。❺不可道西禪也　謂亂道來處恐後面難收。西禪，即長慶院，因位於福建福州西郊怡山，故名西禪寺。唐咸通年間（西元八六〇～八七三年）初，大安禪師創建，初名「怡山禪院」，唐末五代間，慧稜禪師任住持，改名「長慶院」。宋代處於鼎盛時期。❻西禪　法名鼎新，字懶安。宋初禪僧。俗姓林氏，福州（今屬福建境內）人。參大慧宗杲禪師得悟，住福州西禪寺，學人雲集，名滿海內。❼深辨來風　謂雲門文偃早就看穿了這位僧人肚子裡的功夫。❽寐語　夢話；說夢話。❾敗缺了也　謂於初問時不能呈送機鋒，於第二問時如此做時已經是太晚了。❿快便難逢　意謂悟入的機會千載難逢。是禪家習語。⓫駕與青龍不解騎　意謂這位僧人當面錯過禪機。青龍，指駿馬。⓬當斷不斷二句　謂這位僧人在雲門文偃攤開雙手時就應該給他一棒，不能行正令，故反而遭受雲門文偃的棒打。⓭石火之機　比喻禪機極為迅疾，稍縱即逝。石火，指以石敲擊，迸發出的火花。其閃現極為短暫。⓮會瞻前亦解顧後　兼顧前後。形容慮事周密，做事謹慎。⓯蹤由　蹤跡；行跡。

【語譯】圜悟克勤開示：超越生死輪迴，掉轉機鋒，這些隨波逐流、截斷眾流的手段，到處都是蓋天蓋地。你來說說看，這是什麼樣的人才有的行跡呢？我舉一則公案給你們看看。

舉說公案：雲門文偃問一位前來參禪的僧人：「你最近離開什麼地方？」（不可以回答說是西禪寺。雲門文偃用探竿影草的方式來接引學人，也不可以說東南西北。）這位僧人回答說：「我剛從福州西禪寺來。」（果然說出來了，雲門文偃當場就該給他一棒，一個太實心眼的僧人。）雲門文偃問：「西禪和尚最近說了些什麼言句？」（想舉說恐怕要驚動和尚，雲門文偃深知來者程度的深淺，也是和尚在說夢話。）這位僧人什麼也沒有回答，只是攤開雙手，（敗在雲門文偃手下了，開門揖盜，自己家中的財物被偷走了，攤開雙手的動作確實使人疑惑不解。）雲門文偃順手打了他一巴掌。（打得好！真是千載難逢的好機會，該出手時就出手。）這位僧人說：「我還有話要說。」（你還想翻案嗎？這位僧人倒是有搶旗奪鼓的手段。）雲門文偃反而攤開雙手。（這動作太險峻了！給他一匹駿馬卻不知道怎樣騎。）這位僧人默不作聲，（太可惜了。）雲門文偃又打了他一棒。（這棒應該由雲門文偃吃進。為什麼這樣說呢？當斷不斷，反受其害。這位僧人該吃多少棒？饒了他這一次吧！如果不饒了他，又該怎麼辦呢？）

圜悟克勤評唱：雲門文偃問這位僧人的話頭是當面呈機的話頭，禪機快得如同閃電一樣。雲門文偃問：「西禪和尚最近說過一些什麼言句？」這只是平常說話。這位僧人也確實稱得上是一個參禪的行家高手，反過來勘驗雲門文偃，於是攤開雙手。如果是一般人被這一驗，就要手忙腳亂。而雲門文偃卻有快如石火的禪機，出手打了這位僧人一個巴掌。這位僧人說：「你打，我還有話要說。」這位僧人又有他轉身的出路，所以雲門文偃放開，便攤開雙手，這位僧人默不作聲，雲門文偃又打了他一棒。

你看雲門文偃不愧是一個機用傑出的大宗師，走一步就知道下一步的落處，懂得瞻前也知道顧後，無論如何也能找到對手的蹤跡。而這位僧人就只知道瞻前而不懂得顧後了。

頌

虎頭虎尾一時收❶，（殺人刀、活人劍，又須是者僧始得。千兵易得，一將難求。）

凜凜威風四百州❷。（坐斷天下人舌頭。）

卻問不知何太嶮，（不可云盲枷瞎棒❸，元來雪竇未知在，闍黎相次❹著也。）

師❺云：「放過一著。」（若不放過，又作麼生？便打，盡大地人一時落節。）

評唱

「虎頭虎尾一時收」，此語易會。大意只頌雲門機鋒，所以道「虎頭虎尾一時收」。古人道：「據❻虎頭、收虎尾」，第一句下明宗旨。雪竇只據款結案，愛雲門會據虎頭，又能收虎尾。僧展兩手，門便打，是據虎頭；雲門展兩手，僧無語，門又打，是收虎尾。頭尾齊收，眼似流星，自然如擊石火、似閃電光，直得「凜凜威風四百州」。說什麼四百州？盡大地風颯颯❼地，「卻問不知何太嶮」，不妨有嶮處。

雪竇云：「放過一著。」且如今不放過時，又作麼生？盡大地人總須喫棒。如今禪和子，總道：「等他展手時，還他本分草料。」似則也似，是則不是。雲門不可只恁麼教你打，也須更有事在。

【注釋】❶虎頭虎尾一時收　這句頌雲門文偃機鋒迅疾，首尾雙全。❷凜凜威風四百州　謂雲門文偃俊快的禪機無空隙處，在整個中國大地威風凜凜。❸盲枷瞎棒　盲目亂打。比喻胡亂懲罰。❹相次　意即疏忽，造次。❺師　指雪竇重顯。❻據　按著。❼颯颯　疾速貌。

【語譯】雪竇重顯頌古：虎頭虎尾一時收，（斬除分別妄想，復活靈覺真性，這只有雲門文偃才做得到。千兵易得，一將難求。）凜凜威風四百州。（雲門文偃有截斷天下人舌頭、使天下的人說不出話來的氣概。）卻問不知何太嶮，（不可說盲枷瞎棒，原來雪竇重顯並不知道雲門文偃的險處所在，這和尚有點輕率隨便。）師云：「放過一著。」（如果不放過，那又該怎麼辦？舉手就打，整個大地的人一齊失利。）

圜悟克勤評唱：「虎頭虎尾一時收」，這句話很容易瞭解，大意就是頌雲門文偃快捷的機鋒，所以說「虎頭虎尾一時收」。從前的禪師說「按虎頭、收虎尾」，其用意就是要在第一句話之下就能明白宗旨。雪竇重顯根據雲門文偃的機用來評判這個公案，他格外欣賞雲門文偃既能按虎頭，又能收虎尾的手段。這位僧人攤開雙手，雲門文偃出手就打，這是按虎頭；雲門文偃攤開雙手，這位僧人默不作聲，雲門文偃又打，這是收虎尾。頭尾一齊收，手眼快如流星，自然就像擊石火、閃電光一樣，真是「凜凜威風四百州」。不要說什麼四百州？就是疾風在整個大地不斷地吹，「卻問不知何太嶮」，確實有險峻之處。

最後雪竇重顯說：「放過一著。」如果不放過時又該怎麼辦？我看整個大地的人都得吃棒。現在有一些禪宗僧人老是說：「等他攤開雙手的時候，就給他一頓棒喝。」這種說法，說像倒是有點像，說他對卻又不對。雲門文偃並不只是這樣教你們打，要知道他還有別的用意啊！

【說　明】模仿不是真道。真正的禪不可能從他人那裡得到，也不可以拘泥於一招一式、一言一語。只有自心領會，然後才能萬事皆通。

雪竇重顯在頌古中稱讚雲門文偃機鋒的銳利，手眼快似流星，威風橫掃整個大地。這首頌的第四句用機語來代替，表現了作者不受格律束縛的瀟灑風采，可以說這也是一種活潑自在的禪家機用。

第五五則　道吾不道

【題　解】這則公案表明真如之實際，生時即已現成，死時亦已現成；生時，生之全機現；死時，死之全機現。當漸源仲興手拍棺材問時，真如實際之全機已現。漸源仲興不理解，道吾宗智則寧願挨弟子的打，也不願越俎代庖，替弟子悟道。漸源仲興後聽人念《觀音經》，領悟到佛教超越生死的大道。禪的高妙之處，就是只有通過自身的體驗，才能徹悟。

示眾

穩密❶全真❷，當頭取證；涉流轉物❸，直下承當。向擊石火、閃電光中，坐斷誵訛；據虎頭、收虎尾處，壁立千仞。則且致，放一線道，還有為人處也無？試請舉看。

舉

道吾❹與漸源❺，至一家弔慰❻。源拍棺木云：「生耶？死耶？」（道什麼？好不❼惺惺！這漢猶在兩頭❽。）

吾云：「生也不道，死也不道！」（龍吟霧起❾，買帽相頭❿，老婆心切。）

源云：「為什麼不道？」（錯會也，蹉過了也，果然蹉過。）

吾云：「不道不道。」（惡水驀頭澆，前箭猶輕後箭深⑪。）

回至中路⑫，（太惺惺。）

源云：「和尚快與某甲道，若不道，打和尚去！」（打即卻較些子。罕逢穿耳客⑬，多是刻舟人⑭，這老漢不唧𠺕！）

吾云：「打即任打，道即不道。」（再三相重，就身打劫。這老漢滿身泥水⑮，初心⑯不改。）

源便打。（好打！且道，打他作什麼？屈棒元來有人喫⑰。）

後道吾遷化，源到石霜，舉似前話。（知而故犯，不知是不是？若是則也太奇！）

霜云：「生也不道，死也不道！」（可殺新鮮⑱！元來有人喫這茶飯⑲。）

源云：「為什麼不道？」（語雖一般，意兩種。與前問是同是別？）

霜云：「不道不道！」（天上天下，曹溪波浪如相似，無限平人被陸沉⑳。）

源於言下有省。（瞎漢㉑！何必。且莫謾山僧好㉒。）

源一日將鍬子㉓，於法堂上，東邊過西邊、西邊過東邊。（也是死中得活㉔，好與先師出氣。莫問他，且看這漢一場懡㦬。）

霜云：「作什麼？」（隨後婁藪㉕也。）

源云：「覓先師靈骨㉖。」（喪車後懸藥袋子㉗，悔不慎當初㉘。你道什麼？）

霜云：「洪波浩渺、白浪滔天，覓什麼先師靈骨？」（也須還他作家始得，成群作隊。）

師著語云：「蒼天！蒼天！」（太遲生！賊過後張弓，好與一坑埋卻。）

源云：「正好著力㉙。」（且道，落在什麼處？先師曾為他道什麼？這老漢從頭至尾，直至如今出身不得。）

太原孚云：「先師靈骨猶在！」（大眾見麼？閃電相似，是什麼破草鞋㉚，猶較些子。）

【注釋】❶穩密　工穩而周密。這裡指遠離一切差別、相對，平等一如，非言語思維所及。❷全真　保全天性。離虛偽、絕生死，故云「全真」。❸涉流轉物　涉入萬緣能轉物而不受其束縛。❹道吾　法名圓智，又作宗智（西元七六九～八三五年）。唐代禪僧。俗姓張氏。幼年出家，後投藥山惟儼門下，親依數年，得其心印，嗣其法。住潭州（治今湖南長沙）道吾山，禪僧會集，禪風大振，世稱「道吾宗智」。❺漸源　法名仲興。生卒年不詳。道吾宗智的嗣法弟子，住潭州漸源山，世稱「漸源仲興」。❻弔慰　至喪家祭奠死者並慰問其家屬。❼好不　很不；甚不。表示強調否定。❽這漢猶在兩頭　謂不離生死兩頭。兩頭，指對待之二見。❾龍吟霧起　謂道吾宗智的答話露出了本來面目。龍吟，龍鳴。亦借指大聲吟嘯。❿買帽相頭　喻指所問恰好對所答。相，看；觀察。⓫前箭猶輕後箭深　喻指道吾宗智第一次回答僅僅是削皮割肉，第二次回答則是穿骨徹髓。⓬中路　半路。⓭罕逢穿耳客　意謂上等根器、極具悟性者難以遇到。穿耳客，原指印度僧人，因其多穿耳繫環，這裡指靈悟者。⑭刻舟人　原指冥頑不知變通之人。禪林專用於形容參學者冥頑愚癡，執著於迷妄而不自知，終究無法自由自在地應對禪師的機法。⑮這老漢滿身泥水　謂道吾宗智太慈悲。⑯初心　起初的心意；原初的信仰。⑰屈棒元來有人喫　意謂實是瞎棒，道吾宗智無端吃了。⑱新鮮　謂覺得希罕；覺得新穎。⑲元來有人喫這茶飯　喻指道吾宗智、石霜慶諸的答語相同。⑳曹溪波浪如相似二句　意謂石霜慶諸的答語雖與道吾宗智的答語一樣，但意更新鮮；如果答語相似，則無數平白無辜的人就要被埋沒。㉑瞎漢　喻指對禪法無見識者。㉒且莫謾山僧好　意謂圜悟克勤門下無迷悟。謾，欺騙；蒙蔽。㉓鍬子　一種掘土器。用熟鐵或鋼打成片狀，前一半略呈圓形而稍尖，後一半末端安有長木把。㉔也是死中得活　稱讚漸源仲興呈活機用。㉕隨後婁藪　謂石霜慶諸隨漸源仲興之後提問。㉖靈骨　佛祖釋迦牟尼或得道僧人的遺骨，亦稱作「舍利」。㉗喪車後懸藥袋子　事後諸葛亮之意。㉘悔不慎當初　稱讚漸源仲興當前的機用，諷刺他當初的糊塗。㉙著力　用氣力；具功力。㉚是什麼破草鞋　眼高看不見黃金之意。

【語譯】圜悟克勤開示：一個禪者如果達到了沉穩綿密的全真境界，那麼當即就能證入真如性海；即使涉入聲色之流，不但不會陷溺其中，反而能夠轉變外界的情境，直接承當禪法。同時在擊石火、閃電光的禪機之中，截斷一切含糊不清的見解；在按虎頭、收虎尾的地方，壁立千仞。凡此種種都暫且不提，如果要求放開一條之道，讓人有路可循的話，那麼還有可以接引學人的地方嗎？我試舉一則公案給你們看看。

舉說公案：道吾宗智和漸源仲興到一戶舉辦喪事的人家去弔唁。漸源仲興用手拍著棺材，問：「裡面的人是活著呢？還是死去了呢？」（說什麼？太不聰明了！這傢伙還有分別妄念。）道吾宗智回答說：「既不能說他活著，也不能說他死去了！」（龍鳴叫之後雲霧生起，買帽之前先看看頭的大小，像老婆婆一樣慈悲心切。）漸源仲興問：「為什麼不能說？」（理解錯了，錯失禪機了，果然錯過。）道吾宗智說：「不能說就是不能說！」（髒水當頭澆過來了，前面射出去的箭還算輕淺，後面射出去的箭更深重。）在回寺院的半路上，（太糊塗。）漸源仲興說：「請師父快點告訴我吧，不然的話，我就要打你了！」（動手打人還算說得過去。靈悟的僧人很難遇見，碰到的都是一些呆板不聰明的人，漸源仲興這老傢伙不機靈。）道吾宗智說：「要打就任憑你打，要我說的話，我就是不說。」（他已經是第三次不願說了，其實早就說出來了。道吾宗智渾身上下都是泥水，機用始終一致。）漸源仲興朝他打過去。（打得好！你來說說看，打他幹什麼？屈棒原來有人喫。）

後來道吾宗智圓寂了，漸源仲興來到了石霜山，把上述的情形告訴了石霜慶諸。（明知故犯，不知是不對？如果是對的話，也就太奇怪了！）石霜慶諸說：「既不能說他活著，也不能說他死去了！」（非常新鮮！原來有人吃同樣的茶飯。）漸源仲興問：「為什麼不能說？」（言語雖一樣，用意卻不一樣。與前面的問話是相同還是不同？）石霜慶諸回答說：「不能說就是不能說！」（這句答話的玄機彌漫天地之間，曹溪的波浪如果一樣，無數的平民就會被埋沒。）漸源仲興聽了這話，當即有所省悟。（瞎了眼的傢伙！何必這樣。千萬不要騙我才好。）

漸源仲興有一天拿著鐵鍬在法堂上從東面走到西面，又從西面走到東面。（也是從大死之中得以活過來了，好為先師道吾宗智揚眉吐氣。不要問他，且看這傢伙如何收場。）石霜慶諸問：「你在幹什麼呢？」（禪機隨後而至。）漸源仲興回答說：「我在尋找先師的靈骨。」（運載靈柩的喪車後面懸掛著藥袋子，真後悔當初不謹慎。你說什麼？）石霜慶諸說：「洪波浩渺，白浪滔天，到處都是禪法，你何必到這裡來找什麼先師靈骨呢？」（也應該還他本來面目才行，成群結隊的人還不如石霜慶諸一人。）雪竇重顯評論說：「蒼天！蒼天！」（說得太晚了！盜賊過去之後才架設弓箭，好把他們埋葬在同一個土坑裡。）漸源仲興說：「正好下功夫。」（你來說說看，漸源仲興的用意是什麼？先師曾經為他說過什麼？這老傢伙從頭到尾，直到現在還不能悟道。）太原孚上座說：「先師的靈骨還在。」（大家看見了靈骨的所在之處嗎？這禪機像閃電一樣，是什麼破草鞋，這判語還說得過去。）

評唱

道吾與漸源，至一家弔慰。源拍棺云：「生耶？死耶？」吾曰：「生也不道，死也不道！」若向此句下薦得，言下知歸；其或未然，當面蹉過！只這便是透生死底關鍵。古人行住坐臥，不妨以此事為懷。

纔至人家弔慰，漸源便拍棺問道吾云：「生耶？死耶？」道吾不移易一絲毫頭，對他道：「生也不道，死也不道！」源蹉過，卻逐他語句上走云：「為什麼不道？」吾云：「不道不道！」道吾可謂赤心❶片片，將錯就錯。源猶自不惺惺，回至中路，云：「和尚快與某甲道，若不道，則打和尚去！」且道，他識甚好惡？道吾老婆心切，更向他道：「打即任打，道即不道。」源便打。雖然如是，卻被他贏得一著。道吾恁麼血滴滴❷地為他，漸源得恁麼不瞥地❸？道吾被打，恐院主知事❹，作害❺這僧，密遣❻令去，道吾太殺❼傷❽慈！

源後來至一小院，聞行者誦《觀音經》❾，云：「應以比丘身❿得度⓫者，即現比丘身而為說法」，忽然大悟云：「我當時錯怪先師！將⓬知此事，不在言句上。」古人道：「沒量大人⓭被語脈裡轉卻。」有底云：「『不道不道』，是道了也」，喚作「打背翻筋斗」，教人摸索不著。若恁麼會，作麼生得平穩去？若腳踏實地，不隔一條絲線。

【注　釋】❶赤心　赤誠的心。❷血滴滴　鮮血淋漓的樣子。喻指道吾宗智盡情為漸源仲興揭示禪法。❸驀地　突然；迅速地。❹知事　僧職名。掌管諸僧雜事與庶務。❺作害　為害。❻密遣　秘密派遣。❼太殺　過分。❽傷　太；過度。❾觀音經　是《法華經》卷七《觀世音菩薩普門品》的單行本，內容宣說觀世音菩薩普門示現的妙用。❿比丘身　觀世音菩薩為攝化普益眾生而示現三昧中的三十三種化身之一。比丘，指已受具足戒的男性，俗稱和尚。⓫得度　謂得以渡過生死之海而進入涅槃境界。⓬將　副詞。乃；方。⓭沒量大人　徹底大悟而超出凡人所執著之凡聖、迷悟、有無、得失等分別情量的大人物。

【語　譯】圜悟克勤評唱：道吾宗智和漸源仲興到一戶舉辦喪事的人家去弔唁。漸源仲興用手拍著棺材，問：「裡面的人是活著呢？還是死去了呢？」道吾宗智回答說：「既不能說他活著，也不能說他死去了。」你如果能從這句話之中悟入，當即就能認識到自己的本來面目；否則的話，那就是當面錯過了禪機。僅這一句話就是超越生死輪迴的關鍵所在。從前禪師的行、住、坐、臥，時時刻刻都掛念著從生死輪迴中解脫出來的這件大事。

一到這戶人家弔唁，漸源仲興就拍著棺材問道吾宗智：「師父說說看，裡面的人是活著呢？還是死去了呢？」道吾宗智毫不猶豫地回答他說：「既不能說他活著，也不能說他死去了！」漸源仲興當面錯過了禪機，只得跟隨著道吾宗智的言句打轉，又問：「為什麼不能說？」道吾宗智說：「不能說就是不能說！」道吾宗智真可以稱得上是一片赤誠，將錯就錯。不料漸源仲興還是茫然無知，在回寺院的半路當中又說：「師父快為我說！你如果不說，我就要打你了！」你來說說看，漸源仲興知道什麼是好、什麼是歹嗎？可是道吾宗智仍舊像老婆婆慈悲心切那樣對他說：「要打的話，就任憑你打，要我說的話我就是不說。」漸源仲興舉手就打。儘管這樣，道吾宗智還是勝漸源仲興一籌。道吾宗智還是那樣披肝瀝膽地教他，漸源仲興為什麼還不大徹大悟呢？道吾宗智被漸源仲興打過之後，恐怕院主、知事一旦知道這件事，會加害他，於是安排漸源仲興暗中離去。道吾宗智真是太慈悲了。

漸源仲興後來到一座小寺院，聽見一位行者在念誦《觀音經》，當誦到「應以比丘身得度者，即現比丘身而為說法」時，漸源仲興忽然大徹大悟，說：「我當時錯怪先師了，現在才曉得悟道這件事原來不在言句上。」從前的禪師說：「沒量大人也要隨著言句轉。」有的人說：「道吾宗智說：『不能說就是不能說』，其實已經說出來了。」這叫做「從背後翻筋斗」，教人摸不著頭腦。你如果也跟著這樣理解，怎麼能夠契合他的旨意呢？如果是腳踏實地去參禪的人，對道吾宗智所說的話就不會有絲毫的疑惑。

舉，七賢女[1]，遊屍陀林[2]。一女指屍問諸姊曰：「屍在者裡，人向什麼處去？」中有一姊云：「作麼[3]作麼？」諸姊諦觀[4]，各各契悟。感帝釋[5]散花，云：「惟願聖姊，有何所須？吾當終身[6]供給[7]。」女云：「我家四事[8]七珍[9]，悉皆具足，唯要三般物。一要無根樹子一株、二要無陰[10]陽[11]地一片、三要叫不響山谷一所。」帝釋云：「一切所須悉皆有之，若此三物，我實無得。」女云：「若無此物，爭解[12]濟人[13]？」帝釋遂同往問佛。佛言：「憍尸迦[14]，我諸弟子大阿羅漢[15]，悉皆不解此義，唯有諸大菩薩，乃解此義。」於是一時悟道。且道，能有幾箇？千箇萬箇，只是一箇。

源後至石霜。石霜承嗣道吾，遂舉前話。石霜依前云「生也」云云，他便悟去。一日將鍬子去法堂上，從東過西、從西過東，意欲[16]呈解。石霜果問云：「作什麼？」源云：「覓先師靈骨。」霜便截斷他腳跟[17]云「洪波浩渺」云云。他既是覓先師靈骨，石霜為什麼卻恁麼道？到這裡，若於「生也不道、死也不道」處，言下透得，方知自始至終，全機受用⓲；你若作道理擬議尋思，直是難見。

雪竇著語云：「蒼天！蒼天！」其意落在兩邊⓳。源云：「正好著力。」看他省後，道得自然奇特。道吾一片頂蓋骨如金，敲作金玉聲⓴。太原孚云：「先師靈骨猶在」，自然道得穩當。者一落索㉑，一時拈向一邊，作麼生是省要處？作麼生是著力處？不見，「一處透，千處萬處一時透」，若向「不道不道」處透得，便乃坐斷天下人舌頭；若透不得，也須自參始得。

【注釋】❶賢女　有才德的女子。❷屍陀林　位於中印度摩揭陀國王舍城北方的森林。林中幽深且寒，初為該城人民棄屍之所，後為罪人的居住地。其後泛稱棄置死屍的寒冷森林。❸作麼　怎麼；為什麼。❹諦觀　審視；仔細看。❺帝釋　佛教護法神之一。佛家稱其為三十三天（忉利天）之主，居須彌山頂善見城。梵文音譯名為釋迦提桓因陀羅。❻終身　一生；終竟此身。❼供給　以物資、錢財等給人而供其所需。❽四事　菩薩攝受眾生，令其生起親愛心而引入佛道，以至開悟的四種方法。❾七珍　七種珍寶。佛經中說法不一，《無量壽經》以金、銀、琉璃、珊瑚、琥珀、硨磲、瑪瑙為七寶。❿陰　不見陽光的地方。⓫陽　日光照得見的一面，向陽部分。⓬解　能夠；會。⓭濟人　救助別人。⓮憍尸迦　帝釋天的異名。帝釋天曾是摩伽陀國的婆羅門，姓憍尸迦，名摩伽，以此因緣稱憍尸迦。⓯阿羅漢　梵語的譯音。小乘佛教修行者所能達到的最高果位。佛教亦用稱斷絕嗜欲，解脫煩惱，修得小乘果的人。⓰意欲　想要。謂心想做某事。⓱腳跟　比喻立足點或立場，亦比喻行跡。⓲全機受用　對一切機用不加取捨，不加揀擇，一概受用。⓳落在兩邊　指墜入迷悟、凡聖等迷境之中而無法超拔。⓴道吾一片頂蓋骨如金二句　道吾宗智圓寂後，火化時，一節頂蓋骨燒不成灰，其色如金，其聲如銅。㉑落索　連串不斷的樣子。

【語　譯】在佛祖釋迦牟尼的時代，印度有七位賢女，她們當中的一位小妹妹指著屍體問各位姐姐：「屍體在這裡，人到什麼地方去了呢？」其中有一位姐姐說：「這是怎麼一回事呢？」七姊妹一齊仔細觀看，各自覺悟。此事感動了帝釋天，為她們撒下花朵，並說：「請問各位聖潔的姊妹，需要一些什麼東西？我一定終身供應。」七賢女說：「我家的四事七珍都已具備，只是還需要三樣東西：一要一棵無根的樹，二要一片無陰陽的土地，三要一座叫不響的山谷。」帝釋天說：「一切所需之物我都有，只是這三樣東西，我實在無法得到。」七賢女說：「如果沒有這三樣東西，怎麼能濟度他人？」帝釋天於是同七賢女一起前來向佛祖釋迦牟尼請教。佛祖釋迦牟尼說：「憍尸迦，我的各位弟子大阿羅漢都不知道這話的意義，只有各位大菩薩才知道這話的意義。」在場的人聽了這話，一齊悟道。你來說說看，能有幾個？千個萬個，其實只是一個。

漸源仲興後來到石霜慶諸這裡參禪。石霜慶諸是道吾宗智的嗣法弟子，漸源仲興對他舉說道吾宗智所說的話頭。石霜慶諸說：「既不能說他活著，也不能說他死去了。」漸源仲興問：「為什麼不能說？」石霜慶諸回答說：「不能說就是不能說！」漸源仲興聽了這話，當即有所覺悟。一天，漸源仲興拿著鐵鍬在法堂上從東面走到西面，又從西面走到東面，他這樣做的目的就是想呈送悟道的見解。石霜慶諸果然問他：「你在幹什麼呢？」漸源仲興回答說：「我在尋找先師的靈骨。」石霜慶諸截斷他的見解，說：「洪波浩渺，白浪滔天，到處都是禪法，你何必到這裡來找什麼先師靈骨呢？」他既然是在尋找先師的靈骨，石霜慶諸為什麼那樣說？到了這個地步，你如果能在「既不能說他活著，也不能說他死去了」這句話之下參透，就能夠自始至終全機受用了；你如果還反覆地在言句之中推敲思考，終究還是不能領悟禪法。

雪竇重顯評論說：「蒼天啊！蒼天！」他的意思落在兩邊而無法超脫。漸源仲興說：「正好下功夫。」你看他開悟以後說出來的話，自然就與眾不同。道吾宗智圓寂後，他的一片頂蓋骨就像黃金一樣，敲擊會發出金玉的聲音。太原孚上座說：「先師的靈骨還在。」自然說得很穩當。這一串話暫時擱在一邊，怎麼樣才是簡單扼要的地方呢？怎麼樣又是下功夫的地方呢？從前的禪師說：「一處參透了，千處萬處一齊參透。」

你如果能從「不能說就是不能說」這句話之中參透，那就可以截斷天下人的舌頭，讓他們開不得口；如果不能參透，還得努力參究才行。

頌

兔馬有角，（斬！可殺奇特，可殺新鮮。）

牛羊無角❶。（斬！成什麼模樣？謾別人不得。）

絕毫絕氂❷，（天上天下，唯我獨尊❸。天下太平，向什麼處摸索？）

如山如嶽❹。（在什麼處？平地起浪瀾，築❺著你鼻孔。）

黃金靈骨今猶在，（截卻舌頭，塞卻咽喉。拈向一邊，只恐無人識。）

白浪滔天何處著❻？（眼裡著水❼、耳裡著沙❽，放過一著，腳跟下蹉過。）

無處著，（果然，猶較些子。果然，沒溺深坑❾。）

隻履西歸❿曾失卻。（祖禰⓫不了，殃及⓬兒孫。打云：「為什麼卻在這裡？」）

評唱

雪竇會解，下注腳。他是雲門下兒孫，凡一句中，具三句玄底鉗鎚，向難道處道得，向撥不開處撥開，去他緊要處頌出，直道：「兔馬有角，牛羊無角。」

且道，兔馬為什麼有角？牛羊為什麼無角？若透得前頭話，始知雪竇有為人處。有底錯會云：「不道是道，無句是有句。兔馬無角卻云有角，牛羊有角卻云無角相似。」且喜勿交涉。殊不知，古人千變萬化，現如此神通，只為你打破野狐精靈窟。若會得去，不消箇了字。「兔馬有角，牛羊無角。絕毫絕氂，如山如嶽。」這四句，似摩尼⓭珠一顆。雪竇渾崙地吐在你面前了也。

末後皆是據款結案：「黃金靈骨今猶在，白浪滔天何處著？」此頌石霜與太原孚語。為什麼「無處著，隻履西歸曾失卻」？引達摩話，靈龜曳尾，此是雪竇轉身處。古人道：「他參活句，不參死句。」既是「失卻」，他一火為什麼卻競頭⓮爭？

【注　釋】❶兔馬有角牛羊無角　這兩句不涉生死，不落有無，意在打破俗情妄念的窠窟。❷絕毫絕氂　毫氂，比喻極微細。毫、氂都是微小的量度單位。❸獨尊　獨受尊重；獨居首位。❹嶽　泛指高山。❺築　打；擊。❻白浪滔天何處著　謂天地之間一片白浪，何處安放靈骨。著，放置；安放。❼眼裡著水　意謂有眼看不見。❽耳裡著沙　意謂有耳聽不見。❾深坑　喻指本來面目。❿隻履西歸　喻指道吾宗智圓寂。⓫祖禰　先祖和先父。亦泛指祖先。這裡指初祖達摩。⓬殃及　連累。⓭摩尼　梵語寶珠的譯音。⓮競頭　紛紛；爭搶著。

【語　譯】雪竇重顯頌古：兔馬有角，（斬斷妄念！非常奇特，非常新鮮。）牛羊無角。（斬斷妄念！變成什麼模樣？欺騙不了別人。）絕毫絕氂，（天上天下，唯我獨尊。天下太平，到什麼地方去摸索？）如山如嶽。（在什麼地方？平白無故地生起波瀾，撞著你的鼻孔。）黃金靈骨今猶在，（這話要截斷人們的舌頭，塞住人們的咽喉，使他們出不得氣。擱在一邊，只恐怕無人識得黃金靈骨。）白浪滔天何處著？（眼睛裡充滿了水，耳朵裡塞滿了沙子，退讓一步，腳跟下錯過。）無處著，（果然，還說得過去。果然，陷溺在深坑。）隻履西歸曾失卻。（達摩祖師不覺悟，連累後世的子孫。打過之後說：「為什麼卻在我這裡？」）

圜悟克勤評唱：雪竇重顯往往就是這樣善於下注腳，他是雲門宗的傳人，大凡一句話之中就具備了三句話的玄妙作用，說穿那難以說出的道理，撥開那不容易撥開的問題，在重要的地方頌出，直截了當地說：「兔馬有角，牛羊無角。」你來說說看，兔馬為什麼有角，牛羊為什麼沒有角呢？你如果能徹悟前面說過的那段話頭，才能知道雪竇重顯有接引學人的地方。有的人往往錯誤地理解說：「不說就是說，無言句就是有言句，所以兔馬無角卻說有角，牛羊有角卻說無角。」這種說法與雪竇重顯的用意毫無關係。他們竟然不知道從前的禪師接引學人的手法千變萬化，顯現這樣的神通只是為了打破你那有著野狐精見解的鬼窟。如果能夠參透得過去，根本就沒有什麼好說的。「兔馬有角，牛羊無角。絕毫絕釐，如山如嶽。」這四句話就像一顆摩尼寶珠一樣，雪竇重顯把它整個地吐在你的面前了。

最後都是根據口供了結這則公案：「黃金靈骨今猶在，白浪滔天何處著？」這句話在頌石霜慶諸和太原孚上座的話。為什麼會「無處著，隻履西歸曾失卻」呢？引達摩祖師的話頭，就像靈龜拖著尾巴一樣，這是雪竇重顯轉身的出路。從前的禪師說：「他參活句，不參死句。」說的就是這個道理。既然是失去了，他們那一夥人為什麼都拼命地在那裡尋找呢？

【說　明】生的時候，沒有死，生就是一切；死的時候，沒有生，死的現狀就是死者的一切。言生又言死，執著於二端，絕非禪家所為，故「不道不道」。生時忠於生，努力尋找靈性，感悟靈性，就會感悟生的意義，死的自然。

禪家視肉身生死寂滅為一體，一體並非實體，只是事物因機緣而顯現的相。實相無相，相，終究落空；

是體為用，既落空也就無體為用，仍不免一個空字。漸源仲興撫摸棺材，打破砂鍋要問生和死的實質，竟不知實質在實相中已經清楚地予以顯示。所以道吾宗智告訴他：生也無須說，死也無須說。意謂生死原本是空寂的概念，為空間和時間的形式（緣機）出現的一種形態（相），這種形態是事物在與某個時空統一的情況下顯現，也是隨著時空推移變化失卻相對統一而趨向消亡，生生死死是相對的。

漸源仲興尋找先師靈骨，顯然是要勘驗石霜慶諸的禪機。石霜慶諸作為道吾宗智的傳人，不僅解決了老話題，而且以智慧參破了漸源仲興的尋覓靈骨。

這則公案，圜悟克勤是翻來覆去地評唱，他這樣做原本是不得已，宋代參禪已經走入這個「精靈鬼窟」，毫無辦法，所以只好以楔出楔。儘管他說了許多，卻沒有說一點道理讓人領會，只是說了一個道吾宗智不為漸源仲興說破的原因，同時嘲諷了那些認為「不說就是說」等似是而非的「相似禪」。一個人如果能達到見他人所不見之處，察覺他人所不察覺之處，說出他人所不能說出之處，知曉他人所不知曉之處，自然就與眾不同了。但這個功夫從哪裡得來的呢？「自己腳跟下一段大事因緣」如何明白呢？這只有靠自己去努力參究了。

雪竇重顯仰天大呼：「蒼天！蒼天！」有落在兩邊之嫌，不過他的頌古倒也有些白參自悟的趣味。太原乎上座說：「先師靈骨猶在。」這裡的「猶在」，似乎有些偏、有些實了。因為靈骨雖然存在，並不是道吾宗智存在，道吾宗智已成為空，已成為無。即使從「精神猶在」的角度講，「精神」是抽象的，看不見、摸不著，它只能體現，如不體現猶如沒有一樣。

第五六則　欽山一鏃

【題　解】這則公案以一箭射破三道關門，比喻一念超越三大阿僧只劫、一心貫徹三觀、一棒打殺三世諸佛，不經任何階段而直參本來面目。

示眾

諸佛不曾出世，亦無一法與人；祖師不曾西來，未曾以心傳授❶。自是時人❷不了，向外馳求❸，殊不知自己腳跟下，一段大事❹因緣，千聖亦摸索不著。只如今見不見、聞不聞、說不說❺，從什麼處得來？若未能洞達❻，且向葛藤裡會取❼。好試舉看。

【注　釋】❶以心傳授　指禪法傳授不用語言文字，而是直指人心，心心相印。❷時人　當時的人；同時代的人。❸向外馳求　指不識自心是佛，卻到處奔走，向心外的虛幻事物中尋求佛法。❹大事　領悟禪法、超脫生死之事，禪家以此為本分大事。❺只如今見不見聞不聞說不說　意謂歷代祖師摸索不著的悟道大事非見聞所及，非言語所述。❻洞達　理解得很透徹；看得很清楚。❼取　助詞。表動態。猶「得」。

【語　譯】圜悟克勤開示：諸佛既沒有出世，也沒有將佛法傳授給人們；達摩祖師既沒有來過中國，也沒有傳授過以心印心的法門。這只是因為現在的人們自己不能覺悟，而向外尋法求道，竟然不知道一段悟道的因緣就在自己本身，即使連歷代祖師也摸索不著。就當前的事情來說，見而不見，聞而不聞，說而不說，那麼，這段大事因緣是從什麼地方得來的呢？你如果還不能洞察明白，那就請你從文字公案裡去領會吧。我試舉一則公案給你們看看。

舉

良禪客❶問欽山❷：「一鏃❸破三關時如何？」（嶮！不妨奇特。不妨是箇猛將！）

山云：「放❹出『關中主❺』看。」（劈面來也，也要大家知，主山高，按山低❻。）

良云：「與麼則知過必改。」（見機而作❼，已落第二頭。）

山云：「更待何時？」（有擒有縱❽，風行草偃。）

良云：「好箭放不著所在」，便出。（果然，擬待❾翻款那，第二拳打人不痛。）

山云：「且來闍黎。」（呼則易，遣則難。喚得回頭，堪作何用❿？這漢回頭便著⓫。）

良回首，（果然把不住。）

山把住云：「『一鏃破三關』即且致，試與欽山放箭看！」（虎口裡橫身⓬，逆水之波⓭誰人知有？見義不為何勇有也⓮？）良擬議，（果然摸索不著。打云：可惜許！）山打七棒云：「且聽⓯這老漢疑三十年！」（有終有始，頭亡尾亡，這箇棒合是欽山喫。）

【注釋】❶良禪客　即巨良禪師。❷欽山　法名文邃（西元八三四～八九六年），唐代禪僧，福州人。洞山良价的嗣法弟子，住欽山（治今湖南澧縣），機鋒猛銳，四眾畏敬，世稱「欽山文邃」。❸鏃　箭頭；借指箭。❹放　發遣；發射。❺關中主　指守關的人。❻主山高二句　中國歷代營造宮室時，概以北方吉相而高，南方較低，故北方之山為主山，南方之山則稱按山。寺院以後山（即北方之山）稱為主山。禪林以「主山、按山」代表主客關係。又以「主山高，按山低」一語，表示主客的差別世界（現象界的差別世界）皆含真如不變之理。❼見機而作　謂事前明察事物細微的變化，抓住有利時機而有所動作。❽有擒有縱　不讓他是擒，不行正令是縱。❾擬待　猶打算。❿喚得回頭二句　意謂巨良禪師掩耳而去，則為有為之才；如果回頭，則非良器。⓫著　執著、粘著於虛妄不實的事物。⓬虎口裡橫身　喻指欽山文邃處境危險。⓭逆水之波　謂良禪客放箭不得，又逢欽山文邃的惡辣手段。⓮見義不為何勇有也　謂欽山文邃當可為而為，真勇將也。⓯聽　審察；斷決；治理。

【語譯】舉說公案：巨良禪師問欽山文邃：「一箭射穿三重關卡時會怎麼樣呢？」（這問話險峻！非常奇特。巨良禪師確實是一員猛將！）欽山文邃回答說：「我倒想看看你怎樣射中『關中主』。」（當面來了，也要大家知道，主山高，按山低。）巨良禪師說：「這麼說是我射錯了，既然知道自己有過失，那就一定改正吧。」（見機行事，這樣的言句已經離禪法很遠了。）欽山文邃說：「你還不快射，還要等到什麼時候？」（既有把住的手法，也有放行的手法，風吹過後，草自然倒伏。）巨良禪師說：「好箭找不到目標可射。」說完就往外走。（巨良禪師果然吐毒氣，還打算翻案嗎？第二拳打人不痛。）欽山文邃說：「和尚暫且回來。」（喊他回來容易，打發他走很難。喊得他回頭，又有什麼用？這傢伙一回頭就執著了。）巨良禪師一回頭，（果然控制不住自己。）欽山文邃一把揪住他說：「一箭射穿三重關卡暫且不提，你先對著我射一箭看看！」（橫著身子躺在老虎嘴裡，有誰知道逆水之波的存在呢？見義不為算什麼勇將？）巨良禪師正在揣摩思考時，（果然摸不著欽山文邃的用意。打過之後說：太可惜了！）欽山文邃動手就打了他七棒，說：「且讓這傢伙再疑惑三十年吧！」（欽山文邃的機鋒有始有終，開頭無缺漏，結尾亦無缺漏，這七棒本來應該由欽山文邃吃。）

評唱

良禪客，也不妨是一員猛將，向欽山手裡，左撥右轉，墮鞭閃蹬❶。末後可惜許！弓折箭盡。雖然如是，李將軍有嘉聲❷在，不得封侯❸也是閑。這箇公案，一出一入、一擒一縱，當機覿面❹提、覿面當機疾，不落有無得失，謂之玄機❺。稍虧❻些子力量，便有顛蹶❼。這僧是箇英靈底衲僧，致箇問端，不妨驚群；欽山是作家宗師，便知落處。

「鏃」是箭鏃，一箭射透三關時如何？欽山意道，你透則且致，試放出關中主看！良云：「與麼，則知過必改。」也不妨奇特。山云：「更待何時？」看他與麼祗對？欽山所問，更無些子空缺處。後頭良禪客卻道：「好箭放不著所在」，拂袖便出。欽山見他與麼道，便喚，他果然回來。山擒住云：「一鏃破三關即且致，試為欽山放箭看。」良擬議，山打七棒，更為念一遍：「且聽這漢疑三十年！」

如今禪和子道：「為什麼不打八棒，又不打六棒，卻只打七棒？不然，等他問道『試與欽山放箭看』，便打！」似則似，是則未是。這公案，須是胸中不懷些子道理計較、超言句外，可有一句破三關。及有放箭處，若據是非得失，卒摸索不著。當時這僧若是箇漢，欽山也太嶮；他既是不能行此令，不免倒行。且道，「關中主」畢竟是什麼人？

【注　釋】❶左撥右轉二句　喻指機鋒迭起。墮，垂掛。閃，動搖不定；晃動。鐙，掛在鞍子兩旁的腳踏。多用鐵製成。又作「鐙」。❷嘉聲　美好的聲響。❸封侯　封拜侯爵。亦泛指顯赫功名。❹覿面　當面；迎面；見面。❺玄機　深奧微妙的義理。❻虧　欠缺；不足。❼顛蹶　覆亡；毀滅；失敗。

【語　譯】圜悟克勤評唱：巨良禪師也確實是一位猛將，他與欽山文邃左旋右轉，垂鞭晃鐙。最後實在是太可惜了！落了個弓折箭盡的下場。儘管這樣，巨良禪師仍不失為一位傑出的禪者，就像漢代的名將李廣一樣，美名依然存在，沒有封侯倒樂得清閒。在這則公案中，兩人一出一入，一擒一縱，面對面呈送禪機，面對面互鬥機鋒，都不落在有無、得失之中，這叫做「玄機」。只是巨良禪師欠缺一些力量，便落了個失敗的下場。不過巨良禪師也是一位傑出的人才，他提出的這個問題真叫人們驚奇；欽山文邃是一位機用傑出的禪宗大師，一聽問話就可以知道對手的用意。

「鏃」是箭頭的意思，一箭射穿三重關卡時會怎麼樣呢？欽山文邃的意思是說：一箭射穿三重關卡這事暫且擱置一旁，先射中「關中主」給我看看。巨良禪師說：「這麼說是我射錯了，既然知道自己有過失，那就一定改正吧。」這話也非常奇特。欽山文邃說：「你還不快射，還要等到什麼時候？」你看他如此應對。欽山文邃所問，更無絲毫空隙之處。巨良禪師接著說：「好箭找不到目標可射。」說完拂袖而去。欽山文邃見他這樣說，便喊他回來，巨良禪師果然回去了。欽山文邃一把抓住他說：「一箭射穿三重關卡暫且不提，你先對著我射一箭看看！」巨良禪師正在揣摩思考時，欽山文邃動手打了他七棒，還要念叨一遍：「且讓這傢伙再疑惑三十年吧！」

現在有些禪宗僧人說：「為什麼不打八棒，也不打六棒，偏要打七棒呢？不然的話，當他問『先對著欽山文邃射一箭看看』的時候，動手就打。」這種說法，與禪法倒有點接近，說他對卻又不對。這則公案，必須得胸中不存在絲毫道理計較，超越言句之外，才談得上一句穿透三重關卡。到了該射箭的地方，如果還存有是非、得失，最終還是摸不著頭腦。當時巨良禪師如果是一個真正的男子漢，欽山文邃的處境就太危險了；巨良禪師既然不能行棒，反過來就免不了要遭受欽山文邃的棒打。你來說說看，「關中主」到底是什麼人？

頌

與君放出關中主，（中也，當頭❶蹉過，退後退後❷！）
放箭之徒莫莽鹵❸。（一死更不再活❹，太殺譊訛，過也。）
取箇眼兮耳必聾，（左眼半斤，放過一著。左邊不前，右邊不後❺。）
捨箇耳兮目雙瞽❻。（右眼八兩，只得一橛。進前則墮坑落塹，退後則猛虎銜腳❼。）

可憐❽一鏃破三關，（全機恁麼來時如何？道什麼？破也墮也。）

的的分明箭後路。（死漢❾！打云：還見麼？）

君不見，（癩兒去牽伴❿，打葛藤去也。）

玄沙有言兮：（那箇不是玄沙。）

「大丈夫，先天為心祖⓫。」（一句截流，萬機寢削⓬。鼻孔在我手裡，未有天地已前⓭，在什麼處安身立命⓮？）

【注釋】❶當頭　當面；當即。❷退後退後　關中主已降臨之故。❸莽鹵　粗疏；馬虎。❹一死更不再活　喻指一箭已錯過，要射穿三關不知要到何時。❺左邊不前二句　意謂耳聾眼瞎，彼此一樣。❻瞽　目失明；眼瞎。❼進前則墮坑落塹二句　喻指進退都是喪身失命。塹，溝壕。銜，含在嘴裡；用嘴咬著。❽可憐　可愛。❾死漢　指執著於空寂之處，因而失去自由運作之人。亦指槁木死灰之徒。這裡指跟在箭後面走的人是死漢。❿癩兒去牽伴　喻指雪竇重顯引用其他禪師的話。⓫先天為心祖　意謂如向天地未分之前知此心之祖則見關中主，如見關中主則知心是他的兒孫。先天，指宇宙的本體，萬物的本原。⓬一句截流二句　謂僅用一言一句，即可截斷一切分別妄想心的作用，終息千算萬計，當下即呈現本體這真相。截流，乃截斷眾流的略稱，即截斷分別妄想心之意。寢削，乃停止、削除之意。⓭未有天地已前　這是禪師常用來指點參禪者認識自己本來面目的語句。⓮安身立命　謂生活有著落，精神亦有所寄託。

【語譯】雪竇重顯頌古：與君放出關中主，（雪竇重顯一箭射中了，巨良禪師當面錯失一箭，往後退，往後退！）放箭之徒莫莽鹵。（一死就再也不會活過來了，大錯特錯，射出去的箭沒蹤影了。）取箇眼兮耳必聾，（左眼半斤，退讓一步，左邊不往前，右邊不靠後。）捨箇耳兮目雙瞽。（右眼八兩，只得一段。往前走掉進深坑，向後退猛虎咬腳。）可憐一鏃破三關，（全機這樣來時會怎麼樣？說什麼？穿透關卡了。）的的分明箭後路。（死漢！打過之後說：還看得見箭路分明之處嗎？）君不見，（無獺小兒牽著伴侶，陷入言句之中去了。）玄沙師備說：（那個不是玄沙師備。）「大丈夫，先天為心祖。」（一句話截斷分別妄想心，各種心機都停止了。大丈夫的鼻孔掌握在我圜悟克勤手裡，未有天地之前，各位在什麼地方安身立命？）

評唱

此頌數句，取歸宗頌中語。歸宗昔日因作此一頌，號❶曰歸宗，宗門❷中謂之宗旨之說。後來同安❸聞之云：「良禪客，善能發箭，要且❹不能中的❺。」有僧便問：「如何是中的？」安云：「關中主是什麼人？」僧舉似欽山，山云：「良公若解與麼道，免得欽山口。」雖然如是，同安不是好心。

雪竇道：「與君放出關中主」，開眼也著，合眼也著，有形無形，盡斬為三段。「放箭之徒莫莽鹵」，若善放箭，則不莽鹵；若不善放，則莽鹵可知。「取箇眼兮耳必聾，取箇耳兮眼還聾。」且道，取箇眼因什麼耳聾？取箇耳為什麼目雙瞽？此語無取捨❻，方能透得，若有取捨則難見。「可憐一鏃破三關，的的分明箭後路。」良禪客問：「一鏃破三關時如何？」欽山云：「放出關中主看。」乃至末後同安公案，盡是箭後路。畢竟你作麼生？「君不見，玄沙有言兮：『大丈夫，先天為心祖。』」尋常以心為祖宗❼極則，這裡為什麼卻於天地未分已前❽，猶為此心之祖？若識破這時節，方識得「關中主」。若要中的，箭後分明有路。且道，作麼生是「箭後路」？也須是自著精彩❾始得。如今參學人，若以此心為祖宗，參到彌勒佛下生，也未會在。若是大丈夫漢，心猶是兒孫，「天地未分」，亦落在第二第三❿。且道，正當恁麼時，作麼生是「先天地」？

又說「大丈夫，先天為心祖。」玄沙常以此語示眾：「一二三四五，日輪⓫正當午；可憐大丈夫，先天為心祖。」先是歸宗亦有此語，雪竇誤為玄沙語也。

【注釋】❶號　揚言；宣稱。❷宗門　禪宗的自稱，而稱其他各宗為「教門」。❸同安　法名常察，五代禪僧。九峰道虔的嗣法弟子。住洪州（治今江西南昌）鳳棲山同安院，世稱「同安常察」。建隆二年（西元九六一年）圓寂，卒年九十餘。❹要且　然而，卻，表示轉折語氣。❺中的　指箭射中靶心。的，箭靶的中心。❻取捨　擇用與棄置；選擇。❼祖宗　禪宗；禪法。❽天地未分已前　意同「未有天地已前」。❾著精彩　振作精神；留神。精彩，精神；風采。❿第二第三　指玄妙禪法以外的事理。⓫日輪　太陽。日形如車輪而運行不息，故名。

【語譯】圜悟克勤評唱：這首頌古中有幾句話是出自歸宗智常的偈頌。歸宗智常曾經作過一首偈頌，稱之為「歸宗」，禪宗僧人把它看作是說明參禪的宗旨。後來同安常察聽到上述這則公案後，說：「巨良禪師善於射箭，然而卻沒能射中靶心。」有一位僧人問：「怎樣才算是射中靶心？」同安常察反問：「關中主是什麼人？」這位僧人把這件事告訴欽山文邃，欽山文邃說：「巨良禪師如果知道這樣說，那就免得我開口了。」儘管這樣，同安常察也不安好心。

雪竇重顯說：「與君放出關中主」睜眼也罷，閉眼也罷，有形的，無形的全都斬做三段。「放箭之徒莫莽鹵」，如果善於射箭，那就不會莽撞了；如果不善於射箭，那副莽撞的樣子可想而知。「取箇眼兮耳必聾，取箇耳兮眼還瞽」，你來說說看，取隻眼睛為什麼耳朵會聾？取隻耳朵為什麼雙眼會瞎？這句話要做到不取不捨才能參透，如果有取捨，那就很難理解它的用意了。「可憐一鏃破三關，的的分明箭後路。」巨良禪師問：「一箭射穿三重關卡時會怎麼樣呢？」欽山文邃回答說：「我倒想看看你怎樣射中『關中主』。」乃至最後同安常察對這則公案的評論都是箭後路。你到底要做什麼呢？「君不見，玄沙有言兮：『大丈夫，先天為心祖。』」平常以心為禪宗的最高標準，這裡為什麼卻要把天地未分以前作為這個心的始祖。如果能看穿這一點才會知道什麼是「關中主」。如果能射中靶心，箭後分明有路可尋。你來說說看，到底什麼是「箭後路」呢？也應該自己留心才行。現在參禪學道的人，如果以這個心為禪法，即使參到彌勒佛降生，也還是摸不到邊際。你如果是一位男子漢大丈夫，就應該知道我們的心不過是兒孫而已，「天地未分之前」這句話也早已落在第二頭、第三頭了。你來說說看，天地未分的時候，到底什麼是先天地而生的呢？

又說「大丈夫，先天為心祖。」玄沙師備經常用這句話開示僧眾：「一二三四五，太陽正當午；可愛大丈夫，先天為心祖。」其實這句話最早是歸宗智常說的，而雪竇重顯卻誤以為是玄沙師備說的。

【說　明】圜悟克勤在開示中認為時人以為諸佛傳法、達摩傳心，其實都未能瞭解禪法。他們求法於萬象之外，不知道自己腳跟下的一大事因緣（自身及世界的本源），即使是歷代祖師也摸索不著。如果能得到見而不見、聞而不聞、說而不說、知而不知的玄妙不可思議的禪法，自然很妙；如果不能領會這個禪法，不妨向葛藤窟（語言文字）中去領會，也未嘗不是一時權宜。

欽山文邃與巨良禪師起初都是大禪師的禪機作略，可是當欽山文邃說「且來闍黎」時，巨良禪師果然控制不住自己而回頭，落入欽山文邃的機關之中。圜悟克勤在公案評唱中對巨良禪師的虎頭蛇尾表達了一種惋惜之情，並認為要真正參透「一鏃破三關」，胸中必須得沒有任何是非、得失，此外還得超出言句之外。巨良禪師的一回頭，表明他胸中還有是非、得失之心。

第五七則　趙州田庫

【題解】即使已開悟眼進入「無分別心」的明白平等的妙境，我們仍然只能生活在現實的有分別、有揀擇的塵境裡。「天上天下，唯我獨尊」，從文字上看是一種分別意識，但如果光從文字意義上看就是愚笨之極。所以趙州從諗反問「揀擇在什麼地方」。逼他說出「末後句」來，誰知眼前站著一個死漢，真是千鈞之弩，發向鼷鼠。其實真正的不揀擇，只有通過揀擇才能體現出來，發揮妙用。真正的禪產生於不斷分別、揀擇的行道之中。

舉

僧問趙州：「『至道無難，唯嫌揀擇。』如何是不揀擇？」（這鐵蒺藜，多少人吞不得！有人疑在，滿口含霜。）

州云：「天上天下，唯我獨尊❶。」（平地上起骨堆❷，衲僧鼻孔❸一時穿卻，金剛鑄鐵卷❹。）

僧云：「此猶是揀擇。」（果然隨他轉也，撈著者老漢。）

州云：「田庫奴❺，什麼處是揀擇？」（山崩石裂❻。）

僧無語。（放你三十棒，直得目瞪口呿❼去❽。）

【注　釋】❶天上天下二句　佛祖釋迦牟尼誕生時，向四方行七步，舉右手而說這話。意為「我為此世之最上者」。禪家引用此語，含有自心是佛、自我為主的寓意。❷平地上起骨堆　喻指趙州從諗的穎脫禪機。平地，猶言突然。❸衲僧鼻孔　喻指修行佛道者最重要之物，意即佛道之根本。❹金剛鑄鐵卷　喻指趙州從諗的答話無人能解。金剛，即金剛石。因其極堅利，佛家視為希世之寶。鐵卷，即鐵契，古代皇帝頒賜功臣授以世代享受某種特權的憑證。為漢高祖所創。鐵製的契券上用丹砂書寫誓詞，從中剖開，朝廷和受賜者各保存一半。唐以後不用丹書，而是嵌金，並在券文上刻有免死等特權的文字。❺田庫奴　即田舍奴，猶言鄉巴佬。含有鄙其無知之意。❻山崩石裂　山嶽崩塌，巨石裂開。喻指趙州從諗機鋒的孤危險峻。❼目瞪口呿　瞪著眼、張著口，是驚惶窘迫、不知所措的樣子。呿，張口。❽去　助詞，置於句尾，表示行為動作將來出現、假設出現。

【語　譯】舉說公案：有一位僧人問趙州從諗：「『至道無難，唯嫌揀擇。』什麼是不揀擇呢？」（這話就像鐵蒺藜一樣，很多人都無法咬嚼。有人懷疑，滿口含霜說不得。）趙州從諗回答說：「天上天下，唯我獨尊。」（突然出現墳堆，禪宗僧人的鼻孔一齊都被穿住了，金剛鑄鐵卷。）僧人說：「這還是揀擇。」（果然隨著「唯嫌揀擇」的語句轉，與趙州從諗這老漢較量起機鋒來了。）趙州從諗說：「你這下賤愚蠢的傢伙！什麼地方是揀擇呢？」（這話震得山崩石裂。）僧人無話可答。（饒你三十棒，要弄得你目瞪口呆。）

評唱

這僧問端，三祖〈信心銘〉，劈頭便道這兩句。多少人錯會！何故？至道本無難，亦無不難，只是唯嫌揀擇。若恁麼會，一萬年也未夢見在。

趙州常以此語問人，這僧將此語倒去問他。若向語上覓，此僧卻驚天動地❶；若不在言句上，又且如何？更參三十年。這箇些子關捩子，須是轉得始解。捋虎鬚也須是本分手段始得❷。者僧也不顧危亡，敢捋虎鬚，便道：「此猶是揀擇。」趙州劈口❸便塞云：「田厙奴，什麼處是揀擇？」若問著別底，不免腳忙手亂；爭奈這老漢是作家，向動不得處動，向轉不得處轉。若透得，一切惡毒言句，乃至世間戲論❹，皆是醍醐上味❺。若如此著實❻，方知趙州老漢赤心片片。

田厙奴者，乃福州人鄉語❼，罵人似無意志❽相似。這僧道：「此猶是揀擇。」趙州道：「田厙奴！什麼處是揀擇？」宗師❾眼目❿，須至恁麼。如金翅鳥擘海直取龍吞⓫。雪竇注此兩句。

【注釋】❶驚天動地　形容發生的事情極不尋常，令人震驚。這裡指這位僧人以俊快的機鋒逼拶趙州從諗。❷捋虎鬚也須是本分手段始得　意謂向如虎一樣的趙州從諗設一問，須具備契當第一機上的手段才行。❸劈口　立即張口。❹戲論　漫不經心的言論。佛教謂非理、無義的言論。❺上味　美味，精美的食品。❻著實　踏實；認真。❼鄉語　家鄉話。❽意志　一作「意智」，猶智慧。❾宗師　指禪師。即體得禪宗宗旨，能善巧方便接引弟子，正確導入悟境的高僧。❿眼目　禪法要義；禪僧法眼。⓫如金翅鳥擘海直取龍吞　喻指趙州從諗直踏這位僧人的頭頂，不消一捏，如金翅鳥吃龍一樣。擘，分開；剖裂。

【語譯】圜悟克勤評唱：這位僧人問趙州從諗：「至道無難，唯嫌揀擇。」三祖僧璨的〈信心銘〉一開頭就是這兩句話。可是卻不知有多少人誤解了這兩句話！為什麼這樣說呢？「至道」原本就不難，也不是不難，只是「唯嫌揀擇」。你如果這樣理解，就是再參一萬年，做夢也不會夢見「至道」。

趙州從諗常用這兩句話來問人，不料這位僧人反過來卻用這兩句話來問趙州從諗。如果從言句上去尋找，這位僧人的問話倒是驚天動地；如果不從言句上去理解，那又將會怎麼樣呢？我看你們得好好地再參三十年！這必須首先得懂得趙州從諗禪法的關鍵在哪裡，然後轉動自己的心機才能理解趙州從諗的禪法。摸老虎的鬍鬚一定要有本分手段才行。這位僧人真是不怕危險，敢於摸老虎的鬍鬚，開口就說：「這還是揀擇。」趙州從諗一開口就堵住了他的嘴：「你這下賤愚蠢的傢伙！什麼地方是揀擇呢？」這個問題如果問到別的人，免不了要手忙腳亂；怎奈趙州從諗是轉變自在的大禪師，既能從動不得的地方去撥動，也能從轉不得的地方去轉動。只要你大徹大悟了，那麼一切惡毒的言句，乃至人世間的戲論，都像醍醐美味一樣。你如果能夠這樣踏踏實實地去參禪，才能知道趙州從諗對參禪者的一片赤誠。

所謂田庫奴，是福州人的土話，專門用來罵不聰明的人。這位僧人說：「這還是揀擇。」趙州從諗說：「你這下賤愚蠢的傢伙！什麼地方是揀擇呢？」一位大禪師的手段就應該這樣。要像金翅鳥一樣劈開海水，抓住大海之中的龍，一口吞下。雪竇重顯專門頌這兩句話。

頌

似海之深❶，（作麼生度量❷？淵源❸難測，未得一半❹。）

如山之固❺。（什麼人撼得，猶在半途❻。）

蚊虻弄空裡猛風❼，（也有恁麼底，果然不料力❽，可殺不自量！）

螻蟻撼於鐵柱❾。（同坑無異土❿，且得沒交涉。闍黎也與他同參。）

揀兮擇兮，（擔水河頭賣，趙州來也⓫，道什麼⓬？）

當軒布鼓⓭。（已在言前，一坑埋卻。打云：塞卻你咽喉。）

【注　釋】❶似海之深　喻指趙州從諗兩句答語的用意深似海。❷度量　測量。❸淵源　深邃；深廣。❹未得一半　意謂雪竇重顯雖然在此稱讚趙州從諗，但對其德量的稱頌一半都不到。❺如山之固　喻指趙州從諗的禪法堅固而不可動搖。❻猶在半途　謂其他人遠不及趙州從諗。❼蚊虻弄空裡猛風　謂問話的僧人與趙州從諗較量機鋒，如同蚊虻弄猛風，可笑不自量。蚊虻，一種危害牲畜的蟲類。以口尖利器刺入牛馬的皮膚，使之流血，並產卵其中。亦指蚊子。❽料力　量力。❾螻蟻撼於鐵柱　喻指問話的僧人用螻蟻之力去搖動如同鐵柱一樣的趙州從諗。螻蟻，螻蛄和螞蟻。泛指微小的生物。❿同坑無異土　謂這句頌詞與上一句頌詞同出一轍。⓫趙州來也　「揀擇」即「至道」是趙州從諗的本意，故云「來也」。⓬道什麼　意謂豈在言句之間。⓭當軒布鼓　謂這位僧人火候欠佳，如同敲布鼓一樣發不出聲音。軒，窗戶。布鼓，以布為面的鼓，擊之無聲。

【語　譯】雪竇重顯頌古：似海之深，（如何測量？深不可測，不到一半。）如山之固。（什麼人搖得動？這些人還在半路當中修行。）蚊虻弄空裡猛風，（也有這樣像蚊虻一樣的僧人，果然不估計自己的力量，太不自量力了！）螻蟻撼於鐵柱。（同一個坑裡沒有兩樣的泥土，螻蟻豈能搖動鐵柱。雪竇重顯和這位僧人是同參。）揀兮擇兮，（挑水在河邊賣，趙州從諗來了，有什麼好說的？）當軒布鼓。（「至道」已在言語之前，把他們埋葬在同一個土坑裡。打過之後說：塞住你的咽喉。）

評唱

雪竇注兩句云：「似海之深，如山之固。」僧云：「此猶是揀擇。」雪竇道：「這僧一似❶蚊虻弄空裡猛風，螻蟻撼於鐵柱。」雪竇賞他大膽。何故？此是上頭人用底❷，他敢恁麼道。趙州亦不放他，便云：「田厙奴，什麼處是揀擇？」豈不是「猛風」、「鐵柱」？

「揀兮擇兮」，者僧似用布鼓，卻於雷門打相似❸，且道❹鳴不鳴？「軒」者，明白之義。雪竇末後提起教活❺，若識得用處，明白十分，你自將來了也❻。何故？不見道：欲得親切，莫將問來問❼。

【注釋】❶一似　很像。❷此是上頭人用底　意謂不是三祖僧璨、趙州從諗等人用不得。上頭，具有上等根器與傑出智慧的人。❸者僧似用布鼓二句　雷門是古代會稽（治今浙江紹興）城門名。因懸有大鼓，聲震如雷，故稱。在雷門擊布鼓，比喻妄炫其能，不自量力。❹且道　猶言試想，試問。❺教活　使人們明白「至道」即「揀擇」。❻你自將來了也　意謂問話是「至道」，較量機鋒是「至道」，你這僧從頭到腳無一不是「至道」的當位。❼莫將問來問　意謂「至道」不在言句上。

【語譯】圜悟克勤評唱：雪竇重顯注釋趙州從諗的兩句答話說：「似海之深，如山之固。」這位僧人說：「這還是揀擇。」雪竇重顯說：「這位僧人就像蚊虻展翅在天空中戲弄猛風，螻蟻伸腳想搖動鐵柱。」這是雪竇重顯讚賞這位僧人的膽大。為什麼這樣說呢？因為這是上等根器者用的機鋒，他竟然敢那樣說。趙州也不放過他，便說：「你這下賤愚蠢的傢伙！什麼地方是揀擇呢？」這句話難道不是「猛風」、「鐵柱」嗎？

「揀兮擇兮」，這位僧人就像在雷門敲擊布鼓一樣，試問敲得出聲音來嗎？「軒」是明白的意思。雪竇重顯最後提起這位僧人的問話，讓它活起來。你如果認識得十分清楚，你自己就是過來人了，為什麼這樣說呢？從前的禪師說：要想與禪法協合相應，不要拿問題來發問。

【說明】釋迦牟尼出世時，右手指天，左手指地，周行七步，開口說道：「天上天下，唯我獨尊。」當然，實際情形只不過是一個小嬰兒眼睛溜溜地轉了轉，「哇」地哭喊了一聲而已，而禪宗僧人卻把這一聲哭看成是「天上天下，唯我獨尊。」於是「我」成為解決一切問題的關鍵。所謂禪的經驗就是一種自覺，是「自他不二的自己」的自覺。所以「獨尊」的「我」並不是差別、對立中的「我」，而是與天地一體、萬物同根的、平等自由的、自他不二的「我」。佛法即究明自我之道，禪宗僧人稱之為「究明己道」。誰能夠體認到這個「獨尊佛」的真正內涵，他就是釋迦牟尼。

趙州從諗的答語「天上天下，唯我獨尊」，是用法身遍在來暗示不揀擇的心境。這位僧人卻認為趙州從諗有「唯我獨尊」的意念，仍然是揀擇。趙州從諗於是從撥不開的地方撥開，轉不動的地方轉動，反問：「什麼處是揀擇？」這就暗示出：禪法，是超越了揀擇的，因而不得有取捨相對的揀擇，所以說：「至道無難，唯嫌揀擇。」一旦立在不揀擇的絕對立場上來觀察萬物時：萬物就是法，就是佛。

第五八則　趙州分疏

【題解】「分疏不下」意即沒有弄明白。趙州從諗自知正因為這句話而產生了新的分別心，用心鑽研五年後，才擺脫了困境。正因為有這一層體驗，趙州從諗才首肯了僧人的話。參禪者不因為掙脫分別心而苦心孤詣，人人都應該與一切同在，與一切合為一體，以求物我合一的妙境。已經到達這種境界之後，又應該更進一步，因為凡是以為自悟的人都有分別心，其實他還沒有真正悟到禪法。

舉

僧問趙州：「『至道無難，唯嫌揀擇。』是時人窠窟否？」（兩重公案，也是疑人處。踏著秤鎚硬似鐵❶，猶有者箇在，莫以己方人❷。）

州云：「曾有人問我，直得五年分疏❸不下！」（面赤不如語直❹。胡孫喫毛蟲❺，蚊子咬鐵牛❻。）

【注釋】❶踏著秤鎚硬似鐵　喻指在「至道」上無法向前。❷方人　譏評他人。❸分疏　辯白；訴說。❹面赤不如語直　圜悟克勤評論趙州從諗是直言直語之人。❺胡孫喫毛蟲　意謂吞吐不下。胡孫，猴子。毛蟲，指牲畜。❻蚊子咬鐵牛　蚊子停在鐵牛身上，無處可以下嘴叮咬。喻指禪法不可用語言表達，無法通過語言去領會。

【語譯】舉說公案：有一位僧人問趙州從諗：「『至道無難，唯嫌揀擇』，這句話是不是當今一般禪宗僧人容易掉進的洞穴呢？」（兩重公案，也是使人懷疑的地方。踩著秤鎚硬如鐵，心中還有俗情妄念在，不要用自己的見解來譏諷三祖僧璨、趙州從諗。）趙州從諗回答說：「這個問題也曾經有人問過我，弄得我五年來百思不得其解。」（臉紅不如話直。猴子吃牲畜，蚊子咬鐵牛。）

評唱

趙州平生，不行棒喝，用得過於棒喝❶。這僧問得也甚奇怪，若不是趙州，也難為❷答他。蓋趙州是作家，只向他道：「曾有人問我，直得五年分疏不下！」問處壁立千仞，答處亦不輕酬。只恁麼會，直是當頭；若不會，切莫作道理計較。不見投子宗道者❸，在雪竇會下作書記，悟得「至道無難，唯嫌揀擇。」後來隱居投子，將袈裟坐具一時坐卻❹。凡有所問，只道：「至道無難，唯嫌揀擇。」或有再問，便道：「畜生！」

不見道：「獻佛不在香多❺。」若透得脫❻去，縱奪在我。既是一問一答，歷歷❼現成，為什麼趙州卻道：「分疏不下」？且道，是時人窠窟否？趙州在窠窟裡答他、在窠窟外答他，須知此事不在言句上❽。或有箇漢，徹骨徹髓信得及❾去。如龍得水，似虎靠山❿。

【注　釋】❶用得過於棒喝　謂趙州從諗常用言句幫助學人斬除分別妄念，復活靈覺真性，其禪機勝過棒喝。❷難為　不易做到；不好辦。❸投子宗道者　法名法宗，生卒年不詳。雪竇重顯的嗣法弟子，住舒州（治今安徽潛山）投子山。道者，禪宗僧人的稱呼。❹坐卻　截斷；截除。坐，削損；扣除。卻，助詞。用在動詞後面，表示動作的完成。❺獻佛不在香多　謂趙州從諗常用「至道無難」一語示人，縱奪自在。❻透得脫　指超脫，通達。❼歷歷　清晰分明。❽須知此事不在言句上　意謂「至道無難」的旨意本不在言句上，趙州從諗的玄旨也不在這「分疏不下」的言句上。❾信得及　能夠相信。❿如龍得水二句　喻指參禪者添意氣，長威風，自由自在。這是悟道後的體驗。

【語　譯】圜悟克勤評唱：趙州禪師一生接引學人不用棒喝，可是他的機用卻勝過棒喝。這位僧人提出這個問題，真是問得奇特怪異。如果不是趙州從諗這樣的大禪師，也是很難回答他的問題。趙州從諗是機用傑出的行家高手，只是對他說：「這個問題也曾經有人問過我，弄得我五年來百思不得其解！」這位僧人提出的問題像千丈懸崖一樣險峻，趙州從諗也不是那麼輕易回答他。只有這樣領會，也就契合趙州從諗的旨意了；如果不能這樣領會，那就千萬不要按照通常的義理概念來妄加猜測。

投子法宗禪師曾在雪竇重顯門下擔任書記，在參「至道無難，唯嫌揀擇」之中有所省悟。他後來隱居在投子山，把袈裟、坐具一齊拋棄。參禪者凡有所問，投子法宗只是說：「至道無難，唯嫌揀擇。」有的參禪者再進一步問，投子法宗便罵：「畜生！」

從前的禪師說：「獻佛不在香的多少。」如果能參透得大徹大悟，那麼縱奪都在自己的掌握之中，既然是一問一答，歷歷分明，一切現成，而趙州從諗為什麼卻說「百思不得其解」呢？你來說說看，這是當今一般禪宗僧人的洞穴嗎？趙州從諗是在洞穴裡面回答他呢？還是在洞穴外面回答他呢？你應該知道開悟這件事並不在言句上。如果有一個人能夠大徹大悟，而且這種大徹大悟又是可信的話，那就如龍得水，似虎靠山了。

頌

象王❶嚬呻❷，（富貴中富貴❸，誰不悚然❹？好箇消息。）

獅子⑤哮吼⑥。（作家中作家⑦，百獸腦裂，好箇消息。）
無味之談⑧，（相罵饒你接嘴⑨。鐵彈子⑩相似，有什麼咬嚼處⑪？）
塞斷人口。（相唾饒你潑水⑫。咦⑬，闍黎道什麼？）
南北東西⑭，（有麼有麼？天上人間，蒼天蒼天。）
烏飛兔走⑮。（自古自今，一時埋卻。）

評唱

趙州道：「曾有人問我，直得五年分疏不下！」似「象王嚬呻、獅子哮吼」，「無味之談，塞斷人口」，「南北東西、烏飛兔走」。雪竇若無末後句，何處更有雪竇？既有「烏飛兔走」，且道，趙州、雪竇、山僧，畢竟落在什麼處？

【注釋】❶象王　象中之王。佛經中常用以比喻佛的進退舉止。亦比喻佛或菩薩。引申為像佛那樣救世的人。這裡指趙州從諗。❷嚬呻　打呵欠；伸懶腰。這裡指解除疲勞的一些動作。❸富貴中富貴　指象王威德自在。❹悚然　惶恐不安貌。❺獅子　獅子、象王在佛經中比喻法王，雪竇重顯用以稱讚「分疏不下」的答語，並以此二物頌趙州從諗於法自在。❻哮吼　野獸吼叫。謂聲威震懾。❼作家中作家　指獅子無畏自在。❽無味之談　謂「分疏不下」的答語如咬鐵，似嚼蠟。❾相罵饒你接嘴　謂雪竇重顯說趙州從諗的答語是「無味之談」，趙州從諗任憑他罵詈。❿鐵彈子　供彈弓發射用的鐵丸。⓫有什麼咬嚼處　意謂這功夫原來不在牙齒、舌頭上。⓬相唾饒你潑水　兩方爭論而針鋒相對唾沫橫飛時，唾液若不足，尚可潑水以助其勢。這裡喻指趙州從諗自由自在、不受拘束的境地。⓭咦　歎詞。表希望、驚訝等。⓮南北東西　四面八方之意。⓯烏飛兔走　謂日日如此。烏兔，神話謂日中有烏，月中有兔，故以「烏兔」指日月。

【語　譯】雪竇重顯頌古：象王嚬呻，（富貴之中的富貴，看見威風凜凜的象王，誰不毛骨悚然？好一個消息。）獅子哮吼。（行家高手當中的行家高手，百獸聽見獅子的吼叫聲，腦袋都要開裂，好一個消息。）無味之談，（你要罵我讓你罵。就像一顆鐵彈丸，有什麼地方可以咬嚼嗎？）塞斷人口。（你要唾我讓你唾。咦，和尚說什麼？）南北東西，（有嗎？有嗎？天上人間。蒼天啊蒼天！）烏飛兔走。（從古至今，一齊埋葬。）

圜悟克勤評唱：趙州從諗說：「這個問題也曾經有人問過，弄得我五年來百思不得其解。」這句話就像「象王嚬呻，獅子哮吼」，「無味之談，塞斷人口」，「南北東西，烏飛兔走」。雪竇重顯如果沒有這至極關鍵的末後句，他的美名也就不可能流傳到現在。既然有「烏飛兔走」，你來說說看，趙州從諗、雪竇重顯、還有我，最終都落在什麼地方？

【說　明】這是一則運用不二法門的典型公案。趙州從諗接引學人不用棒喝，但機用卻勝過棒喝。本光法師評論這則公案說：「這窠窟不是別的，還是坐在那明白窠窟裡的問題。趙州說『若與空王為弟子，莫教心病最難醫。』從凡入聖易，即聖入凡難，只仰望毗盧向上事而忘失自己腳底事，是參禪人的通病，所以說『曾有人問我，老僧直得五年分疏不下。』嫌揀擇入聖之路易識，『不坐在明白裡』，去作一頭水牯牛，或者如趙州常說，自己『是一頭驢』的從聖入凡向異類去難。」

雪竇重顯頌古中的一、二句形容趙州從諗答語的威猛有力；三、四句稱讚趙州從諗的答語是無法用邏輯思維去推理的活句；五、六兩句對「無味之談」作了形象化的描繪：雖然有南北東西的方位，烏飛兔走的痕跡，但禪卻是無方位可尋，無蹤跡可辨，不容許有任何分別思慮。

第五十九則　趙州無難

【題　解】不生分別的行為、思想、言語本身，就是沒有任何難求難達之處的至道。真正的平易的道理，就是行為本身。正因為是自身樸實的行為，才反映出了簡樸的真理。任何造作、花哨、分別，都離禪甚遠。

舉

僧問趙州：「『至道無難，唯嫌揀擇。』（再運前來，三重公案，道什麼？）才有語言是揀擇，（滿口含霜❶。）和尚如何為人？」（撈著這老漢。）

州云：「何不❷引盡這語？」（賊是小人❸，智過君子❹。白拈賊❺，騎賊馬趕賊❻。）

僧云：「某甲只念到這裡。」（兩箇弄泥團漢❼，逢著箇賊，垛跟❽難敵手。）

州云：「只這『至道無難，唯嫌揀擇』。」（畢竟由這老漢，也被他換卻眼睛。捉敗❾！）

【注　釋】❶滿口含霜　有理難說之意。這裡指「至道」說不得。❷何不　猶言為什麼不。表示反問。❸小人　識見淺狹的人。❹君子　泛指才德出眾的人。❺白拈賊　徒手盜物而不留形跡者。禪家藉以指打消學人妄想執著於無形中的高僧。❻騎賊馬趕賊　喻指趙州從諗把來問的機鋒奪過來，並逼拶問話的僧人。❼兩箇弄泥團漢　譏諷趙州從諗與問話的僧人都沒有剛幹的手段。❽垛跟　意謂定止、陷埋於虛妄世界，執著、拘泥於言句知解。「垛跟」的作法為禪家所批評，故此詞常用作呵斥之詞。❾捉敗　挫敗。

【語　譯】舉說公案：有一位僧人問趙州從諗：「『至道無難，唯嫌揀擇。』（再次提出這個老問題，已經舉說過三次了，有什麼好說的？）既然一有言語就是揀擇，（滿口含霜說不得。）那麼師父除了言語之外用什麼來接引學人呢？」（逼拶趙州從諗這老漢。）趙州從諗說：「你為什麼不把整段話全都引用出來呢？」（這賊是小人，智慧卻超過君子。趙州從諗是白拈賊，騎著盜賊的馬去追趕盜賊。）這位僧人說：「我只念到這裡。」（兩個玩弄泥團的傢伙，這位僧人遇到了一個賊，執著言句的他根本不是趙州從諗的對手。）趙州從諗說：「這就是『至道無難，唯嫌揀擇』。」（如果沒有趙州老漢的這句話，這則公案怎能盡善盡美，這位僧人被趙州從諗換掉了眼睛，敗給了趙州從諗。）

評唱

趙州道：「只這『至道無難，唯嫌揀擇』。」如擊石火、似閃電光，擒縱殺活得恁麼自在，諸方皆謂趙州有逸群❶之辯。尋常示眾，有此一篇云：「『至道無難，唯嫌揀擇。』纔有語言是揀擇、是明白，老僧不在明白裡，是汝等還護惜也無？」時有僧問云：「既不在明白裡，護惜箇什麼？」州云：「我亦不知。」僧云：「和尚既不知，為什麼道『不在明白裡』？」州云：「問事即得，禮拜了退。」

後來這僧，只拈他釁罅❷處，去問他，問得不妨奇特，爭奈只是心行❸。若是別人，奈何他不得。爭奈趙州是作家，便道：「何不引盡此語？」者僧也解轉身吐氣，云：「某甲只念到這裡。」一似安排❹相似。趙州隨聲拈起便答，不消計較。古人謂之「相續❺不斷」。他定龍蛇、別休咎，還他本分作家。趙州換卻這僧眼睛❻，不犯❼風煙❽、不著❾安排，自然恰好。喚作有句也不得❿、喚作無句也不得、喚作不有不無句亦不得。「離四句，絕百非⓫」，何故？若論此事，如擊石火、似閃電光相似。急著眼看⓬，也方見；若忽擬議躊躇，不免喪身失命。

【注　釋】❶逸群　超群；出眾。❷釁罅　空隙。❸爭奈只是心行　謂這位僧人分別計較不脫灑。❹安排　謂施以心思人力。與純任自然、不加干預相對而言。❺相續　法的前後連續無間斷之意。❻趙州換卻這僧眼睛　謂以「至道」之眼換去「揀擇」之眼。❼不犯　不必；用不著。❽風煙　指戰亂、戰火。❾不著　不用；無須。❿不得　不能；不可。⓫離四句二句　意謂超離、除盡區別妄心和語言形式。四句，通常指有、無、亦有亦無、非有非無等四句，佛教常用四句話的形式來論述有無、同異等對立概念的關係。「離四句」則謂徹底擺脫這些言句、概念、推理的糾纏。百非，佛經中常用「非」字來否定某概念，如：有—非有，無—非無，「百非」是對這些「非」的統稱。⓬急著眼看　意謂不涉及思維。

【語　譯】圜悟克勤評唱：趙州從諗說：「這就是『至道無難，唯嫌揀擇』。」這句話就如同擊石火、閃電光一樣，既有把住、放行的手段，也有斬除分別妄念、復活靈覺真性的手段，顯得那樣自在，所以各地的禪師都說趙州從諗有超群的辯才。趙州從諗平時開示僧眾，有這樣一篇說：「『至道無難，唯嫌揀擇。』一有言語就是揀擇、就是分別，老僧不在明白的境界裡，你們還愛護珍惜這個境界嗎？」當時有一位僧人站出來問：「既然不在明白的境界裡，還愛護珍惜個什麼呢？」趙州從諗說：「我也不知道。」這位僧人說：「師父既然不知道，為什麼說『不在明白的境界裡』？」趙州從諗說：「你問的事我已經回答了，禮拜之後退下去吧。」

後來這位僧人抓住趙州從諗的漏洞去問他，問得非常奇特，怎奈那只是「心行」。如果換了別的人，對這位僧人也就無可奈何了。怎奈趙州從諗是機用傑出的大禪師，便說：「你為什麼不把整段話都引用出來呢？」這位僧人也會轉身吐氣，便說：「我只念到這裡。」這樣的回答好像是早就安排好了一樣。趙州從諗則是隨聲拈起便回答，不加思考。從前的禪師把這叫做「相續不斷」。趙州從諗知道分辨龍蛇、判別吉凶，不愧是本色在行的大禪師。趙州從諗換掉了這位僧人的眼睛，卻不顯得鋒芒畢露，也不用推理思考，自然恰到好處。你說他「有言句」是不對的，說他「無言句」也是不對的，說他「不無言句」、「不有言句」也不對。這叫做「離四句，絕百非」，為什麼這樣說呢？如果要論參禪這件事，就像擊石火、閃電光一樣，要趕緊睜開眼睛看，才能認識禪法；否則稍一猶豫揣摩，不免要喪失性命。

頌

水灑不著，（說什麼？太深遠生。有什麼共語處❶？）
風吹不入。（如虛空相似，硬糾糾地❷，望空啟告❸。）
虎步龍行❹，（他家得自由，他家合恁麼，不妨奇特。）
鬼號神泣❺。（大眾掩耳，草❻偃風❼行，闍黎與他同參。）
頭長三尺知是誰？（怪底物，有麼有麼？何方聖者，甚麼精靈❽？）

相對無言獨足立。（咄！縮頭❾去，放過一著。山魈❿！放過即不可，便打。）

【注　釋】❶有什麼共語處　謂不著玄境，自證自悟，言詮不及。❷硬糾糾地　稱讚趙州從諗的答語堅密。❸望空啟告　謂趙州從諗的答語深密，看不出其旨意，故有此悲歎。望空，向著空中。啟告，啟奏；告知。❹虎步龍行　喻指趙州從諗的活機用自由自在。❺鬼號神泣　形容喜怒哀樂至為激烈的樣子，猶如鬼神亦因受驚動而號泣。❻草　喻指問話的僧人。❼風　喻指趙州從諗的德風。❽精靈　神仙；精怪。❾縮頭　指聖者屈伸自在。❿山魈　動物名。猴屬。狒狒之類。體長約三尺，頭大面長，有尖利長牙，性兇猛，狀極醜惡。古代傳說以為山怪。

【語　譯】雪竇重顯頌古：水灑不著，（說什麼？趙州從諗答語的用意太深遠了。有什麼共語之處？）風吹不入。（如同天空一樣，硬梆梆地，對著天空向誰啟奏。）虎步龍行，（趙州從諗得到了自由自在，他就是這樣如龍如虎，非常奇特。）鬼號神泣。（大家看見趙州從諗都要掩耳而去，風吹過後草倒伏，雪竇重顯和他是同參。）頭長三尺知是誰？（怪物一個，有嗎？有嗎？這是什麼地方的聖人，什麼樣的精靈？）相對無言獨足立。（把頭縮進去，退讓一步。山魈！放過則不行，打。）

評唱

「水灑不著，風吹不入」；「虎步龍行，鬼號神泣」，無你呿啄❶處。此四句，頌趙州答話，大似龍馳虎驟，這僧只得一場懡㦬❷。非但這僧直得鬼號神泣、風行草偃相似，末後兩句，可謂一子親得❸。

「頭長三尺知是誰？相對無言獨足立。」不見僧問古德❹：「如何是佛？」

答云：「頭長三尺，脛❺短二寸。」雪竇引用，未審諸人還識麼？山僧也不識。雪竇一時脫體❻畫卻趙州，真❼在箇裡也好。諸人須子細著眼看。

【注　釋】❶呿喙　呿，張口貌。喙，咬。❷這僧只得一場懡㦬　謂這位僧人不僅不能突破趙州從諗的陣地，反而向趙州從諗投降。❸一子親得　謂雪竇重顯善得趙州從諗之意。❹古德　佛教徒對年高有道的高僧的尊稱。❺脛　人的小腿。又泛指人或禽獸的腿。❻脫體　整體。❼真　肖像。

【語　譯】圜悟克勤評唱：「水灑不著，風吹不入」；「虎步龍行，鬼號神泣」，這四句話讓你沒有下嘴咬嚼的地方。雪竇重顯在這裡頌趙州從諗的答話非常像龍騰虎躍，而這位僧人只得束手就縛。不僅這位僧人被弄得像鬼號神泣、風吹過草倒伏一樣，最後兩句頌詞，可謂契合趙州從諗的旨意。

「頭長三尺知是誰？相對無言獨足立。」曾經有一位僧人問一位有道高僧：「什麼是佛？」那位有道高僧回答說：「頭長三尺，腳短二寸。」雪竇重顯引用這句話，不知你們各位能理解他的用意嗎？其實我也不理解。雪竇重顯把趙州從諗的整個形象都畫出來了，他的肖像就在裡面了。你們各位必須仔細睜大眼睛看看。

【說　明】「至道」就在自己身邊，如果不做分別選擇（是、非、善、惡等）的話，即不難得到。「至道無難」自古以來吸引了無數參禪者，趙州從諗尤其喜歡這句話，常常用這句話來開示僧眾。一位僧人趁機鑽空子，既然一有語言就是揀擇，那麼你開示僧眾的話也是揀擇了。趙州從諗以子之矛攻子之盾，說：「何不引盡這語？」「這語」指〈信心銘〉中「但莫憎愛，洞然明白」兩句，它是「至道無難，唯嫌揀擇」的注解。

雪竇重顯的頌古一、二句形容趙州從諗的答語嚴謹綿密；三、四句表明趙州從諗的答語有力度，感染力強；五、六句運用禪門典故，描繪了趙州從諗的精神風度。

第六十則　雲門拄杖

【題解】這則公案為雲門文偃拈拄杖，對僧眾開示自在的妙用。這種自在的妙用，意指山河大地與自身無差別，盡大地為沙門一隻眼，宇宙間的一切就是我。參禪者心中如有一物，則山河大地出現在眼前；參禪者心中如無一物，宇宙萬象纖毫不存。

示眾

諸佛眾生，本來不二❶；山河自己，寧❷有等差❸？為什麼卻成兩邊❹去！若能撥轉話頭❺、坐斷要津，放過即不可。若不放過，盡大地也不消一捏❻。且作麼生是「撥轉話頭」處？試舉看。

舉

雲門以拄杖❼示眾云：（點化❽在臨時❾，殺人刀活人劍，換卻你眼睛了也。）

「拄杖子化為龍，（何用❿周遮⓫？用化作什麼？）

吞卻乾坤了也。（天下衲僧性命不存⓬。礙塞⓭你⓮咽喉麼？闍黎向什麼處安身？）

山河大地，甚處⑮得來？」（十方無壁落⑯，四面亦無門。東南西北上下四維⑰，爭奈這箇何？）

【注釋】❶不二　沒有兩樣；相同。❷寧　豈；難道。❸等差　等級次序；等級差別。❹兩邊　指對待之二見。❺話頭　禪師用來啟發問題的現成語句。往往拈取一句成語或古語加以參究。❻盡大地也不消一捏　形容具有過人見識、能力、徹悟境地的禪師。這些傑出禪師的所作所為，皆非尋常之輩所可比擬。❼拄杖　支撐身體之杖。多用於禪林中，為僧人行腳、禪師勸誡或上堂時所用器具。❽點化　指示教化、教導之意。❾臨時　根據時機；契合時機。❿何用　用反問的語氣表示不用、不須。⓫周遮　遮掩；掩蓋。⓬天下衲僧性命不存　謂被龍吞下去了。⓭礙塞　阻塞不通。⓮你　指拄杖子化成的龍。⓯甚處　何處。甚，何；什麼。⓰壁落　牆壁；藩籬。⓱四維　指東南、西南、東北、西北四隅。

【語譯】圜悟克勤開示：諸佛和眾生，本來就沒有差別；我們自身和山河大地難道就會有什麼差異嗎？可是為什麼卻會有諸佛與眾生、我們自身與山河大地種種不同的差別呢？你如果能掉轉話頭，就能截斷要害之地，不過放過了話頭就不行了。如果不放過話頭，整個山河大地根本就用不著一捏。怎樣才能掉轉話頭呢？我試舉一則公案給你們看看。

舉說公案：雲門文偃有一天拿著一根拄杖開示僧眾說：（抓住機會點撥參禪者，這根拄杖既像斬除分別妄念的殺人刀，又像復活靈覺真性的活人劍，把你的眼睛給換掉了。）「我這根拄杖變成一條龍，（何必遮遮掩掩？用「化」做什麼？）把整個天地都吞下去了。（天下的禪宗僧人都沒命了。龍的咽喉被天地給塞住了嗎？和尚到什麼地方去安身？）哪裡還有什麼山河大地呢？」（十方無牆壁，四面亦無門。東南西北上下四維，對這根拄杖也是無可奈何？）

評唱

只如雲門道「拄杖子化為龍，吞卻乾坤了也。山河大地，甚處得來？」若道有則瞎、若道無則死。還見雲門為人處麼？還我拄杖子來！

如今人不會他雲門獨露處，卻道：「即色明心，附物顯理❶。」釋迦老子，四十九年說法，不可不知此論議❷，何故更用拈花、迦葉微笑？「吾有正法眼藏、涅盤妙心❸，付囑❹迦葉。」今當奉行，更何必單傳心印❺？諸人既是祖師門下客，還有明得單傳底心印麼？胸中若有一物，山河大地，聳然❻現前；胸中若無一物，外則了無一絲毫，說什麼理與智冥❼、境與神會❽！何故？一會一切會❾、一明一切明。古人道：「學道之人不識人，只為從前認識神❿；無量劫來生死本⓫，癡人喚作本來人⓬。」或若打破陰界⓭、身心一如⓮、身外無餘，猶未得一半在。說什麼「即色明心、附物顯理」？

【注釋】❶即色明心二句　意謂通過拄杖子明一心，附山河大地物象顯示真理。❷論議　對人或事物的好壞、是非等表示意見。這裡指邪解者的議論。❸涅盤妙心　超越生死輪迴、永恆不變的覺悟心。涅盤，梵語的音譯。是佛教全部修習所要達到的最高理想，一般指熄滅生死輪迴後的境界。❹付囑　吩咐；叮囑。以言語託所思之意。多表示佛祖釋迦牟尼託付弘傳教法之意。❺更何必單傳心印　意謂釋迦牟尼說法四十九年，即色明心等說甚多，更何必用單傳心印。❻聳然　高聳貌。❼理與智冥　理乃所觀之道理，智乃能觀之智慧。真如之理與悟得此理之智慧相應，稱為理智相應。能觀之智與所觀之理一致者，稱為理與智冥。冥，暗合；默契。❽境與神會　體會真如之意。❾一會一切會　謂徹底體悟一事，則其他一切事理自然領會明白。會，會得、理解之意。❿識神　心識；心靈；靈知。⓫生死本　指造成生死煩惱的根本原因。⓬癡人喚作本來人　即把「知」認作本性。執「知」為本，不合實際。本性不存在知與不知的分別，不存在靈知之心與無情之物的分別。癡人，愚笨或平庸之人。本來人，指人們本來清淨的自性。與「本來面目」同義。⑬陰界　指「五陰」和「十八界」。五陰，梵語的意譯。指色、受、想、行、識五者假合而成的身心。色為物質現象，其餘四者為心理現象。佛教不承認靈魂實體，以為身心雖由五陰假合而不無煩惱、輪迴。十八界，梵文的意譯，是佛教以人的認識為中心，對世界一切現象所作的分類。或說，人的一身即具此十八界。包括能發生認識功能的六根（眼界、耳界、鼻界、舌界、身界、意界），作為認識對象的六境（色界、聲界、香界、味界、觸界、法界）和由此生起的六識（眼識界、耳識界、鼻識界、舌識界、身識界、意識界）。⑭身心一如　身，指色身，身體。心，指心靈，精神。即肉身與精神為一體不二者，乃一體之兩面，身即心之身，心即身之心。

【語　譯】圜悟克勤評唱：雲門文偃說：「我這根拄杖變成一條龍，把整個天地都吞下去了，哪裡還有什麼山河大地呢？」你如果說有山河大地那就是瞎子，如果說沒有山河大地那就是死漢。你看出了雲門文偃接引學人的地方嗎？請你把拄杖還給我吧！

現在有的人不瞭解雲門文偃的用意，卻說：「借助事物開明心智，附會形體顯現道理。」照他這麼說來，釋迦牟尼老漢說法四十九年，不是不知道這些議論，為什麼還要在靈山會上拈花，引來迦葉微笑呢？釋迦牟尼說：「我有正法眼藏，涅盤妙心，付囑摩訶迦葉。」他的指示應該奉行，又何必單傳以心印心的禪法呢？你們各位既然都是禪宗祖師門下的禪客，還懂得什麼是單傳以心印心的禪法嗎？如果心胸當中有一物，那麼山河大地就聳然顯現在你的面前；心胸當中，如果沒有一物，心胸之外也沒有任何東西，說什麼理與智冥合，境與神會通。為什麼這樣說呢？因為一事會了則一切都會了，一事明瞭則一切都明瞭。從前的禪師說：「學道的人不認得人，只因為從前認得是識神；其實這識神是造成無量劫以來生死輪迴的根本原因，愚昧無知的人，往往把識神當做自我本性。」你如果能打破五陰、十八界，身心一體，身外一無所有，可以說參禪還沒有參到一半的功夫，何必說什麼「借助事物開明心智，附會形體顯現道理」呢？

古人道：「一塵❶才起，大地全收。」且道，是那箇一塵？「若識得者一塵，便識得拄杖子」。直下便會去，早是葛藤❷了也！何況更化為龍？慶藏主云：「五千四十八卷，還曾有恁麼說話麼？」雲門每向拈拄杖處，拈掇❸全機❹大用❺，活潑潑地為人。

永嘉道：「不是標形虛事持，如來寶杖親蹤跡❻。」

芭蕉❼示眾云：「你有拄杖，我與你拄杖；你無拄杖子，我取你拄杖子。」

有一天子❽，從世尊❾行。佛指地云：「此處宜建一寶剎❿。」天子以拄杖標⓫地云：「建佛剎竟。」佛遂讚云：「有大智慧！」這箇消息，那裡得來？祖師道：「棒頭取證，喝下承當。」且道，承當箇什麼？忽有人問：「如何是你拄杖子？」莫是打箇筋斗麼？莫是撫掌一下麼？總是弄精魂，且喜沒交涉。雪竇頌云。

【注　釋】❶一塵　一粒微塵。常用來比喻事物的微小。佛教經典中謂物質的最小單位為一塵。❷葛藤　葛的藤蔓。比喻事物糾纏不清或話語嚕囌繁冗。❸拈掇　稱說禪機語句。❹全機　指禪者自在無礙的活動。❺大用　指禪法實踐，禪法運用，禪法授受。❻不是標形虛事持二句　謂禪師手持錫杖，不是標誌著形式，而是要降伏貪、瞋、癡三毒。❼芭蕉　法名慧清，新羅國（今屬朝鮮）人。二十八歲至袁州（治今江西宜春）仰山，參南塔光湧得法，為溈仰宗傳人。住郢州（治今湖北京山）芭蕉山，世稱「芭蕉慧清」。❽天子　古以君權為神所授，故稱帝王為天子。❾世尊　佛陀的尊稱。❿寶剎　佛寺；佛塔。⓫標　擊。

【語　譯】從前的禪師說：「一塵才起，大地全收。」你來說說看，什麼是一塵？如果認得了一塵，也就認得了拄杖。照這樣理解下去，已經變成言句了！更何況要把拄杖變成龍呢？慶藏主說：「五千零四十八卷佛經，還曾有過這樣的說法嗎？」雲門文偃往往從拄杖處稱說全機大用，活潑潑地接引學人。

永嘉玄覺說：「不是標形虛事持，如來寶杖親蹤跡。」

芭蕉慧清開示僧眾說：「你有拄杖，我給你拄杖；你沒有拄杖，我奪走你的拄杖。」

有一位國王跟隨釋迦牟尼出行。佛陀指著一塊地說：「這個地方適合建造一座寺院。」國王當場用拄杖敲擊地面說：「佛寺已經建造好了。」佛陀稱讚他說：「你有大智慧！」這個消息是從哪裡得來的呢？祖師們往往說：「棒打之下取得證悟，大喝之下承受禪法。」你來說說看，要承受個什麼東西？如果忽然有人問：「什麼是你的拄杖？」你莫非是要翻個筋斗嗎？或許是拍一拍手掌嗎？其實這都是在故弄玄虛，幸好與禪法毫無關係。請看雪竇重顯的頌古。

頌

「拄杖子吞乾坤」，（只用打狗，道什麼？）

徒說❶桃花浪奔。（撥開向上一竅❷，千聖齊立下風❸，也不在拏雲攫霧處，說得千遍萬遍，不如手腳羅籠❹一遍好。）

燒尾❺者不在拏雲攫霧，（左之右之，老僧只管一面用。）

曝鰓❻者何必喪膽❼亡魂❽？（人人氣宇如王❾，自是你千里萬里❿，爭奈怵然⓫？）

拈了也⓬。（謝慈悲，老婆心切⓭。）

聞不聞？（不免落草，亦不必呵呵大笑，用聞作什麼？）

直須⑭灑灑落落⑮，（老婆心切，殘羹餿飯⑯，乾坤大地，何處得來⑰？）

休更紛紛紜紜⑱。（舉令者先犯，相次⑲到你頭上。打云：放過則不可！）

七十二棒且輕恕⑳，（山僧不曾行此令，據令而行㉑，賴值山僧已行了也。）

一百五十難放君！（正令當行㉒，豈可只恁麼了㉓？直饒朝打三千，暮打八百㉔，堪行什麼？）

雪竇驀㉕拈拄杖下座，大眾一時走散。（雪竇龍頭蛇尾作什麼㉖？）

【注釋】❶徒說　白說；空說。❷竅　洞；孔穴。❸下風　比喻處於下位，卑位。❹羅籠　籠罩；束縛；控制；包羅。❺燒尾　據《文苑彙雋》載：魚化龍時必雷電燒其尾乃得化。❻曝鰓　《後漢書・郡國志五》劉昭注引晉劉欣期《交州記》：「有隄防龍門，水深百尋，大魚登此門化成龍，不得過，曝鰓點額，血流此水，恆如丹池。」後以喻挫折、困頓。曝，曬。鰓，魚類的呼吸器官。在頭部的兩側，多為羽毛狀、板狀或絲狀，用來吸取溶解在水中的氧。❼喪膽　形容極為恐懼。❽亡魂　失魂。形容驚慌失措。❾人人氣宇如王　喻指悟道後的狀態。氣宇，胸襟；度量。又指氣概；風度。❿自是你千里萬里　謂頭腦本來清醒而變糊塗者，離禪法千萬里。⓫悚然　肅然恭敬貌。⓬拈了也　謂掃蕩以上注腳，一法也不存。⓭謝慈悲二句　二句一意，謂掃盡言句，不讓人們繫念。⓮直須　應當；必須。⓯灑灑落落　即心不執著，遠離所有束縛與染汙，不拘泥於物的自由境地。又表示大徹大悟者的境地。灑灑，形容心不迷惑。落落，謂不停滯於物。⓰殘羹餿飯　指吃剩下的餿飯，喻指這是從前禪師的糟粕，故不要。餿飯，變質發酸的飯。亦比喻陳腐的言辭。⓱乾坤大地二句　意謂真的灑灑落落時，更無乾坤大地可得。⓲休更紛紛紜紜　意謂思緒不要多而雜亂。休，莫；不要。紛紛，煩忙；忙亂。紜紜，繁多而雜亂貌。⓳相次　依為次第；相繼。⓴七十二棒且輕恕　意謂如果是處在紛紛紜紜的境地，打七十二棒算是很輕的懲罰。㉑據令而行意謂棒打之後絕氣息。㉒正令當行　謂禪法通行於世。正令，指教外別傳之旨。㉓豈可只恁麼了　意謂打一百五十棒不是正宗本色的禪家教法。㉔朝打三千二句　是禪師對於僧徒參學失誤的斥責語。㉕驀　忽然。㉖雪竇龍頭蛇尾作什麼　謂拈拄杖處似龍大有意氣，不打而走下法座是蛇尾。

【語　譯】雪竇重顯頌古：「拄杖子吞乾坤」，（這根拄杖只配用來打狗，有什麼好說的？）徒說桃花浪奔。（撥開大徹大悟的通道，歷代祖師都立在下風，也不在騰雲駕霧處，與其說上千遍萬遍，還不如親自實踐一遍。）燒尾者不在拏雲攫霧，（不管雪竇重顯左說右說，老僧我只管用一面。）曝腮者何必喪膽亡魂？（人人氣概如同帝王一樣，只是你相差千里萬里，無奈悚然？）拈了也。（謝謝雪竇重顯的慈悲，他像老婆婆一樣慈悲心切。）聞不聞？（不免深入俗世間，根據具體情況而苦口婆心地教化大眾，也不必呵呵大笑，用「聞」作什麼？）直須灑灑落落，（像老婆婆一樣慈悲心切，殘羹餿飯不要吃，乾坤大地從什麼地方得來？）休更紛紛紜紜。（舉法令者其所言先犯，紛紛紜紜的境地緊接著來到你雪竇重顯的頭上。打過之後說：這紛紛紜紜的境地不可放過。）七十二棒且輕恕，（我不曾行棒行喝，只是根據禪機施設而實行，幸虧是我實行禪機施設。）一百五十難放君！（應當實行正宗本色的禪家教法，怎麼可以就這樣算了？即使早上打三千棒，晚上打八百棒，又能起到多大的效果呢？）雪竇重顯說完這首頌古後突然拿起拄杖，走下法座，僧眾全都跑開了。（雪竇重顯龍頭蛇尾幹什麼？）

評唱

雲門委曲❶為人，雪竇直下❷為人。雪竇所以撥卻化為龍，不消恁麼道，只是「拄杖子吞乾坤」，雪竇大意免人情解❸。「徒說桃花浪奔」，不必化為龍❹。蓋禹門有三級浪，每至三月，桃花浪漲，魚能逆水，而躍過浪者，即化為龍，亦是徒說。「燒尾者不在拏雲攫霧」，魚過禹門，自有天火❺燒其尾，拏雲攫霧而去。雪竇意道，縱化為龍，亦不在拏雲攫霧也。

「曝腮者何必喪膽亡魂」，清涼❻《華嚴疏》❼云：「積行菩薩❽，曝腮於龍門，而不承道。」大意說華嚴境界❾，非小德小智之所造。喻如魚躍龍門不過者，則點額❿而回。即頭痛在淺水沙磧⓫之中，曝腮亦不必喪膽亡魂。

「拈了也，聞不聞？」重下注腳，一時與你掃蕩⓬了也。你「直須灑灑落落」地會去，「休更紛紛紜紜」。你若更紛紛紜紜，失卻拄杖子了也。「七十二棒且輕恕」，雪竇為什麼捨重⓭從輕⓮？古人道：「七十二棒，翻⓯成一百五十。」如今人錯會，卻只算數目，合是七十五棒。為什麼卻只「七十二棒」？不知古人意在言外。所以道，此事不在言語中，免人穿鑿⓰。所以雪竇引此用，直饒真箇如此「灑灑落落」，正好與「七十二棒」。「且輕恕」，直饒總不如此，便是「一百五十難放君」，一時頌了也。更拈拄杖，重重⓱相為⓲。雖然如是，也無一箇皮下有血⓳。

【注釋】❶委曲　委婉；婉轉。❷直下　謂徑直實行下去。❸雪竇大意免人情解　意謂直說故不涉情解分別。大意，大概的意思；要義。❹不必化為龍　意謂魚變為龍是虛構之談。❺天火　由雷電或物體自燃等自然原因引起的大火。❻清涼　法名澄觀（西元七三八～八三九年），唐代僧人，華嚴宗四祖。俗姓夏侯氏，越州山陰（治今浙江紹興）人。十一歲出家，遍參名師後常住五臺山，專攻《華嚴經》，對華嚴宗中興起過很大作用。唐德宗賜號「清涼法師」，唐憲宗加號「大統清涼國師」。❼華嚴疏　即《華嚴經疏》，十卷。佛書名。唐澄觀著。敘述《華嚴經》的綱要，並解釋其文義。❽積行菩薩　謂歷劫積六度萬行菩薩。❾華嚴境界　指華嚴宗所說的大乘境界。❿點額　謂跳龍門的鯉魚頭額觸撞石壁。⓫磧　淺水中的沙石；沙石淺灘。⓬掃蕩　掃除滌蕩；蕩平。⓭重　指一百五十棒。⓮輕　指七十二棒。⓯翻　推翻；改變。⓰穿鑿　猶牽強附會。⓱重重　反覆；屢屢。⓲相為　相助；相護。⓳也無一箇皮下有血　謂僧眾都跑開。皮下有血，意謂有血氣，有骨氣。

【語譯】圜悟克勤評唱：雲門文偃用比較婉轉的方式來接引學人，而雪竇重顯則以直截了當的方式來接引學人。雪竇重顯把「化為龍」這句話拋在一邊，他認為不必這樣說，只說：「拄杖子吞乾坤」，雪竇重顯的意思是要人們捨去俗情妄解。他又說：「徒說桃花浪奔」，這句話點明不必再用「化為龍」這個過程。原來相傳黃河在流經禹門這個地方時有三重浪，每當三月桃花盛開的時候，浪濤高漲，逆水而上的魚能躍過三重浪，就立即變成龍。雪竇重顯認為這個傳說只是說說而已。「燒尾者不在拏雲攫霧」，這是說魚游過禹門時，自然會有一道閃電，燒掉牠的尾巴，騰雲駕霧而去。雪竇重顯的意思是說即使變成龍，也不在於騰雲駕霧。

「曝腮者何必喪膽亡魂」，唐朝的清涼澄觀國師在《華嚴經疏》中說：「累積六度萬行的菩薩，如果未能修行成道，那就像沒有躍過龍門而只是在沙灘上曝腮的魚一樣。」這段話的意思是說華嚴宗的境界不是小德小智的人所能達到的，如同躍不過龍門這一關的魚，只好被撞得焦頭爛額而退回去。這些額頭帶著傷痛的魚困在淺水沙灘上曝腮。雪竇重顯這句話的意思是說：受到了挫折，又何必恐懼得喪膽失魂呢？

「拈了也，聞不聞？」這句話是重新下注腳，為你們掃除一切知解。要你們「直須灑灑落落」地去領悟，「休更紛紛紜紜」。你的思慮如果再紛紛紜紜，那就失去拄杖了。「七十二棒且輕恕」，雪竇重顯為什麼避重就輕放過你們？從前有位禪師說：「七十二棒變成一百五十棒。」現在的人誤解了他的意思，竟當作數字來計算，說應該是七十五棒，為什麼只是「七十二棒」呢？他們竟然不知道從前的禪師說話多是意在言外。所以說參禪學道這件事不在言句上，奉勸人們不要在言句中穿鑿附會。因此雪竇重顯引用這句前人的話，即使真的這樣「灑灑落落」，也要打你七十二棒，還是太饒恕你了。否則不這樣的話，就是「一百五十難放君」！雪竇重顯在這首頌古裡，通通都頌出來了。他最後又拿起拄杖，一再向僧眾展示禪機。儘管這樣，在場的僧人卻沒有一個人能夠理解雪竇重顯的用意。

【說 明】佛與眾生、山河與自己本為一體，為什麼卻變成了兩樣東西呢？也就是說：為什麼把同一的東西看成了差別呢？圜悟克勤在開示中認為這只有站在平等的立場上，才能把整個大地收歸手掌之中，不消一捏，也就是將差別還歸於平等。

所謂拄杖化為龍，是代指有限歸於無限，個體統一於全體。意同「一人發真歸於源，十方虛空悉消隕」。拄杖化為龍，吞併天地，人歸真返源時，十方虛空就全部消失了。可是，呈現在我們眼前的，巍然不動的山河大地又從何而得呢？有限一旦歸於無限，無限的整體反而通過有限的個體展現在我們面前。如果沒有了自我，一切都變成了自我。這是誰都體驗過的事實。色（物質、個體）即是空（虛空、整體），空即是色。天地的消無便是山河大地的存有。即所謂「證一方，一方暗」。化成龍，則天地無。有了山河大地，龍就會消隱。龍與天地是如一不二的。對我們來說，首先要化成龍！

雪竇重顯直接說「拄杖子吞乾坤」，用意要使人們除去俗情妄解，顯示大機大用。「徒說桃花浪奔」，謂已經吞下天地的拄杖子，不用像鯉魚那樣在桃花盛開之時游向禹門，不必化為龍。「燒尾者不在拏雲攫霧」，意謂拄杖子即使化為龍，也算不了什麼。因為人人都有自性，不必憑藉外力就可顯示妙用。「曝腮者何必喪膽亡魂」，意謂即使跳不過龍門者也不必灰心喪氣，只要識得自性，就可以頂天立地。「拈了也。聞不聞？直須灑灑落落，休更紛紛紜紜。」意在去除人們的一切紛紛紜紜的思慮，否則就失去了安身立命的「拄杖子」。「七十二棒且輕恕，一百五十難放君」，這是在用矛盾錯覺的數字來去除人們的分別計較思慮。雪竇重顯最後突然拿起拄杖走下法座，其用意就是要顯示自性妙用。僧眾一齊驚慌四散，竟然沒有一個人敢當機不讓於師。

第六一則　風穴一塵

【題解】佛家認為一微塵是世界萬物構成的最小單位，任何事物都是由這微小之物因緣聚合而成（佛家講空，本意不在於否定微塵之有，而在微塵的聚散）。平等一相的本體，空空寂寂，不見一物。如果在它上面立一塵，則有山有河、有迷有悟、有染有淨、有佛有凡夫、有苦有樂，在差別相中得見森羅萬象的世界相。這在保守的野老們看來蹙眉瞪目，家國卻因此而興盛。反之，不立一塵，就沒有迷悟、染淨、苦樂的差別，是無差別平等寂靜的境地。四海平靜，波瀾不起。野老們只求妥協姑息，家國因此喪亡。立與不立，興盛與喪亡，正是同生同死之機。雪竇重顯拈拄杖全提活用，即見其所以然。

示眾

建法幢❶、立宗旨❷，還他本分宗師；定龍❸蛇❹、別緇素❺，須是通方作者。劍刃上論殺活，棒頭上別機宜❻，則且致，獨據寰中事❼若何？

舉

風穴垂語❽云：（興雲致雨❾！也要為主❿為賓⓫。）

「若立一塵⓬，（我為法王⓭於法自在，簇錦攢⓮花。）

家國興盛；（不是他屋裡事⓯。）

不立一塵，(掃蹤滅跡，失卻鼻孔，和尚眼睛，一時尋討不見。)家國喪亡。」(一切處光明，用家國作什麼？全是他屋裡家風。)

師拈拄杖云：(須是壁立千仞始得⑯。達摩來也⑰！)

「還有同生同死底衲僧麼？」(還我話頭來。)

【注　釋】❶法幢　寫有佛教經文的長筒形綢傘或刻有佛教經文、佛像等的石柱。又比喻佛法。❷宗旨　佛教的教義。這裡指禪宗意旨，禪法。❸龍　喻指具法眼的人。❹蛇　喻指不具法眼的人。❺緇素　黑白，禪宗僧人多用作分辨之義。❻劍刃上論殺活二句　這兩句謂參禪者於人境自在。「劍刃」、「棒頭」指境，「殺活」、「機宜」指人。機宜，謂眾生皆有善根，如欲度化，則應隨其機，而施之以適宜之教法。❼獨據寰中事　喻指本分上不通凡聖之處。寰中，宇內；天下。❽垂語　禪師為弟子開示宗要。❾興雲致雨　喻指風穴延沼的開示大利人天。❿主　指接引學人的禪師或明悟禪法者。⓫賓　指參禪後學或不明禪法者。⓬一塵　指最微細之物。佛教典籍中謂物質的最小單位。⓭法王　佛教對釋迦牟尼的尊稱。亦借指高僧。⓮鑽　同「攢」。簇聚；聚集。⓯屋裡事　指臨濟宗門下事。⓰須是壁立千仞始得　讚賞雪竇重顯從第一機上拈過來，無著手之處。⓱達摩來也　謂祖師玄機一齊提起來了。

【語　譯】圜悟克勤開示：建立法幢，樹立宗旨，這才是本色在行的大禪師；懂得判別根器的優劣，辨別見解的邪正，才稱得上是通達禪法的行家高手。用機鋒斬除分別妄念、復活靈覺真性，在棒頭上隨機應變，這些事暫且擱在一旁。先說說「獨據寰中事」這句話是怎麼一回事呢？

舉說公案：風穴延沼有一天對僧眾開示說：(興起雲彩，下起雨來了。既作禪師也作參禪者。)「如立一塵，(我是法王，於法自由自在，錦上添花。)那就家國興盛；(不是他屋裡的事。)不立一塵，(掃除一切痕跡，不僅失去了鼻孔，連和尚的眼睛也一齊都找不到了。)那就家國喪亡。」(處處光明，用家國作什麼？全是他屋裡的家風。)

雪竇重顯提到這則公案時，拿起拄杖說：（必須得壁立千仞才行。達摩祖師來了！）「還有和我同生同死的禪宗僧人嗎？」（還我的話頭來。）

評唱

風穴恁麼示眾，且道，立一塵即是❶？不立一塵即是？到者裡，須是大用現前❷始得。所以道，設使言前薦得，猶是鈍根❸；直饒句下明宗❹，未為作者。他是臨濟下尊宿，用本分草料。「若立一塵，家國興盛。」野老❺顰蹙❻，意在立國❼安邦❽。須藉❾謀臣猛將❿，然後麒麟⓫出、鸞鳳⓬翱翔⓭，乃太平⓮之祥瑞⓯也。他三家村裡人⓰，豈知有恁麼事？

「不立一塵，家國喪亡」。風颯颯地，野老為什麼出來謳歌⓱？只為「家國喪亡」。洞下謂之轉變⓲處，無佛無眾生⓳、無非無是、無好無惡，絕音絕響、絕蹤絕跡。所以道：「金屑雖貴，落眼成翳⓴。」故云：「金屑眼中翳，衣珠㉑法上塵；己靈猶不重，佛祖是何人？」七穿八穴，神通㉒妙用，不為奇特。到箇裡，衲被㉓蒙頭萬事休，此時山僧都不會！到這裡，說心說性、說玄說妙，都用不著。何故？他家自有神仙境。

南泉示眾云：「黃梅㉔七百高僧，盡是會佛法底人，為什麼不得衣缽㉕？唯有盧行者㉖不會佛法，所以得他衣缽。」又云：「三世諸佛不知有，貍奴㉗白牯卻知有。」

野老或顰蹙，忽謳歌。且道，作麼生會？且道，他具什麼眼卻恁麼？須知野老門前別有條章㉘。雪竇雙提㉙了，卻拈拄杖云：「還有同生同死底衲僧麼？」當時若有箇漢出來，道得一句，互為賓主㉚，免得雪竇老漢後面點胸㉛。

【注釋】❶即是　如此；就是。❷大用現前　意謂現時現刻實踐、授受禪法。❸鈍根　根器愚鈍。❹宗　根本；本旨。特指佛教教義的真諦。❺野老　村野老人。❻顰蹙　皺眉蹙額。形容憂愁不樂。❼立國　建國。❽安邦　使國家平安穩定。❾藉　同「借」。因；憑藉；依託。❿謀臣猛將　善於謀劃的文臣和勇猛善戰的將帥。⓫麒麟　古代傳說中的一種動物。形狀像鹿，頭上有角，全身有鱗甲，尾像牛尾。古人以為仁獸、瑞獸，拿牠象徵祥瑞。⓬鸞鳳　鸞鳥與鳳凰。鸞鳥，傳說中的神鳥、瑞鳥。鳳凰，古代傳說中的百鳥之王。雄的叫鳳，雌的叫凰。通稱為鳳或鳳凰。羽毛五色，聲如簫樂。常用來象徵瑞應。⓭翱翔　迴旋飛翔。⓮太平　謂時世安寧和平。⓯祥瑞　吉祥的徵兆。⓰三家村裡人　偏僻小村裡出生的人，常用作對癡迷不悟者的斥責語。⓱謳歌　歌唱；歌頌。⓲轉變　轉化變異之意。⓳眾生　泛指人和一切動物。⓴金屑雖貴二句　喻指佛法說教對於禪悟是多餘的甚至是有害的。翳，目疾引起的障膜。㉑衣珠　衣中珠寶，比喻人人自身具有的佛性。㉒神通　梵文意譯。謂佛、菩薩、阿羅漢等通過修持禪定所得到的神秘法力。㉓衲被　補綴過的被子。這裡指禪宗僧人用的被子。㉔黃梅　指禪宗五祖弘忍，蘄州黃梅（今屬湖北境內）人，七歲依四祖道信出家，盡傳其禪法，人以黃梅稱之。㉕衣缽　佛教僧尼的袈裟與飯盂。佛家又以衣缽為師徒傳授的法器，因引申指師傳的思想、學問、技能等。這裡指達摩所傳的心心相印的禪法。㉖盧行者　指六祖慧能，他在湖北黃梅五祖弘忍處受法時尚未正式剃度受戒，故稱「行者」。㉗貍奴　貓的別稱。㉘條章　條例規章。㉙雙提　指用建立與掃蕩兩種方式拈提。㉚互為賓主　謂縱奪之機互相呈。㉛點胸　自我炫耀的動作，高傲。

【語　譯】圜悟克勤評唱：風穴延沼這樣開示僧眾，你來說說看，是立一塵對呢？還是不立一塵才對？到了這個地步，必須得具有大機大用的人才行。所以說如果是從言句之下領悟到的，依然還是愚鈍的根器；即使你通過言句明瞭某些佛教要義，也還算不上是參禪的行家高手。

風穴延沼是臨濟宗的大禪師，他展示的是正宗本色的禪機施設。「如立一塵，那就家國興盛」，鄉下老漢，皺著眉頭，憂慮的是立國安邦這件大事。其實立國安邦這件大事必須得依靠謀臣猛將才行，然後麒麟出現於世，鸞鳥和鳳凰在天空中迴旋飛翔，這些都是太平盛世的祥瑞。至於那些三家村裡見識淺陋的人，怎麼可能知道會有這種事呢？

「不立一塵，那就家國喪亡。」風颯颯地吹著，鄉下老漢為什麼要出來歌唱？只因為「家國喪亡」。曹洞宗的僧人把這種情形叫做「轉變」之處。也就是說無佛、無眾生，無非、無是，無好、無惡，絕無音響蹤跡可尋。所以說：「金子的屑粒雖然貴重，掉進人的眼中就會變成障膜。」又說：「金子的屑粒是眼中的障膜，衣中珠寶是法上的塵埃；自己的神靈已經不算貴重，佛祖釋迦牟尼是什麼人？」即使你具有七通八達的神通妙用，也算不上是奇特的事情。到了這境地就是被子蒙頭萬事休，此時此刻連我都不懂。如果再說心說性，說玄說妙，那是用不著的，為什麼呢？因為他有美妙的神仙境界。

南泉普願對僧眾開示說：「五祖弘忍在黃梅傳法時，門下有七百多位高僧，個個都是精通佛法的人，為什麼都得不到他的衣缽呢？偏偏只有盧行者不懂佛法，所以才得到了他的衣缽。」又說：「三世諸佛不知道有佛法，那些阿貓阿牛才知道有佛法。」

鄉下老漢有時候皺起眉頭顯出一副憂慮的樣子，有時候又高興地唱起歌來了。你來說說看，要怎樣才能理解他的用意呢？再說說看他具備什麼法眼才能做到那樣呢？你必須知道鄉下老漢門前是另外有規矩的。雪竇重顯雙管齊下，把他給拈提出來了，最後再拿起拄杖說：「還有和我同生同死的禪宗僧人嗎？」當時如果有一個人站出來，說一句話，和他互鬥機鋒，就會免得雪竇重顯這老頭在那裡自賣自誇。

頌

野老從教❶不展眉❷，（三千里外有箇人❸，美食不中飽人喫❹，直饒成巧❺，焉❻能云云❼。）

且圖❽家國立雄基❾。（太平一曲大家全用。要行即行，要住即住❿，盡大地乾坤，都是一箇解脫門⓫。你作麼生立？）

謀臣猛將今何在？（有麼有麼？土曠⓬人稀、相逢者少⓭，莫點胸，好如麻似粟去。）

萬里清風只自知⓮。（傍若無人⓯，教誰掃地？也是雲居羅漢。）

【注釋】❶從教　聽從教導。❷展眉　謂因喜悅而眉開。❸三千里外有箇人　意謂雪竇重顯與風穴延沼是知音。❹美食不中飽人喫　喻指各人佛性本來具足，無須向外尋求，到處參問。❺巧　擅長；善於。❻焉　疑問代詞。相當於「怎麼」、「哪裡」。❼云云　猶言如此，這樣。❽圖　考慮；謀劃；計議。❾雄基　堅固的基礎。❿要行即行二句　意謂太平盛世沒有任何障礙物。⓫解脫門　得入解脫境界之門，即稱解脫門；乃指脫離三界之苦而令得悟之門。⓬曠　空曠；開闊。⓭相逢者少　意謂只有雪竇重顯一人。⓮萬里清風只自知　謂一法不立、一塵不染時，只是萬里清風而已。這種境界只有雪竇重顯獨自知道。⓯傍若無人　謂雪竇重顯自知而不許他人解釋。

【語譯】雪竇重顯頌古：野老從教不展眉，（三千里之外有一個人是知音，儘管是精美食品，已經吃飽了的人無論如何也吃不下。即使你是領悟禪法了，又怎麼能這樣說呢？）且圖家國立雄基。（太平一曲大家享用。要走就走，要停就停，整個大地世界都是一個解脫門。你怎樣建立堅固的基業呢？）謀臣猛將今何在？（有嗎？有嗎？地廣人稀，相逢者少，不要自賣自誇，像你這樣的人多得來如麻如粟。）萬里清風只自知。（旁若無人，教誰去掃地？也是一個傲慢自負的雲居羅漢。）

評唱

適來雙提了，這裡卻拈一邊❶、放一邊❷，裁長❸補短❹、捨重❺從輕❻。所以道：「野老從教不展眉」，我❼「且圖家國立雄基」。

雪竇拈拄杖子云：「還有同生同死底衲僧麼？」一似❽道：「還有謀臣猛將麼？」相似，一口吞卻一切人了也。所以道，「土曠人稀，相逢者少」，還有知音者麼？出來一坑埋卻！「萬里清風只自知」，雪竇點胸處也。

【注釋】❶拈一邊　謂只頌「家國興盛」。這是「建立」。❷放一邊　謂捨棄「家國喪亡」。這是「掃蕩」。❸裁長　謂掃蕩無物長遠之真域。❹補短　謂建立假相之有域。❺重　指「家國喪亡」。❻輕　指「家國興盛」。❼我　指雪竇重顯。❽一似　很像。

【語譯】圜悟克勤評唱：剛才雪竇重顯在這則公案中雙雙提到「立與不立」、「同生與同死」，而在頌古中卻只拈提一邊，放棄一邊，截長補短，避重就輕，所以他說：「野老從教不展眉」，我要「且圖家國立雄基」。

最後雪竇重顯拿起拄杖說：「還有和我同生同死的禪宗僧人嗎？」這句話就如同說「還有謀臣猛將嗎？」一樣，一口氣就要吞下所有的人。他又說：「地廣人稀，相逢者少」，你們當中還有人是雪竇重顯的知音嗎？你們敢站出來，我就把你們埋在同一個坑裡！「萬里清風只自知」，這就是雪竇重顯自賣自誇的地方。

【說　明】自我就是「真人」，既具有立一法而興家國的大肯定的建設能力，同時也具備立一法而喪家國的大否定的破壞作用，不僅僅具備了兩種功用，還具備自由發揮兩種功用的威力。雪竇重顯把這兩種作用，歸結到一根具有無比功力的拄杖上。他手執拄杖，喝問：「天底下有同生同死的禪宗僧人嗎？如果有，就請出來。」「同生同死」是泯除出世與入世、建立與掃蕩等區別的意思，超越一切對立，無分別地對待出世與入世才是真正禪者的胸懷。不難理解，在雪竇重顯眼中，真正的自我——真我——立法即可興邦又可滅國的力量的象徵，就是手中的一根拄杖。有禪性的拄杖就是一切。這就是雪竇重顯的禪機。

雪竇重顯頌古的一、二句專頌「立一塵」，三、四句頌去除了立與不立、絕情棄知的悟道境地。萬松行秀說雪竇重顯是「佛門事中不舍一法」，連這「同生同死」的念頭也要泯除。一切泯除，乾乾淨淨，這就回到了「萬里清風只自知」的境地。

第六二則 雲門一寶

【題解】這則公案的大旨是雲門文偃對僧眾開示人的心性即為自身既有之一寶。體內秘藏之寶，就像臨濟義玄所說的「赤肉團上有一無位真人」，均指純真的人性。它有無窮的妙用，能把山門放在一盞燈籠上，這的確有點費解，如果我們參照「毛呑巨海，芥納須彌」，對其中的含義就一目了然了。從思想內容上看，雲門文偃並沒有說出什麼新的東西，但從中可以看出道家思想對禪宗的影響。

示眾

以無師智❶，發無作妙用❷；以無緣慈❸，作不請友❹。向一句下，有殺有活；於一機中，有擒有縱。且道，什麼人曾恁麼來？試請舉看。

舉

雲門垂語云：「乾坤之內，（土曠人稀❺，六合❻之內收不得。）

宇宙之間，（休向鬼窟裡作活計，蹉過了也。）

中有一寶❼，（在什麼處？光生也❽，切忌向鬼窟裡作活計去。）

秘在形山❾。」（拶！）

「拈燈籠向佛殿裡，（猶可商量❿。）

將三門⓫來燈籠上。」（雲門大師是即是，不妨誵訛生，猶較些子。若子細檢點⓬將來⓭，未免屎臭氣。）

【注釋】❶無師智　指不憑藉他力，不待他人教而自然成就的智慧。❷無作妙用　菩薩至第八地時始得此妙用。無作，謂無因緣之造作。❸無緣慈　即無緣慈悲。慈悲分三種，無緣慈悲為其中之一。即大乘佛教所言空之思想，完全無自他之對立，乃絕對之慈悲，真實之慈悲，亦為最高之慈悲。❹不請友　指不請而自來親近之友。以此比喻佛、菩薩之救度眾生，不是由於眾生之祈求，而是以大慈悲心感應而親往，賜與眾生以善法；對眾生而言，即是不請之友。❺土曠人稀　喻指示眾深旨知者少。❻六合　天地四方；整個宇宙的巨大空間。❼一寶　喻指眾生的本性，或宇宙的本體。它充塞於無限空間，貫通無限時間，十方三世遍滿長在，故禪宗常以此語示眾。❽光生也　謂這寶物恆常發光，照破三世古今。❾秘在形山　指人的心性。「形山」指肉身，由於人的心秘藏在肉身之中，故有此語。❿猶可商量　意謂識情可測。⓫三門　指寺院大門。⓬檢點　查點。⓭將來　下來；起來。

【語譯】圜悟克勤開示：一個禪師要以不需別人教導而自知的無師智，化為不刻意造作的妙用，啟發學人；以無緣大慈的願力，作主動教化一切眾生的勝友。他每一句話，既能斬除分別妄念，又能復活靈覺真性；他的每一個機鋒，既有把住，也有放行。你來說說看，什麼人曾經這樣做過呢？我試舉一則公案給你們看看。

舉說公案：雲門文偃對僧眾開示說：「在廣闊的天地之內，（地廣人稀知音少，天地之內收不得。）在無限的宇宙之間，（不要到那充滿俗情妄念的鬼窟裡去亂搞一通，錯過禪機了。）有一個寶物，（在什麼地方？發光了，千萬不要到那充滿俗情妄念的鬼窟裡去亂搞一通。）秘密地深藏在肉身之中。」（拶！）然後又說：「當你們拿著燈籠到佛殿裡去禮拜它的時候，（還可以商量。）這寶物卻把寺院的大門放在燈籠上。」（雲門大師說得對倒是對，只是還有些錯訛，不過還說得過去。如果仔細檢查過來，不免有屎臭氣。）

評唱

且道，雲門大師意在釣竿頭？意在燈籠上？雲門示眾，用肇法師《寶藏論》❶。晉時，於後秦逍遙園❷中造論，寫《維摩經》。知莊老未盡其妙。肇公乃羅什❸法師弟子，參瓦官寺❹佛馱跋陀羅❺，從西天二十七祖❻，傳心印來。肇法師臨刑❼之日，乞七日暇❽，撰《寶藏論》。雲門便拈論中四句示眾。意云，如何以無價❾之寶，隱在陰入❿之坑？論中語，皆與宗門⓫說話相符。

只如鏡清問曹山：「清虛⓬之理，畢竟如何？」山云：「理則且致，事又如何？」清云：「如理如事。」山云：「謾曹山一人則得，爭奈諸聖眼何？」清云：「若無諸聖眼，爭辨得恁麼底人？」山云：「官不容針，私通車馬⓭。」所以道：「乾坤之內，宇宙之間，中有一寶，秘在形山。」大意明人人具足、箇箇圓成⓮。雲門所以拈來示眾，已是十分現成，不可也似座主⓯相似注解。他只與你下注腳道：「拈燈籠向佛殿裡，將三門來燈籠上。」且道，雲門恁麼道，意作麼生？

不見古人道：「無明⓰實性⓱即佛性，幻化⓲空身即法身。」又云：「即凡心⓳而見佛心⓴，形山即是四大㉑五蘊㉒也。」

「中有一寶，秘在形山。」古人道：「諸佛在心頭，迷人向外求；內懷無價寶，不識一生休。」又道：「佛性堂堂㉓顯現，住相㉔有情㉕難見；若悟眾生無我㉖，我面何殊㉗佛面？」心是本來心、面是娘生面；劫石㉘可移動，箇中無改變。有者只認箇昭昭靈靈㉙為寶，只是不得其用，亦不得其妙。所以道：「動轉不得，開撥不行㉚。」

【注釋】❶寶藏論　一卷。佛書名。後秦僧肇著。內容為闡說法性真如的體用等，分為〈廣照空有品〉、〈離微體淨品〉、〈本際虛玄品〉等三品。書中所說常被洞山良价、雲門文偃引用，足見其受禪宗之重視。❷逍遙園　即草堂寺，位於陝西鄠縣東南圭峰北麓。後秦王姚興迎請鳩摩羅什在此譯經，時稱「逍遙園」。❸羅什　即鳩摩羅什，後秦僧人，中國佛教四大譯經家之一。生於西域龜茲國（今新疆庫車一帶）。後秦弘始三年（西元四〇一年），後秦王姚興派人迎至長安，請入逍遙園，待以國師之禮。後秦弘始十五年（西元四一三年）圓寂，享年七十。❹瓦官寺　位於江蘇南京鳳凰臺。東晉興寧二年（西元三六四年），因慧力奏請，乃詔令施捨陶官舊地以建寺，掘地得古瓦棺，因稱「瓦官寺」。❺佛馱跋陀羅　東晉僧人。本姓釋，釋迦族。古印度迦毗羅衛國人。東晉義熙十一年（西元四〇八年），至建康（今江蘇南京）譯經。劉宋元嘉六年（西元四二九年）圓寂，享年七十一。❻西天二十七祖　即般若多羅，東天竺人，婆羅門種姓。二十歲時遇二十六祖不如蜜多，得法後成為二十七祖。後至南天竺香至國，傳法菩提達摩而寂。❼臨刑　將受死刑之時。❽暇　空閒；閒暇。❾無價　無法計算價值。如無價衣、無價寶等，皆為比喻該物極為珍貴之語。❿入　又作十二入，指六根加六境。⓫宗門　禪宗的自稱，而稱其他各宗為「教門」。⓬清虛　清淨虛無。⓭官不容針二句　謂表裡互用而並行無礙。官不容針，原謂於公而言，必得森嚴整肅，即連細針一樣的差錯，亦絲毫不予以寬宥；在禪林中，轉指佛法第一義諦的究竟透徹，不允許以絲毫偏差之言說滲和、取代、詮解之；因此「官不容針」一語亦引申為「於表相視之，乃為不可輕易歪曲之法」。私通車馬，即相對於「官不容針」，意謂原本細針一樣的差錯皆不予以寬宥之情形，於私而言，則全面改觀。連車馬一樣龐大的偏差亦可通融而行；在禪林中，轉指第二義諦的權巧方便，禪師為指導學人，往往採取權宜放行之法；由是，「私通車馬」一語亦引申為「自裡層視之，實為融通無礙的方便法門」，故禪林每以此語形容禪師接引學人時自在方便的機法。⓮圓成　成就圓滿。這時指自性圓滿無缺。⓯座主即一座之中，學德兼具，堪作座中之上首者；或指一山之指導、住持者。⑯無明　梵語意譯。謂癡愚無智慧。又為煩惱的別稱。⑰實性　佛性的異名。⑱幻化　虛幻不實，變化無常，萬物了無實性。這是佛家對於萬事萬物，包括人身人生的認識。⑲凡心　世俗的情思。⑳佛心　指人人心中本來具足的清淨真如心。㉑四大　佛教以地、水、火、風為四大。認為四者分別包含堅、濕、暖、動四種性能，人身即由此構成。因亦用作人身的代稱。㉒五蘊　梵語意譯。指色、受、想、行、識五者假合而成的身心。色為物質現象，其餘四者為精神現象。佛教不承認靈魂實體，以為身心雖由五蘊假合而不無煩惱、輪迴。㉓堂堂　猶公然。㉔住相　有為法於生滅之間相續不斷，使法體於現在暫時安住而各行自果者。㉕有情　梵語意譯。也譯為眾生。指人和一切有情識的動物。㉖無我　謂世界上不存在實體的自我，以諸法無我為根本義。㉗何殊　猶何異。㉘劫石　指時間久遠。據《大智度論》卷五說，有四十里石山，長壽人每百年來一次，以細軟衣服拂拭此山石，石被磨盡而劫未盡。㉙昭昭靈靈　光明神奇。㉚動轉不得二句　意謂雖得無價寶，卻不得受用自在。

【語　譯】圜悟克勤評唱：你來說說看，雲門大師這句話的意思是在釣魚竿上頭呢？還是在燈籠上頭呢？雲門文偃開示僧眾，用的是僧肇法師所著的《寶藏論》一書中的幾句話。晉朝時，僧肇曾在後秦國的逍遙園撰寫論著，抄寫《維摩經》，才知道老子、莊子並沒有達到最高妙的境界。僧肇法師於是禮拜鳩摩羅什為師，又去瓦官寺參訪佛馱跋陀羅。當時佛陀跋陀羅得西天二十七祖般若多羅所傳心印，來到中國傳法。後來僧肇法師在受死刑之前，請求給七天時間，撰寫了這本《寶藏論》。雲門文偃在此便引用了《寶藏論》中的四句話向僧眾開示，意思是說怎麼會把無價的寶藏隱藏在五蘊十二入當中？這《寶藏論》中所說的道理都和禪宗所說的道理相契合。

有一回鏡清道怤問曹山本寂：「清靜虛無的真理，到底是怎麼回事？」曹山本寂說：「先把真理擱在一邊吧，事相上又會怎麼樣呢？」鏡清道怤回答說：「有什麼樣的真理，就有什麼樣的事相。」曹山本寂說：「欺騙我曹山本寂一人可以，怎奈騙不過諸佛祖師的慧眼。」鏡清道怤說：「你如果沒有諸佛祖師的慧眼，怎麼能夠分辨出這樣的人？」曹山本寂說：「公家法律嚴密，不允許絲毫含糊，不過私下人情卻大可通融。」所以說：「在廣闊的天地之內，在無限的宇宙之間，有一個寶物，秘密地深藏在肉身之中。」這句話的大意就在點明佛性人人具足，個個圓滿成就。雲門文偃之所以拿這幾句話來開示僧眾，已經是十分現成，不可以像座主一樣下注解。他只為你們下注解說：「當你們拿著燈籠到佛殿裡去禮拜它的時候，這寶物卻把寺院的大門放在燈籠上。」你來說說看，雲門文偃這樣說，他的用意是什麼呢？

從前的禪師說：「無明實性即佛性，幻化空身即法身。」又說：「就凡心而見佛心，肉身就是四大五蘊。」「有一個寶物，秘密地深藏在肉身之中。」從前的禪師說：「諸佛在自己心頭，迷人卻向外尋求；內懷無價之寶，一輩子卻不知道它的價值。」又說：「佛性昭然顯現，只是人們執著色相，難見本來面目；如果悟出眾生無我，我的面目與佛祖的面目又有什麼兩樣呢？」心是本然的真心，面目是父母未生以前的本來面目，劫石可以磨盡，而這本來面目卻是無法改變。有的人只認得昭昭靈靈就是寶，只是不能起到作用，也達不到高妙的境界。所以說：「動轉不得，開撥不行。」

古人道：「窮則變，變則通❶。」

「拈燈籠向佛殿裡」，若用作常情❷，何以測度得？「將三門來燈籠上」，識情還測度得麼？雲門與你一時打破情塵、意想、得失、是非了也，還摸索得麼？可謂言無味、語無味，識得鉤頭意，莫問定盤星。所以道：「我愛韶陽老古錐❸，利刀剪卻令人愛。」

他道，「拈燈籠向佛殿裡，將三門來燈籠上。」這一句，已裁斷了也。若論此事，如擊石火，似閃電光。

雲門道：「汝若不相當❹，且覓箇入頭路。微塵❺諸佛，在你腳跟下；三藏聖教❻，在你舌頭上，不如悟去好。和尚子❼莫妄想❽，天是天、地是地、山是山、水是水、僧是僧、俗是俗。」良久云：「與我拈面前案山❾來。」僧問：「學人見山是山、水是水時如何？」門云：「三門為什麼從者裡過？」恐你死卻，所以將手一劃云：「識得時，是醍醐上味❿；若也不識，便是毒藥。」所以道：「了了了時無可了，玄玄玄處直須⓫呵！」

雪竇又拈云：「乾坤之內，宇宙之間，中有一寶，掛在壁上。達摩九年，不敢正眼覷著；如今衲僧要見，劈脊打！」若是本分宗師，不將實法繫綴⓬人。玄沙云：「羅籠不肯住，呼喚不回頭。」雖然恁麼，也是靈龜曳尾⓭。

【注釋】❶古人道三句　謂《寶藏論》所談雖有至理窮極處，但無變通自在活處，故雲門文偃於理極處拈來，教轉向活處。❷常情　世俗的情理。❸古錐　喻指機語機鋒。❹相當　相宜。❺微塵　色體的極小者稱為極塵，七倍極塵謂之「微塵」。常用以指極細小的物質。❻三藏聖教　指以經、律、論三藏為中心的佛教典籍的總集。❼和尚子　對僧徒之稱。❽妄想　即以虛妄顛倒之心，分別諸法之相。也就是由於心之執著，而無法如實知見事物，遂產生謬誤之分別。❾案山　寺院前面的山牆。❿上味　美味，精美的食品。⓫直須　應當；應。⓬綴　繫結；連接。⓭靈龜曳尾　喻指無蹤跡可尋。

【語譯】古人說：「窮則變，變則通。」

雲門文偃說：「當你們拿著燈籠到佛殿裡去禮拜它的時候」，這句話如果用平常的分別意識可以瞭解的話，那麼憑什麼去猜測他的用意呢？「這寶物卻把寺院的大門放在燈籠上」，這句話通過俗情妄識能瞭解嗎？雲門文偃為你把情塵、意想、得失、是非通通都打破了，還摸索得出他的用意嗎？這真可稱得上是言無味、語無味，認得鉤頭意，莫問定盤星。所以雪竇重顯說：「我很喜歡雲門文偃老練的機語，像快刀斬亂麻一樣討人喜愛。」

雲門文偃說：「當你們拿著燈籠到佛殿裡去禮拜它的時候，這寶物卻把寺院的大門放在燈籠上。」這句話已經是當即截斷眾流了。如果要論參禪悟道的本分大事就像擊石火、閃電光一樣間不容髮。

雲門文偃說：「你如果不相稱的話，不妨從這裡找個悟入之處，微塵諸佛，都在你的腳跟下；即使所有的佛教典籍，都在你的舌頭上轉來轉去，還不如力求開悟那樣受用不盡。你們這些僧人不要成天妄為分別而取種種之相，天是天、地是地、山是山、水是水、僧人是僧人、世俗人士是世俗人士。」沉默了好一會兒又說：「替我把面前那座山牆拿來看看。」有一位僧人走出來問：「我見山是山，見水是水時該怎麼辦？」雲門文偃說：「寺院大門為什麼從這裡經過？」由於雲門文偃怕他困死在言句之下，於是用手在空中劃了一下，說：「你如果認得了，那就是醍醐美味；如果不認得，那就是毒藥。」所以說：「了、了、了時無可了；玄、玄、玄處直須呵！」

雪竇重顯又拈說：「在天地之內，宇宙之間，有一個寶物，掛在牆壁之上。達摩面壁九年，不敢正眼看著它；現在的禪宗僧人如果想看這寶物，我就要對著你的脊梁骨狠狠地打。」那些本色在行的大禪師，始終不用實物去束縛別人。玄沙師備說：「牢籠不肯住，呼喊不回頭。」儘管這樣，也只是像靈龜拖著尾巴而已。

頌

看看，（高著眼❶，驪龍玩珠❷，用看作什麼？）

古岸何人把釣竿❸？（孤危甚孤危，壁立❹甚壁立；腦後見腮，莫與往來❺，賊身已露。）

雲冉冉❻、（打斷始得，百匝千重，炙脂帽子，鶻臭布衫❼。）

水漫漫❽，（左之右之，前遮後擁。）

明月蘆花君自看❾。（看著即瞎。）

評唱

若識得雲門語，便見雪竇為人處。他向雲門示眾，後面兩句，便與你下箇注腳云：「看看」你若作瞠眼會，且喜沒交涉。古人道：「靈光❿獨耀，迥脫⓫根塵⓬；體露真常⓭，不拘文字。」雪竇道：「看看。」雲門如在古岸頭、把釣竿相似。

雲冉冉，水又漫漫，「明月蘆花君自看」。明月映蘆花、蘆花映明月，正當恁麼時，且道是何境界？若也見得，前後只是一句相似。

【注　釋】❶高著眼　謂從高處、遠處觀察、考慮。❷驪龍玩珠　意謂雲門文偃拋出無價寶珠，雪竇重顯珍玩之。驪龍，黑龍。這裡喻指雪竇重顯。❸古岸何人把釣竿　謂雲門文偃開示僧眾，就像在幽靜的古岸邊手持釣竿，瀟脫風流。❹壁立　像牆壁一樣聳立，形容山崖石壁的陡峭。❺莫與往來　意謂在古岸邊手把釣竿者，不是尋常之輩，如與他往來恐遭殃。❻雲冉冉　雲霧冉冉升起。冉冉，漸進貌。形容事物慢慢變化或移動。❼炙脂帽子二句　喻指塵世煩勞，虛妄知見等。炙脂，油脂。鶻臭，猶狐臭。❽水漫漫　江水漫漫蕩漾。漫漫，廣遠無際貌。❾明月蘆花君自看　意謂這明月蘆花交相輝映的玄境不是師父可以傳授的。蘆花，蘆絮；蘆葦花軸上密生的白毛。❿靈光　指眾生本具這佛性，清淨無染，靈照而放光明。⓫迴脫　完全超脫，脫盡。⓬根塵　佛家謂眼、耳、鼻、舌、身、意為六根，色、聲、香、味、觸、法為六塵。色之所依而能取境者謂之根，是認識對象的器官；根之所取者，謂之塵，是所認識的對象。合稱根塵。⓭體露真常　物體全然顯露出真實、永恆的相狀，即佛家所謂的「真如」，是禪悟者的境界。

【語　譯】雪竇重顯頌古：看看，（站在高處放眼看，驪龍把玩無價寶珠，用看做什麼？）古岸何人把釣竿？（孤危之處還有更孤危的地方，陡峭之處還有更陡峭的地方；從腦袋後面就能看見腮幫，這樣的人不要和他往來，賊身已經露出來了。）雲冉冉，（打斷才行，百圈千層，沾染油脂的帽子，帶著體臭的布衫。）水漫漫，（左邊是水，右邊也是水；前面是水，後面也是水。）明月蘆花君自看。（看見了眼睛也就瞎了。）

圜悟克勤評唱：你如果知道雲門文偃的話，就可以看出雪竇重顯接引學人的旨趣。他對雲門文偃開示僧眾的後兩句話，為你下注解說：「看看。」如果你把它當作瞪著眼睛看來理解，那就與雪竇重顯的用意風馬牛不相及。從前的禪師說：「佛性之光獨自閃耀，遠遠脫離俗世根塵；本體顯露真實永恆，不須拘泥文字語言。」雪竇重顯說：「看看。」雲門文偃就像在古岸邊手把釣竿一樣。

雲霧冉冉升起，江水又漫漫蕩漾，「明月蘆花君自看」。明月照著蘆花，蘆花映著明月，就在這樣的時候，你來說說看，這是一種什麼樣的境界呢？你如果看見了，說來說去，其實前後只是一句話而已。

【說　明】一般的寶物，一旦掩閉在山土之中，便無法被人見知，更無從發揮自己的作用，而「自性」卻有所不同，它雖如寶藏隱匿在萬物的現象界中，卻能「識物虛照」，發揮神妙的作用。雲門文偃的用意在於讓弟子識取這寶物就是自性，要求弟子斷絕情識意想，切忌向外尋求，因為這寶物無所不在，也沒有一定的處所可以尋覓，更不是靠拜佛念經能夠求得的，只有反求諸己，最為直接。

雪竇重顯的頌古打破了與原公案的機械的一一對應關係，顯得與眾不同。他另闢蹊徑，創造了一個白雲輕飄、碧波蕩漾、明月蘆花交相輝映的悟道境地。

第六三則 南泉斬貓

【題解】南泉普願斬貓，以示截斷有、無相對的執見。就在東西兩堂的僧人爭論貓兒是否有佛性的時候，南泉普願提起貓兒，想考驗學人中有沒有能分辨得清楚的人，於是說：「道得即不斬。」他見僧眾中無一人能答，於是斬殺貓兒以截斷僧人的妄想分別。

示眾

意路不到❶，正好提撕❷；言詮❸不及，宜急著眼。若也電轉星移，便可傾湫❹倒嶽。眾中莫有辨別得底麼？舉看。

舉

南泉一日，東西兩堂爭貓兒。（不可今日合鬧❺一場，這漢漏逗。）

南泉見，遂提起云：「道得即不斬。」（正令當行，十方坐斷❻，這老漢有定龍蛇底手腳。）

眾無對，（可惜放過，一隊漆桶，堪作什麼？一隊杜撰禪和❼。）

泉斬卻貓兒為兩段。（快哉快哉！若不如此，盡是弄泥團漢！賊過後張弓，已是第二；未拈起時，好打！）

【注　釋】❶意路不到　謂意識不能到達之處，即指不得以思慮分別而臆度的真理境界。❷提撕　提攜；提醒。禪林指禪師指導學人；又指行住坐臥之間，對古則公案專心參究的工夫。❸言詮　謂以言語解說。❹湫　深潭。❺合鬧　猶取鬧。❻正令當行二句　喻指棒喝之外，不立一法，乃為教外別傳之宗旨。❼杜撰禪和　指並未真實明瞭佛法的禪宗僧人。

【語　譯】圜悟克勤開示：參禪悟道這件事並不是按照通常的思路就能理解的，只有不斷地提起話頭，努力參究古則公案；明心見性也不是用言語文字就能解釋清楚的，所以必須趕快睜開雙眼去看。如果徹底認識到自己本來就具備佛性，那種大機大用就像閃電流星，足以傾出深潭中的水，撼倒巍峨的高山。你們當中有人能辨別得出這種境界嗎？我試舉一則公案給你們看看。

舉說公案：有一天，南泉普願看到門下東西兩堂的弟子，正在互相爭奪一隻貓。（今天不可以吵鬧一場，這傢伙像老婆婆一樣慈悲心切。）南泉普願一手把貓抓起來說：「你們如果說對了，我就不斬殺這隻貓。」（實行正宗本色的禪機施設，一樣東西也沒有了，南泉普願這老漢有判斷是龍是蛇的手段。）僧眾中沒有人能回答這個問題，（可惜錯過禪機了，一群愚昧無知的漆桶，有什麼用處？一群不明佛法的禪宗僧人。）於是南泉普願把貓斬成兩段。（動作快得很，快得很！如果不這樣，南泉普願和這些僧人一樣，變成了玩弄泥巴的傢伙。盜賊過去之後才架設弓箭，已經是第二機了；在南泉普願還未抓起貓時，就應該打他一頓。）

評唱

宗師家，看他一動一靜、一出一入，且道，意旨如何？這斬貓兒話，天下人商量浩浩❶地，有者道：「『提起』處便是」，有底道：「在『斬』處」，且得沒交涉。他若不提起時，亦匝匝❷地作盡道理。殊不知，他古人有定乾坤底劍❸。你且道，畢竟如何？是誰斬貓兒？

南泉提起云：「道得即不斬。」當時若有人道得，且道，南泉斬不斬？所以道：「正令當行，十方坐斷。舉頭天外看，誰是箇中人？」其實當時元不斬，此話亦不在斬與不斬處。軒❹知此事，不在情塵意見上。若向情塵意見上討，則辜負❺南泉。但向當鋒❻劍刃上看，是有也得、無也得，不有不無也得。所以古人道：「窮則變，變則通。」而今人不解變通❼，只管向語句上走。南泉恁麼提起，不可教人合下❽得什麼語，只要教人各各❾自知、各各自用。若不恁麼，卒摸索不著。

【注　釋】❶浩浩　喧鬧。❷匝匝　謂使嘴發出響聲。❸定乾坤底劍　喻指佛法力量所及之處，自然泯除貪、瞋、癡等煩惱，而使天上天下無一不定。❹軒　明。❺辜負　虧負；違背。❻當鋒　謂觸其鋒芒；抵禦。❼變通　謂事物因變化而通達。又指不拘常規，因地、因時制宜。❽合下　即時；當下。❾各各　各自。

【語　譯】圜悟克勤評唱：看他大禪師一動一靜，一出一入，你來說說看，他的用意是什麼呢？就南泉普願斬貓這個話頭來說，天下的禪宗僧人都在廣泛地討論著，有的人說：「『提起』之處就是。」也有的人說：「就在『斬』處。」這些說法與南泉普願的用意從來就是風馬牛不相及。南泉普願如果不「提起」依然可以喋喋不休地把道理完全徹底地說出來。他們竟然不知道從前的禪師有定乾坤的劍。你來說說看，到底是怎麼一回事呢？究竟是誰斷殺了貓？

南泉普願抓起貓說：「你們如果說對了，我就不斷殺這隻貓。」當時如果有人說對了，你來說說看，南泉普願到底還斷不斷這隻貓呢？所以說：「實行正宗本色的禪機施設，一樣東西也沒有了，抬頭看天外，誰是此中人？」其實當時他本來不打算斷殺這隻貓，他的用意也不在斷或者不斷。這件事十分明白，並不在情塵識見上。如果從情塵識見上去探討，那就與南泉普願的用意大相徑庭。你只要從當鋒的劍刃上去看，是有也行、無也行、不有不無也行。從前的禪師說：「窮則變，變則通。」可是如今的參禪者卻不懂得隨機應變，只知道在語句上轉來轉去。南泉普願這樣提起貓，並不是教人當場說些什麼話，只是教各人自己領會，各自得到受用。如果不能這樣理解，那最終還是摸不著頭腦。

頌

兩堂俱是杜禪和❶，（親言出親口，一句道著，據款結案❷。）

撥動煙塵不奈何❸；（看你作什麼折合❹？現成公案，也有些子。）

賴得南泉能舉令❺，（舉拂子云：一似這箇，王老師猶較些子。好箇金剛王寶劍，用切泥去也。）

一刀兩段任偏頗❻。（百雜碎，或有箇人按住刀，看他作麼生？不可放過也，便打。）

評唱

「兩堂俱是杜禪和」，雪竇不向句下死，亦不認驢前馬後，有撥轉處。便道：「撥動煙塵不奈何」，雪竇與南泉把手共行，一句自然說了也。兩堂首座，沒歇頭處，只管「撥動煙塵不奈何」，幸得南泉能舉令，收得爭鬧，爭奈前不搆村，後不至店❼？所以道：「賴得南泉能舉令」，直下一刀兩斷，不管偏頗。且道，南泉據箇什麼道理？

【注　釋】❶兩堂俱是杜禪和　謂東西兩堂的僧人都無本可據。杜禪和，同「杜撰禪和」。❷據款結案　謂兩堂僧人的「罪過」一齊記錄在案。❸撥動煙塵不奈何　謂兩堂僧人為爭一隻貓而吵得喉舌冒煙，禪堂起塵，仍毫無結果。❹折合　應付；對付。❺賴得南泉能舉令　謂幸虧南泉普願手起刀落，斬斷了眾僧爭執的對象。❻一刀兩段任偏頗　謂也許僧人不應該犯殺生之戒，但是非曲直，任憑他人評說。偏頗，偏向一方；不公平；不公正。❼前不搆村二句　兩頭俱失之意。這裡指本分現成俱失。

【語　譯】雪竇重顯頌古：兩堂俱是杜禪和，（親言出親口，一語中的，根據口供結案。）撥動煙塵不奈何；（看你怎麼處理？現成公案，也有些子。）賴得南泉能舉令，（舉起拂子說：就像這個，王老師還算可以。好一把金剛王寶劍，卻用來切泥土了。）一刀兩段任偏頗。（百雜碎，如果有一個人按住南泉普願的刀，看他怎麼辦？不可放過，舉手就打。）

圜悟克勤評唱：「兩堂俱是杜禪和」，雪竇重顯不困死在言句之下，也不依識情妄見，有撥轉禪機之處。又說「撥動煙塵不奈何」，雪竇重顯和南泉普願手拉著手一道走，一句話就自然而然地把「不奈何」的根源說出來了。這句話的意思是說，南泉普願門下兩堂的首座吵得沒完沒了，只管「撥動煙塵不奈何」，幸虧南泉普願手起刀落，把這段爭吵收拾得乾淨俐落。怎奈這一群僧人往前走見不到村落，向後退找不到客店。所以說：「賴得南泉能舉令」，當即一刀兩斷，更不管有所偏頗。你來說說看，南泉普願根據什麼道理來斬殺這隻貓呢？

【說　明】南泉普願為什麼要斬這隻貓？問題就在這一斬上。斬的什麼？不是貓，而是兩堂僧人遮蔽自性的爭奪心。這也是金剛王寶劍的一斬，死貓活人的一斬。南泉普願要兩堂僧人「說」，說得不斬，說不得就斬，說什麼？貓不是將要死在我南泉普願手裡，而是死在你們相爭的分上，你們自然要為貓說些什麼才能對得住牠。可是這些爭奪心很重的人未必能說出個什麼！平日學佛參禪的功夫，都被南泉普願這一出人意外的舉動嚇跑了。參學所得知識並不是自家本事，也就是說並沒有轉識成智。慧不是知識而是慧力，是應付生活各種情態的自性，是活潑潑的生機。兩堂僧人並沒有參悟出這自性，準確地說他們的參禪拜佛只是爭奪心的一部分。一遇到緊急狀態，便空無所有了。這空不是真空，真空是自性突現後的自由活脫，而生機不曾脫出的空是死寂的空。南泉普願要斬的就是要把他們的「死空」逼出來，使他們自悟真空。老禪師殘忍的「死命刀」，正是令人警悟的「活人劍」。

雪竇重顯頌道：「兩堂俱是杜禪和，撥動煙塵不奈何；賴得南泉能舉令，一刀兩段任偏頗。」意謂東西兩堂的僧人為貓兒的事發生了爭吵，儘是一些得道不高的僧人。他們東堂說是東堂的貓，西堂說是西堂的貓，吵得喉嚨起火，禪堂起塵，相持不下。幸虧南泉普願依照禪法行事，揮起一刀，斬斷了爭執的對象。也許有人要說南泉普願犯了殺生戒；是對是錯，是偏是頗，任憑他人去說好了。禪者的態度是，「狂叫暴呼任他評，桃紅李白色自然。」

第六四則 趙州草鞋

【題解】趙州從諗把草鞋頂在頭上，走出門去，既回答了、又拒絕了回答。因為禪的「第一義」本身不需要回答，它就是實實在在地存在那裡的真實，只要你去領悟它。如果試圖去回答，或去想什麼是禪的「第一義」，就已經無禪在其中了，那樣做只是像往頭上頂鞋一樣顛倒是非。

舉

南泉復舉前話❶，問趙州。（也須是同心同意❷始得，不消更斬，須是同道❸者始得。）

州便脫草鞋於頭上，戴出。（不免拖泥帶水❹。）

泉云：「子若在，恰❺救得貓兒。」（唱拍相隨❻，知音❼者少，將錯就錯。）

評唱

趙州乃南泉門下高弟❽，道頭會尾❾，舉著便知落處。趙州晚歸，南泉舉似❿他，他便脫草鞋於頭上戴出。泉云：「子若在，恰救得貓兒。」且道，真箇恁麼不恁麼？

泉云：「道得即不斷。」如擊石火，似閃電光。趙州戴草鞋便出，他參活句、不參死句，日日新時時新，千聖移易一絲毫不得，須是運出自己家珍⑪，方見他全機大用。不見道：「我為法王，於法自在⑫。」人多錯會道：「趙州權⑬將草鞋作貓兒。」有者道：「待他道『道得即不斷』，便戴草鞋出，自是你斬貓兒，不干我事」，且得沒交涉，只是弄精魂⑭！殊不知古人意，如天普蓋、似地普戴⑮。他父子相投、機鋒相合⑯，那個說頭，他便會尾。如今人不識古人轉身處，空去意路上卜度。若要見，但去南泉、趙州轉身處，便見好。

【注　釋】❶前話　指東西兩堂的僧人爭貓，南泉普願斬貓一事。❷同心同意　共同的心願；心思相同。❸同道　志同道合。亦指志同道合的人。❹拖泥帶水　比喻辦事不乾脆利索或語言不簡明扼要。這裡指不脫灑。❺恰　正好；確實。❻唱拍相隨　指唱歌與相合之拍手節奏相當緊密、調和。比喻師徒之間的證契相溝通。❼知音　《列子・湯問》載：伯牙善鼓琴，鍾子期善聽琴。伯牙琴音志在高山，子期說「峩峩兮若泰山」；琴音意在流水，子期說「洋洋兮若江河」。伯牙所念，鍾子期必得之。後世遂以「知音」比喻知己，同志。❽高弟　高足，謂門弟子中成績優良者。❾道頭會尾　說個開頭就知道結果。形容思維敏捷、悟性好。❿舉似　謂以言語提示古則公案，或以物示人。⓫家珍　自己家中的珍寶，多喻指人人本具的佛性。⓬自在　佛教以心離煩惱之繫縛，通達無礙為自在。⓭權　副詞。姑且；暫且。⓮弄精魂　故弄玄虛。⓯戴　通「載」。⓰機鋒相合　指禪師與參禪者之間心地相契冥合。

【語　譯】舉說公案：南泉普願又舉說前面的話頭問趙州從諗。（也必須得與南泉普願同心同德才行，不用再斬貓了，應該是同道者才能心心相印。）趙州從諗便脫掉腳下的草鞋，戴在頭頂上走出去。（不免拖泥帶水。）南泉普願說：「你如果當時在場的話，正好能救那隻貓的命。」（師父唱歌，弟子相和，知音太少，將錯就錯。）

圜悟克勤評唱：趙州從諗真不愧是南泉普願的得意門生，聽到師父說個開頭就知道結尾是什麼，一舉說就懂得話中旨意。那天，趙州從諗回來得晚了，南泉普願又拿前面那段話來問趙州從諗，趙州從諗當場就把草鞋脫下來戴在頭頂上走出去了。南泉普願說：「你如果當時在場的話，正好能救那隻貓的命。」你來說說看，他真的救得了那隻貓的命嗎？或者救不了那隻貓的命？

南泉普願說：「你們如果說對了，我就不斷殺這隻貓。」這句話就像擊石火、閃電光一樣快捷。趙州從諗脫下草鞋戴在頭頂上走出去了，他是在參活句，不是在參死句，其機鋒是一回比一回新，即使是歷代祖師也無法改變一絲一毫，這就必須得顯示出自己的本來面目，才能夠看出他的全機大用。趙州從諗曾經說過：「我就是佛祖釋迦牟尼，不受任何事物的束縛，自由自在。」人們往往錯誤地理解說：「趙州從諗暫時把草鞋當作貓。」也有人說：「當他說『如果你們說對了我就不斷殺這隻貓』時，戴著草鞋走出去，從此以後，不管你斷貓不斷貓，都和我沒關係。」這種說法一點也不著邊際，都是在枉費心機。他們竟然不知道趙州從諗的旨意就如同蒼天普蓋大地、大地普載萬物一樣。南泉普願與趙州從諗師徒兩人心意相投，機鋒相應，南泉普願說了個開頭，趙州從諗就知道話尾是什麼。現在有些參禪者不知道從前禪師的機鋒轉身之處，光是在通常的思路上揣摩推測，這就無法知道禪法的玄妙。你如果想要瞭解這則公案的意思，只管注意南泉普願和趙州從諗的機鋒的轉身之處，準能看出些名堂來。

頌

公案圓❶來問趙州，（言猶在耳，不消更斬。喪車背後懸藥袋❷。）

長安城裡任閑遊❸；（得❹恁麼快活，得恁麼自在，信手拈來草，不可不教你恁麼去也。）

草鞋頭戴無人會❺，（也有一箇半箇，別是一家風，明頭❻合暗頭❼合。）
歸到家山即便休❽。（腳跟下好與三十棒。且道，過在什麼處？只為無風起浪，彼此放下，只恐不恁麼去。）

評唱

「公案圓來問趙州」，慶藏主道：「如今人結案❾相似。八棒是八棒、十三是十三，已斷了也」，卻來問趙州。州是他屋裡人，會他意旨，便是透得徹底人。築著磕著便轉，具本分作家眼腦❿。纔聞舉著，剔起便行，這些子戴草鞋處，無許多事。

雪竇道：「長安城裡任閑遊」，漏逗不少。古人道：「長安雖樂，不是久居。」又云：「長安甚鬧，我國晏然⓫。」也須是識機宜、別休咎始得。「草鞋頭戴無人會」，這些子事，唯我能知，唯是趙州、南泉、雪竇同得同知、同證同會。作麼生是會處？「歸到家山即便休」，什麼處是家山？他若不會，必不恁麼道。他既會，家山在什麼處？打一拂。

【注釋】❶圓　完滿；圓滿。又指完畢；終結。❷喪車背後懸藥袋　喻指南泉普願在斬殺貓之後，再來問趙州從諗，但已經晚了。❸長安城裡任閑遊　意謂師徒二人的問答是那麼自在，好像置身在長安城裡信步閑逛。閑遊，閒暇時到外面隨便遊玩。❹得　竟；竟然。❺草鞋頭戴無人會　謂趙州從諗的作略是全機大用，故無人領會。❻明頭　明裡；明亮處。❼暗頭　暗裡；黑暗處。❽歸到家山即便休　意謂閑逛自然不錯，但關鍵還是要能回到家中，自己的家才是仲腳歇息的地方。喻指斷貓斷除執著只是權宜之計，無所執著、無心而應才能顯示出禪法的精髓。家山，謂故鄉。❾結案　結束案件。謂作判決或最終處理。❿眼腦　眼睛。⓫晏然　安寧；安定；安適；安閒。

【語　譯】雪竇重顯頌古：公案圓來問趙州，（言猶在耳，不用再斬貓了。喪車背後懸掛著藥袋子。）長安城裡任閑遊；（竟然如此快活，竟然如此自在，隨手拿來的草，不可不教你如此逍遙自在去了。）草鞋頭戴無人會，（也有一個半個會的，趙州從諗與其他禪師不同，獨具一家風格，表面上契合禪法，暗地裡也符合禪法。）歸到家山即便休。（腳跟下當心挨三十棒。你來說說看，過錯在什麼地方？只因為是無風起浪，彼此放下，只恐怕不這樣去。）

圜悟克勤評唱：「公案圓來問趙州」，慶藏院主說：「這句話就像現在的人判斷案件　樣，八棒是八棒，十三棒是十三棒，已經判斷好了。」南泉普願卻又拈提起來問趙州從諗。趙州從諗是南泉普願的門下弟子，能夠領會南泉普願的旨意，是一個大徹大悟的禪者。他突然地撞著碰著，就能靈活地轉身自如，具有本色在行的禪師眼目。剛一聽到舉說話頭，馬上就能領會其旨意。他的機鋒簡單扼要，不過就是頭戴草鞋這點事，並沒有很多事。

雪竇重顯又說「長安城裡任閑遊」，這句話透露了不少消息。從前的禪師說：「住在長安城裡雖然很快樂，但不是久居之地。」又說：「長安城裡很熱鬧，我國卻很安靜。」這必須得懂得識別機會、分辨吉凶善惡，才能明白這話的意思。趙州從諗脫下草鞋戴在頭頂上，這不過是一件小事，卻沒有人能夠瞭解他的用意。只有自己親證親悟，才能夠瞭解趙州從諗、南泉普願、雪竇重顯同得同知、同證同會的地方。到底什麼是領會之處呢？「歸到家山即便休」，什麼地方是家山呢？他如果不理解，肯定不會這樣說。他既然理解了，家山在什麼地方呢？打一拂子。

【說 明】趙州從諗聽罷為什麼頭上頂鞋？有的人說，這是趙州從諗在表示：你斬你的貓，干我什麼事！也有的人說，頂鞋意同頂貓，是護惜不讓斬殺之意。還有的人說，鞋是穿在腳上的，現在卻頂在頭上，是在向南泉普願示意：顛倒了。三說都有道理。你斬貓，不干我事。這是開悟者的自由自在，不為外物所干擾。頂鞋護惜貓，也是此時一個和尚所作所為。顛倒了，則是悟道者的隨機應變，對事能當下的判斷，是慧力的果用。《無門關》的作者是主張「顛倒」之義的。無門作頌說：「趙州若在，倒行此令。奪卻刀子，南泉乞命！」意思說，趙州從諗當時如果在的話，他的頂鞋可以使此令倒行，不僅不斬貓，而且還要奪下刀子反斬老和尚，那時南泉普願不求饒命才怪呢！

雪竇重顯頌道：「公案圓來問趙州，長安城裡任閑遊；草鞋頭戴無人會，歸到家山即便休。」斬貓本身並不能使公案圓滿，於是南泉普願就拿這個問題來問趙州從諗。師徒二人之間的問答是那麼自在悠閒，雪竇重顯形容他倆就像在長安的大街上信步閑遊一樣。南泉普願有斬貓的自由，趙州從諗則有頭頂草鞋默默出去的舉動。只是這一舉動沒有人能理解。閑遊自然不錯，關鍵還是要能回到家中，伸開雙腳，安詳地休息一番。「長安雖樂不能久居」、「途路雖好不如歸家」說的都是一樣的禪旨。雪竇重顯認為趙州從諗的頭頂草鞋，是認識到本來面目的舉動。眾僧妄生爭執，猶如本末倒置。趙州從諗將顛倒了的東西再顛倒過來，也就是把南泉普願的「殺人刀」變成「活人劍」。

第六五則　外道良馬

【題解】這是一則佛祖釋迦牟尼接引外道的著名公案。意指一齊放下有言無言二邊，從此自參自究，才能證入絕境。外道用「不問有言，不問無言」來探問佛法大旨，這是一種狡猾的詢問方式，欲陷對方於進退兩難之境，釋迦牟尼無論用什麼言句回答，都容易墮入「有」、「無」兩端之難，從而給外道以可乘之機。在這則公案中，釋迦牟尼不用言語回答，只是緘默良久，就佛法真旨而言，已超越有、無相對之境，毫無纖塵可染。這種不落言詮而靈機全現的圓融妙用，不只化解了外道狡猾逼問的危機，更在任運自在之間彰顯佛法大旨之妙趣，故外道由衷歎服。阿難反而墮入義解，不達真底，還不如外道能在閃電光影間領悟禪機。

示眾

無相❶而形❷，充十虛而方廣❸；無心❹而應，遍剎海❺而不煩。舉一明三❻、目機銖兩❼，直得棒如雨點、喝似雷奔，也未當得向上人❽行履❾在。且道，作麼生是向上人事？舉看。

舉

外道問佛：「不問有言、不問無言。」（雖然不是屋裡人，也有些子香氣。雙劍倚空飛❿，賴值不問⓫。）

世尊良久。（莫謗⑫世尊好。其聲如雷，坐者立者，都動他不得⑬。）

外道讚歎云：「世尊大慈大悲⑭，開我迷雲⑮，令我得入。」（靈利漢⑯一撥便轉⑰，明珠走盤裡，不撥而自轉⑱。）

外道去後，阿難問佛：「外道有何所證，而言得入？」（不妨令人疑著⑲，也要大家知⑳。看銅鎔著生鐵㉑。）

佛云：「如世良馬，見鞭影而行。」（且道，喚什麼作鞭影？打侍者一拂子，云：棒頭有眼明如日，要識真金火裡看㉒。拈得口喫飯㉓！）

【注釋】❶無相　與「有相」相對。指擺脫世俗的有相認識所得到的真如實相。❷形　流露；顯示。❸方廣　面積；範圍。❹無心　指解脫邪念的真心。❺剎海　指十方世界而言。俗稱為宇宙。剎，國土。❻舉一明三　謂知解敏銳，示一即能知三。禪宗以此語顯示伶俐之機用。❼目機銖兩　意謂人之機敏、伶俐，一見即可分銖兩之細微；亦即一見即知輕重。目機，以眼測知重量。銖兩，指極微少之重量。❽向上人　可以徹底體得諸佛境界之人。❾行履　行，躬行。履，踐履。指日常的行住坐臥、語默動靜，以至於喝茶吃飯、屙屎送尿等一切行為。❿雙劍倚空飛　喻指外道的問題不涉有無。⓫賴值不問　謂外道的「不問」之處藏有全機。賴，幸好。⓬謗　指責別人的過失；譭謗。⓭坐者立者二句　謂佛祖的作略無相而形。⓮大慈大悲　佛菩薩對眾生廣大的慈善心和憐憫心。⓯迷雲　謂知覺迷惘，如蒙雲霧。⓰靈利漢　禪家稱根器好、悟性高者為靈利漢。靈利，伶俐；敏捷。⓱一撥便轉　意謂一經啟發，立即領會。⓲明珠走盤裡二句　比喻禪悟之後自我為主、運用無礙的境界。⓳不妨令人疑著　意謂悟入之處太難理解。⓴也要大家知　阿難要讓大家知道佛祖之機，故置此問。㉑銅鎔著生鐵　喻指悟入之處不一定要相應的言語。鎔，給金、石等加熱使變成液態。引申為融化，融合。㉒要識真金火裡看　意謂不是千錘百煉，怎知外道悟處。㉓拾得口喫飯　謂佛祖說過頭了。

【語　譯】圜悟克勤開示：無相而現法體，便可以充滿十方虛空而無窮無盡；以無心應接萬事萬物，遍宇宙而無須煩勞。舉一反三，見微知著，任憑你棒如雨點，喝似雷奔，還是抵擋不過大徹大悟者的行履。你來說說看，什麼是大徹大悟者的事境呢？試舉一則公案給你們看看。

舉說公案：有一位外道問佛祖釋迦牟尼：「我不問可以用語言文字表達的真理，也不問不可以用語言文字表達的真理。」（雖然不是佛門弟子，但還有點兒香氣。雙劍在空中飛，幸虧「不問」。）釋迦牟尼一直沉默著，並不回答他的問題。（不要誹謗釋迦牟尼。於無聲處響驚雷，坐著的人，站著的人都對他無可奈何。）外道讚歎說：「世尊真是大慈大悲，啟發我那如同霧雲一樣的疑惑，使我得以悟入。」（靈利漢一經點撥就能悟道，明珠在盤中滾動，不用撥動就能自轉。）外道離開之後，阿難問釋迦牟尼：「那位外道究竟證得了什麼，而說得以悟入？」（外道的悟入之處確實使人疑惑不解，但也要讓大家知道。看銅和生鐵融為一體。）釋迦牟尼說：「他就像那世上的駿馬，一看見馬鞭的影子就知道奔跑。」（你來說說看，把什麼叫做馬鞭的影子？打侍者一拂子，說：棒頭有眼明如日，要識真金火裡看。拾得口吃飯。）

評唱

此事若在言句上，三乘十二分教，豈不是言句？若道「無言」便是，何用祖師西來作什麼？只如從上來公案，畢竟如何見其下落❶？

這一則公案，話會者不少。有者喚作良久、有者喚作據坐、有者喚作默然不對，且喜摸索不著。此事其實不在言句上，亦不離言句中。若稍有擬議，則沒交涉。看他外道省悟後，方知亦不在此、亦不在彼，亦不在一、亦不在二。且道，是箇什麼？懷和尚❷道：「維摩不默不良久，據坐商量成過咎❸。」

百丈常禪師❹，參法眼時，令看此話。眼一日問：「你看什麼話？」常云：「外道問佛話。」眼云：「『不問有言、不問無言』，你作麼生會？」常不對。眼云：「住住！你擬向良久處會那？」常於言下大悟。後示眾云：「百丈有三訣：喫茶、珍重❺、歇。擬議更思量，敢保君未徹。」

翠巖真點胸❻拈云：「六合九有❼，青❽黃❾赤❿白⓫，一一交羅⓬。」外道會《四維陀⓭．典論》，自云：「我是一切智人⓮。」是處⓯索人論議。他致箇問端，要坐斷釋迦老子舌頭。世尊良久，不費纖毫氣力，他便悟去。外道讚云：「世尊大慈大悲，開我迷雲，令我得入。」作麼生是大慈大悲處？世尊隻眼通三世，外道雙眸⓰貫五天⓱。大溈喆云：「外道懷藏寶鏡⓲，世尊親為高提。森羅⓳顯煥、萬象⓴歷然㉑。」且道，外道悟箇什麼？如趨㉒狗逼牆，至極㉓則無路處，他須回來，活潑潑地。若計較是非，一時放下、情盡見除，自然徹底分明。

外道去後，阿難問佛：「外道有何所證，而言得入？」佛云：「如世良馬，見鞭影而行。」後來諸方道：「又被風吹別調㉔中。」又云：「龍頭㉕蛇尾㉖。」

什麼處是世尊鞭影？大溈喆云：「阿難金鐘再擊，四眾㉗共聞。」雖然如是，大似二龍爭珠㉘，長他智者威獰㉙。

【注釋】❶下落　著落；歸屬；究竟；分曉。❷懷和尚　法名義懷（西元九九三～一〇六四年），宋代禪僧。俗姓陳氏，樂清（今屬浙江境內）人。參雪竇重顯得悟，嗣其法。出住越州（治今浙江紹興）天衣寺，世稱「天衣義懷」。凡五遷法席，所至之處皆大興雲門宗法道。❸過咎　過失；錯誤。❹百丈常禪師　法名道常，宋代禪僧。生年不詳。參清涼文益得法。後出住百丈山，學人萃聚，盛極一時，世稱「百丈道常」。淳化二年（西元九九一年）圓寂。❺珍重　道別語，有時相當於「保重」。❻翠巖真點胸　法名可真，宋代禪僧。生年不詳。參石霜楚圓，聞其語，豁然點胸，開悟得法，世稱「真點胸」。後住洪州（治今江西南昌）翠巖山，以機辯迅捷名聞遠近。治平元年（西元一〇六四年）圓寂。❼九有　指眾生輪迴之三界九地。三界，指眾生輪迴的欲界、色界和無色界。九地，指九種有情之住地，凡欲界一地，色界四地，無色界四地。❽青　指官員。❾黃　指道士。❿赤　指僧人。⓫白　指世俗人士。⓬交羅　交雜羅列。⓭四維陀　即《四吠陀》，婆羅門教的根本經典。指《梨俱吠陀》、《夜柔吠陀》、《娑摩吠陀》、《阿闥婆吠陀》。⓮一切智人　佛兼斷染汙無知與不染汙無知二者，故稱為一切智人。⓯是處　到處；處處。⓰雙眸　兩顆眼珠。眸，眼珠。亦泛指眼睛。⓱五天　即五天竺，指古印度。古代印度的區域分為東天竺、南天竺、西天竺、北天竺、中天竺五大部分。⓲寶鏡　鏡子的美稱。⓳森羅　紛然羅列。⓴萬象　宇宙間一切事物或景象。㉑歷然　清楚；明白。㉒趨　追求；追逐。㉓至極　終極；達到極點。㉔別調　另一種曲調、格調。㉕龍頭　指佛祖的「沉默不言」。㉖蛇尾　指佛祖為阿難說破。㉗四眾　指比丘、比丘尼、優婆塞（男居士）、優婆夷（女居士）。㉘二龍爭珠　二龍，喻指佛祖與阿難。珠，指外道所得玄珠。㉙獰　兇猛。

【語譯】圜悟克勤評唱：參禪悟道這件事如果在言句上可以找到的話，那麼三乘十二分教難道不都是用言句寫成的嗎？如果說「不可以用語言文字表達佛法真理」是對的話，那麼達摩祖師到中國來幹什麼呢？就拿自古以來祖師們留下的許許多多的公案來說吧，他們的用意到底是什麼呢？

討論這一則公案的人很多，有的人說是「良久」，有的人說是「據位而坐」，有的人又說是「默然不答」，這些說法都與公案的旨意風馬牛不相及，一點也沒有摸著邊際。參禪悟道這件事其實不在言句上，但也離不開言句。如果你稍微有一點揣摩推想，那就相差十萬八千里了。你看那位外道開悟以後，才知道既不在「有言」上面，也不在「無言」上面；既不在一，也不在二。你來說說看，那會是個什麼呢？天衣義懷和尚說：「維摩不默不良久，據坐商量成過咎。」

百丈道常禪師去參法眼文益時，法眼文益就叫他看這則公案。法眼文益有一天問百丈道常：「你最近在看什麼公案？」百丈道常回答說：「外道問佛祖的公案。」法眼文益問：「『不問可以用語言文字表達的真理，也不問不可以用語言文字表達的真理』，你怎麼樣理解？」百丈道常回答不出來。法眼文益說：「停，停！你打算從『良久』這個地方去理解嗎？」百丈道常聽了這話，忽然大徹大悟。後來他開示僧眾說：「百丈有三個訣竅：喫茶、珍重、歇。你只要遲疑思考，敢保你未通徹。」

翠巖真點胸拈說：「天地四方，三界九地，青黃赤白，一一交織在一起。」外道會《四維陀・典論》，自稱：「我是一切智人。」到處找人辯論。他提出一個問題，其目的就是要截斷釋迦牟尼老漢的舌頭，讓他說不出話來。釋迦牟尼沉默不言，不費吹灰之力，就使這位外道悟道而去。外道讚歎說：「釋迦牟尼真是大慈大悲，啟發我去除那如同霧雲一樣的疑惑，使我得以悟入。」你來說說看，什麼是釋迦牟尼大慈大悲的地方？釋迦牟尼一隻眼能貫通過去、現在、未來三世，外道雙眼能貫通五天竺。大溈慕喆禪師說：「那位外道懷藏寶鏡，而釋迦牟尼卻為他全機提起垂示，使他頓然開悟。一一顯現，萬物明白。」你來說說看，那位外道究竟悟到了什麼呢？這就像把一條狗逼到牆邊，當牠走投無路的時候，必然會再回頭走，這樣就有廣闊的天地讓牠活蹦亂跳。對這則公案也應該這樣看，你如果把一切思慮、是非通通放下，俗情妄見全都斷盡，自然能見得十分清楚。

那位外道離開以後，阿難問釋迦牟尼：「外道究竟證得了什麼，而說得以悟入？」釋迦牟尼說：「他就像那世上的駿馬，一看見馬鞭的影子就知道奔跑。」後來各地有些禪宗僧人說：「又被風吹別調中。」又說：「龍頭蛇尾。」什麼地方是釋迦牟尼的鞭影？什麼又是外道所見到的鞭影？大溈慕喆禪師說：「阿難金鐘再擊，四眾共聞。」儘管這樣，很像二龍爭珠，徒然助長外道的威猛。

頌

機輪曾未轉，（在箇裡，果然不動一絲毫，在什麼處？）

轉必兩頭走❶；（不落有必落無❷，不東則西。左眼半斤，右眼八兩。）

明鏡❸忽臨臺，（還有釋迦老子麼？一撥便轉，破也破也，敗也敗也❹。）

當下分妍醜❺。（盡大地是箇解脫門，還見釋迦老子麼？好喫三十棒。）

妍醜分兮迷雲開。（放一線道，許❻你有箇轉身處。爭奈這箇外道何？）

慈門❼何處生塵埃❽？（遍界不曾藏❾，退後退後❿，達摩來也⓫。）

因思良馬窺鞭影⓬，（我有拄杖子，不消與我。且道，什麼處是鞭影處？什麼處是良馬處。）

千里追風⓭喚得回。（騎佛殿出三門⓮去也。轉身即錯⓯，放過即不可⓰。）

喚得回，鳴指⓱三下。（雪竇雷聲浩浩、雨點全無⓲；前不搆⓳村、後不迭⓴店。拗折拄杖子，向什麼處去㉑？）

【注釋】❶兩頭走　指墮入得失、迷悟、凡聖等對立迷境中，而無法超拔。❷不落有必落無　有，指事物的存在，有「有形、有名、實有」等義。無，指事物的不存在，有「無形、無名、虛無」等義。❸明鏡　喻指人人本來具備的佛性。因為人的本心清淨明白，猶如鏡之玲瓏明晰。❹破也破也二句　謂釋迦牟尼的「良久」破壞了外道的來機。❺當下分妍醜　妍，美麗；美好。指外道本有真性。醜，性上迷雲。這句頌佛祖於全機提示處，去迷雲，合真心。❻許　佩服；稱許。❼慈門　佛、菩薩由慈心流出諸功德及善巧方便，稱為慈門。❽塵埃　污染；蒙受污穢。❾遍界不曾藏　意謂慈門一直豁開。❿退後退後　謂不生塵埃之地無放腳之處。⓫達摩來也　謂無物真域是初祖達摩的境界。⓬因思良馬窺鞭影　因外道俊快的禪機，思那良馬俊快。⓭追風　駿馬名。喻指外道。⓮騎佛殿出三門　謂釋迦牟尼自在真性作略，非識知境界。⓯轉身即錯　從根本上說，已落在第二。⓰放過即不可　意謂如果喚不回則不是好手。⓱鳴指　彈響手指。⓲雪竇雷聲浩浩兩點全無　謂雪竇重顯只是彈指三下，不行棒喝。浩浩，聲音宏大。⓳搆　通「遘」。遇見；遇到。⓴迭　接連。㉑拗折拄杖子二句　意謂隨人語言轉，失去主人公。拗折，斷折。

【語　譯】雪竇重顯頌古：機輪曾未轉，（在這裡，果然不動一絲一毫，在什麼地方？）轉必兩頭走；（不落在「有」，一定落在「無」；不往東走，一定往西走。左眼半斤，右眼八兩。）明鏡忽臨臺，（還有釋迦牟尼老漢嗎？一經點撥就能悟道，破了破了，壞了壞了。）當下分妍醜。（整個大地就是一個解脫門，還看見了釋迦牟尼老漢嗎？該打三十棒。）妍醜分兮迷雲開。（放開一線之道，讓人有路可循。讚許你有一個悟入之處。對這個悟道之後的外道，誰也無可奈何？）慈門何處生塵埃？（佛法真理呈現在任何地方，往後退，往後退，達摩祖師來了。）因思良馬窺鞭影，（我有拄杖，不用為我立禪機。你來說說看，馬鞭的影子在什麼地方？駿馬在什麼地方？）千里追風喚得回。（騎佛殿走出寺院大門去了。轉身就錯，放過則不可以。）喚得回，鳴指三下。（雪竇重顯這樣說就像雷聲隆隆，雨點全無；往前走看不見村莊，向後退找不到客店。折斷拄杖，到什麼地方去？）

評唱

「機輪曾未轉，轉必兩頭走」。機是千聖靈機❶、輪是從本已來諸人命脈❷。

不見雪竇道：「千聖靈機不易親❸，龍生龍子莫因循❹。趙州奪得連城璧❺，秦王相如總喪身❻。」外道即是把得住、作得主，未曾動著。何故？他道：「不問有言、不問無言。」豈不是全機處？世尊會看風駛帆❼、應病與藥，所以良久；全機提起，外道全體荷擔，機輪便阿轆轆地轉，亦不轉向有、亦不轉向無。不落得失、不拘凡聖，二邊不立、一時坐斷。世尊才良久，他便禮拜。如今人多落在有無，只管兩頭走。

雪竇道：「明鏡忽臨臺，當下分妍醜。」這箇❽不曾動著，只消箇良久，如明鏡當臺，萬象不能逃其形質❾。外道云：「世尊大慈大悲，開我迷雲，令我得入。」且道，什麼處是外道入處？到這裡，須是個個自參自究、自悟自會始得。於一切處，行住坐臥不問高低，一切現成，更不移易一絲毫，才作計較。有一絲毫道理，即勿交涉。

後面頌：「世尊大慈大悲，開我迷雲，令我得入。」「當下忽然分妍醜，妍醜分兮迷雲開。慈門何處生塵埃？」盡大地是世尊大慈大悲門戶，你若透得，不消一捏，此亦是放開底門戶。不見世尊於三七日中，思惟如是事？「因思良馬窺鞭影，千里追風喚得回。」追風之馬，才舉鞭便行、教回即回。雪竇意若得恁麼地，方喚得回。若喚得回，鳴指三下。且道，是點破、是撒沙❿？

【注釋】❶靈機　靈巧的心思；靈感。❷命脈　生命與血脈，為一身之樞要。常比喻關係極重大的事物。這裡指本有妙性。❸千聖靈機不易親　謂趙州從諗「庭前柏樹子」的答語難以理解。親，接近；接觸。❹因循　沿襲；承襲；繼承。❺連城璧　價值連城之玉。《史記・廉頗藺相如列傳》：「趙惠文王時，得楚和氏璧。秦昭王聞之，使人遺趙王書，願以十五城請易璧。」後用以指極珍貴的東西。❻秦王相如總喪身　喻指問話的僧人被趙州從諗奪去問處能所（猶言主客觀），共失去靈機。❼看風駛帆　比喻跟著情勢轉變方向，隨機應變。❽這箇　指明鏡，即各人本有自性。❾萬象不能逃其形質　意謂盡在鏡中顯現。形質，肉體；軀殼；外形；外表。❿是點破是撒沙　意謂雪竇重顯是掃盡不立一法，還是依建立而示悟入之道。

【語譯】圜悟克勤評唱：「機輪曾未轉，轉必兩頭走」，這裡所說的「機」是諸佛祖師的靈覺心機，「輪」是自古以來一切人的命脈。雪竇重顯說：「千聖靈機不易親，龍生龍子莫因循。趙州奪得連城璧，秦王相如總喪身。」那位外道就是控制得住自己，作得了主，從未有過絲毫動搖。為什麼這樣說呢？他說：「我不問可以用語言文字表達的真理，也不問不可以用語言文字表達的真理。」這難道不是他的全機大用嗎？釋迦牟尼懂得看風駛舵，對症下藥，所以沉默不言，全機提起垂示，外道就全體領會了，「機輪」也就靈巧地轉起來了，既不轉向有、也不轉向無，不落得失，不拘凡聖，二邊不立，一齊截斷。釋迦牟尼剛一沉默不言，外道就禮拜。現在的人多落在有無兩頭，只知在有無兩頭轉來轉去。

雪竇重顯說：「明鏡忽臨臺，當下分妍醜。」並不曾動著這個本有佛性，只不過是個沉默不言，就如同明鏡當臺，萬事萬物都在其中顯現。外道說：「釋迦牟尼大慈大悲，啟發我去除像雲團一樣的迷惑，讓我得以悟入。」你來說說看，什麼地方是外道的悟入之處？這個悟入之處，必須得個個自參、自究、自證、自悟、自會的人才能知道。無論處在什麼境地，行住坐臥，不問高低，一切現成，更不變動一絲一毫。一旦產生區別計較，只要還存有絲毫的尋思推理，就談不上什麼悟入之處了。

雪竇重顯後面頌：「佛祖大慈大悲，啟發我去除像雲團一樣的迷惑，讓我得以悟入。」「當下忽然分妍醜，妍醜分兮迷雲開。慈門何處生塵埃？」整個大地都是釋迦牟尼大慈大悲的門戶，你如果透得過，根本就不值得一提，這樣講也是放開門戶。釋迦牟尼大徹大悟之後，在二十一天當中不斷地思考這些事。「因思良馬窺鞭影，千里追風喚得回。」追風之馬，一看見馬鞭的影子就跑，教牠回來，牠就會回來。雪竇重顯的意思是說如果能得到這樣的駿馬，一叫就回。如果能叫得回來，就彈指三下。你來說說看，這是在點破呢？還是在撒沙子呢？

【說　明】在這則公案中，釋迦牟尼如果開口回答，便是有言，而外道不問有言；如果沉默不語，那又是無言，同樣落入外道的窠臼。釋迦牟尼在座位上一動不動地默然坐著，彷佛沒有聽見似的。顯然，釋迦牟尼的這一舉動同與言語相對的沉默，以及與有言相對的無言不一樣。圜悟克勤對此的評語是：「其聲如雷。」

佛祖釋迦牟尼本身就是佛法，是超越了有無的肯定與否定的絕對的存在；為示出離有無二邊的絕對的存在，示以暫時的沉默；這就是完全地呈露出現成自體的佛法的姿態。這個沉默的心境，是離了有無的玄微之境。外道就在這個時刻，撥開迷雲而得以悟道。阿難問：「外道有何所證，而言得入？」釋迦牟尼回答說：「如世良馬，見鞭影而行。」意謂機鋒迅疾，如閃電稍縱即逝，學道之人，如果不能因機悟入，等鞭子抽到身上才動的話，早已經被境所轉，又怎能開悟。

雪竇重顯頌道：「機輪曾未轉，轉必兩頭走；明鏡忽臨臺，當下分妍醜。妍醜分兮迷雲開，慈門何處生塵埃？因思良馬窺鞭影，千里追風喚得回。喚得回，鳴指三下。」機輪是機鋒輪轉的略語，指辨難爭論。這首頌古的意思是說佛陀和外道在有無上不曾論爭。如果發生論爭，必定會走向否定與肯定這兩端。如果立足在明鏡之前，立刻就能分出美與醜。美醜一分明，迷雲自開。慈悲的佛門不生有無的塵埃，原本清淨。雪竇重顯更進一步表明自己的意趣：如果迷雲已開的外道，有了共語宗旨的資格，那麼騎著千里追風的良馬，把他叫回來，也不須費多少時間，彈指三下之間，就能回來。

第六六則　大龍法身

【題　解】這則公案通過大龍智洪回答一位僧人的提問，顯示色身之外，法身不可尋覓。他以山花澗水的當體就是實相，表示五蘊假和合之身即金剛不壞之法身。「山花開似錦，澗水湛如藍」既顯得清麗如畫，又顯得突兀峭拔，無理路可尋。一般人很難參透。

示眾

竿頭絲線❶，具眼方知；格外之機❷，作家方辨。且道，作麼生是竿頭絲線、格外之機？試舉看。

舉

僧問大龍❸：「色身❹敗壞，如何是堅固法身？」（話作兩橛❺，分開也好。）

龍云：「山花開似錦，澗水湛如藍❻。」（無孔笛子❼兩頭吹，渾崙擘不開❽。人從陳州❾來，不得許州❿信。）

【注　釋】❶竿頭絲線　喻指禪師密機，一句一言之上更有言外之旨。❷格外之機　指大徹大悟之後的人超越分別情慮的玄妙機用。❸大龍　法名智洪，宋代禪僧。師事白兆志圓得法，居朗州（治今湖南常州）大龍山，世稱「大龍智洪」。❹色身　指用肉眼看得見的容貌、身姿，即人的肉身。❺話作兩橛　前後話語自相矛盾。這裡指色身、法身作別異之見。❻山花開似

錦二句　意謂無常的色身與永恆的法身並非兩種東西，山花、澗水，無一不是真理的顯現，禪的生命就在於萬物不息的創造過程中。澗，兩山之間的水溝。湛，水深貌；深沉貌。❼無孔笛子　喻指禪宗悟境無法用心思或言語來表達，猶如無法吹響的無孔笛。❽渾崙擘不開　意謂渾崙山（崑崙山）擘分不開，表示一切人間之分別作為皆無從施展之餘地。擘，分開；剖裂。❾陳州　州名。唐時轄境相當於今河南太康、西華、項城、商水、淮陽、沈丘等地。❿許州　治今河南許昌。唐時轄境相當於今河南長葛、鄢陵、扶溝、臨潁、舞陽等地。

【語　譯】圜悟克勤開示：禪師參禪參到百尺竿頭之上，更有言外之意，只有具備法眼的人才能知道；超越通常規範與知見之外的禪機，也只有機用傑出的行家高手才能分辨。你來說說看，什麼是百尺竿頭之上的言外之意和超越通常規範與知見之外的禪機呢？試舉一則公案給你們看看。

舉說公案：有一位僧人問大龍智洪：「當一個人的肉體死亡之後，什麼是堅固法身呢？」（一句話分作兩段，分開也好。）大龍智洪回答說：「山花開似錦，澗水湛如藍。」（沒有洞孔的笛子兩頭吹，劈不開崑崙山。人從陳州來，得不到許州的信。）

評唱

若向言語上覓，則沒交涉。所以道：「欲得親切，莫問將來。」何故？問在答處，答在問端。

這僧擔一檐莽鹵，換一檐鶻突❶，致箇問端，敗闕不少❷。若不是大龍，爭得蓋天蓋地？他恁麼問，大龍恁麼答，一合相❸，更不移易一絲毫頭，一似見兔放鷹、睹孔著楔❹。三乘十二分教，還有這箇消息麼❺？不妨奇特。只是言無味，

「一片白雲橫谷口❻，幾多禽鳥盡迷巢❼。」有者道：「信口❽答將去。」若恁麼見，盡是滅胡種族。殊不知，古人一機一境，敲枷打鎖❾；一言一句，渾金璞玉。所以道，衲僧家有時把住，有時放行，照用同時❿、人境俱奪⓫，雙收雙放、臨時通變。若無大用大機，爭得蓋天蓋地？大似明鏡當臺，胡來胡現、漢來漢現。

此公案與「花藥欄」話一般，然意卻不同。這僧問大龍處分明，大龍答處恰好。如僧問雲門：「樹凋⓬葉落時如何？」門云：「體露金風。」此是箭鋒相拄。

這僧問大龍：「色身敗壞，如何是堅固法身？」龍云：「山花開似錦、澗水湛如藍。」一如君向西秦、我向東魯⓭，他恁麼行⓮，我卻不恁麼行⓯。與他雲門，一倍相返⓰。那箇任恁麼行，卻易見⓱；這箇卻不恁麼行，卻難見⓲。大龍不妨三寸⓳甚妙密⓴。

【注 釋】❶鶻突 不明白事理；疑惑不定。❷敗闕不少 不明瞭幻化空身即法身。敗闕，猶過失。❸一合相 指由眾緣和合而成的一件事物。以佛教的觀點言之，世間的一切法，皆為一合相。❹見兔放鷹睹孔著楔 禪宗謂有的放矢，對機說法。楔，楔子。一端平厚、一端扁銳的竹片或木片，多用以插入榫縫或空隙中，起固定或堵塞作用。❺三乘十二分教二句 稱讚大龍智洪的答話超越佛教經典之上。❻一片白雲橫谷口 謂大龍智洪的答語逼塞天地之間。谷口，山谷的出入口。❼幾多禽鳥盡迷巢 喻指問話的僧人不聰明。幾多，幾許；多少。巢，鳥類及蜂蟻等的窩。❽信口 隨口。謂出言不加思索。❾敲枷打鎖 喻指打破斷滅頑空的枷鎖，從煩惱執著的繫縛中解脫而出。❿照用同時 謂在棒喝之中，看對方如何承當；或在禪師喝、參學者亦喝之中，邊打邊問。⓫人境俱奪　即否定主客觀之見，兼破我執與法執。⓬凋　植物枯敗脫落。⓭一如君向西秦我向東魯　謂答語不受問話的拘束，直接以本分說示。西秦，原指秦國。以其地處西方，故稱。後指關中陝西一帶秦之舊地。魯，周代諸侯國名。故地在今山東兗州東南至江蘇沛縣、安徽泗縣一帶。秦漢以後仍沿稱這些地區為魯。⓮他恁麼行　謂問話的僧人把色身、法身分為兩樣東西。⓯我卻不恁麼行　謂大龍智洪不受問話的拘束，直示本來面目。⓰與他雲門二句　意謂雲門文偃所答與所問相應，大龍智洪所答與所問不相應。⓱那箇恁麼行二句　謂雲門文偃與問話的僧人之間問答相應，俱有法眼，無參差之處。⓲這箇卻不恁麼行二句　謂大龍智洪的答語與所問不相應，密機無縫隙，故難以理解。⓳三寸　指舌。⓴妙密　邈遠細密。

【語　譯】圜悟克勤評唱：對於這則公案，你如果從言句上去尋找旨意，那是一點也摸不到邊。所以說：「你如果想與禪法協合相應，就別拿問題來發問。」為什麼這樣說呢？因為問題本身就是答案，答案就在所問的問題當中。

這位僧人挑來一擔粗疏馬虎，卻換來一擔糊裡糊塗，他提出這個問題，破綻不少。如果不是大龍智洪，又怎麼能回答得像這樣天衣無縫呢？僧人這樣問，大龍智洪這樣回答，一合相，再也沒有一絲一毫的變動，就像獵人看見野兔便放出獵鷹、木匠看見洞口就塞上楔子一樣恰到好處。至於三乘十二分教，還會有這樣的消息嗎？非常奇特，只是言語平淡無奇，就像「一片白雲橫谷口，幾多禽鳥盡迷巢。」有的人說：「這只是大龍智洪隨口回答。」如果這樣理解，那真要斷送佛教的慧命了。他們竟然不知道從前禪師的一機一境都是在替人敲枷打鎖，讓人能夠解脫自在；一言一句都是純金璞玉，渾剛無垢。所以說，禪宗僧人有時把住，有時放行，照用同時，人境俱奪，雙收雙放，面對禪機隨時變通。你如果沒有這種大機大用，怎麼能夠做到這樣籠罩天地、氣勢磅礴呢？就像明鏡當臺，胡人來了出現的是胡人，漢人來了出現的是漢人。

這則公案和「花藥欄」公案一樣，不過意思卻不相同。這位僧人問大龍智洪的地方明確，而大龍智洪也答得恰到好處。如有一位僧人問雲門文偃：「樹枯葉落的時候會怎麼樣？」雲門文偃回答說：「全身裸露在秋風之中。」其禪機如同箭鋒一樣迅速準確，互相契中。

這位僧人問大龍智洪：「當一個人的肉體死亡之後，什麼是堅固法身呢？」大龍智洪回答說：「山花開似錦，澗水湛如藍。」這就好像你走向西秦，我奔向東魯，僧人既然是這樣問，大龍智洪卻不這樣回答，與雲門文偃的手法完全相反。雲門文偃那樣回答容易理解，大龍智洪這樣回答卻很難理解。大龍智洪的三寸不爛之舌確實非常綿密。

頌

問曾不知❶，（東西不辨，弄物不知名❷，買帽相頭❸。）

答還不會❹；（南北不分，換卻你髑髏❺，江南江北❻。）

月冷風高❼，（何似生？今日正當時節，天下人有眼不曾見。）

古巖寒檜❽。（不雨時更好，無孔笛子兩頭吹。）

堪笑❾路逢達道❿人，（也須是親到這裡始得。還我拄杖子來！成群作隊作什麼？）

不將語默對⓫。（向什麼處見大龍？）

手把白玉鞭，（一至七拗折了也。）

驪珠盡擊碎⓬。（留與後人看，可惜許。）

不擊碎，（放過一著，便任恁麼去也。）

增瑕纇⑬。（弄泥團作什麼⑭？轉見郎當，過犯⑮彌天⑯。）國有憲章⑰，（識法者懼，朝打三千、暮打八百。）三千條罪⑱。（只道得一半，也則⑲少在，八萬四千⑳無量劫㉑來，在無間地獄㉒中，未還得一半在！）

【注釋】❶問曾不知　謂這位僧人問時虎頭蛇尾，漏洞不少。❷弄物不知名　形容愚昧凡夫不知自己原本即具有佛性。❸買帽相頭　相應之意。❹答還不會　謂大龍智洪的答語自有高妙之處，僧人還是不明瞭。❺髑髏　頭骨。多指死人的頭骨。❻江南江北　喻指答語與問話相異。❼月冷風高　喻指大龍智洪答語的玄境。❽檜　木名。柏科，常綠喬木。木材桃紅色，有香味，細緻堅實。❾堪笑　可笑。❿達道　通悟道法，猶得道。⓫不將語默對　不說一語又不沉默。⓬手把白玉鞭驪珠盡擊碎　謂大龍智洪的答語猶如手持那白玉鞭，將驪珠寶物全都擊碎。這是正令當行、坐斷十方的作略。驪珠，寶珠。傳說出自驪龍頷下，故名。又比喻珍貴的人或物。⓭不擊碎增瑕纇　意謂不擊碎，便會污點斑斑，歧義叢生。瑕，玉上的斑點或裂痕。纇，絲的結節。引申為疵病，缺點。⓮弄泥團作什麼　意謂不擊碎是不脫灑的作略。弄泥團，謂陷入種種糾纏，不能當下頓悟。⓯過犯　猶過錯。⓰彌天　滿天。極言其大。⓱國有憲章　意謂國有賞罰分明的法則條章。憲章，法度。⓲三千條罪　意謂不以本分事接引學人，則犯了三千條罪過。⓳也則　亦是。⓴八萬四千　數量極多的形容詞。㉑無量劫　佛教謂計數不盡的時節。佛經言天地從生成至毀滅為一劫。㉒無間地獄　即阿鼻地獄。造「十不善業」的重罪者墮入之，受苦不斷，是地獄的最底層。

【語譯】雪竇重顯頌古：問曾不知，（連東面和西面都分辨不清，不知道色身即法身，買帽先得看看腦袋的大小。）答還不會；（南面和北面也分不清楚，把你的頭骨給換掉了，問在江南，答在江北。）月冷風高，（這境界各位如何理解呢？今天正是時候，天下的人有眼也看不見這玄境。）古巖寒檜。（不下雨時更好，沒有洞孔的笛子兩頭吹。）堪笑路逢達道人，（也應該親自到這裡才行。把拄杖還給我，成群結隊做什麼？）不將語默對。（到什麼地方去見大龍智洪？）手把白玉鞭，（即使是白玉做成的鞭子，一尺至七尺處應該拗斷。）驪珠盡擊碎。（留給後人看，可惜了。）不擊碎，（退讓一步，就這麼去了。）增瑕纇。（玩弄泥團做什麼？接引學人不行棒喝就顯得不那麼乾脆俐落，犯了彌天大罪。）國有憲章，（知法者懼怕，早上打三千棒，晚上打八百棒。）三千條罪。（只說出了所犯罪過的一半，也是少說了，八萬四千無量劫以來，在無間地獄之中受苦，還不過是所犯罪過應受懲罰的一半而已。）

評唱

雪竇頌得甚奇特，有工夫❶。前來❷頌雲門話，卻云：「問既有宗，答亦攸同。」這裡卻不然。頌「問曾不知，答還不會。」分明是誰問來？未問時，早敗闕了也。他答得底能恰好，應機云：「山花開似錦，澗水湛如藍。」你作麼生會大龍意？答處傍瞥❸，真是奇特。雪竇頌出教人見，所以道：「問曾不知，答還不會。」「月冷風高」撞著「古巖寒檜」，且道，他意作麼生？適來道，無孔笛子撞著氈拍板❹，只這四句頌了也。

雪竇又恐人作道理❺，卻云：「堪笑路逢達道人，不將語默對。」不是見聞覺知，亦非思量分別，此是香嚴頌：「的的無兼帶❻，獨運何依賴。路逢達道人，不將語默對。」雪竇引用「僧問趙州：『不將語默對，未審❼將什麼對？』」州云：

『呈漆器。』」這箇便同適來話，不落情塵意想。一似「手把白玉鞭，驪珠盡擊碎。」祖令❽當行，十方坐斷。此是劍刃上事，須是有恁麼行。若不恁麼行，辜負從上諸聖。到這裡，更無些子事，自有好處，便是向上人行履處。既是「不擊碎」，必「增瑕纇」，便見漏逗，畢竟是作麼生得是？

「國有憲章」，五刑❾之屬❿三千，過莫大於不孝。憲是法、章是條，三千條罪，一時犯了也。何故如此？只為不以本分事接人。若是大龍，則不恁麼也。

【注　釋】❶工夫　指花費時間和精力後所獲得的某方面的造詣本領。❷前來　以前；上次。❸傍瞥　禪師接引學人時，不用正面提示的方法，而是從側面用言語略加透露旨要。❹無孔笛子撞著氈拍板　喻指大龍智洪答語當位，聲音、蹤跡全無。❺作道理　依語句生義解。❻的的無兼帶　一切萬物都不兼帶，是獨露的道體，非言語思量所造。❼審　察知；知道。❽祖令　禪宗祖師的機語因緣，禪機。❾五刑　五種輕重不等的刑法。秦以前為：墨、劓、剕（刖）、宮、大辟（殺）。❿屬　種類。

【語　譯】圜悟克勤評唱：雪竇重顯頌得非常奇特，很有功底。他以前頌雲門文偃的公案說：「問既有宗，答亦所同。」而在這首頌古裡他卻不那樣講。他說：「問曾不知，答還不會。」到底是誰那麼問？未問以前早已經是一場敗缺了。他回答得恰到好處，針對問話僧人的根機回答說：「山花開似錦，澗水湛如藍。」你怎樣領會大龍智洪的旨意呢？他的答語旁敲側擊，真是奇特。雪竇重顯頌出來讓人明白，所以說：「問曾不知，答還不會。」「月冷風高」正撞著「古巖寒檜」，你來說說看，他的用意是什麼呢？剛才說過，這正像是吹不響的無孔笛，撞著拍不響的氈拍板。前面這四句話，已經把公案的旨意都頌出來了。

雪竇重顯恐怕人們陷入思考推理，又說：「堪笑路逢達道人，不將語默對。」參禪這件事並不在於見聞覺知，也不在於思考分別，這是出自香嚴智閑的頌詞：「的的無兼帶，獨運何依賴。路逢達道人，不將語默對。」雪竇重顯引用「有僧人問趙州從諗：『如果不用言語或沉默與人應對的話，不知道要用什麼與人應對？』趙州從諗回答說：『呈漆器。』」這段話和剛才這則公案是相同的，都不落在情塵意想上面。就像「手把白玉鞭，驪珠盡擊碎。」這就是實行正宗本色的禪機作略，坐斷十方。這是劍刃上的事，必須具有這樣的禪機作略。如果沒有這樣的禪機作略，那就對不起自古以來的歷代祖師了。要達到這地步，心中就要做到沒有一點兒疑惑，自有好處，這就是大徹大悟者的行跡。既然「不擊碎」，一定「增瑕纇」，那就露出破綻了，那麼究竟要怎樣才好呢？

「國有憲章」，五刑之中有三千條罪，在這三千條罪當中沒有比不孝的罪行更大的了。憲是法令，章是條例，這三千條罪通通都犯了。為什麼這樣說呢？只因為不用修行的本分事接引人。如果是大龍智洪，他就不會這樣。

【說　明】「山花開似錦，澗水湛如藍」與「花藥欄」同義。就是把法身的莊嚴，顯示在眼前。問話的僧人不理解色身就是法身，故說色身敗壞，法身堅固。

有一句禪語為「山河並大地，全露法王身」，與大龍智洪答語的旨趣相同。無論是山河大地，還是山花澗水，都是法身的再現。但大龍智洪用無常生滅的色身（物體）為例來回答「堅固法身是什麼」的提問，更顯得機鋒險峻。「山花開似錦，澗水湛如藍」這一句逼真地再現了人境一體、主觀與客觀相統一的境界。

人們會因為看見山上的花開了又謝，從而感到世態無常。這是因為人們把花的凋謝當做「死了」。如果不這樣認為，放棄「自我」之執著，那麼無論花是開是謝，心中也就不會有任何感傷了。

雪竇重顯頌古的意思是說：問的人既然連禪法都不明白，所以提出的問題便已是不通。對這樣的人即使回答出來，他也是不會理解的。「月冷古巖」，「山花澗水」，意義相同。香嚴智閑曾說過：「路逢達道人，不將語默對。」意思是說：如果是達道的人，便以心傳心，但現在這個人不是達道人，所以不那樣做。應該立即提起鞭子，把這位僧人尊貴得像龍珠似的色身敗壞法身堅固的謬見，一舉粉碎才對。如果不那樣做的話，只會增長玉的瑕，絲的結，加重他的謬誤。在禪的王國裡，自有憲法。即使不將他的謬誤擊碎，也該判他三千條罪。

第六七則　雲門露柱

【題　解】這則公案是雲門文偃就「古佛與露柱相交」為題，想讓門人弟子深入勘辨「諸佛諸祖的奧妙世界」與「眼前淺易可識的事物諸相」，兩種彷彿截然無關的「個別法」，一旦親切交契、渾然一體而無所分別，此時應屬「第幾機」，或者應該用哪一層次的心法作用來感悟。「古佛」指釋迦牟尼佛，乃至諸佛、歷代祖師等。「露柱」指無論什麼人都能看見的事事物物。「機」為機關、機用、機根、機輪、機法等義，禪語多用以指心的作用，這種作用尚有各種不同層次的階段。

舉

雲門大師垂語云：「古佛❶與露柱❷相交，是第幾機？」（三千里外沒交涉❸，七花八裂。）

自代❹云：（東家人死❺，西家人助哀❻。）「南山起雲，（一合相不可得❼。）北山下雨❽。」（刀斫不開❾。）

【注　釋】❶古佛　指過去的佛。❷露柱　露在外面之柱，指法堂或佛殿外正面的圓柱。❸三千里外沒交涉　意謂要想理解雲門文偃的垂語，那是遠而又遠。❹自代　禪師垂語後，每令學人下語。如僧眾所言不契，則由禪師自下語代眾人回答。❺東家人死　喻指僧眾與雲門文偃的禪機不相契合。❻西家人助哀　喻指雲門文偃為僧眾說示。❼一合相不可得　謂古佛、露柱、南山、北山、雲、雨，一相一空。❽南山起雲北山下雨　這是禪家所謂的奇特句，是除盡分別心之後的新的感受、體驗，在禪悟者看來，南山、北山並無對立、區別，南山就是北山，北山也就是南山。❾刀斫不開　喻指雲門文偃的代語契中禪機。

【語　譯】舉說公案：雲門文偃對僧眾開示說：「古佛和露柱相交叉，這是第幾機？」（在場的僧眾與雲門文偃的禪機相差三千多里，雲門文偃示眾的禪機七通八達，自由自在。）雲門文偃見僧眾中沒有人回答，便自己代為回答說：（東邊的人家死了人，西邊的人家哭著去助哀。）「南山起雲，（一合相不可得。）北山下雨。」（刀砍不開。）

評唱

雲門出八十餘人善知識❶。遷化後，十七年不葬，後開函❷見，儼然❸如故。他見處❹明白，機境迅速。大凡垂語、代語、別語❺，直下孤峻。只這公案，如擊石火、似閃電光，真得神出鬼沒❻。

慶藏主道：「一大藏教，還有這般說話麼？」如今多作情解，云：「佛是三界❼大師，四生❽慈父。既是古佛，為什麼卻與露柱相交？」若恁麼會，卒摸索不著。有底喚作「無中唱出」，殊不知，宗師家說話，絕情塵意識法塵❾分別，入正位❿來，不存一法。你纔作道理計較，便縛腳縛手。且道，他古人意作麼生？但只使心境⓫一如，好惡是非動他不得。說無心也得、有心也得，有機也得、無機也得。到這裡，著著⑫全身⑬，拍拍是令⑭。

五祖道：「大小雲門，元來膽小。若是山僧，向伊道『第八機』。」雲門一時間⑮，目前包裹⑯。僧問：「未審意志⑰如何？」門云：「一條條⑱三十文買。」他有定乾坤⑲底眼，既是無人會，後來自代云：「南山起雲、北山下雨。」且與後學通箇入路。所以雪竇只拈他定乾坤句教人見。纔作計較，便沒交涉。雪竇要原⑳他宗旨㉑、明他機峻，所以頌。

【注釋】❶善知識　梵語意譯。聞名為「知」，見形為「識」，即善友、好伴侶之意。後亦以泛指高僧。❷函　用匣子或封套裝盛。❸儼然　宛然；彷彿。❹見處　見地；見解。❺別語　舉出公案，其中已有應對之語，禪師另外再擬對語，稱為「別語」。是禪師說法的一種形式。❻神出鬼沒　喻指雲門文偃的禪機變化神奇，難以捉摸。❼三界　佛教指眾生輪迴的欲界、色界和無色界。欲界包括地獄、人間和六欲天等。以貪欲熾盛為其特徵。色界在欲界之上，無色界之下。有精美的物質而無男女貪欲。無色界在色界之上。此界無形體，無物質，但存識心。❽四生　佛教分世界眾生為四大類：一、胎生，如人畜；二、卵生，如禽鳥魚鱉；三、濕生，如某些昆蟲；四、化生，無所依託，唯借業力而忽然出現者，如諸天與地獄及劫初眾生。❾法塵　六塵之一。意根所對之境，能產生意識。經中常將煩惱比喻為塵垢，因為這類諸法能染汙情識，故稱法塵。修行者執著於佛法，而生起迷妄心，此佛法於其人，亦稱為法塵。❿正位　禪門中稱普遍存在的真如為正位，乃諸法之本體。⓫心境　指意識與外物。⓬著著　每一個行為或動作。⓭全身　保全生命或名節。⓮拍拍是令　一拍一唱都是本分正令。⓯一時間　短時間之內。⓰包裹　包紮；包裝。⓱意志　廣義而言，為自然衝動的欲望；狹義而言，則為意識間多種動機、目標、方法的一種選擇，而欲獲實現者。即決定達到某種目的而產生的心理狀態，常以語言或行動表現出來。⓲條　絲繩；絲帶。亦指用於衣服飾物等的繩、帶。⓳定乾坤　謂佛法力量所及之處，自然泯除貪、瞋、癡等煩惱，而使天上天下無一不定。⓴原　推究；考究；研究。㉑宗旨　指禪宗以心傳心的旨趣。

【語　譯】圜悟克勤評唱：雲門文偃的門下出了八十多位善知識。他圓寂後並未安葬，達十七年之久，後開函一看，他的容貌就像活著一樣。只因為他見地明白，機鋒迅速，舉凡開示、代語、別語，不涉及思維，孤危峭峻。就拿這則公案來說，如同擊石火、閃電光，真像神出鬼沒一樣。

慶藏院主說：「在所有的佛教教義中，還有這樣的說法嗎？」現在的人往往作俗情妄解，說：「佛是三界大師，四生慈父。既然是古佛，為什麼和露柱相交叉呢？」如果這樣理解，根本就沒有摸到雲門文偃禪機的邊際。也有人說是從「無中生有」中說出來的。他們竟然不知道大禪師的說法，是已經斷除了情塵、意識、法塵、分別，證入正位了，並不存有絲毫的法執。至於你一作思考推理，便束縛住了手腳。你來說說看，從前禪師的旨意是怎樣的呢？只要使心境一如，那麼好惡是非便無法撼動他。說無心也好，有心也好，有機鋒也好，無機鋒也好。到了心境一如的地步，一舉一動都是修身，一拍一唱都是禪機。

五祖法演說：「如此著名的大禪師雲門文偃原來膽子都很小，如果是我，就對他說是第八機。」雲門文偃有一段時間眼睛被包紮起來了。有僧人問：「不知道你的意志怎麼樣？」雲門文偃回答說：「用三十文錢買了一條絲帶。」他有定乾坤的火眼金睛。既然沒有人能夠理解，後來就自己代為回答說：「南山起雲，北山下雨。」以便為後學的人指出一條通路。所以雪竇重顯就拈出他定乾坤的言句，讓人們看看。你如果一有思考比較，那就當面錯過了禪機。雪竇重顯想追溯雲門文偃的玄旨，讓人們明白他機鋒的峻峭，因而作了以下一首頌古。

頌

南山雲，（乾坤莫睹❶。）
北山雨，（點滴不施，半河南、半河北。）

四七❷二三❸面相睹。(幾處覓不得❹,露柱燈籠,帶累傍人。)

新羅國裡曾上堂,(東行不見西行利❺,東涌西沒❻,那裡得這箇消息來❼?)

大唐國裡未打鼓。(遲一刻,還我話頭來❽。先行不到,末後太過❾。)

苦中樂❿,(教阿誰知?)

樂中苦。(兩重公案,使誰舉?苦是樂、樂是苦,更有兩頭三面⓫。)

誰道黃金如糞土?(具眼者辨。試拂拭⓬看,阿剌剌⓭,可惜許。且道,是古佛?是露柱?)

【注　釋】❶睹　看見;觀看。❷四七　指印度的二十八代祖師。❸二三　指中國禪宗的六代祖師。❹幾處覓不得　意謂我看不見南山雲與北山雨。❺東行不見西行利　喻指雪竇重顯只見一相無差,不見別法。行,店鋪;商行。❻東涌西沒　形容禪悟者的自在運用,通暢無礙。❼那裡得這箇消息來　意謂已是心境一如,十方無阻,不過只是一相,一相則無法得到這消息。❽還我話頭來　謂雪竇重顯已說諸法一實之旨,現在卻說「未打鼓」,是違一相之理,恰似忘卻,故說「還我話頭來」。❾先行不到二句　先則急,後則緩之意。❿苦中樂　苦中有樂,則無苦相。⓫兩頭三面　對禪門宗旨不得要領,一回說此,一回說彼,或將相同的問題重複提出。⓬拂拭　撣拂;揩擦。⓭阿剌剌　喻指雪竇重顯及雲門文偃的言句機鋒。剌剌,連續相剌。

【語　譯】雪竇重顯頌古:南山雲,(不見天地。)北山雨,(點滴不漏,一半在河南,一半在河北。)四七二三面相睹。(幾處見不到,露柱燈籠,連累旁人。)新羅國裡曾上堂,(東邊市場看不見西邊市場的獲利,東面湧現出來,西面沉沒下去,不知從哪裡能得到這個消息?)大唐國裡未打鼓。(遲了一刻,還我話頭來。先行不到，最後太過。）苦中樂，（教誰知道？）樂中苦。（兩重公案，使誰舉說？苦是樂，樂是苦，更有兩頭三面。）誰道黃金如糞土？（只有具法眼者才能分辨清楚。試著擦拭看看，阿剌剌，真可惜，被雪竇重顯說穿了。你來說說看，是古佛？還是露柱？）

評唱

「南山雲，北山雨。」雪竇買帽相頭，看風駛帆，向劍刃上❶與你下箇注腳，直得「四七二三」，一時「面相睹」，也莫錯會，此只頌「古佛與露柱相交，是第幾機」了也。

後面開路打葛藤，要見他意：「新羅國裡曾上堂，大唐國裡未打鼓。」雪竇向電轉星飛處，便道：「苦中樂，樂中苦。」此是禪月〈送顥雅禪師〉詩云：「霜鋒❷劈石烏雀聚，帆凍輕飈❸吹不舉。芬陀利❹香釋驎❺虎，幡幢❻冒雪爭迎取❼。春光❽主芙蓉❾，堂窄堆花乳❿，手提金桴⓫打金鼓。天花⓬娉婷⓭下如雨，狻猊座⓮上師子語⓯。苦卻樂、樂卻苦，盧至⓰黃金忽如土。」

又〈行路難〉詩云：「君不見，山高海深人不識，古往今來轉清碧⓱。淺近輕浮莫與交⓲，地卑只解生荊棘⓳。誰道黃金如糞土⓴？張耳陳餘斷消息㉑。行路難、行路難，君自看。」雪竇如堆一堆七珍八寶在這裡了也㉒。所以末後有者一句，云：「誰道黃金如糞土？」且莫土曠人稀，雲居羅漢！

【注釋】❶劍刃上　指不執著思維、意念之處。❷霜鋒　白亮銳利的鋒刃，借指明亮銳利的刀劍。❸輕颸　微風。❹芬陀利　為白色睡蓮之一。據《大日經疏》卷一五記載，此花雪白如銀，光亮奪目，甚香甚大，多生於阿耨達池，人間少見，莖長一尺餘。此花生於泥中而不為泥所汙染，故佛經中常以之比喻佛性。❺驎　古代駿馬名。❻幡幢　指佛教所用的旌旗。從頭安寶珠的高大幢竿下垂，建於佛寺或道場之前。分言之則幢指竿柱，幡指所垂長帛。❼迎取　猶迎接。❽春光　春天的風光、景致。❾芙蓉　荷花的別名。❿花乳　含苞未放的花朵。⓫桴　鼓槌。⓬天花　天界仙花。相傳佛祖說法時，感動天神，各種香花紛紛從空中飄落。⓭娉婷　美好貌。⓮狻猊座　即獅子座，泛指高僧說法的座席。狻猊，獸名。獅子。⓯師子語　喻指僧人的說法。師子，即獅子。⓰盧至　佛經中的人名。相傳有盧至長者，家有巨財而吝嗇，被世人所譏。後受佛祖指點，棄財皈依佛門。⓱山高海深人不識二句　謂有道之賢哲如山高海深，始終不見塵垢，清潔可見。⓲淺近輕浮莫與交　這句謂不知高深之道的浮淺小人不僅損己亦損人，不可與之來往。⓳地卑只解生荊棘　這句謂卑賤之地不能生香木，多生荊棘，扎破人的衣服。喻指淺近愚魯之徒亦能損人。⓴誰道黃金如糞土　這句謂黃金自有黃金價。黃金，喻賢哲。糞土，喻淺近之徒。㉑張耳陳餘斷消息　張耳、陳餘皆為著名遊士，曾是莫逆之交。張耳被項羽封為常山王，陳餘不得為王，因而憤憤不平，擊走張耳，自立為代王。㉒雪竇如堆一堆七珍八寶在這裡了也　意謂富貴之中的富貴，喻指心境一如的真境。

【語譯】圜悟克勤評唱：「南山雲，北山雨。」雪竇重顯善於觀機設教，見風駛舵，他從第一機上為你下了一個注腳，讓印度的二十八代祖師、中國的六代祖師在一起面對面，不過你不要錯誤地理解他的用意，這只是在頌「古佛與露柱相交，是第幾機」這句話。

後面用言句劈開道路，是為了要看出他的旨意：「新羅國裡曾上堂，大唐國裡未打鼓。」雪竇重顯又向電轉星飛之處說：「苦中樂，樂中苦。」這句話出自禪月和尚的〈送顯雅禪師〉詩：「霜鋒劈石烏雀聚，帆凍輕颸吹不舉。芬陀利香釋驎虎，幡幢冒雪爭迎取。春光主芙蓉，堂窄堆花乳，手提金桴打金鼓。天花娉婷下如雨，狻猊座上師子語。苦卻樂，樂卻苦，盧至黃金忽如土。」

禪月和尚又有〈行路難〉詩：「君不見，山高海深人不識，古往今來轉清碧。淺近輕浮莫與交，地卑只解生荊棘。誰道黃金如糞土？張耳陳餘斷消息。行路難，行路難，君自看。」雪竇重顯就像堆積著一大堆七珍八寶在這裡，所以最後說這一句：「誰道黃金如糞土？」千萬不要地廣人稀知音少，真是一個傲慢自負的雲居羅漢。

【說　明】南山雲與北山雨是自他不二的。相對於人都是空，都是平等的。平等就是差別，差別也是平等。在這裡，存在著一個個體與個體交錯組成的統一體，一個互相獨立又互相依存的世界。

雲門文偃的答語作為「截流」之語最典型地反映出他那種斬葛藤、破知見、明本心的家風，真稱得上是禪機迅速，神出鬼沒。圜悟克勤在這則公案的評唱中對此作了一番概括：「宗師家說話，絕情塵意識法塵分別，入正位來，不存一法。你纔作道理計較，便縛腳縛手。且道，他古人意作麼生？但只使心境一如，好惡是非動他不得。說無心也得、有心也得，有機也得、無機也得。到這裡，著著全身，拍拍是令。」這就是說，雲門文偃所作的答語，目的在於截斷你的意識之心，破除你的思量之念，你如果試圖在兩者之間建立一種理性的關聯，等於是自己捆綁自己的手腳。這種作法很有些像超現實主義者曾經大規模實驗過的問答拼湊遊戲，它要解散、打亂你對這個世界已經定形的那種理解方式，使自己意識到已經習慣的那個秩序的虛妄不實，這種秩序對禪宗來說就是知見、我執、法執。唯一的不同在於，超現實主義試圖重新建立一種秩序，而雲門文偃的「截流」之語只是一種破壞性語言，通常情況下它沒有建設的義務，這就如同投向障礙物的炸藥，爆炸之後它就不再存在了，如果你一定要在炸藥與障礙物之間找出一種內在的因緣關係，那真是費力而不討好。

雪竇重顯頌古的意思是說：西天二十八祖與東土六祖，從他們生存的時空而言，各不相干；南山與北山的雲雨也本無交會互涉的可能；但如果從東西互存、南北一體的完整世界來看，則自然可了達其親切相交、一體無別的境界，這也就是雲門文偃拈出古佛與露柱相交的本意。這首頌古用隨說隨掃的金剛般若，將雲門文偃的旨意表述得淋漓盡致。

第六八則　巖頭收劍

【題解】黃巢有一次拾得一柄利劍，劍上刻有「天賜黃巢」的字樣，於是黃巢就自封沖天大將軍，揭竿起義，並一度攻陷了長安城，做了一陣子皇帝。巖頭全豁問的寶劍是像天賜黃巢的寶劍那樣鋒利的人人都具有的金剛王寶劍，即大徹大悟的禪法。僧人答道：「我得到過一把寶劍。」行腳僧是一個半桶水，會得本體卻不知機用。巖頭全豁於是伸出頭，靠近僧人說：「嚯！」言外之意來斬我吧，既然持有寶劍，不妨現一現它的鋒利。僧人說：「師父的腦袋落地了。」這種一無是處的口頭禪，是沒有任何作用的。巖頭全豁不由得哈哈大笑。這大笑之中有毒氣，是這則公案玄奧幽微難以參透的地方。

示眾

當機直面❶，施陷虎之機；正按傍提❷，布擒賊之略❸。明合暗合、雙放雙收，解弄死蛇❹，還他作者。

舉

巖頭問僧：「什麼處來？」（未開口已前敗闕了也。穿過髑髏❺，要知來處也不難。）

僧曰：「西京❻來。」（果然，小草賊❼。）

頭云：「黃巢⑧過後⑨，還收得劍麼⑩？」（平生不曾作草賊⑪，不懼頭落便恁麼問，好大膽！）

僧云：「收得。」（敗也！未識轉身處。茆廣漢⑫如麻似粟。）

巖頭引頸⑬近前云：「囮⑭！」（也須是著便宜始得。陷虎之機，是什麼心行？）

僧云：「師頭落也。」（只見錐頭利，不見鑿頭方⑮。識什麼好惡？著也⑯。）

巖頭呵呵大笑。（欺⑰殺天下人。天下衲僧不奈何，天下人尋這老僧頭落處不得。）

僧後到雪峰，（這僧從前顢顢頇頇、莽莽鹵鹵，者僧往往敗闕。）

峰問：「什麼處來？」（不可不說來處，要勘過。）

僧云：「巖頭來。」（果然，納敗闕。）

峰云：「巖頭有何句？」（舉不得，免喫棒。）

僧舉前話，（便好趕出。）

雪峰打三十棒，趕出。（雖然截鐵斬釘，因什麼只打三十？拄杖未到折在，且未是本分。何故？朝打三千、暮打八百。若不是同參，爭辨端的⑱？雖然如是，且道，雪峰巖頭落在什麼處？）

【注釋】❶直面　當面；面對。❷正按傍提　正傍，分別指正面、側面；按提，乃按劍、提刀之意。正按，意指正面舉劍相向。傍提，謂側面提刀突進。以此轉喻禪師接引學人的機法變化自在，時而正面攻擊，直下提示第一義諦；時而採用側面奇襲的方式，使人在進退之間自然趨入正道。❸略　謀略；智謀。❹死蛇　喻指參禪者。❺穿過髑髏　謂斷滅一切情識的境地。❻西京　古都名。唐顯慶二年，以洛陽為東都，因稱長安為西都，一稱西京，天寶元年，定稱西京。即現在的陝西西安。❼草賊　舊時對起義農民的蔑稱。❽黃巢　唐代末年農民起義領袖。曹州冤句（治今山東荷澤東南）人。廣明元年（西元八八〇年）占領長安，即帝位，國號大齊。中和四年（西元八八四年）被唐軍擊敗，自殺身亡。❾過後　以後；後來。❿還收得劍麼　據《資治通鑑》記載：黃巢還在做私鹽販子時，有劍從天而降，上有字曰：「天賜黃巢」。收得，取得。⓫平生不曾作草賊　意謂巖頭全豁平生有換掉天下人眼睛的手段，並非小草賊之類。⓬茆廣漢　不實虛言者。⓭引頸　伸長頸項。⓮㘞　本指拉船時的呼號聲，這裡用作砍頭時的象聲詞。⓯只見錐頭利二句　意謂只知往前走，不知有陷阱。錐，即錐子。尖端銳利的用來鑽孔的工具。鑿，即鑿子。挖槽或打孔的工具。長條形，前端有刃，使用時用重物砸後端。⓰著也　打著痛處之謂。⓱欺　壓倒；勝過；超過。⓲端的　到底；究竟。

【語譯】圜悟克勤開示：一位禪師接引學人的時候，要能當面對機，就像捕捉老虎一樣，使牠掉進預先所設計的陷阱之中；也要像捕捉盜賊一樣，從正面、側面做好周密的佈署。明也合，暗也合，雙放雙收，知道怎麼樣對付前來參訪的僧人，這樣才稱得上是一位機用傑出的大禪師。

舉說公案：巖頭全豁問一位前來參訪的僧人：「你從什麼地方來？」（這位僧人還沒開口回答之前就已經被巖頭全豁打敗了。巖頭全豁的機鋒早就穿過他的腦袋了，巖頭全豁要知道他的來處也不難。）僧人回答說：「我從西京長安來。」（果然這樣回答，一個小草賊。）巖頭全豁問：「自從黃巢得到過天賜寶劍以後，還有人得到過天賜寶劍嗎？」（巖頭全豁從來也沒有做過草賊，這樣問也不怕頭落地，好大的膽！）僧人回答說：「我得到過一把寶劍。」（打敗了！這位僧人不知道轉身之處。說大話的傢伙多得來如麻如粟。）巖頭全豁伸長脖子走過去說：「嚯！」（也應該是識機宜者才能知道巖頭全豁的用意。使老虎掉進陷阱的機鋒，是什麼心行？）僧人說：「師父的腦袋落地了。」（只看見錐子的頭尖銳，卻不見鑿子的頭方正。知道什麼好歹嗎？打著了。）巖頭全豁哈哈大笑。（這笑聲壓倒了天下的人。天下的禪宗僧人對巖頭全豁的大笑都是無可奈何，天下的人都找不到這老和尚腦袋的落處。）

這位僧人後又來到雪峰義存處參訪，（這位僧人從前是糊裡糊塗，莽莽撞撞，這樣的僧人往往受挫折。）雪峰義存問他：「你從什麼地方來？」（不可不說來處，要勘驗過才行。）這位僧人回答說：「我從巖頭全豁那裡來。」（果然說出來了，被打敗了。）雪峰義存問：「巖頭全豁對你說過一些什麼話？」（舉說不得，說出了免不了要遭棒打。）這位僧人就把他參訪巖頭全豁時的情形說了一遍，（正好趕出去。）雪峰義存聽了之後，打了這位僧人三十棒，把他給趕出去了。（雖然斬釘截鐵，為什麼只打三十棒？拄杖還沒打斷，還不是本分事。為什麼這樣說呢？早上打三千棒，晚上打八百棒。如果不是同參，怎麼能分辨出到底是怎麼一回事？儘管這樣，你來說說看，雪峰義存、巖頭全豁的用意到底落在什麼地方？）

評唱

大凡挑囊負缽、撥草瞻風，須是具行腳眼❶始得。這僧眼似流星，被巖頭一串穿卻。當時若是箇漢，或殺或活，舉著便用。這僧斫郎當，卻道「收得」，似恁麼行腳，閻羅老子❷索飯錢有日在！知他踏破多少草鞋？後到雪峰面前，當時若有些子眼筋❸，便解瞥地去。豈不快哉？這箇因緣，有節角誵訛處。此事雖無得失，於無得失中辨得失，也甚大難。雖然無揀擇，到這裡，卻要揀擇。看他龍牙行腳時，致箇問端問德山：「學人仗鏌鎁劍，擬取師頭時，如何？」德山引頸近前云：「⿴囗力！」龍牙云：「師頭落也。」山便歸方丈。牙後舉似洞山，洞山云：「德山當時道什麼？」牙云：「他無語。」洞山云：「他無語則且置，借❹我德山落底頭來看。」牙於言下大悟，遂焚香❺遙望❻德山，禮拜懺悔。有僧傳到德山處，德山云：「洞山老漢，不識好惡！這漢死來多少時也，救得有什麼用處？」這箇公案，與龍牙底一般。德山歸方丈，則暗中最好，巖頭大笑中有毒。若人辨得，天下橫行。者僧當時若辨得出，千古❼之下免被人檢責❽。巖頭門下，一場蹉過。看他雪峰，便知落處。也不與說破，打三十棒趕出院，可謂光前絕後❾。這箇為人底手腳，不要與他說教，他自會。

本分宗師，有時籠罩❿，不教伊出頭；有時放教⓫死郎當⓬地，卻須有出身處。大小巖頭、雪峰，被箇喫飯禪和勘破，只如他道「黃巢過後，還收得劍麼？」者僧合下⓭得箇什麼語，免得他笑，又免得雪峰打棒？這裡誵訛。若不曾親證親悟，縱使口頭快利⓮，至究竟透脫生死不得。山僧尋常教人看者公案機關處，若擬議，則勿交涉。

投子問僧：「收得劍麼？」僧以手指地。子云：「三十年弄馬騎，今日被驢子撲。」者僧也不道收得、也不道收不得，與他西京僧，如隔海在！大溈喆和尚云：「他古人，一箇作頭、一箇作尾，定也。」

【注　釋】❶行腳眼　即法眼，禪悟者觀照事物真相的智慧眼。❷閻羅老子　梵語的略譯，佛教稱主管地獄的神。通稱閻王。❸眼筋　意指眼光敏銳，比喻有作為、有氣概之貌。又指明辨是非、得失之意。❹借　拿；取。❺焚香　點燃檀香等香料。❻遙望　往遠處看。❼千古　死的婉辭，表示永別、不朽的意思。❽檢責　檢查；指責。❾光前絕後　形容俐落而不留痕跡。❿籠罩　像籠子似地罩在上面。⓫放教　使；令。⓬郎當　疲軟無力貌。⓭合下　即時；當下。⓮快利　流暢；快捷便利。

【語　譯】圜悟克勤評唱：一位禪宗僧人要想挑著行李、背著缽盂到處參訪，就必須具有行腳僧的法眼才行。這位僧人的眼睛像流星一樣銳利，不料卻被巖頭全豁勘破了，一串穿過。當時如果他真是一條漢子，或者斬除分別妄念，或者復活靈覺真性，一聽見舉說話頭就知道怎麼樣使用機鋒。這位僧人只會吹牛說大話，說什麼「我得到過天賜寶劍。」像他這樣行腳參訪，閻王老子總有一天要向他討回吃飯錢。真不知道他要踏破多少雙草鞋？這位僧人後又來到雪峰義存面前，當時他如果有點兒眼光的話，當即就能大徹大悟。那不是一件很痛快的事情嗎？談起這段因緣，還有一些玄奧幽微的地方。參禪悟道這件事雖然沒有得失，但要在無得失中辨別得失，也是一件非常困難的事。雖然沒有分別揀擇，遇到這種情形卻又必須分別揀擇。你看龍牙居遁在行腳的時候，對德山宣鑒提了一個問題：「我憑藉著莫邪寶劍，想砍下師父的腦袋，怎麼樣？」德山宣鑒伸長脖子湊上去說：「嚯！」龍牙居遁說：「師父的腦袋落地了。」德山宣鑒便走回方丈室。龍牙居遁後來把這件事告訴洞山良价，洞山良价問：「當時德山宣鑒說了些什麼？」龍牙居遁回答說：「他沒說什麼話。」洞山良价說：「他有沒有說話這事暫且不提，請你把德山宣鑒掉下來的腦袋拿來給我看看。」龍牙居遁一聽這話，恍然大悟，於是朝著德山的方向燒香，禮拜懺悔。有僧人把這件事告訴德山宣鑒，德山宣鑒說：「洞山良价這老傢伙不識好歹，那傢伙已經死了很久，就算救活了，又有什麼用？」這則公案和龍牙居遁的那則公案是一樣的，德山宣鑒走回方丈室這一招是很高妙的，巖頭全豁的哈哈大笑之中是有毒氣的。如果有人能分辨出來，就可以橫行天下，暢通無阻。這位僧人如果能分辨出來，也就會免得死了之後讓人說三道四。當時他在巖頭全豁的門下，早已錯過一場開悟的機會。雪峰義存一看就知道巖頭全豁的用意是什麼。但也不為這位僧人說穿，只打了他三十棒，然後趕出寺院，這一手法真是乾淨利索。這種接引學人的手段，就是不告訴他怎麼辦，讓他自己去悟道。

一個本色在行的大禪師在接引學人的時候，有時候把人整個控制著，不讓他出頭；有時候就讓他疲憊不堪，卻又有悟道的出路。那位僧人如果能夠這樣做，那麼像巖頭全豁、雪峰義存這樣的大禪師反倒會被一個吃飯的禪宗僧人勘破了。就拿巖頭全豁的這句話來說吧，「自從黃巢得到過天賜寶劍以後，還有人得到過嗎？」這位僧人在這裡應該說一句什麼轉語，才能免得巖頭全豁的哈哈大笑，又能免得被雪峰義存打三十棒呢？這玄奧幽微的地方，如果不曾親證親悟，即使你能說會道，終究無法從生死之中超脫出來。我平時教人看清楚這則公案中隱微難見的奧秘，你如果揣摩推理，那就相差十萬八千里了。

投子禪師也曾問過一位僧人：「還有人得到過天賜寶劍嗎？」這位僧人只是用手指著大地。投子禪師說：「我三十年來訓馬騎，不料今天卻被驢子給撲倒了。」這位僧人既不說得到過，也不說沒有得到過，與這則公案中的那位西京長安來的僧人相比，相去何止千里萬里！大溈慕喆和尚說：「從前的禪師一個做頭、一個做尾，也就搞定了。」

頌

黃巢過後曾收劍，（孟八郎漢，有什麼用處？錫❶刀一口❷，是一張茅刀。）

大笑還應作者知；（一子親得，能有幾箇？不是渠儂❸，爭知自由？）

三十山藤❹且輕恕，（同條生、同條死，朝三千暮八百，東家人死，西家助哀。）

得便宜❺是落便宜。（據款結案，悔不慎當初，也有此子。）

評唱

「黃巢過後曾收劍，大笑還應作者知」，雪竇便頌這僧與巖頭大笑處。者箇些子，天下人摸索不著。且道，他笑箇什麼？須是作家方知。笑中有權有實、有照有用、有殺有活。「三十山藤且輕恕」，頌這僧後到雪峰。這僧依舊莽鹵，峰便據令而行，打三十棒趕出。且道，為什麼卻如此？要你盡情❻會者話麼？「得便宜是落便宜」，兩句雪峰不露巖頭。若不得雪峰，幾乎陸沉，不見道殺人刀。

【注釋】❶錫　賜予。❷一口　表數量。猶言一具，一把。❸渠儂　方言。他，她。❹山藤　借指手杖。❺便宜　上風；優勢。❻盡情　全部。

【語譯】雪竇重顯頌古：黃巢過後曾收劍，（強橫粗暴的傢伙，有什麼用處？賜給他一把刀，是一把茅刀。）大笑還應作者知；（一子親得，能有幾個？不是他，怎麼知道自由自在？）三十山藤且輕恕，（生在同一根枝條上，死在同一根枝條上，早上打三千棒，晚上打八百棒，東邊的人家死了人，西邊的人家跑過去哭著增添悲哀。）得便宜是落便宜。（根據口供結案，後悔當初不謹慎，也有點兒。）

圜悟克勤評唱：「黃巢過後曾收劍，大笑還應作者知」，雪竇重顯這句話是在頌這位僧人和巖頭全豁的大笑之處。巖頭全豁的大笑，一般人是摸不到頭腦的。你來說說看，巖頭全豁在笑什麼？這必須得機用傑出的行家高手才能知道。這大笑之中既有權宜教法，也有根本大法；既有對客體的認識，也有對主體的認識；既有斬除分別妄念，也有復活靈覺真性。「三十山藤且輕恕」，這句話頌這位僧人後來到雪峰義存這裡，仍舊是莽莽撞撞。雪峰義存便實行正宗本色的禪機施設，打了他三十棒，然後趕出寺院。你來說說看，雪峰義存為什麼要這樣做呢？你想完全領會這句話的用意嗎？「得便宜是落便宜」，雪峰義存說的兩句話並沒有洩露巖頭全豁的天機。如果不是雪峰義存，這位僧人幾乎要完了，因為他就是看不到斬除分別妄念的那把刀。

【說　明】這位行腳僧後來又去參雪峰義存，把他參巖頭全豁時的情形復述了一遍。雪峰義存聽後，一言不發，抽起拄杖，一頓狠揍，把他打發走了。這一禪機作略光前絕後，禪宗大師接引學人的手段就應該這樣。

知解不是禪，一知半解更不是禪，對於這種存有「知解」和「一知半解」的僧人，棒打或許能促使他覺悟。

雪竇重顯頌道：「黃巢過後曾收劍，大笑還應作者知」，意指巖頭全豁的大笑之中有權有實，有照有用，有殺有活，一般人對此機鋒往往不知如何應對，只有行家才知道其中玄奧幽微之處。「三十山藤且輕恕，得便宜是落便宜」，在嘲諷之中批評了那種缺乏大機大用的鈍根機者。

第六九則 大士講經

【題解】梁武帝只是知道作為文獻的經卷，卻不知道自身也是一部活經卷。傅大士受請講經，僅僅「於座上揮案一下，便下座」。其用意在破除梁武帝陷入文字經句的迷執，可梁武帝不理解。故寶志和尚在此時登場，告知「大士講經竟」，但梁武帝還是不理解。寶志和尚此舉實為傅大士出氣，否則傅大士也會因與梁武帝機緣不投契而離開梁國，轉往他處，重蹈達摩離梁赴魏的覆轍。

舉

梁武帝請傅大士講經❶。（達摩兄弟來也❷。魚行❸酒肆❹即不無❺，你衲僧門下即不可。者老漢老老大大❻，作者箇去就❼！）

大士便於座上，揮案❽一下，便下座。（直得火星迸散❾，似則也似，是則不是，不煩葛藤。）

武帝愕然❿。（兩回三度被人謾，教你摸索不著。）

志公問：「陛下還會麼？」（黨理不黨親情⓫，髆⓬股⓭不向外，好與三十棒。）

帝云：「不會。」（可惜許。）

志公云：「大士講經竟。」（也須逐出國去始得。當時和志公趕出，始得作家。兩箇老漢同坑無異土，好與一時逐出國，方見帝是作家。）

【注　釋】❶講經　法會或齋會時，講說佛教經典。❷達摩兄弟來也　揭示傅大士的禪法與達摩同出一源，故云「兄弟」。❸魚行　販賣魚的店鋪。❹酒肆　酒店。❺不無　置於轉折複句前分句末尾，表示有條件的肯定。猶言有些。❻老老大大　古代口語。謂年事已高。又謂得神通者稱「老老」，會佛法者稱「大大」。❼去就　行為舉動，情念意想。含有貶義。❽案　通「按」。❾火星迸散　喻指禪機全提之處間不容髮。火星，猶火花；極小的火。迸散，向周圍擴散。❿武帝愕然　謂梁武帝「人我執」未除。愕然，驚訝貌。⓫黨理不黨親情　原謂基於道理，而不從人情。引申為依法而忘掉人情。⓬膊　肩膀；胳臂。亦泛指身體的上部。⓭股　大腿。

【語　譯】舉說公案：梁武帝有一天請傅大士講解佛經。（達摩祖師的兄弟來了。）傅大士在魚市酒店可以從容自得，在禪宗僧人的門下就不行。這老漢一大把年紀，還有這種舉止行動。）傅大士在法座上拍了一下驚堂木，便離開法座。（弄得火星四散，說像倒有點像，說對倒未必對，不須麻煩用言語講說。）梁武帝看了之後非常驚奇。（他受過好幾次蒙蔽了，這種手段教他摸不著頭腦。）寶志和尚問：「皇上聽懂了嗎？」（禪法至上，不徇私情，胳膊和大腿不向外彎，當心挨三十棒。）梁武帝回答說：「我聽不懂。」（錯過禪機，太可惜了。）寶志和尚說：「傅大士已經講完經了。」（也應該把傅大士趕出國都才行。梁武帝當時如果連寶志和尚一道趕出國都，才稱得上機用傑出的行家高手。寶志和尚和傅大士這兩個老傢伙一個鼻孔出氣，當場就好一起趕出國都，才看得出梁武帝是機用傑出的行家高手。）

評唱

武帝先事道教❶，後捨道奉佛。於婁約法師處受菩薩戒❷，披袈裟，自講《放光般若經》，以報父母。時志公大士，以顯異❸惑眾❹，繫❺於獄中。志公乃分身❻，遊化❼城邑❽。帝一日知之感悟，極推重❾之。志公常在帝前，幾回遮幾回掩，忽明忽暗，向邪向正。

傅大師❿乃婺州⓫雲黃⓬人。自栽二木，號「雙林」，自稱「當來⓭善慧大師」，令弟子上表⓮聞帝，卻史嫌他言詞緩慢⓯，拒之不進，後入江寧⓰賣魚。

一日武帝詔志公講經。公云：「貧道⓱不解講經。市中有一人解講經，請詔之。」既至，於講座⓲上揮案一下，便下座。當時便與推轉⓳，免得一場狼藉⓴！卻被志公道「陛下還會麼？」帝云：「不會。」志公云：「大士講經竟。」也是一人作頭，一人作尾。志公恁麼道，且道，曾夢見傅大士麼？一等是弄精魂，就中㉑奇特。雖是死蛇㉒，解弄也活。既是講經，為什麼卻不道「大分㉓為二」，說「金剛體堅固，物不能壞，利用故能摧萬物，般若㉔亦然」？如此講說，喚作講經。不知他只拈向上事，略露鋒鋩，教伊㉕知落處，直截㉖與伊道，壁立千仞。恰好被志公不識好惡，卻云「大士講經竟」，正是好心不得好報㉗。如美酒一盞，被志公著水攙卻；如好一羹㉘，被志公將一顆鼠糞在其中污卻。既不是講經，且道，是喚作什麼？

【注釋】❶道教　中國主要宗教之一，東漢張道陵根據傳統的民間信仰而創立，到南北朝時盛行起來。奉元始天尊、太上老君為教祖。❷菩薩戒　大乘菩薩所受持的戒律。菩薩戒的內容為三聚淨戒，即攝律儀戒、攝善法戒、饒益有情戒等三項，亦即聚集了持律儀、修善法、度眾生等三大門的一切佛法，作為禁戒以持守之。❸顯異　顯現的奇異現象。❹惑眾　迷惑眾人。❺繫　拘囚；拘禁。❻分身　指分身化現，或指其化身。諸佛菩薩由於慈悲，用種種方便法門，化身至各處教化眾生。❼遊化　遊方行化。謂遊行各處而教化之。❽城邑　城和邑。泛指城鎮。❾推重　推許尊重。❿大師　佛的十尊號之一。即天人師。後遂為僧人的尊稱。⓫婺州　州名。在今浙江金華地區。⓬雲黃　山名。位於浙江義烏。南朝梁大同五年（西元五三九年），傅大士捨宅於山下創寺，以有雙樹而稱雙林寺。其樹連理，祥煙周繞，雙鶴棲止。陳天嘉二年（西元五六一年），傅大士在山頂繞連理樹行道時，有釋迦前引、維摩後接、七佛相隨的感應，並見山頂有黃雲盤旋，狀如車蓋，故名雲黃山。⓭當來　將來。⓮表　啟奏，上奏章給皇帝。⓯慢　驕傲；怠慢。⓰江寧　地名。在今江蘇南京。⓱貧道　僧人自稱的謙辭。晉、南北朝時，朝廷定制僧人自稱貧道。⓲講座　高僧說法的座位。⓳推轉　推出。指推出處死。⓴狼藉　形容困厄、窘迫。㉑就中　其中。㉒死蛇　喻指佛經。㉓大分　大體；大致。㉔般若　梵語譯音。意譯「智慧」。佛教用以指如實理解一切事物的智慧，為表示有別於一般所指的智慧，故用音譯。大乘佛教稱之為「諸佛之母」。㉕伊　他，它。㉖直截　簡單明白。㉗好心不得好報　意謂傅大士示第一機，卻被寶志和尚弄成第二義。㉘羹　用肉類或菜蔬等製成的帶濃汁的食物。

【語譯】圜悟克勤評唱：梁武帝先信奉道教，後捨棄道教，改信佛教，在婁約法師那裡受菩薩戒，也曾經披上袈裟對信眾們開講《放光般若經》，以報答父母之恩。當時寶志和尚因為顯神通，被處以顯異惑眾的罪名，關在監獄之中。寶志和尚用分身之術到各城鎮教化眾生。有一天梁武帝知道這一消息後，忽然感悟，便極其推重他。寶志和尚經常在梁武帝面前顯神通變化，多次隱藏，忽明忽暗，忽斜忽正。

傅大師是婺州雲黃人，他種了兩棵樹，號稱「雙林」，自稱「當來善慧大師」。有一天他寫了一封信叫弟子上奏給梁武帝，卻史嫌他言辭傲慢，缺乏君臣的禮節而不接受。傅大士後來到江寧城裡賣魚。

梁武帝有一天詔請寶志和尚開講佛經。寶志和尚說：「貧僧不會講經。集市中有一個人會講經，可詔請他來講經。」梁武帝於是就下詔書請傅大士前來講經。傅大士來到皇宮，在法座上拍了一下驚堂木，便離開法座。梁武帝當時如果把他推出去斬首，就會免去一場難堪。他被寶志和尚問：「皇上聽懂了嗎？」梁武帝回答說：「我聽不懂。」寶志和尚說：「傅大士講完經了。」這件事也是傅大士開頭，寶志和尚收尾。寶志和尚這樣說，你來說說看，梁武帝做夢能夢見傅大士的意思嗎？同樣是故弄玄虛，傅大士禪機之中的奧妙就是這樣奇特。雖然是死蛇，只要你懂得把玩，那也是活的。既然是講經，為什麼既不說「大致分為堅、利二義」，也不說「金剛之體堅固異常，其他物體不能毀壞，利用它卻能摧毀萬物，般若智慧也是這樣」？這樣說才叫做講經。你們各位卻不知道傅大士只拈說佛法的至極奧妙，稍微露出一些鋒芒，教人們知道他的用意，直截了當地出示禪機，就像屹立在千丈懸崖一樣。偏偏遇上寶志和尚不識好歹，說什麼「傅大士講完經了」，這正是好心得不到好報，就像一杯美酒被寶志和尚摻進了水，也像一碗濃湯被寶志和尚丟進了一粒老鼠屎，弄得一塌糊塗。既然不是講經，你來說說看，到底叫做什麼？

頌

不向雙林❶寄此身，（只為把不住❷，囊裡豈藏錐❸？）
卻於梁土惹埃塵❹；（若不入草❺，爭見端的？不風流❻處也風流。）
當時不得志公老，（作賊不須本❼，牽伴底癩兒❽。）
也是栖栖去國人❾。（正好一狀領過❿。）

【注釋】❶雙林　喻指本分家山。❷只為把不住　謂傅大士不守本分。❸囊裡豈藏錐　喻指傅大士度眾生之念快捷銳利，故不居本分。囊，袋子。❹卻於梁土惹埃塵　謂傅大士現身梁國，從真域看來，度物利生是塵埃。❺入草　即深入俗世間。草，比喻世間、俗眾。❻風流　灑脫放逸；風雅瀟灑。❼作賊不須本　謂寶志和尚與傅大士作伴如作賊，不用本來姓氏。❽牽伴底獺兒　喻指傅大士、寶志和尚、雪竇重顯三人是知音。❾也是栖栖去國人　意謂如果不是寶志和尚饒舌，傅大士也要像達摩一樣離開國都。栖栖，孤寂零落貌。❿一狀領過　眾人同罪之意。

【語　譯】雪竇重顯頌古：不向雙林寄此身，（只是因為控制不住自己，袋子裡豈能藏住錐子？）卻於梁土惹埃塵；（如果不深入俗世間，怎麼能顯示出佛法真諦？不風流處也風流。）當時不得志公老，（作賊不用本姓，無獺小兒在一起作伴。）也是栖栖去國人。（正好一張狀子記錄在案。）

評唱

「不向雙林寄此身，卻於梁土惹埃塵」，正與擔板漢一般。達摩初來見武帝，帝問：「如何是聖諦第一義？」摩云：「廓然無聖。」帝云：「對朕者誰？」摩云：「不識。」摩自此便過魏，後志公與他點破卻❶。

雪竇大意道，不須他來梁土，講經揮案。所以道，何「不向雙林寄此身」？喫粥喫飯，隨分❷過時，卻來梁土恁麼指注，揮案一下便下座，便是他「惹埃塵」處。既是要殊勝❸，則目視雲霄❹，上不見有佛、下不見有眾生，若論出世邊事，不免灰頭土面❺，將無作有、將有作無，將是作非、將麤作細。魚行酒肆、橫拈倒用❻，教人明此事。若不恁麼放行，直到彌勒下生也無人會在。傅大士既是拖泥帶水，賴是有知音。若不得志公老，幾乎趕出國了也。且道，過在什麼處？

【注　釋】❶卻　助詞。用在動詞後面，表示作完成。❷隨分　謂隨能力、資質的限度而行。❸殊勝　事之超絕而稀有。❹雲霄　天際；高空。❺灰頭土面　原指頭臉為灰土所污之意；在禪林中，藉以形容修行者悟道之後，為濟度眾生而甘願投身於群眾之中，不顧塵世之污濁。❻橫拈倒用　指禪師的拈提評釋縱橫自在。又指禪師指導學人時，能縱橫收放，自由自在靈活運用的方法，稱為橫拈倒用。

【語　譯】圜悟克勤評唱：「不向雙林寄此身，卻於梁土惹埃塵」，就像固執一端的擔板漢一樣。達摩第一次見梁武帝時，梁武帝問：「什麼是佛聖第一義？」達摩回答說：「空空蕩蕩，並沒有什麼佛聖。」梁武帝又問：「和我應對的人是誰？」達摩回答說：「不知道。」達摩於是渡過長江，來到了北魏。後來寶志和尚為梁武帝點破了達摩的用意。

雪竇重顯的意思是說，用不著他來梁國講經拍一下驚堂木，所以說，為什麼「不向雙林寄此身」呢？吃粥吃飯，隨緣度日，卻來到梁朝國都拍一下驚堂木便離開座位？這就是他惹塵埃的地方。既然想要求殊勝因緣，那就眼睛望著蒼天，上不見有佛，下不見有眾生。如果論及出世間的事，難免要不顧一臉的塵土，將無作有，將有作無，將是作非，將粗作細。傅大士在魚市酒店，隨意舉說，自在運用，教人們明白這個道理。如果不這樣放行，即使到彌勒佛降生也教不出一個人來。傅大士既然深入俗世間傳法，幸好有個知音。如果不是寶志老和尚，幾乎要被趕出國都了。你來說說看，過錯在哪裡呢？

【說　明】按理說，天子邀請講經，法師應該認真、仔細、謙遜地逐句講解。可傅大士竟一拍驚堂木，就算講完了。從這裡，我們可以看出在傅大士的作略中表現出了不可言說、無可執著以及真諦息而不滅的思想特色，體現出了一種禪者的超然風格和靈活的宣講方法。佛經是語言文字的記錄，這些語言文字不過是佛陀為了引導眾生開悟的一種權宜工具和手段，而不是佛法本身。《金剛經》說：「以音聲求我，是人行邪道，不能見如來。」這就好比坐船過河，對岸才是目的地。如果你把船和坐船作為目的，那你就是行邪道，永遠不能到達對岸。梁武帝平時以皇帝的身分為人們講經，但對佛法並未真正證悟。傅大士用不講而講的方式為他「講經，顯然是針對梁武帝平時的作法，提醒他學佛要證悟而不要執著於經教言說。參禪也是這樣，禪家強調「心悟」。對禪悟者來說，講經就是說法，禪法以心傳心，不立文字，不落言詮，是不言之言。禪不可說，一說就有偏差，故無法可說，就是說法。習劍的禪師以劍論禪，生病的禪師以病論禪，各有其妙。如果僅僅是膚淺地認為古經、祖訓是紙上之物，那就是不懂得禪。

雪竇重顯頌古的一、二句意謂傅大士不在雙林逍遙自在，卻到皇宮中來講經，惹起了塵埃。三、四兩句的言外之意是感歎寶志和尚的解釋斷送了禪的慧命。

第七十則　仰山大笑

【題解】這是仰山慧寂與三聖慧然以「法名」而互換機鋒的公案。仰山法名為「慧寂」，三聖法名為「慧然」。仰山慧寂問三聖慧然法名，三聖慧然用問者法名回答，兩人於是來往酬答，針鋒相對，顯示出人境俱奪與俱不奪的非凡禪機。

這則公案一是顯示人境自他俱奪之不可得，二是顯示自他歷然分明之禪機。「法名」為一種暫時假立之稱呼，其本體原本無名，故三聖慧然回答為「慧寂」，以顯示他已達到人境俱奪、你我不分的境地；不過無名之義，是在破除一切假立之名而顯現本體的真實，並非任意妄用諸名之稱呼，故仰山慧寂回答「慧寂是我」，三聖慧然說「我名慧然」，至此，人境、自他俱不奪而歷然分明。

示眾

掀天輪，絕地軸❶，擒虎兕，辨龍蛇，須是本分作家始得。可以機機相應、句句相投。且道，上來❷是什麼人得知？舉看。

舉

仰山問三聖：「汝名什麼？」（名字相奪❸，勾賊破家❹。）

聖云：「慧寂。」（坐斷舌頭，攙旗奪鼓。）

山云：「慧寂是我。」（各守本分❺，各守封疆❻。）

聖云：「我名慧然。」（鬧市奪去，彼此各守本分。）

仰山呵呵大笑。（可謂❼是箇時節，錦上鋪花❽，天下人不知落處。）

【注　釋】❶地軸　古代傳說中大地的軸。又泛指大地。❷上來　開始；起頭。❸名字相奪　謂仰山慧寂明知故問。❹勾賊破家　謂仰山慧寂勾引三聖慧然，被他奪去家財。❺各守本分　各自住本位。❻封疆　疆域；疆土。❼可謂　可以稱為；可以說是。❽錦上鋪花　比喻美上加美，好上加好。

【語　譯】圜悟克勤開示：要想掀開九重天輪，斷絕地軸，擒住像老虎、犀牛那樣根器猛利的漢子，分辨他究竟是龍還是蛇，這必須得是一個本色在行的行家高手才能夠做到。至於機機相應，句句相投，你來說說看，自古以來有什麼人能夠這樣知道呢？我舉一則公案給你們看看。

舉說公案：仰山慧寂問三聖慧然：「你的法名叫什麼？」（名字被別人奪去了，勾引盜賊來偷自己家裡的財產。）三聖慧然回答說：「我叫慧寂。」（這句答話要叫仰山慧寂說不出話來，搶旗奪鼓，一舉獲勝。）仰山慧寂說：「慧寂是我的法名。」（各自守住本分，各自守住自己的領土。）三聖慧然說：「那我的法名叫慧然。」（在鬧市之中奪走別人的東西，彼此各自守住本分。）仰山慧寂哈哈大笑。（可以說笑得正是時候，錦上添花，天下的人都不知道他的用意是什麼。）

評唱

三聖乃臨濟下尊宿。少❶具出群之見，大機大用、妙解❷妙倫，最出眾❸。昂昂藏藏❹，名遍諸方天下。後來諸方叢林，皆以高賓待之。自向北來向南方，先造❺雪峰。問：「透網金鱗，以何為食❻？」獮猴話❼。

後到仰山。山至重，請作第三座。有一官人❽來見仰山。山問：「官居何位？」官云：「推官❾。」山云：「還推得老僧拂子麼？」官人無對。後令侍者去延壽堂❿問三聖，聖云：「和尚有事也。」再令侍者問：「未審有什麼事？」聖云：「再犯不容！」仰山深肯之。

百丈當時以蒲團⓫、禪板⓬付黃檗，拄杖、拂子與溈山。溈山後付仰山，仰山大肯三聖，臨行腳時，仰山以拂子、拄杖與三聖。聖云：「某甲已有師。」仰山遂問其由，聖云：「臨濟和尚。」仰山大悔。

這裡公案，仰山不可不知他名，卻更恁麼問他，所以作家要驗他人子細。「汝名什麼？」只似等閑，無道理計較。何故？三聖不云慧然，卻道慧寂，看他具眼者，自然不同。他又不是顛，三聖攙旗奪鼓，意在仰山語外。此語不墮常情，難為摸索，卻活得人。所以道，他參活句，不參死句。若順常情，則歇人不得。

他古人用盡精神，始能大悟；既悟了用時，卻同未悟，隨分一言半句，不落常情。三聖卻知落處，向他道：「我名慧寂。」仰山要收三聖⓭，三聖倒收仰山。仰山只得就身打劫道：「慧寂是我。」是放行處。三聖云：「我名慧然。」亦之放行。所以雪竇後面頌道：「雙收雙放若為宗。」只一句內，一時頌了。「仰山呵呵大笑」，也有權有實、有照有用，為他八面玲瓏，所以應用處得大自在。者箇笑，與巖頭笑不同。巖頭笑有毒藥，這箇笑，千古清風凜凜。

【注　釋】❶少　年輕時期。❷妙解　善於說解；善於應對。❸出眾　超出常人；與眾不同。❹昂昂藏藏　氣度軒昂。❺造　到；去。❻透網金鱗二句　詳見第四十九則。❼獼猴話　有一天雪峰義存去附近的村莊，路上遇見了一群獼猴。雪峰義存說：「這些獼猴各自都佩帶著一面古鏡。」三聖慧然說：「他們多生累劫以來，一直都被無明覆蓋，怎能彰顯出來而成為古鏡呢？」雪峰義存說：「因為生出了斑點。」三聖慧然說：「你是指導一千五百人修行的大禪師，難道連這個話頭都不知道嗎？」雪峰義存說：「老僧身為住持，事務繁忙啊！」❽官人　官吏。❾推官　官名。唐代在節度使、觀察使下置推官，掌勘問刑獄。❿延壽堂　禪林中，病僧用以療病、休養之堂；含有祈求延長色身壽命而延續法身慧命之意，故稱延壽堂。⓫蒲團　用蒲草編織而成的圓形扁平坐具。又稱圓座。乃僧人坐禪及跪拜時所用之物。其後亦有以綾錦包成者。種類頗多，厚者稱厚圓座，菅草編成者稱菅圓座，又有中央開洞而呈環狀者。⓬禪板　僧眾坐禪時，為消除疲勞，用以安手或靠身之板。一般長五十四公分，寬六公分，厚約一公分，上穿小圓孔。用繩貫穿小圓孔，縛於繩床後背之橫繩，使板面稍斜，可以倚身；安手時，則把禪板橫放在兩膝上。⓭要收三聖　意謂要控制三聖慧然，使他出手不得。

【語　譯】圜悟克勤評唱：三聖慧然是臨濟義玄門下的大禪師，年輕時就有超群脫俗之見，表現出大機大用，口才精妙絕倫，在僧眾中嶄露頭角。他長得一表人材，名氣響遍天下禪林。後來他到各地行腳參訪，各地的寺院都用貴賓的禮節接待他。三聖慧然從北方一路行腳來到南方參訪，他先來參訪雪峰義存，問：「鑽出魚網的金魚，不知道用什麼當食物？」此後，三聖慧然和雪峰義存又有一段關於獼猴古鏡的話頭。

　後來三聖慧然又到仰山，仰山慧寂對他非常推重，請他做第三座。有一位官員來參見仰山慧寂，仰山慧寂問：「你的官職是什麼？」官員回答說：「推官。」仰山慧寂問：「你推得動我的拂子嗎？」那官員無言回答。當時三聖慧然在延壽堂養病，仰山慧寂就叫侍者拿這句話去問他，三聖慧然說：「師父有事了。」仰山慧寂又叫侍者去問：「不知道有什麼事？」三聖慧然回答說：「再犯不容！」仰山慧寂對他的答語給予了充分的印可。

百丈懷海曾把蒲團、禪板傳給黃檗希運，又將拄杖、拂子傳給溈山靈祐。溈山靈祐又把拄杖、拂子傳給仰山慧寂。仰山慧寂大為印可了三聖慧然的悟道，有一天，當三聖慧然告別仰山慧寂，前往其他地方行腳時，仰山慧寂要把拄杖、拂子傳給三聖慧然。三聖慧然說：「我早就有師父了。」仰山慧寂於是詢問原由，三聖慧然說：「我的師父是臨濟和尚。」仰山慧寂大為後悔。

在這則公案中，仰山慧寂不可能不知道三聖慧然的法名，為什麼偏要這樣問？這是因為機用傑出的禪師要勘驗一位學人，必須得深入地瞭解。「你的法名叫什麼？」仰山慧寂只是像平常那樣問，毫無思慮、比較。為什麼三聖慧然不說自己的法名是慧然卻說是慧寂呢？你看那些具有法眼的人，他的回答自然與眾不同。三聖慧然那樣回答並不是他瘋瘋顛顛，他向來就是搶旗奪鼓的人，針對的是仰山慧寂的言外之意。這句與一般情理不同的答話很難摸得著頭腦，但沒有死在仰山慧寂的言句之下，並且啟動了機鋒。所以說三聖慧然參活句而不是參死句。如果按照一般的情理，則無法讓人休歇。

從前的禪師一心求道，往往費盡了精力才能大徹大悟；一旦開悟了之後，使用機鋒的時候看上去卻又和未開悟以前相似，只是隨口說出來的一言半句，往往與一般情理不同。三聖慧然知道仰山慧寂的用意，對他說：「我叫慧寂。」仰山慧寂本想控制三聖慧然，沒想到三聖慧然反過來倒想控制仰山慧寂。仰山慧寂只得就地打劫，說：「慧寂是我的法名。」這是放行的手法。三聖慧然說：「那我的法名就叫慧然。」這也是放行的手法。所以雪竇重顯後面頌說：「雙收雙放若為宗。」就這一句話，把所有的意思都頌出來了。至於仰山慧寂哈哈大笑，這其中也有權宜教法，也有根本教法；有對主體的認識，也有對客體的認識。只因為他八面玲瓏，所以才能靈活運用而得大自在。他的哈哈大笑和巖頭全豁的哈哈大笑不一樣。巖頭全豁的哈哈大笑之中有毒藥，仰山慧寂的哈哈大笑卻是一股清風，威懾千古。

頌

雙收雙放若為宗❶，（知他有幾人，將謂真箇有恁麼事❷？八面玲瓏❸。）

騎虎由來要絕功❹；（若不是頂門上具眼、肘下有護身符子，爭得到這裡？騎則不妨❺，只恐你下不得❻。不是恁麼人，爭得恁麼道？）

笑罷不知何處去❼？（盡四百州，覓恁麼人也難得。千古萬古有清風❽，言猶在耳。）

只應千古動悲風❾。（如今在什麼處？咄！既是大笑，為什麼卻動悲風？大地黑漫漫。）

【注釋】❶雙收雙放若為宗　謂仰山慧寂、三聖慧然二人收放自然，互為賓主，顯盡了機鋒的高妙，真可為禪門的楷模。❷將謂真箇有恁麼事　意謂二位大禪師果然有雙收雙放的手段。❸八面玲瓏　形容物體外觀挺秀。喻指兩人的手段無缺憾。❹騎虎由來要絕功　謂能騎虎自由上下的人，必然有絕妙的功夫。由來，自始以來；歷來。❺不妨　表示可以、無妨礙之意。❻只恐你下不得　意謂下來就可能會被老虎咬死。❼笑罷不知何處去　謂仰山慧寂的哈哈大笑，道盡了其中的奧妙，人們卻不解其深意。❽千古萬古有清風　謂仰山慧寂的笑貫穿古今。❾只應千古動悲風　謂笑聲喚起了千古悲風。

【語譯】雪竇重顯頌古：雙收雙放若為宗，（知道雙收雙放的能有幾人，真的會有這樣的事嗎？八面玲瓏。）騎虎由來要絕功；（如果不是腦門上具有一隻法眼，手臂下有護身符，怎麼可能騎虎頭，收虎尾？騎在老虎身上還行，只恐怕你下不來。如果不是雪竇重顯這樣有著絕妙功夫的人，怎麼可能會這樣說？）笑罷不知何處去？（整個神州大地要找這樣的人也很難。清風流傳千古萬古，仰山慧寂的笑聲好像還在耳旁響。）只應千古動悲風。（如今在什麼地方？咄！既然是大笑，為什麼卻動悲風？整個大地黑漫漫。）

評唱

「雙收雙放若為宗」，互為賓主❶。云：「汝名什麼？」「我名慧寂。」是雙收。仰山云：「慧寂是我。」聖云：「我名慧然。」是雙放。其實是互換。收則大家收，放則大家放。雪竇頌了，他意云：若不收若不放，不互不換，你是你、我是我，都來❷只是四箇字。因什麼，卻於裡頭出沒❸？古人道：「你若立❹，我便坐❺；你若坐，我便立。若有同立同坐，二俱瞎漢❻。」只是「雙收雙放」，可以為宗要。

「騎虎由來要絕功」，有如此之高風❼、最上之機略❽，要騎便騎、要下便下。踞頭亦得，踞尾亦得❾。三聖仰山，二俱有此之風。

「笑罷不知何處去？」且道，笑箇什麼？清風凜凜，末後為什麼卻道：「只應千古動悲風」？也是死而不弔❿、注解了也。爭奈天下人，啗啄不入，不知落處。乃至山僧，亦不知落處！諸人還知落處麼？

【注　釋】❶互為賓主　意謂第一機上不立賓主，故放行處互為賓主。❷都來　統統；完全；總共；共有。❸出沒　出謂放，沒謂收。❹立　指放行。❺坐　指收來。❻瞎漢　喻指其機無轉變處。❼高風　強勁的風。喻指禪機強勁有力。❽機略　謀略；韜略。❾踞頭亦得二句　喻指放收自在。踞，盤踞；盤屈。❿死而不弔　喻指聲音蹤影全無。弔，祭奠死者或對遭喪事及不幸者給予慰問。

【語　譯】圜悟克勤評唱：「雙收雙放若為宗」，這句頌詞的意思是說互為賓主。仰山慧寂問：「你的法名叫什麼？」三聖慧然回答說：「我的法名叫慧寂。」這是「雙收」。仰山慧寂說：「慧寂是我的法名。」三聖慧然說：「那我的法名就叫慧然。」這是「雙放」。其實就是互換的機鋒，要收大家都收，要放大家都放。雪竇重顯把意思都頌出來了，他的意思是如果不收不放，不互相置換，那麼你就是你，我就是我，總共就是「慧寂」、「慧然」四個字。為什麼卻要在這四個字裡面放收？從前的禪師說：「你如果站立，我就坐著；你如果坐著，我就站立。如果同立同坐，二人都是瞎漢。」只有「雙收雙放」可以成為禪門要旨。

「騎虎由來要絕功」，有了這樣的高風以及最上等的機用，要騎就騎，要下就下，按住虎頭也行，按住虎尾也行。三聖慧然、仰山慧寂兩人都具有這種高超的手段。

「笑罷不知何處去」，你來說說看，仰山慧寂笑個什麼呢？儘管清風凜凜，為什麼最後卻說：「只應千古動悲風」？也是死了而不去弔唁，一齊都為你作注解了。怎奈天下人都咬嚼不下，不知道他的旨意是什麼。即使是我也不知道他的旨意是什麼，你們各位還能知道嗎？

【說　明】禪家對機，如果雙方都是行家高手，即可機鋒互換。這則公案在表達自他不二的旨意時，禪機顯得活潑躍動。慧寂與慧然是不同的，這裡有「個體」的差別；但是我們必須看到在根本上，慧寂就是慧然，慧然即是慧寂，它們處於平等的統一體之中，它們在整體中是平等的，是自他不二的世界中的個體與個體之間的相互關係。

名可名，非常名。一個人的姓名，只是「我」的代號，並不等於是「我」。現實生活中改姓改名的人多得很，但他仍然是他。問題在於，如何才能透過眾多的、假像的那個我，使自己真正見到這個「真我」呢？

雪竇重顯的頌古著重頌這則公案中兩位禪師的互換機鋒：「雙收雙放若為宗」，雖然只有「慧寂」、「慧然」四個字，卻顯得卷舒自在；「騎虎由來要絕功」，稱讚兩位禪師機鋒的高妙；「笑罷不知何處去？只應千古動悲風。」意謂仰山慧寂呵呵大笑的旨意，讓人難以參透，千古以來悲風凜凜。

第七一則 南泉圓相

【題解】南泉普願、歸宗智常、麻谷寶徹一道去參拜南陽慧忠國師，南泉普願為了讓兩位師兄弟各自表示一下此行的目的，於是在地上畫了一個圓圈，說：「道得即去。」這個圓相象徵自性圓滿，是佛的境地。歸宗智常便去圓圈中盤腿坐下，其相端莊，表示超越相對，非聖非凡。麻谷寶徹則對著端莊而坐的歸宗智常拜了一拜，奇怪的是他學作女人禮拜的樣子，表示男女同一，沒有區別。南泉普願認為兩人都表現到家，悟見心性，明白了圓相的真意，再去已是多餘，於是說：「既然這樣，那我們就不必去禮拜南陽國師了。」

示眾

無啗啄處，祖師心印❶，狀似鐵牛之機❷；透荊棘地❸，衲僧似紅爐上雪❹。平地❺上七穿八穴則且致，不落寅緣❻，又作麼生？

舉

南泉、歸宗、麻谷，同去禮拜忠國師。（三人同行，必有我師❼。有什麼奇特？也要辨端的。）

至中路❽，南泉於地上劃一圓相云：「道得即去。」（無風起浪❾，也要人知。拋卻陸沉船❿，若不驗過，爭知端的？）

歸宗於圓相中坐，（一人打鑼，同道方知⑪。）

麻谷作女人拜⑫。（一人打鼓，三箇也得⑬。）

泉云：「恁麼則不去⑭。」（半路抽頭⑮，是好人⑯，好場曲調⑰。）

宗云：「是什麼心行⑱？」（賴得分破⑲，當時好與一掌！孟八郎⑳。）

【注釋】❶心印　禪宗認為，依語言文字無法表現的佛陀自內證，稱為佛心。其所證悟之真理，如世間之印形固定不變，故稱為心印。❷鐵牛之機　河南陝府城外有大鐵牛，傳說是禹王為防黃河氾濫所鑄，為黃河守護神。禪宗「鐵牛之機」一語，即謂其「體」不動，「用」無應跡而自在的大機用；又用來形容無相的佛心印。❸荊棘地　喻指纏縛真性的妄念俗情。❹紅爐上雪　禪家奇特語，謂行處無蹤跡，隱指明悟心地，識見真性。紅爐，燒得很旺的火爐。❺平地　平白無故地；無端地。❻攀緣　攀援；攀附；連絡；綿延。❼三人同行二句　謂到處有老師，應善於向人學習，取長補短。❽中路　半路。❾無風起浪　喻指平白無故地生出是非；憑空引起事端。這裡指本來清淨處忽添一物。❿抛卻陸沉船　意謂南泉普願示本分有什麼用處。⓫一人打鑼二句　謂南泉普願、歸宗智常是同道知音，故唱和合曲調。⓬作女人拜　低著頭，兩手在胸前相交，表示恭敬。⓭一人打鼓二句　意謂麻谷寶徹打鼓唱曲，南泉普願、歸宗智常和其調。得，知曉；明白。⓮恁麼則不去　意謂各人都知歸處，何必往見國師。⓯抽頭　抽身；脫身；掉頭。⓰是好人　稱讚南泉普願的轉變處。⓱曲調　指歌曲。⓲心行　變動不居之心。心以流行於事相為作用，故稱。⓳分破　分離；分開。⓴孟八郎　指責歸宗智常不知道截斷南泉普願的腳跟。

【語譯】圜悟克勤開示：禪宗祖師的心印，往往具有鐵牛一樣的機用，讓人找不到下嘴的地方可以咬嚼；禪宗僧人衝破修行途中的一切荊棘障礙，就像熊熊烈火上的一點白雪。突如其來的七通八達的機用暫且不提，不涉及攀援的手段，又該怎麼辦呢？

舉說公案：南泉普願、歸宗智常、麻谷寶徹三人一道去長安禮拜南陽慧忠國師。（三人結伴同行，其中必有我的老師。有什麼奇特？也要分辨清楚。）走到半路，南泉普願在地上畫了一個圓圈，說：「你們如果說得出這是什麼，我們就去長安。」（無風起浪，也要人知道圓圈上的消息。拋棄陸沉船，如果不一一驗過，怎麼知道他們的禪法如何？）歸宗智常在圓圈裡坐下就不動了，（一人打鑼，只有同道才知道他的意思。）麻谷寶徹裝作女人的模樣禮拜。（一人打鼓，三人都明白他的用意。）南泉普願說：「既然這樣，我們就不用去禮拜南陽慧忠國師了。」（半路掉頭，是好人，好一場曲調。）歸宗智常說：「那麼要懷著怎樣的心思才可以去呢？」（幸虧說破，當時就好給他一巴掌！孟八郎。）

評唱

南泉、歸宗、麻谷，同去禮拜忠國師。是時馬祖旺❶於江西，石頭旺於湖南，忠國師❷旺於長安。國師見六祖來，是時南方擎頭帶角❸者，無有不見他。若不去見者，為人所恥。

這老漢三人，欲去禮拜忠國師，至中路作一場敗闕。南泉云：「恁麼則不去也。」既是一一道得，為什麼卻云「不去」？且道，古人意作麼生？當時待他道「恁麼則不去也」，好劈耳與一掌！看他作什麼伎倆？萬古振綱宗❹，只是者些子機要❺。

所以慈明❻道：「要收只把索❼頭撥，點著便轉，如水上按葫蘆。」人多喚作不相肯語。殊不知，此事到極則處，須離泥水❽、抽釘拔楔。你若喚作「心行」

會，則沒交涉。古人轉變處，到這裡不得不恁麼，須是有殺有活。一人圓相坐，一人作女人拜，甚好！南泉道：「恁麼則不去也。」歸宗云：「是甚麼心行？」孟八郎又恁麼去也？他恁麼道，大意❾要驗南泉，擒捉南泉。

泉尋常道：「喚作『如如❿』，早是⓫變了也。」南泉、歸宗、麻谷，卻是一家裡人。一擒一縱、一殺一活，不妨奇特。

【注釋】❶旺　興旺；旺盛。❷國師　帝王封賜僧人的尊號。❸擎頭帶角　指略有名氣的禪宗僧人。❹萬古振綱宗　謂轉向第一機上。萬古，猶萬代；萬世。形容經歷的年代久遠。綱宗，指禪宗綱要。❺機要　機，樞機。要，精要。❻慈明　石霜楚圓的謚號。❼索　粗繩。泛指繩索。❽泥水　喻指言辭義理。❾大意　大概的意思；要義。❿如如　指永恆存在的真如。⓫早是　已是。

【語譯】圜悟克勤評唱：南泉普願、歸宗智常、麻谷寶徹一道去禮拜南陽慧忠國師。當時馬祖道一的禪法盛行於江西地區，石頭希遷的禪法盛行於湖南地區，南陽慧忠的禪法盛行於長安地區。南陽慧忠國師曾經親自參見過六祖慧能，當時南方嶄露頭角的禪宗僧人沒有不想去參訪他的，否則就要被人恥笑。

南泉普願、歸宗智常、麻谷寶徹這三位老漢也想要去禮拜南陽慧忠國師，走到半路當中，洩漏了本色禪機。南泉普願說：「既然這樣，那就不用去禮拜南陽慧忠國師了。」既然是一一說得出來，為什麼卻說「不去」？你來說說看，從前禪師的用意是什麼？當時等他說出「既然這樣，那就不用去禮拜南陽慧忠國師了」，當面就給他一個耳光。你看他耍得出什麼手段。「萬古振綱宗」，就是這一點兒機要。

所以慈明禪師說：「要想控制得住繩子，只要把繩索的頭拉著，就掌握得住了，這就像水上按葫蘆一樣。」人們往往認為「既然這樣，那就不用去禮拜南陽慧忠國師了」是南泉普願對歸宗智常、麻谷寶徹的不印可。

他們竟然不知道參禪學道到了高峰的時候，必須遠離語言思維，解除妄想疑惑，擺脫俗情迷障。你如果把這叫做是「心行」，那是風馬牛不相及的。從前的禪師要撥轉得恰到好處，到了這地步不得不這樣做，應該是既要斬除分別妄念，又要復活靈覺真性。你看歸宗智常坐在圓圈裡，麻谷寶徹裝作女人的模樣禮拜，表演得非常精彩。南泉普願說：「既然這樣，那就不用去禮拜南陽慧忠國師了。」歸宗智常說：「那麼要懷著怎樣的心思才可以去呢？」如果是迷糊莽撞的孟八郎，又怎麼會這樣說呢？其實他這樣說的用意是要勘驗南泉普願，並進而制服南泉普願。

南泉普願平常說：「把它叫做『如如』，已經變了。」南泉普願、歸宗智常、麻谷寶徹都是見地相同的禪師，他們有時用把住的手段，有時用放行的手段，有時斬除分別妄念，有時復活靈覺真性，非常奇特。

頌

由基箭射猿❶，（當頭一路，誰敢向前❷？觸處得妙❸，未發先中❹。）

遶樹何太直❺？（若不承當，爭敢恁麼？不見東西南北一家風❻，已周遮❼多時❽也。）

千箇與萬箇，（如麻似粟，野狐精一隊，爭奈南泉？）

是誰曾中的❾？（一箇半箇，更沒一箇。一箇也用不得。）

相喚相呼歸去來❿，（一隊弄泥團漢，不如歸去來好，猶較些子。）

曹溪路⓫上休⓬登陟⓭。（也太勞生，想料不是曹溪門下客。高高處觀之不足，低低處平之有餘⓮。）

復云：「曹溪路坦平，為什麼休登陟？」（不唯南泉半路抽身，雪竇亦乃半路抽身⓯，好事不如無。雪竇也患者箇病痛⓰。）

【注釋】❶由基箭射猿　舉善射高手，頌南泉普願、歸宗智常、麻谷寶徹禪法超群。由基，即養由基，春秋時楚國大夫，善射，百步外射柳葉，百發百中。猿，似猴而大，沒有頰囊和尾巴。生活在森林中。❷當頭一路二句　謂三位禪師的禪機所向無敵。❸觸處得妙　百發百中之意。觸處，到處；隨處。極言其多。❹未發先中　喻指在事情未發生之前就能識破。❺遶樹何太直　借養由基的神箭，喻指三位禪師的禪機雖然不同，但都契當本分。❻東西南北一家風　意謂三位禪師一個鼻孔出氣。❼周遮　嚕囌；嘮叨。❽多時　很長時間。❾中的　指箭射中靶心。❿歸去來　回去。⓫曹溪路　意謂傳承六祖慧能正法。⓬休　不要。⓭登陟　登上。⓮高高處觀之不足二句　謂雪竇重顯這樣頌，不知有言句不到之處。低低處，指能以言句曉諭是十成，故云有餘；至於離言句而大徹大悟的境界，雪竇重顯未能見盡，故云不足。⓯不唯南泉半路抽身二句　意謂如論曹溪真境，南泉普願、雪竇重顯都在半路作活計。⓰雪竇也患者箇病痛　謂雪竇重顯說破本色禪機。

【語譯】雪竇重顯頌古：由基箭射猿，（當頭一路，誰敢向前？處處都射得妙，還沒射箭之前就中了目標。）遶樹何太直？（如果不是承受了機緣，領悟了禪法，怎麼敢這樣做？不見東西南北的禪宗僧人都是一樣的禪風，已經說過很長時間了。）千箇與萬箇，（多得如麻如粟，一群野狐精，對南泉普願無可奈何？）是誰曾中的？（中箭的有一個半個，可能一個也沒有。一個也用不得。）相喚相呼歸去來，（一群玩弄泥團的傢伙，不如回去好，這樣才說得過去。）曹溪路上休登陟。（這也太勞累了，料想不是六祖慧能的門下弟子。高高的地方觀之不足，低窪的地方平之有餘。）又云：「曹溪路坦平，為什麼休登陟？」（不僅南泉普願半路掉頭，雪竇重顯也是半路掉頭，與其說奇言妙語，還不如不說。雪竇重顯也患上了這種病痛。）

評唱

「由基箭射猿，遶樹何太直？」由基者，乃楚❶人，姓養，名叔，字由基。時楚莊王❷去游獵，見一隊猿樹上突出❸，作劣相示王。王怒，索❹箭射之，其猿捉箭而戲。乃敕諸群臣，射之不中。遂問群臣，臣奏由基，基乃承旨❺。方彎弓❻，猿乃抱樹悲淚❼；至發箭，箭遶樹趁❽猿，猿避之不及，盡皆中箭而死，此乃神箭也。謂之「太直」，若是太直則不中；既云「遶樹」，何故卻道「太直」？雪竇借其意，不妨用得好！此事出在《春秋》❾。

有者道：「遶樹是圓相」。若真箇如此，蓋不識話之宗旨。不知「太直」處，三箇老漢殊途而同歸❿，一齊太直。若識得他去處，七縱八橫，不離方寸⓫；百川異流⓬，同歸大海⓭。所以南泉道：「恁麼則不去也。」若是衲僧正眼⓮覷著，只是弄精魂。若喚作弄精魂，卻不是弄精魂。五祖云：「他三人是慧炬三昧⓯、莊嚴王三昧⓰。」雖然如此作女人拜，他終不作女人拜會；雖畫圓相，他終不作圓相會。既不恁麼會，且道，作麼生會？

雪竇道：「千箇與萬箇，是誰曾中的？」能有幾箇百發百中？「相喚相呼歸去來」，頌南泉道「恁麼則不去」也。南泉從此不去曹溪，故云：「曹溪路上休登陟。」卻除荊棘林。雪竇卻把不定，復云：「曹溪路坦平」，為什麼「休登陟」？「曹溪路上絕塵埃」，淨裸裸、赤灑灑，坦然⑰地，為什麼卻休登陟？各自看腳下！

【注　釋】❶楚　古國名。春秋戰國時國勢強盛，疆域由湖北、湖南擴展到今河南、安徽、江蘇、浙江、江西和四川。為五霸七雄之一。❷楚莊王　春秋時楚國君。西元前六一三～前五九一年在位。❸突出　竄出；衝出。❹索　索取；討取。❺承旨　逢迎意旨；接受聖旨。❻彎弓　挽弓；拉弓。❼悲淚　猶悲泣。❽趁　追逐；追趕。❾春秋　書名。儒家經典之一。相傳孔子依據魯國史官所編《春秋》加以整理修訂而成。❿殊途而同歸　喻採用不同方法得到相同結果。⓫不離方寸　意謂都是各人自己分上事。方寸，指心；腦海。⓬百川異流　喻指三位禪師作略殊途。⓭同歸大海　喻指三位禪師的旨趣同歸心性大海。⓮正眼　謂眼睛正視目標。表示注意和重視。⓯慧炬三昧　即以平等大慧之炬，除無明之暗。慧炬，謂智慧能照破無明之暗，使眾生知曉道途之險難，而以燈炬為喻，故稱慧炬。⓰莊嚴王三昧　即性具萬德，緣了莊嚴，融妙自在。⓱坦然　平直廣闊貌，形容心裡平靜無顧慮。

【語　譯】圜悟克勤評唱：「由基箭射猿，遶樹何太直？」由基是春秋時期楚國人，姓養，名叔，字由基。有一天，當楚莊王出去打獵的時候，看見一群猿猴從樹上竄出來，朝著楚莊王作出種種頑皮的樣子。楚莊王一怒之下，拿出箭準備射這些猿猴，不料這些猿猴抓住他射過來的箭，拿在手中玩。楚莊王又下令大臣們射箭，都沒有射中。楚莊王問群臣有沒有人能射中，群臣奏舉由基。由基遵照楚莊王的旨意，剛拉開弓，猿猴抱著樹，流下了悲傷的眼淚；當箭射出去的時候，猿猴繞著樹逃避，箭也繞著樹打轉，猿猴都中箭而死，這真是神箭。雪竇重顯說「太直」，如果是太直，那就射不中了；既然說「遶樹」，為什麼又說「太直」呢？雪竇重顯借用養由基射之意，確實用得好。這件事在《春秋》一書中有記載。

有的人說：「遶樹就是圓相。」如果真的是這樣理解，那就根本不懂這句頌古的玄旨。他們不知道「太直」之處，就是這三位老漢從不同的途徑到達了同一目的地，一齊「太直」。如果知道這三位禪師的去處，即使是七縱八橫，也不離方寸之心；即使是一百條大河，也會從不同的地方流向大海。所以南泉普願說：「既然這樣，那就不用去禮拜南陽慧忠國師了。」如果用禪宗僧人的正眼來看，就知道這三位禪師是在故弄玄虛。如果說是故弄玄虛，卻又不是在故弄玄虛。五祖法演說：「他們三個人是慧炬三昧，莊嚴王三昧。」麻谷寶徹雖然裝做女人的模樣禮拜，卻始終不作裝做女人模樣禮拜來理解；南泉普願雖然畫了一個圓圈，也始終不作畫圓圈來理解。既然不這樣理解，你來說說看，那又該怎麼理解？

雪竇重顯說：「千箇與萬箇，是誰曾中的？」這是說能有幾個人會百發百中呢？「相喚相呼歸去來」，這是在頌南泉普願說的「既然這樣，那就不用去禮拜南陽慧忠國師了」。南泉普願從此不去曹溪參禪了，所以說：「曹溪路上休登陟。」等於滅掉了像荊棘林一樣的俗情妄念。雪竇重顯控制不住自己，又說：「曹溪路坦平」，為什麼「休登陟」？這是在說曹溪路上毫無塵埃，一絲不掛赤條條，點塵不著潔白白，心中坦蕩蕩，為什麼卻要「休登陟」呢？你們各位好好地看看自己的腳跟下吧！

【說　明】人生在世，一來一去，本是常情，但要合常理。合則即去，不合則不去。圓相就是合相。禪家畫圓相是從南陽慧忠開始的，所以南泉普願用圓相來勘驗歸宗智常、麻谷寶徹。三人都是悟道的禪師，禪機作略表現得很巧妙。

雪竇重顯頌古的一、二句用養由基射猿的典故比喻滅除心中的俗情妄念；三、四句用眾多參禪者無法徹悟禪法反襯三人對圓相的一畫一坐一拜所表達的禪悟的妙境；五、六句及復云「曹溪路坦平，為什麼休登陟」，表明滅除了俗情妄念，進入了「曹溪路坦平」的境地，還要用金剛般若隨說隨掃，將此了悟之心也掃除掉。

第七二則　溈山請道

【題解】在這則公案中，百丈懷海問：「併卻咽喉脣吻，作麼生道？」溈山靈祐回答說：「卻請和尚道。」反問得太巧妙了。這在禪林中稱之為「騎著賊馬追賊」。溈山靈祐如果在百丈懷海提問之前沒有悟透的話，是不會應對得如此巧妙得當的。百丈懷海於是說：「我不辭向汝道，恐已後喪我兒孫。」意謂如果用言句傳授禪法，就是一種學說，不是教外別傳的東西。教外別傳之法，在於直覺的妙悟；如果說了個明明白白，那就不是禪了，我豈不是要斷子絕孫了嗎？還是不說為好。

示眾

快人一言，快馬一鞭❶。萬年一念，一念萬年❷。要知直截，未舉已前作麼生摸索？舉看。

舉

溈山、五峰❸、雲巖❹，同侍立❺百丈。（呵呵！始終❻誵訛，君向瀟湘我向秦❼。）

百丈問溈山：「併卻❽咽喉脣吻，作麼生道？」（一將難求。）

溈山云：「卻請和尚道。」（借路經過❾。）

百丈云：「我不辭⑩向汝道，恐已後喪我兒孫。」（不免老婆心切⑪，面皮厚三寸，和泥合水⑫。）

【注　釋】❶快人一言一句　謂一吐言則俊快即知歸處，如快馬見鞭即行。喻指禪師和參禪者都是俊發之機。❷萬年一念一句　乃表示捨離長短等相對概念的絕對語句。義同「一即一切」。謂在一念心中收攝萬年歲月而無遺。❸五峰　法名常觀。唐代禪僧。生卒年不詳。百丈懷海的嗣法弟子，後住瑞州（治今江西高安）五峰山，世稱「五峰常觀」。❹雲巖　法名曇晟（西元七八二～八四一年），唐代僧人。鍾陵建昌（治今江西永修）人，俗姓王氏。初參百丈懷海，歷二十餘年，未悟玄旨。懷海示寂後，參謁澧州藥山惟儼，並嗣其法，後住潭州（治今湖南長沙）雲巖山大揚宗風，世稱「雲巖曇晟」。❺侍立　恭順地站立在旁邊伺候。❻始終　指一生；平生。❼君向瀟湘我向秦　意謂各自受用禪法。❽併卻　閉住；合攏。❾借路經過　意謂借用百丈懷海的言句來和他較量機鋒。❿不辭　不推辭，不拒絕，多用於轉折複句的前分句。⓫不免老婆心切　意謂百丈懷海用言句來對付言句，洩露了第一機。⓬和泥合水　指行慈悲，完全與塵世眾生和合，以化導眾生行善止惡，達到濟度之目的。乃第二義門之施設，慈悲方便之作法。

【語　譯】圜悟克勤開示：根機俊快的人，只要聽見一句話就徹底明白了；追風快馬，只要一看見鞭影就會奔跑。參禪者應該進入「萬年即一念、一念即萬年」的境地。當他知道當即截斷妄念時，在禪師的玄旨未舉示以前應該怎樣摸索呢？我舉一則公案給大家看看。

舉說公案：溈山靈祐、五峰常觀、雲巖曇晟三人一起侍立在百丈懷海身旁。（哈哈！犯了一輩子的錯誤，你去湖南地區，我去陝西地區。）百丈懷海問溈山靈祐：「一個人如果抿住咽喉嘴唇，他怎樣開口說話呢？」（像百丈懷海這樣的大將很難找到。）溈山靈祐說：「這倒要先請師父說說看。」（借一條路經過。）百丈懷海說：「這不是我故意推辭不說給你聽，只恐怕一說出來以後就會失去了我的徒子徒孫。」（百丈懷海不免像老婆婆一樣慈悲心切，臉皮三寸厚，在俗世間說法。）

評唱

百丈問溈山：「併卻咽喉脣吻，作麼生道？」溈山云：「卻請和尚道。」雖然如此，鍋子❶已被賊奪去了也。丈復問五峰，峰云：「和尚也須併卻。」丈云：「無人處斫額望汝❷。」又問雲巖，巖云：「和尚有也未？」丈云：「喪我兒孫。」三人各是一家，何故？常情❸句下，驗人不得。衲僧家須是句裡呈機、言中辨的❹。若是擔板漢，多是向句中死卻。便道：「併卻咽喉脣吻，作麼生道？更無下口處。」若是變通底人，有逆水之波❺，只向問頭上，有一條路，不傷鋒犯手。溈山云：「卻請和尚道。」且道，他意作麼生？這裡見得，如擊石火、似閃電光，挨❻他問處便答，有出身之路❼，不費纖毫❽力。所以道，他參活句，不參死句。百丈卻不采❾他，只云：「不辭向汝道，恐已後喪我兒孫。」

大凡宗師為人，抽釘拔楔、解粘去縛。若是如今人，便道：「此答不肯他，不領他話。」殊不知，者裡一路生機處，壁立千仞，賓❿主⓫互換，活潑潑地。雪竇愛他此語風措⓬，宛轉自在，又能把定封疆，所以頌出。

【注　釋】❶鍋子　原為日常烹煮食物必備的炊具，禪林轉喻極其重要的事物。❷無人處斫額望汝　意謂機鋒銳利，使得參禪者不敢上前，敬而遠之。斫，碰。❸常情　指識情計較。❹的　箭靶的中心；目的。❺逆水之波　指截斷師父腳跟的手段。❻

換　禪家問答應酬互相交換意見知識，以期相互勘驗悟道知見的深淺。❼出身之路　謂不死在百丈懷海的言句之下而自有活路。❽纖毫　極其細微。❾采　用同「睬」。❿賓　指溈山靈祐。⓫主　指百丈懷海。⓬風措　猶風流。形容風韻美好動人。

【語　譯】圜悟克勤評唱：百丈懷海問溈山靈祐：「一個人如果捉住咽喉嘴唇，他怎樣開口說話呢？」溈山靈祐說：「這倒要先請師父說說看。」百丈懷海這樣問，他的鍋子早已經被竊賊奪走了。百丈懷海又問五峰常觀，五峰常觀回答說：「這麼說，師父也得捉住咽喉嘴唇來說法了。」百丈懷海說：「這就好比你走在沒有人煙的地方，人們都會用手搭在額頭上，從遠處望你一眼便走開。」百丈懷海又問雲巖曇晟，雲巖曇晟回答說：「師父有沒有捉住咽喉嘴唇？」百丈懷海說：「真的是失去了我的徒子徒孫。」他們三個人各有不同的風格，為什麼這樣說呢？如果用表達一般情理的言句是無法勘驗參學者的。禪宗僧人應該在言句裡顯示機鋒，從他人的言句中分辨出話中的意思。如果是糊塗、固執的擔板漢，往往就要死在言句之下，他會說：「捉住咽喉嘴唇，還怎麼能開口說話？也沒有可以下嘴咬嚼的地方。」如果是一個靈巧而知道變通的人，就會激起與流水方向相反的波浪，可以從他的問題之中找到一條出路，又不至於傷著自己。溈山靈祐說：「這倒要先請師父說說看。」你來說說看，溈山靈祐的意思是什麼呢？從溈山靈祐的答話中可以看得出他的禪機就像擊石火、閃電光一樣衝著百丈懷海的問話，自有出身活路，卻又不費一絲一毫之力。所以說，溈山靈祐參的是活句，不參死句。百丈懷海卻不理睬他的答話，只是說：「這不是我故意推辭而不對你說，只恐怕一說出來以後就會失去了我的徒子徒孫。」

大抵說來，一位大禪師接引學人，能為人擺脫俗情迷障，解除妄想疑惑的束縛。如果是現在的人，就會說：「百丈懷海的這一回答是不印可溈山靈祐，因為溈山靈祐不理解他這句話的意思。」他們竟然不知道百丈懷海這句話的一路生機之處，師徒二人互為賓主，好不活潑自在。雪竇重顯很喜歡百丈懷海這句話的風流蘊藉，圓轉自在，又能切斷對手的退路，因而作了一首頌古。

頌

卻請和尚道，(函蓋乾坤❶，已是傷鋒犯手❷。)
虎頭生角出荒草❸；(可煞驚群，不妨奇特。)
十洲❹春盡花凋殘❺，(觸處清涼❻，讚歎❼不及。)
珊瑚樹林日杲杲❽。(千重百匝，爭奈百草頭上尋他不見？答處蓋天蓋地。)

【注釋】❶函蓋乾坤　稱讚溈山靈祐「卻請和尚道」的機用蓋天蓋地，不許百丈懷海出頭。❷已是傷鋒犯手　謂「卻請和尚道」涉及言語且露出第一機。❸虎頭生角出荒草　喻指溈山靈祐答語的機用。虎頭生角，喻指禪者的威風暢快。❹十洲　指神話傳說中大海中神仙居住的十處名山勝境，亦泛指仙境。❺凋殘　花葉衰敗脫落。❻清涼　清靜；不煩擾。❼讚歎　稱讚。❽杲杲　明亮貌。

【語譯】雪竇重顯頌古：卻請和尚道，(函蓋乾坤，已經是傷鋒犯手。)虎頭生角出荒草；(非常驚人，非常奇特。)十洲春盡花凋殘，(處處清涼，用言語來稱讚還顯得不夠。)珊瑚樹林日杲杲。(層層疊疊，無奈的是百草頭上找不著他？溈山靈祐的答語蓋天蓋地。)

評唱

「卻請和尚道」，此三人答處，各各不同。也有壁立千仞❶、也有照用同時❷、也有自救不了❸。「卻請和尚道」，雪竇便向一句，呈機了也。更就中輕輕撥一撥，今人易見云。

「虎頭生角出荒草」，溈山答處，一似猛虎頭上生角，有什麼近傍處？舉，僧問羅山：「同生不同死時如何？」山云：「如牛無角。」僧云：「同生亦同死時如何？」山云：「如虎戴角。」雪竇只一句頌了也。

雪竇有轉變餘才，更道：「十洲春盡花凋殘」，海上有三山十洲❹，以百年為一春。雪竇語有風措、宛轉盤礡❺。春盡之際，百千萬株花一時凋殘，獨有珊瑚❻樹林不解凋殘，與太陽相奪，其光交映。正當與麼時，不妨奇特。雪竇用此❼，明他「卻請和尚道」。

十洲者，皆海外諸國所附之洲。一是祖洲，出返魂香❽；二曰瀛洲，生芝草❾、玉石❿，泉如酒味；三曰玄洲，出仙藥，服之長生；四曰長洲，出白瓜⓫、玉英⓬；五曰炎洲，出火浣布⓭；六曰元洲，出靈泉如蜜；七曰生洲，有山川、無寒暑；八曰鳳麟洲，人取鳳髓麟角，煎續弦膠⓮；九曰聚窟洲，出獅子、頭銅鐵額⓯之獸；十曰檀洲，出琨吾石，作劍切玉如泥。

珊瑚乃《外國雜傳》云：「大秦⓰西南，漲海⓱中，可⓲七八百里，到珊瑚洲。洲底有盤石，珊瑚生其石上，人以鐵網⓳取之。」又《十州記》⓴云：「生南海底，樹高三尺許㉑，有枝無皮，似玉而紅潤，感㉒月而生，枝頭皆有月暈㉓也。」

【注釋】❶壁立千仞　喻指本來具備的靈性孤峻獨絕。這裡喻指溈山靈祐的答語。❷照用同時　指五峰常觀的答語。❸自救不了　指雲巖曇晟的答語。❹州　同「洲」。水中的陸地。❺盤礴　回環旋繞。❻珊瑚　由珊瑚蟲分泌的石灰質骨骼聚結而成的東西，狀如樹枝，多為紅色，也有白色或黑色的。鮮豔美觀，可做裝飾品。❼此　指珊瑚映日景象。❽返魂香　傳說中能令死人復活的一種香。❾芝草　靈芝。菌屬。古以為瑞草，服之能成仙。❿玉石　未經雕琢之玉。⓫白瓜　一種菜瓜。⓬玉英　玉之精英。古代有食玉英之說，謂能長生。⓭火浣布　即石棉布。⓮續弦膠　古代傳說西海之中有鳳麟洲，仙家以鳳喙及麟角合煎作膠，名之為續弦膠，又名集弦膠、連金泥。此膠能續弓弩已斷之弦，連刀劍斷折之金，更以膠連續之處，使力士掣之，他處乃斷，粘合之處，終無所損。⓯頭銅鐵額　形容異常勇猛強悍，刀槍不入。⓰大秦　古國名。古代中國史書對羅馬帝國的稱呼。⓱漲海　南海的古稱。⓲可　副詞。大約。⓳鐵網　鐵絲編成的網。古代漁人用以搜取珊瑚。⓴十州記　書名。又名《海內十洲記》。舊題漢東方朔撰。㉑許　表約略估計數。㉒感　感應；相互影響。㉓月暈　月亮周圍的光圈。月光經雲層中冰晶的折射而產生的光現象。常被認為是天氣變化起風的徵兆，俗稱風圈。

【語譯】圜悟克勤評唱：「卻請和尚道」，溈山靈祐、五峰常觀、雲巖曇晟三人的回答各不相同。有的是壁立千仞，有的是照用同時，有的是自己救不了自己。「卻請和尚道」，雪竇重顯便對這一句話呈現了他的機鋒，然後再從中輕輕地撥一撥，使人容易理解。

「虎頭生角出荒草」，這句頌詞的意思是說溈山靈祐的答語就像猛虎頭上長出了角一樣威風凜凜，讓人無法接近。曾經有一位僧人問羅山道閑：「同生不同死的時候是個什麼樣子？」羅山道閑回答說：「就像沒有角的牛。」僧人又問：「同生亦同死的時候是個什麼樣子？」羅山道閑回答說：「就像長了角的老虎。」雪竇重顯只用一句話就把所有的意思都指出來了。

雪竇重顯更有轉身變通的才能，進一步說：「十洲春盡花凋殘」，大海之中有三座神山，十大洲，以一百年為一春。雪竇重顯的語句風流蘊藉，圓轉自在。如同在暮春的時候，千百萬朵花一齊都凋謝了，只有珊瑚樹林不會凋謝，足以和太陽相抗衡，並和陽光交相輝映。珊瑚樹林和陽光交相輝映的情景，真是太奇妙了。雪竇重顯用這種情景點明溈山靈祐說的「倒要先請師父說說看」這句話的意思。

所謂十大洲，都是海外各國所附之洲。一是祖洲，出產返魂香；二是瀛洲，生長芝草、玉石，泉水帶有酒味；三是玄洲，出產仙藥，吃了之後會長生不老；四是長洲，出產白瓜、玉英；五是炎洲，出產火浣布；六是元洲，流出的靈泉如同蜜一樣；七是生洲，有山川，無寒暑；八是鳳麟洲，人們取鳳凰的骨髓、麒麟的角，煎續弦膠；九是聚窟洲，有獅子、銅頭鐵額之獸；十是檀洲，出琨吾石，作劍切玉如同切泥一樣。

珊瑚，在《外國雜傳》中記載說：「大秦國西南，南海之中，約七、八百里，到珊瑚洲。洲底有磐石，珊瑚生在磐石之上，人們用鐵網取之。」又有《十州記》記載說：「珊瑚生在南海之底，樹高三尺左右，有枝無皮，似玉而紅潤，生長受月亮的影響，枝頭都有月暈。」

【說　明】禪家主張擺脫傳統的正常思維方式，故使用矛盾語言，逼迫弟子陷入苦思無解的境地，以求進入新的境界。百丈懷海問溈山靈祐、五峰常觀、雲巖曇晟三人抵住咽喉唇吻如何說禪？三人的答語，各自不同，溈山靈祐的答語，可以稱得上是函蓋乾坤，壁立千仞。五峰常觀的答語，可以稱得上是截斷眾流，照用同時。雲巖曇晟的答語，可以稱得上是隨波逐浪，自救不了。

百丈懷海先問溈山靈祐：「併卻咽喉唇吻，作麼生道？」溈山靈祐回答說：「卻請和尚道。」這種用逆襲的方法的答語，顯得壁立千仞，賓主互換，活潑潑地，輕輕一撥，令人易見。又像猛虎頭上安角，使人無法上前。所以雪竇重顯頌道：「卻請和尚道，虎頭生角出荒草；十洲春盡花凋殘，珊瑚樹林日杲杲」意謂「卻請和尚道。」這一句話，既宛轉自在，又能把定封疆，塞斷對手的理路。就像戴角虎走出荒草堆，非常驚人，非常奇特。「十洲春」，是仙山之春，春雖美，不如春盡花殘，春亦不留。言論也是一樣，辯論達到極點，就是忘言絕慮，畢竟歸之於無。在這裡誕生出自知自證的大徹大悟；這個大徹大悟，會永遠地發光放彩。

第七三則　五峰併卻

【題解】對於百丈懷海的提問，五峰常觀是這樣回答的：「和尚也須併卻！」這句答語與溈山靈祐的「騎賊馬追賊」的機智回答相似，但對師父的回擊更為猛烈，且遠不及溈山靈祐的「卻請和尚道」的回答沉靜、老練、鋒芒不露。從這種地方，就可以看出參禪者的境界之分和錘煉的程度了。百丈懷海則對他說：「無人處斫額望汝。」百丈懷海的話半是肯定，半是點破，值得初參者認真參學。

舉

百丈復問五峰：「併卻咽喉唇吻，作麼生道？」（呵呵！箭過新羅國❶。）

五峰云：「和尚也須併卻！」（攙旗奪鼓❷，確。一句截流，萬機寢削。）

百丈云：「無人處斫額望汝。」（土曠人稀，相逢者少。）

評唱

溈山把定封疆❸，五峰截斷眾流。者些子，要是箇漢當面提掇❹，如馬前相撲❺相似，不容擬議❻，直下便用，緊迅孤危，不似溈山盤礴滔滔❼地。

如今禪和子，只向架下行，不向架上行。所以道：「欲得親切，莫將問來。」

五峰答處，當頭❽坐斷，不妨快俊❾。丈云：「無人處斫額望汝。」且道，肯他不肯他？是殺是活？阿轆轆地，與他一點。

【注　釋】❶箭過新羅國　喻指百丈懷海的禪機疾如飛箭，無蹤跡可尋。❷攙旗奪鼓　勇戰得勝之意。❸把定封疆　不容他人進入之意。❹提掇　提攜；提起；振作。❺相撲　中國傳統體育項目之一。古稱角觝。猶今之摔跤。❻擬議　揣度議論。多指事前的考慮。❼滔滔　大水奔流貌。比喻言行或其他事物連續不斷。❽當頭　當面；當即。❾快俊　灑脫迅捷。

【語　譯】舉說公案：百丈懷海又問五峰常觀：「一個人如果抿住咽喉嘴唇，他該怎樣說話呢？」（哈哈！一箭飛過新羅國。）五峰常觀回答說：「這麼說，師父也得抿住咽喉嘴唇來說法了！」（搶旗奪鼓，非常準確。）百丈懷海說：「在沒有人煙的地方，人們用手搭在額頭上，從遠處望你一眼就走開。」（地廣人稀，相逢者少。）

圜悟克勤評唱：在前面那則公案中，溈山靈祐的回答就像是在守住疆域，不允許其他人侵入；在這則公案中，五峰常觀的回答就像是在截斷眾流。要做到像五峰常觀這樣一機撥轉，必須得是條漢子才能當面提起，如同在馬前進行摔跤比賽一樣，沒有思考的餘地，當即就用，快捷迅速，孤危峭峻，不像溈山靈祐那樣圓轉自在，有迴旋的餘地。

現在的禪宗僧人只知道從他的言句之下去尋求，卻不知道從他的言而有信的句子上去尋求。所以說：「要想和禪法協和相應，就不要拿問題來發問。」五峰常觀的回答當即截斷思慮，真的是乾脆俐落。百丈懷海說：「在沒有人煙的地方，人們用手搭在額頭上，從遠處望你一眼就走開。」你來說說看，這是印可他呢？還是不印可他呢？是斬除分別妄念呢？還是復活靈覺真性呢？百丈懷海只是圓轉自如地為他點明了一下。

頌

和尚也併卻，（已在言前截斷眾流了。）

龍蛇陣❶上看謀略。（須是金毛獅子❷始得。七事隨身，慣戰作家。）
令人長憶李將軍❸，（妙手無多子❹，疋馬單鎗❺，千里萬里，千人萬人。）
萬里天邊飛一鶚❻。（大眾❼見麼？且道，落在什麼處？打云：飛過去也。）

評唱

「和尚也併卻」，雪竇打一句中，拶一拶云：「龍蛇陣上看謀略」，如排兩陣，突出突入、七縱八橫，有戰將底手腳。有大謀略底人，疋馬單鎗，向龍蛇陣上，出沒❽自在。你作麼生圍繞得他？若不是這般人，爭知有此謀略？

雪竇此二頌，皆就裡頭扶出此語，大似李廣神將軍箭射，「萬里天邊飛一鶚」，一箭落一鵰❾，定也，更不放過。雪竇頌百丈問處如鶚，五峰答處如箭。山僧只管讚嘆五峰，不覺渾身沒泥沒水❿去了也。

【注　釋】❶龍蛇陣　兵陣名。❷金毛獅子　意指僧人的修行圓熟。❸令人長憶李將軍　以漢代飛將軍李廣的善射，喻指五峰常觀的一語中的。❹妙手無多子　妙手，即絕妙的手段、方法。無多子，即無特別之意。意謂雖為妙手，卻無任何特別之處。❺疋馬單鎗　形容孤身奮戰。❻鶚　鳥名。性兇猛，嘴短腳長，趾具銳爪，棲水邊，捕魚為食，俗稱魚鷹。❼大眾　指寺院中學習佛法的眾僧。❽出沒　出現與隱沒。❾鵰　一種大型猛禽。嘴呈鉤狀，視力很強，腿部羽毛直達趾間。❿沒泥沒水　喻指禪師苦口婆心，啟發引導學人。

【語　譯】雪竇重顯頌古：「和尚也併卻」，（五峰常觀在開口說話之前就截斷眾流了。）龍蛇陣上看謀略。（必須得金毛獅子才行。七樣武器隨身帶，習慣法戰的行家高手。）令人長憶李將軍，（高手並沒有特別的地方，單槍匹馬，歷經千里萬里，橫掃千軍萬馬。）萬里天邊飛一鶚。（大家看見了嗎？你來說說看，這隻鶚落在什麼地方？打過之後說：飛過去了。）

圜悟克勤評唱：「和尚也須併卻」，雪竇重顯在這一句中撈一撈，又說：「龍蛇陣上看謀略」這句頌詞的意思是說，如同陣勢兩邊排開，忽出忽進，七縱八橫，有戰將的手段。一個有大謀略的人，才敢於單槍匹馬在龍蛇陣上出沒自在。你有什麼辦法把他圍困住呢？如果不是這樣的人，又怎麼能知道他有謀略呢？

雪竇重顯的這兩首頌古，都是從溈山靈祐、五峰常觀答話的言外之意中頌出來，就像神將軍李廣射箭一樣。「萬里天邊飛一鶚」，一箭射落一隻鵰，百發百中，不會放過一隻。雪竇重顯頌百丈懷海的問話就像鶚一樣，五峰常觀的答話就像箭一樣。我只管讚歎五峰常觀，卻不知不覺地全身也掉進泥水之中了。

【說　明】百丈懷海又問五峰常觀：「併卻咽喉唇吻，作麼生道？」五峰常觀回答說：「和尚也須併卻！」五峰常觀的答語，是截斷眾流的手法，意思是說即超凡聖也難窺。可以說是照用同時，向廓然無聖處奮進。如馬前相撲，不容擬議，直下使用。這句答語顯得以子之矛攻子之盾，非常俊快。所以雪竇重顯頌道：「和尚也併卻，龍蛇陣上看謀略。令人長憶李將軍，萬里天邊飛一鶚。」所謂「龍蛇陣上看謀略」者，指的是古代作戰，能夠在排成的兩陣中，突出突入，七縱八橫，這樣的人大有作戰的手段，是有大謀略的將帥人物，單槍匹馬，向龍蛇陣上，出沒自在，你有什麼辦法圍得住他。這樣的人，就像李廣將軍的神箭，天邊飛來一鶚，一箭定可射落。雪竇重顯頌百丈懷海的問話如同一鶚，五峰常觀的答語如同一箭，對五峰常觀大加讚賞。

第七四則　雲巖有也

【題　解】對於百丈懷海的提問，雲巖曇晟是這樣回答的：「和尚有也未？」雲巖曇晟尚未開悟，禪門稱之為「無眼子」，也許是因為這個原因，他的回答才顯得這樣鈍拙。圜悟克勤對這句答話的評語是「拈皮著骨，拖泥帶水」，意謂回答得有點道理，但太拘泥於文字，火候還不到，就像調味不到的廚師。白丈懷海說：「喪我兒孫！」意謂你如果老是這樣莫衷一是，不得開悟，恐怕我的法脈最終會斷絕在你手裡。溈山靈祐與五峰常觀都開悟過了，其差別只在於覺悟的程度，有精粗之分。而雲巖曇晟還未真悟，心中尚存穢物。

舉

百丈又問雲巖：「併卻咽喉唇吻，作麼生道？」（啞❶！草窟裡出來❷。）

雲巖云：「和尚有也未？」（拈皮著骨❸，拖泥帶水❹，前不搆村，亦不搆店❺。）

百丈云：「喪我兒孫！」（灼然！如此答得半前落後❻。）

評唱

雲巖在百丈處，二十年作侍者。後同道吾至藥山，山問：「子在百丈會下，為什麼事？」巖云：「透脫❼生死。」山云：「透得也未？」巖云：「渠無生死。」山云：「二十年在百丈處，習氣❽未除！」巖辭去見南泉，後復歸藥山，方契悟。

看他二十年參究，半青半黃❾，粘皮著骨，不能穎脫。是則也是，只是前不搆村，亦不搆店。不見道：「語不離位、不離窠臼，焉能出蓋纏❿？」白雲橫谷口⓫，迷卻⓬幾人源，墮在毒海？洞下謂之「觸破」。故云：「躍開仙仗⓭鳳凰樓⓮，時人⓯嫌觸當今⓰號⓱。」所以道，荊棘林須是透得過始得；若不透過，始終涉廉纖⓲、斬不斷。適來道：「前不搆村，後不搆店。」雲巖只解點檢他人底，百丈見他如此，一時打煞了也。

【注釋】❶啞　歎詞。表示驚歎。❷草窟裡出來　嘲諷雲巖曇晟，指責他的禪法無超脫之處。❸拈皮著骨　喻指執著；刻板；不爽利。❹拖泥帶水　意謂渾身不脫灑。❺前不搆村二句　意謂雲巖曇晟隨著百丈懷海的言語轉，無剿絕妄念之處。搆，通「遘」。遘，遇見；遇到。❻半前落後　半前，謂表面上是在回答溈山靈祐。落後，謂實際上是在告誡雲巖曇晟。❼透脫　超脫；通達。❽習氣　由於人們的思想及行為經常生起，其熏習於人們心中的習慣、氣分、習性、餘習、殘氣等，稱為習氣。如由納香之篋中取出香，篋內猶存香氣；用以比喻雖滅除煩惱的正體（稱為正使），尚存習慣氣分。❾半青半黃　莊稼未成熟時，青黃相間。比喻事物未達到成熟的境地。❿蓋纏　蓋與纏皆為煩惱的異名。蓋，覆障之義；因煩惱可覆障善心，故稱蓋。貪欲蓋、瞋恚蓋、惛沉睡眠蓋、掉舉惡作蓋、疑蓋等五種煩惱，稱為五蓋。纏，纏縛之義；因煩惱可纏縛修善之心，故稱纏。無慚、無愧、嫉、慳，悔、睡眠、掉舉、惛沉等八隨煩惱，稱為八纏，再加忿、覆，則為十纏。⓫白雲橫谷口　喻指言語窠臼。⓬迷卻　迷失；失掉。這裡指落窠臼。⓭仙仗　神仙的儀仗。這裡指皇帝的儀仗。⓮鳳凰樓　指帝王所居宮內。⓯時人　當時的人；同時代的人。⓰今　舊時稱在位的皇帝。⓱號　大聲呼叫。⓲廉纖　糾纏；囉嗦。

【語譯】舉說公案：百丈懷海問雲巖曇晟：「一個人如果抿住咽喉嘴唇，他該怎樣開口說話呢？」（啞！從草窟裡出來。）雲巖曇晟問：「師父有沒有抿住咽喉嘴唇？」（粘皮附骨，拖泥帶水，往前走看不見村莊，向後退找不到旅店。）百丈懷海說：「真的是要失去我的徒子徒孫了！」（顯而易見。這樣的回答顯得半前落後。）

圜悟克勤評唱：雲巖曇晟在百丈懷海身邊作了二十年侍者，後來和道吾宗智一起去參訪藥山惟儼。藥山惟儼問他：「你在百丈懷海門下參學，為的是什麼？」雲巖曇晟回答說：「為的是從生死之中超脫出來。」藥山惟儼問：「你超脫了嗎？」雲巖曇晟回答說：「在他那裡，並沒有生死之分。」藥山惟儼說：「你在百丈懷海身邊二十年，連習氣都沒有去除掉。」雲巖曇晟於是告別藥山惟儼，再去參訪南泉普願，然後再回到藥山惟儼處才開悟。

你看從前的禪師經過二十年的參究，還是半生不熟，粘皮帶骨，不能脫穎而出。有些人的見解雖然對了，只是往前走看不見村莊，向後退找不到旅店，火候欠佳。有人說：「言語不離位，不離窠臼，怎麼能超出一切煩惱的羈絆？」白雲橫在山谷口，不知有多少人迷失心源，墮入毒海？曹洞宗稱之為「觸破」。有人說：「躍開仙仗鳳凰樓，時人嫌觸當今號。」所以說必須穿過荊棘林才行，如果穿不過，始終陷在煩惱的糾纏之中，真是斷不斷，理還亂。剛才說：「往前走看不見村莊，向後退找不到旅店。」雲巖曇晟只知道檢查別人的過失，百丈懷海見他這樣，一齊打殺了他的妄念。

頌

和尚有也未？（公案現成❶，隨波逐浪❷，和泥合水❸。）

金毛獅子不踞地❹。（灼然！有什麼用處？可惜許。）

兩兩三三舊路行❺，（併卻咽喉唇吻，作麼生道得？轉身吐氣❻，腳跟下已是蹉過了也。）

大雄山上空彈指❼。（一死更不再活，可悲可嘆！蒼天中更添冤苦❽。）

評唱

「和尚有也未？金毛獅子不踞地。」雪竇據款結案，是則是，爭奈金毛獅子不踞地在！獅子捉物，藏牙伏爪，踞地返擲，物無大小，皆用全機，要全其功。雲巖云：「和尚有也未？」只向舊路行。雪竇云，百丈向「大雄山上空彈指」。

【注釋】❶公案現成　謂雪竇重顯取雲巖曇晟的話來頌。❷隨波逐浪　謂雲巖曇晟隨著百丈懷海的言語轉。❸和泥合水　指用言語等方式啟發、接引學人。從禪宗不立文字語言，要求當即省悟的角度來看，這並非高明的傳授方式，只是隨宜通融，應機接物，使中下根器者易於接受而已。這裡喻指雲巖曇晟的答語不灑脫。❹金毛獅子不踞地　喻指雲巖曇晟的機用不灑脫。❺兩兩三三舊路行　謂機不離位，墮在毒海，雲巖曇晟沒有脫穎而出的機用，不改舊解。❻轉身吐氣　讚揚百丈懷海的言句不同凡響。❼大雄山上空彈指　雲巖曇晟隨侍百丈懷海二十年，百丈懷海常常隨機暗示明示，但始終無法契悟玄旨，百丈懷海彈指提醒他，但毫無作用。大雄山，即百丈山，因山勢超群，故又稱之為「大雄山」。彈指，撚彈手指作聲。用以表示歡喜、許諾、警告、情緒激越、遺憾等含義。❽蒼天中更添冤苦　謂雲巖曇晟不悟玄旨而下山，是悲中更添怨苦。

【語譯】雪竇重顯頌古：和尚有也未？（公案現成，隨波逐浪，和泥合水。）金毛獅子不踞地。（顯而易見。這頭金毛獅子有什麼用處？太可惜了。）兩兩三三舊路行，（沒有了咽喉嘴唇，怎麼說得出話來？百丈懷海轉身吐氣，雲巖曇晟的腳跟下已經是錯過禪機了。）大雄山上空彈指。（一旦死去，就活不過來了，可悲可歎！蒼天中更添冤屈痛苦。）

圜悟克勤評唱：「和尚有也未？金毛獅子不踞地。」雪竇重顯根據口供結案，對倒是對了，無奈的是金毛獅子不踞地。當獅子要捕捉動物的時候，牠的爪牙都隱藏不露，然後蹲在地上反撲，不分獵物的大小，都使出牠全身的力氣，以便萬無一失地捕捉到動物。雲巖曇晟說：「師父有沒有抿住咽喉嘴唇？」他這樣回答，只是照著前人的路子走。所以雪竇重顯說，百丈懷海向「大雄山上空彈指」。

【說　明】百丈懷海對雲巖曇晟的回答十分不滿，因為雲巖曇晟的回答沒有脫離五峰常觀的窠臼，不同的是雲巖曇晟用的是問話，顯得拖泥帶水。一個沒有創新見解的人，又怎麼能成為承前啟後、發揚光大禪法的一代傳人呢？更何況他用疑問的方式來理解不可言說的第一義，說明他對禪還沒有超出用思慮之心來求的樊籬，離悟，還差得很遠。故百丈懷海對雲巖曇晟的評語是「喪我兒孫」。

雪竇重顯頌古的一、二句用不踞地的金毛獅子比喻雲巖曇晟的答語缺少氣力，拖泥帶水；三、四句感歎雲巖曇晟用前人常用的問話來反詰，使得百丈懷海白費了一番苦心。

第七五則　馬祖白黑

【題　解】所謂白與黑，指白帽與黑帽，本係典故。傳說有二盜，一戴白帽，一戴黑帽，黑帽強盜施詭計搶去白帽強盜奪得之物，故黑帽強盜較白帽強盜更顯無情而透徹。在這則公案中，僧人所提問的「祖師西來意」，乃超越肯定與否定，非言語所能表達者，故馬祖道一推諉不答，西堂智藏亦推說頭痛，意謂如果不是生病，可能會有確切的答案。相比之下，百丈懷海認為這個問題超出肯定與否定，不是用言語所能表達的，故以「我到這裡卻不會」斷然拒絕回答，尤其顯得乾脆。所以馬祖道一謂「藏頭白，海頭黑。」意謂百丈懷海比西堂智藏更為無情、透徹。

示眾

夫說法者，無說無示；其聽法者，無聞無得。既無說無示，爭如不說？既無聞無得，爭如不聽？而無說又無聽，猶較些子。只如即今諸人，聽山僧在這裡說，作麼生免得此過？具透關眼❶者，試舉看。

舉

僧問馬大師：「『離四句，絕百非❷』，請師直指某甲西來意❸。」（什麼處得這箇問頭來？那裡得這箇消息？）

馬大師云：「我今日勞倦，不能為汝說，問取智藏去！」（退身三步❹，藏身露影❺，不妨是者老漢推過與別人。）

僧問智藏，（也須與他一拶。蹉過也不知！）

藏云：「何不問和尚？」（焦尾大蟲，草裡出來❻，也道什麼？直得草繩自縛。）

僧云：「和尚教來問。」（受處分❼漢，前箭猶輕後箭深❽。）

智藏云：「我今日頭痛，不能為汝說。問取海兄去！」（不妨是八十四人善知識❾。一樣患者般病痛❿，轉與別人。）

僧問海，（拖贓叫屈⓫。）

海云：「我到這裡卻不會！」（不用忉忉⓬，千古萬古黑漫漫地。）

僧舉似馬大師，馬師云：「藏⓭頭白、海⓮頭黑。」（寰中天子敕，塞外將軍令。）

【注釋】❶透關眼　穿過禪機關口的眼光，指法眼。❷離四句二句　乃為泯除眾生有、無對待等迷執邪見而說明真空無相不可得之理時的常用語。禪宗常用這一用語或概念來接引學人。所謂四句，通常指「有、無、亦有亦無、非有非無」等四句，或指「肯定、否定、部分肯定、部分否定」兩者均否定等作為判斷一般論議形式的四句。百非，即對有無等一切概念一一加上「非」字，以表示否定之意。謂一切言語皆非實在。意在去除眾生的迷執，使其悟入諸法無相、不可得之理。故知四句、百非均為基於一切判斷與論議的立場而設立的假名概念，但佛教的究極宗旨在於超越此等假名概念而達到言亡慮絕的境界，故禪林盛傳「離四句，絕百非」的名言。傳至今日，禪宗有關四句、百非的公案極多，是參禪的指南。❸西來意　與「佛法的大意」一詞共為表示佛法之奧義、禪理之真髓。禪宗初祖菩提達摩自西方印度來到中國弘傳禪法，對「其真意如何」加以反省考察，以明諸佛列祖悟道的根本精神，是禪宗開悟的機語，自古以來多用在公案中。❹退身三步　意謂遇到這一句話，誰也無法向前。❺藏身露影　謂「不能為汝說」是藏身，但言外玄旨早已露出來了。❻焦尾大蟲二句　喻指西堂智藏的答語。焦，黃黑色。大蟲，指老虎。❼處分　處理；處置。❽前箭猶輕後箭深　喻指這位僧人在馬祖道一處受到挫敗是「輕」，在西堂智藏處錯過禪機是「深」。❾八十四人善知識　馬祖道一門下有八十四位弟子。❿一樣患者般病痛　意謂同樣具有點化自在的手段。⓫抱贓叫屈　謂這位僧人貪多，自受苦屈。⓬忉忉　多語；囉嗦。⓭藏　指西堂智藏。⓮海　指百丈懷海。

【語　譯】圜悟克勤開示：說法的人能空其所說，而且能做到無說無示；聽法的人能空其所聞，而且能做到無聞無得。說法既然是無說無示，還不如不說法；聽法既然無聞無得，還不如不聽法。所以不說又不聽倒還算好一些。只是你們各位現在聽我在這裡說法，要怎樣才能免去這個過錯呢？具備法眼的禪者，試舉一則公案給你們看看。

舉說公案：有一位僧人問馬祖大師：「如果『離四句，絕百非』的話，請師父為我直截了當地指明達摩祖師西來的旨意是什麼？」（從什麼地方弄來這樣的問題？從哪裡得到這樣的消息？）馬祖大師回答說：「我今天很疲勞，不能為你解說，你去問西堂智藏吧！」（退後三步，藏住了身子，不料卻露出了影子，馬祖道一這老漢確實把問題推給了別人。）這位僧人於是就去問西堂智藏，（也應該和他較量一番機鋒，否則錯過禪機也不知道。）西堂智藏回答說：「你怎麼不去問師父呢？」（一頭從草叢裡鑽出來的有著黃黑色尾巴的老虎，這位僧人還能說什麼呢？只好用草繩把自己綁起來。）這位僧人說：「是師父叫我來問你的。」（受人家擺弄的傢伙，前面的箭還算輕，後面的箭更重。）西堂智藏說：「我今天頭痛，不能為你解說。你去問懷海師兄吧！」（不愧是馬祖道一門下的八十四位大禪師，具有同樣的手段，轉給別人。）這位僧人又去問百丈懷海，

（懷裡抱著贓物，嘴裡卻叫著冤屈。）百丈懷海回答說：「在這樣的情景之下，我反而不會解說！」（不用多說，千古萬古黑漫漫地。）這位僧人最後把西堂智藏、百丈懷海的答語告訴馬祖道一，馬祖道一說：「西堂智藏的腦袋是白的，百丈懷海的腦袋是黑的。」（朝廷皇上的詔敕，塞外將軍的命令。）

評唱

這公案，山僧舊日在成都參真覺❶。覺云：「只消看馬祖第一句，自然一時理會得。」且道，這僧是會來問？不會來問？此問不妨深遠。四句❷者，有句❸、無句❹、非有非無句❺、非非有非非無句❻，離此四句，絕其百非。只管作道理，不識話頭，討頭腦❼不得。

若是山僧，待馬祖道了，便與展❽坐具❾禮三拜❿，看他作麼生道？當時馬祖，若見這僧來問『離四句，絕百非』，請師直指某甲西來意。」以拄杖劈脊便打趕出，看他省⓫不省？馬祖只管與他打葛藤，至這漢當面蹉過，更令去問智藏。殊不知，馬祖來風深辨，者僧卻走去問智藏。藏云：「何不問和尚？」僧云：「和尚教來問。」看者些子，撥著便轉，更無閑暇處⓬。「我今日頭痛，不能與汝說，問取海兄。」僧問海，海云：「我到這裡卻不會！」且道，為什麼一箇道頭痛、一箇道不會？畢竟作麼生？

卻迴，舉似馬大師，大師云：「藏頭白、海頭黑。」若以解路卜度，謂之相瞞。或云：「只是相推過。」有者道：「三箇總識他問頭，所以不答。」總是拍盲者，一時將古人醍醐上味，著毒藥在裡許，壞人不少。江西水話⑬，與這一般。若會得「藏頭白，海頭黑。」便會江西水話。者僧擔得一擔懵懂⑭，換得箇不安樂去，勞他三箇所答。雖然恁麼，三箇宗師卻被這僧勘破⑮。

如今人去語上作道理云：「白是明頭合、黑是闇頭合」，只管鑽研⑯計較，不知古人一句截斷意根，須是正脈⑰裡自看始得。「末語一句⑱，始到牢關⑲」；把斷要津，不通凡聖⑳」。若論此事，如當面按一口劍，擬議則喪身失命。譬如擲㉑劍揮空，莫論及之不及，但向八面玲瓏處會取。

不見古人道：「這漆桶！」或云：「野狐精！」或云：「瞎漢！」且道，與一棒一喝，是同是別？須知千差萬狀，元只是一般，自然八面受敵。「藏頭白、海頭黑」時如何？五祖和尚對云：「封后先生㉒。」

【注釋】❶真覺　法名惟勝。宋代禪師。俗姓羅氏，潼川（治今四川三臺）人。黃龍慧南的嗣法弟子，住瑞州（治今江西高安）黃檗山，世稱「黃檗惟勝」。❷四句　即以肯定、否定、部分肯定、部分否定等四句來分類諸物之形式。例如對有、無而言，可成立「有、無、亦有亦無、非有非無」等四句，稱為有無四句。❸有句　如執著必有我身，此即常見。❹無句　如執著必無我身，此即斷見。❺非有非無句　如執著我身非有非無，此即戲論見。❻非非有非非無句　即亦有亦無句，如執著我身亦有亦無，此即有無相違見。❼頭腦　要旨。❽展　鋪設。❾坐具　梵語（尼師檀）的意譯。僧人用來護衣、護身、護床席臥具的布巾。❿三拜　長跪後兩手相拱至地，俯首至手為拜。重複三次，謂之三拜。佛教以三拜表示身、口、意三業歸敬。⓫省　覺悟；醒悟。⓬更無閑暇處　謂其機鋒無空隙怠慢之處。⓭江西水話　龐蘊至江西參禮馬祖道一，問：「不與萬法為侶者是什麼人？」馬祖道一回答說：「待汝一口吸盡西江水，即向汝道。」龐蘊於言下領旨，頓悟玄機。西江，唐人多稱長江中下游為西江。江西亦在其中。⓮懵憧　糊塗。⓯三箇宗師卻被這僧勘破　謂三位禪師為他洩露玄機。⓰鑽研　指用心思慮，費盡心思。⓱正脈　猶正統；正宗。⓲末語一句　即末後之句。是述佛道極妙境地的語句。謂到達徹底大悟之極處所言之至極語，更無其他語句能超越者。⓳牢關　堅牢的關門。意謂不能以思量分別通過到達的向上境地。⓴把斷要津二句　形容遮斷從此岸（凡）渡到彼岸（聖）的渡口津要，亦即表示斷絕凡聖、生佛、迷悟、修證的所有對待關係。這是禪家的一種機緣施設：不立文字，扼斷語路，使無所用心，無路可循。其目的在於蕩盡胸中種種學解知見、妄情俗念。㉑擲　投；拋。㉒封后先生　意即伶俐漢。封后，為上古之人，黃帝曾在夢中見之，後乃求之為宰相；禪林中，轉指能契機入理的伶俐禪僧。

【語　譯】圜悟克勤評唱：我從前在成都時，曾經拿這則公案參訪過真覺禪師。真覺禪師說：「只要看馬祖大師的第一句話，自然一切都明白了。」你來說說看，這位僧人到底是懂了來發問呢？還是不懂來發問呢？這話問得非常深遠。所謂「四句」指的是有句、無句、非有非無句、非非有非非無句，超越這四句，斷除種種否定。一般人只管按照通常的邏輯關係去推理思考，卻不知道話頭，抓不住要點。

如果是我，當馬祖大師說完之後，我就打開坐具，向他行禮三拜，看他還會怎麼說？當時馬祖大師如果看見這位僧人來問「如果『離四句，絕百非』的話，請師父為我直截了當地指明達摩祖師西來的旨意是什麼。」這句話的時候，就應該拿起拄杖對著他的脊梁骨就打，然後把他趕出門外，看他還悟不悟？可是馬祖大師卻只顧和他說話，以至於使這傢伙當面錯過了禪機，還要叫他去問西堂智藏。這位僧人竟然不知道馬祖大師深知他問話的用意，卻走過去問西堂智藏。西堂智藏回答說：「你怎麼不去問師父呢？」這位僧人說：「是師父叫我來問你的。」你看西堂智藏的機用，一逼拶就轉，毫無空隙可鑽。西堂智藏說：「我今天頭痛，不能為你解說。你去問懷海師兄吧！」這位僧人又去問百丈懷海，百丈懷海回答說：「在這樣的情景之下，我反而不會解說！」你來說說看，為什麼一位說他頭痛，一位說他不會解說？這到底是怎麼一回事呢？

這位僧人最後把西堂智藏、百丈懷海的答話告訴馬祖大師，馬祖大師說：「西堂智藏的腦袋是白的，百丈懷海的腦袋是黑的。」你如果想要用知解來思考推理的話，那是無法思考推理出來的。有的人說：「他們這樣講，只是互相推諉罷了。」有的人說：「三個人都知道他問話的意思，只是故意不回答。」這都是在閉著眼睛說瞎話，一齊在前代祖師的醍醐美味中放進了毒藥，害了不少人。這則公案和「一口吸盡西江水」的公案是一樣的。你如果懂得了「西堂智藏的腦袋是白的，百丈懷海的腦袋是黑的。」也就懂得了「一口吸盡西江水」。這位僧人挑著一擔糊裡糊塗來，換了一擔不快樂回去，還要煩勞三位禪師回答。儘管這樣，他們三位大禪師卻被這位僧人勘破了。

現在有些人從言句上去推理思考，說：「白就是明裡相合，黑就是暗裡相合。」只顧穿鑿附會，思慮比較。他們不知道從前的禪師說一句話就能截斷意根，應該從靈機命脈中去看才行。所以說：「最後一句，才到禪悟的關口；截斷重要渡口，凡夫聖人都無法通過。」如果要論參禪學道這件事，就像當面用手按著一把劍，你一推理思考就會喪失生命；又好像把劍拋在空中揮舞，不管有沒有擊中，只要從八面玲瓏之處去體會就行了。

從前的禪師說：「這些黑漆桶！」或者說：「野狐精！」或者說：「瞎漢！」你來說說看，這些言句與一棒一喝是相同呢？還是不相同呢？應該知道這些言句儘管千差萬別，其實只是一回事。如果領悟了，即使受到八方的發難也不在話下。「西堂智藏的腦袋是白的，百丈懷海的腦袋是黑的」會是一種什麼樣的情況呢？五祖和尚回答說：「封后先生。」

頌

「藏頭白、海頭黑」，（半合半開❶，一手抬一手搦，金聲玉振❷。）明眼衲僧會不得❸。（更行腳三十年始得，始終被人穿鼻孔，山僧故是口似匾檐也。）

馬駒踏殺天下人❹，（叢林中也須是者老漢始得❺。放出者老漢！）臨濟未是白拈賊❻。（癩兒牽伴❼，直饒作家，直饒好手❽，也被人捉了也。）

「離四句，絕百非」，（道什麼？也須是自看檢❾，阿爺似阿爹❿。）天上人間唯我知⓫。（用「我」作什麼⓬？奪卻你拄杖子！忽若⓭無人、無我、無得、無失，將什麼知？）

【注　釋】❶半合半開　本為佛學教相判釋的用語，開，為表詮（表顯）之義；合，為遮詮（舍遣）之義。在禪林中，常以此語表示一半合，一半開，不偏於任何一端。❷金聲玉振　謂以鐘發聲，以磬收韻，奏樂從始至終。比喻音韻響亮、和諧。這裡稱讚馬祖道一的答語超逸。❸明眼衲僧會不得　意謂法眼明亮的禪宗僧人也不明白「藏頭白，海頭黑」的用意。❹馬駒踏殺天下人　喻指馬祖道一的機鋒俊利，天下無人可比。馬駒，少壯的馬。六祖慧能曾對南嶽懷讓說：「西天般若多羅讖，汝足下出一馬駒，踏殺天下人。」❺叢林中也須是者老漢始得　意謂整個大地像馬祖道一這樣大機大用的人甚少。❻臨濟未是白拈賊　意謂與馬祖道一的手段相比，老練的臨濟義玄也得遜他三分，還稱不上是白拈賊。白拈賊，白是空、無之義；拈，以指取物。即手不持刃物而以指尖盜拈，更不留盜之形跡，稱為白拈賊，指賊手之最巧者。一說「白」為白晝之意，即在大白天眾目睽睽之下機巧迅捷盜取物品，亦指賊手之巧。在禪林中，轉指禪師接引學人時的機巧迅捷。❼癩兒牽伴　意謂同類相聚。❽直饒作家二句　意謂像臨濟義玄這樣的行家、高手也被雪竇重顯貶抑了一番。❾也須是自看檢　意謂「離四句，絕百非」無師傳授。❿阿爺似阿爹　喻指「離四句，絕百非」與不「離四句，絕百非」本無區別。⓫天上人間唯我知　意謂拋離一切概念、名詞，直述禪的真義，天上人間，只有獨自知道。⓬用我作什麼　意謂佛法無我。⓭忽若　倘或；假使。

【語　譯】雪竇重顯頌古：「藏頭白、海頭黑」，（半合半開，一隻手抬舉，一隻手壓抑，金聲玉振。）明眼衲僧會不得。（還得行腳三十年才能理解，始終被人牽著鼻子走，我只好啞口無言了。）馬駒踏殺天下人，（禪林中也應該要有馬祖道一這樣的老傢伙才行。放出這老傢伙！）臨濟未是白拈賊。（兩個無獺小兒手牽著手，即使是機用傑出的大禪師，即使是參禪的好手，也被人家捉住了。）「離四句，絕百非」，（說什麼？也應該是自己察看檢查，阿爺像阿爹。）天上人間唯我知。（用「我」做什麼？奪去你的拄杖。如果無人、無我、無得、無失，憑什麼知道？）

評唱

「藏頭白、海頭黑」，且道，此意作麼生？者些子，天下衲僧跳不出，看他雪竇後面合殺❶。

直饒是明眼衲僧，也會不得這些子消息，謂之神仙妙訣❷，父子不傳。釋迦老子說一代時教，末後單傳心印，喚作金剛王寶劍、喚作正位❸。恁麼葛藤，早是事不獲已。古人略露些子鋒鋩，若是透得底人，便乃七穿八穴、得大自在；若透不得，轉說轉遠。

「馬駒踏殺天下人」，西天般若多羅，讖❹馬大師云：「震旦雖闊無別路❺，要假兒孫腳下行❻；金雞解銜一粒米❼，供養❽十方羅漢僧❾。」只者箇「藏頭白、海頭黑」處，便是踏殺天下人；只者「黑白」一句，千人萬人咬不破。

「臨濟未是白拈賊」，臨濟示眾云：「有一無位真人❿，常在汝面前出入，未證據⓫者看看。」時有僧出問：「如何是無位真人？」臨濟下禪牀，搊住云：「道道！」僧無語，濟托開云：「無位真人，是什麼乾屎橛？」雪峰後聞云：「臨濟大似白拈賊。」雪竇要與他臨濟相見。觀馬祖機鋒，尤過於臨濟，此正是「白拈賊」，臨濟未是「白拈賊」也。

雪竇一時穿卻，頌這僧道：「離四句，絕百非」，切莫向鬼窟裡作活計。古人云：「問在答處、答在問處。」早見奇特。你作麼生離得四句、絕得百非？雪竇道：「此事唯我能知，直饒三世諸佛，也覷不見。」既是獨自各知，你諸人更上來求箇什麼？大溈喆和尚云：「者僧恁麼問，馬大師恁麼答。『離四句，絕百非』，智藏海兄都不知。」要會麼？不見道：「馬駒踏殺天下人。」

【注釋】❶合殺　原係舞樂曲調名，唐代舞樂將終時，特以一曲調結束之，此曲調即稱合殺。殺為散之義；曲調以漸縮合其聲而終，成為放散靜止的狀態，故稱為合殺。此外，合殺因係舞樂結尾曲調，故亦引申為「畢竟」之義。❷妙訣　靈妙的訣竅。❸正位　指法性。禪門中稱普遍存在的真如為正位，是萬物的本體。❹讖　預言吉凶的文字、圖籙。❺震旦雖闊無別

路　謂禪法到馬祖道一要大行於世。震旦，古代印度稱中國為震旦。別路，岔道。❻要假兒孫腳下行　意謂馬祖道一的徒子徒孫甚多，因而能大行禪法，踏殺天下人。❼金雞解銜一粒米　喻指南嶽懷讓應時出世，用心心相印之法開導未悟者。銜，含在嘴裡；用嘴咬著。一粒米，喻指單傳心印之一法。❽供養　佛教稱以香花、明燈、飲食等資養三寶（佛、法、僧）為「供養」，並分財供養、法供養兩種。香花、飲食等為財供養；修行、利益眾生叫法供養。供養就是禮佛，或施捨僧人、齋僧的意思。❾羅漢僧　指高僧。❿無位真人　徹見本來面目者。即不墮於菩薩四十二位、五十二位等品位，並超越凡聖、迷悟、上下、貴賤等分別，而無所滯礙，已得解脫之人。在禪林，轉指人人本來具備的真如佛性。⓫證據　證明；覺悟。

【語　譯】圜悟克勤評唱：「藏頭白、海頭黑」，你來說說看，這句話的用意到底是什麼呢？關於這一點，天下的禪宗僧人沒有一個人能跳得出去。看他雪竇重顯後面到底頌個什麼？

即使法眼明亮的禪宗僧人也不懂得這些消息，把這理解為神仙秘訣，父子之間也無法相傳。釋迦牟尼老漢在世宣講所有的佛教教說，最後才單傳心印，叫做「金剛王寶劍」，也叫做「正位」。我這樣用言句來表達，已經是無可奈何，迫不得已。從前的禪師有時稍微透露一些消息給人看，如果是給明瞭禪法的人一看，即刻就能七通八達，得大自在；如果是給不明禪法的人看了，反而會愈扯愈遠。

「馬駒踏殺天下人」，印度禪宗二十七祖般若多羅尊者曾預言馬祖大師：「震旦雖闊無別路，要假兒孫腳下行；金雞解銜一粒米，供養十方羅漢僧。」光是從這句「藏頭白、海頭黑」中，就可以看出他具有踏殺天下人的氣魄；就這一句話來說，千人萬人都吃不透。

「臨濟未是白拈賊」，臨濟義玄有一天開示僧眾說：「有一個無位真人常常在你們的面前出入，還沒有證悟的人要好好地看看。」當時有一位僧人走出來問：「什麼是無位真人呢？」臨濟義玄走下禪床，一把揪住這位僧人說：「你說！你說！」這位僧人一時語塞，臨濟義玄推開他說：「無位真人是什麼乾糞便？」雪峰義存聽說了這件事，說：「臨濟義玄就像那手段高明的白拈賊。」雪竇重顯在文字上要和臨濟義玄相見，不過在他看來，馬祖道一的機鋒還要勝過臨濟義玄，他才是真正的「白拈賊」，臨濟義玄還稱不上是「白拈賊」。

雪竇重顯把這些意思都說穿了，最後頌這位僧人說：「離四句，絕百非」，你千萬不要在俗情妄念的鬼窟裡亂搞一通。從前的禪師說：「問話在答語裡，答語在問話中。」早就在一問一答中見奇特了。你要怎樣才能超越這四句，斷除種種否定呢？雪竇重顯說：「這事只有我才能知道，即使是三世諸佛也看不出來。」既然是獨自知道，你們各位還要上來求個什麼呢？大溈慕喆和尚說：「這位僧人這樣問，馬祖大師那樣回答。『離四句，絕百非』，西堂智藏、懷海師兄都不知道。」你想知道嗎？你難道沒聽說「馬駒踏殺天下人」嗎？

【說　明】對於參禪者來說，按照通常的邏輯去思考「達摩祖師西來意」，恰恰是參死句，進入了執著的迷途，分別妄念也因此而產生。每當禪師遇到這樣的問題，最常用的方法就是截斷。在這則公案中，馬祖道一採用的截斷手法是藉口疲勞，西堂智藏採用的截斷手法是頭痛。如果說，馬祖道一和西堂智藏的回答還給提問題的僧人在心理上留下了一絲等待答案的期望，那麼，相比之下，百丈懷海的手法更為簡略，更為絕斷，他乾脆說我不懂，你別來問我。總之，對於「祖師西來意」的任何回答都是多餘的，都是錯誤的。

雪竇重顯頌道：「藏頭白、海頭黑，明眼衲僧會不得」，意謂「藏頭白、海頭黑」是完全超越了會與不會的活句，即使是法眼明亮的禪宗僧人也很難參透。「馬駒踏殺天下人，臨濟未是白拈賊。」意謂馬祖道一才是不留痕跡、出神入化的「白拈賊」，其禪機凌厲高蹈、快捷銳利，連臨濟義玄的禪機也要遜色不少。「離四句，絕百非，天上人間唯我知」，意謂徹底打破了求知的意念，引向言絕慮亡的自證境地。

第七六則　金牛飯桶

【題解】這則公案表現了一個快樂無憂的和尚，不把做飯送飯視作苦事，手舞足蹈，呵呵大笑，把僧眾看作是「菩薩子」。這是一位徹底擺脫了煩惱的禪者。由此可見禪者的人生是達觀的人生，具有坦蕩的心胸。從這則公案也可看出禪宗與道家、禪者與達人的遊戲妙境，相通之處頗多。

示眾

鏌鋣❶橫按，鋒前截斷葛藤窠；明鏡當臺，句中引出毗盧印❷。田地穩密處❸，喫飯著衣；神通遊戲❹處，如何湊泊，還委悉❺麼？看取下文。

舉

金牛和尚❻，每至齋時，自將飯桶，於僧堂前作舞，呵呵大笑云：「菩薩子❼喫飯來！」（竿頭絲線從君弄❽，不把綸竿❾付與人。醍醐毒藥一時行❿，是則是；七珍八寶⓫一時羅列⓬，爭奈相逢者少⓭？）

師云：「雖然如此，金牛不是好心⓮。」（是賊識賊，是精識精⓯。來說是非者，便是是非人。）

僧問長慶：「古人道：『菩薩子喫飯來！』意旨如何？」（不妨疑著，元來不知落處。長慶道什麼？）

長慶云：「大似因齋慶讚。」（相席打令，據款結案。）

【注　釋】❶鏌鋣　即莫邪。劍、戟之屬。常指利劍。這裡比喻禪家智慧。❷毗盧印　毗盧遮那佛的法界定印。是照破法界的普遍光明定印，用以判定參禪者境界的真偽。❸田地穩密處　謂遠離一切差別、相對，入於平等一如、安穩親密的境地。即大徹大悟者的境地。❹神通遊戲　佛菩薩借神通力，以度化眾生而自娛之謂。戲，意謂自在、無礙，含遊化、遊行之意。佛菩薩於神通中歷涉為遊，出入無礙，如戲相似，故稱為戲。❺委悉　詳細知曉。❻金牛和尚　唐代禪僧，馬祖道一的嗣法弟子。❼子　名詞後綴。❽竿頭絲線從君弄　喻指掌握法要，任運自如。❾綸竿　釣竿。❿醍醐毒藥一時行　喻指權宜教法與根本教法同時實行。⓫七珍八寶　泛指各種珍饈美味。八寶，指八種珍貴食品：龍肝、鳳髓、豹胎、鯉尾、鴞炙、猩唇、熊掌、酥酪蟬。⓬羅列　排列；列舉。⓭爭奈相逢者少　謂懂得金牛和尚玄旨的人很少。⓮金牛不是好心　謂金牛和尚洩露了第一機。⓯是賊識賊二句　喻指雪竇重顯和金牛和尚是知音。

【語　譯】圜悟克勤開示：證得般若智慧，就像拿著鋒利無比的鏌鋣寶劍，足以斬斷一切像葛藤一樣的言句；又像明鏡當臺，每說一句話，都是毗盧遮那佛的法界定印。在這個大徹大悟的境界，吃飯穿衣都是禪機的流露。神通遊戲之處，怎樣才能契合毗盧遮那佛的法界定印呢？這所有的一切，你都詳盡地知道嗎？請你看看下面的公案。

舉說公案：金牛和尚每到用齋的時候，自己就拿著飯桶在僧堂前跳舞，哈哈大笑說：「菩薩們，快來吃飯啊！」（竿頭絲線從君弄，不把綸竿付與人。醍醐美味和毒藥同時吃，對倒是對；各種山珍海味同時端上來，無奈知音太少？）雪竇重顯評論說：「儘管這樣，金牛和尚不安好心。」（只有盜賊才認識盜賊，只有精怪才認識精怪。雪竇重顯前來說是說非，自己就是一個是非人。）後來有一位僧人問長慶慧稜：「從前的禪師說

『菩薩們，快來吃飯！』這句話的意思是什麼？」（確實使人懷疑，原來這位僧人不知道金牛和尚的用意。長慶慧稜如何回答呢？）長慶慧稜回答說：「就像用齋的時候唱讚歌。」（回答得恰到好處，根據口供判斷這案件。）

評唱

金牛乃馬祖下尊宿。自將飯桶，於僧堂前作舞，呵呵大笑云：「菩薩子喫飯來！」如此為人二十年。且道，意在什麼處？若只喚作喫飯會，尋常敲鼓打魚❶，亦自足矣，又何須自將飯桶來，更作舞大笑，莫是他顛麼？莫是提唱❷建立宗風❸麼？若恁麼，何不向寶花王座❹上提唱？須要如此作什麼？殊不見古人意。祖師西來時題目❺道什麼？分明說道：「教外別傳，單傳心印。」古人方便，也只要教你會去。後來人妄自卜度，便道：「那裡有許多事？熱則乘涼，寒則向火，飢則喫飯，困則打眠。」即落在常情，不知古人向二六時中，要明此事。

雪竇道：「雖然如此，金牛不是好心。」只這一句，多少人錯會❻？所以道：「醍醐上味，為世所珍；遇斯等人❼，翻❽成毒藥。」他既落草，與麼老婆心為人，因什麼雪竇卻道：「金牛不是好心」？衲僧須是有生機一路始得。

後來長慶陞座❾。僧問：「古人道：『菩薩子喫飯來』，意旨如何？」慶云：

「大似因齋慶讚」。古人太煞慈悲，漏逗不少。是則是，「因齋慶讚」，你且道慶讚箇什麼？

【注釋】❶魚 指木魚。佛教法器。相傳佛家謂魚晝夜不合目，故刻木像魚形，用以警戒僧眾應晝夜忘寐而思道。有兩種：一為圓狀魚形，誦經禮佛時扣之以調音節；一為挺直魚形，粥飯或集會眾僧時用之，俗稱梆。❷提唱 提綱唱要之意。即禪師向參禪者拈提宗門綱要。❸宗風 指一宗的各別風貌。禪宗特稱宗師家的風儀為宗風，如雲門宗風、德山宗風。又祖師禪風相承，乃該宗獨特風儀，亦稱宗風，如臨濟宗風、曹洞宗風。❹寶花王座 指說法的高座(須彌座)。❺題目 主題；命題。❻只這一句二句 意謂一般人不知道雪竇重顯的玄旨，只是按照平常所說的「不安好心」理解。❼斯等人 指產生邪解的人。斯，指示代詞。此。❽翻 副詞。反而。❾陞座 禪師上法堂登法座為大眾說法。

【語譯】圜悟克勤評唱：金牛和尚是馬祖道一門下的一位老禪師。每當吃飯的時候，自己就拿著飯桶在僧堂前跳舞，哈哈大笑說：「菩薩們，快來吃飯啊！」二十年來，始終都這樣接引學人。你來說說看，他的用意是什麼呢？如果只把他當做是在告訴僧眾前來吃飯的話，那麼平時的打鼓、敲木魚不就足夠了嗎？何必再拿著飯桶跳舞呢？莫非是他瘋顛了嗎？莫非是他要標榜什麼、建立什麼嗎？如果說要有所標榜、有所建立的話，那為什麼不去坐在寶花王座上拈提宗門綱要？又何必這樣做呢？現在的人往往不瞭解前輩祖師意在言外的道理，達摩祖師怎樣表白他從印度來中國傳法的用意呢？他分明在說：「教外別傳，單傳心印。」前輩禪師開設方便法門，其用意也是要你理解禪法。後來的人望文生義，隨意解釋說：「參禪哪裡會有這麼多麻煩事？天氣炎熱去乘涼，天氣寒冷去烤火，肚子餓了就吃飯，身子疲勞就睡覺。」這種解釋完全是俗情妄解，他們不知道從前的禪師時時刻刻都在努力參究，就是要明瞭參禪悟道這件大事。

雪竇重顯說：「儘管這樣，金牛和尚不安好心。」光這一句話，就有許多人理解錯了。所以說：「醍醐美味，稀世珍寶；到了這種人嘴裡，反而變成了毒藥。」金牛和尚像老婆婆一樣慈悲心切，用言句來接引學人，雪竇重顯為什麼說：「金牛和尚不安好心」呢？禪宗僧人必須得具有生動活潑的機用才行。

後來有一天，長慶慧稜升座說法，有一位僧人問：「前輩禪師說『菩薩們快來吃飯啊』，這句話的用意是什麼？」長慶慧稜回答說：「就像用齋的時候唱讚歌。」從前的禪師真是太慈悲了，用言句透露了不少玄機。對倒是對，只是「用齋的時候唱讚歌」這句話，你來說說看，慶賀讚歎個什麼呢？

頌

白雲影裡❶笑呵呵，（笑中有刀，熱發❷作什麼？天下衲僧不知落處。）
兩手持來付與他；（豈有恁麼事❸？莫謗金牛好。喚作飯桶得麼❹？若是本分衲子，不喫者般茶飯❺！）
若是金毛獅子子，（須是他格外人❻始得。許你❼具一隻眼，只是眼睛不正❽。）
三千里外見誵訛❾。（不直半文錢❿，一場漏逗，誵訛在什麼處？瞎漢⓫！）

評唱

「白雲影裡笑呵呵」，長慶道：「因齋慶讚。」雪竇道：「兩手持來付與他。」且道，只是與他喫飯？為復⓬別有奇特？若向箇裡知得端的，是箇金毛獅子子。若是金毛獅子子，更不必金牛將飯桶，作舞大笑。如此伎倆，直是向三千里外，便知他納敗闕了也。古人道：「鑒在機先，不消一捏⓭。」所以衲僧尋常須是向格外用，始得稱本分宗師。若據言語，不免漏逗。

【注　釋】❶白雲影裡　喻指金牛和尚處在悟道真境，不墮常見之中。❷熱發　發熱。❸豈有恁麼事　意謂本來無一法與人。❹喚作飯桶得麼　意謂金牛和尚的玄旨不是可以隨便拿來拿去的器物。❺若是本分衲子二句　意謂金牛和尚的禪機退讓一步，落在第二頭。❻格外人　指大徹大悟的人。格外，超出常格之外，非同尋常之謂。❼你　指禪機俊發如同金毛獅子一樣的僧人。❽只是眼睛不正　謂各位禪宗僧人恐怕看不出金牛和尚的用意。❾三千里外見誵訛　意謂只要站在大徹大悟的境地，就可以看出金牛和尚用言句說禪機的錯誤。❿不直半文錢　指金牛和尚被雪竇重顯的看穿之處。⓫瞎漢　諷刺跟隨雪竇重顯言句轉的人。⓬為復　猶還是，抑或。⓭鑒在機先二句　意謂只要識破他的根源，其他枝節事則很容易知道。

【語　譯】雪竇重顯頌古：白雲影裡笑呵呵，（笑裡藏刀，發熱做什麼？天下的禪宗僧人都不知道金牛和尚的用意是什麼。）兩手持來付與他；（難道會有這樣的事？不要譭謗金牛和尚。可以把金牛和尚的用意叫做是盛飯的桶嗎？如果是本色在行的禪宗僧人，不會吃這樣的茶飯。）若是金毛獅子子，（必須得與眾不同的人才知道金牛和尚的禪機落在第二頭。許可你具備一隻法眼，只是眼光看不準。）三千里外見誵訛。（看穿了就不值一文錢，一場疏漏，錯在什麼地方？瞎眼漢。）

圜悟克勤評唱：「白雲影裡笑呵呵」，長慶慧稜說：「用齋的時候唱讚歌。」雪竇重顯說：「兩手持來付與他。」你來說說看，金牛和尚只是在叫僧眾們吃飯，或者還有其他奇妙的地方嗎？你如果能從這裡頭明白了，就是一頭「金毛獅子子」。如果是一頭「金毛獅子子」，那就用不著金牛和尚拿著飯桶跳舞大笑。即使是在三千里外，一看就知道他的禪機手段完全是一場敗缺。從前的禪師說：「鑒在機先，不消一捏。」所以禪宗僧人平常必須要有與眾不同的禪機手段，這樣才稱得上是一位本色在行的大禪師。如果只是根據言句來尋討禪機玄旨，不免要露出破綻。

【說　明】正確認識了禪也就正確認識了自我，也就能心情舒暢地為大眾服務，並從中充分體驗禪悟的快樂。這就是禪的蓬勃生機的表現。

長慶慧稜認為金牛和尚的手舞足蹈好像有特殊的意義，但事實上如果想瞭解這種人的舉止行為，首先得排除自己的執著心。

雪竇重顯的頌古形象地再現了金牛和尚手舞足蹈時的自在自得情景，渲染出自性的妙用，暗示徹悟禪法的禪宗僧人，應該跳出金牛和尚的禪機作略之外來體悟他的用意。

第七七則　大光作舞

【題解】一位僧人舉「金牛飯桶」的公案向大光居誨問長慶慧稜的意旨，大光居誨於是和金牛和尚同樣手舞足蹈，這位僧人則向他禮拜。大光居誨呵責其禮拜，於是這位僧人亦模仿他手舞足蹈。這樣一來，禪旨的領悟與禪宗僧人相互之間以機鋒勘驗的切磋，很容易陷入缺乏實證實悟的泥沼，流於模仿，故大光居誨用「野狐精」來喝斥這位僧人。

舉

僧問大光❶：「長慶道：『因齋慶讚』，意旨如何？」（重光❷，漆桶！不問不知，不妨疑著。）

大光作舞。（莫賺殺人❸，依舊依前恁麼來❹。）

僧禮拜，（又恁麼去❺。是則是，只恐錯會？）

光云：「見箇什麼便禮拜？」（也好與一拶，也好辨過。）

僧作舞，（依樣畫貓兒❻，果然錯會，弄光影漢❼！）

光云：「這野狐精❽！」（此恩難報❾，三十三祖只傳者箇。）

評唱

西天四七，唐土二三，傳者此子。諸人還知落處麼？若知，免得此過；若不知，依舊只是箇野狐精。有者道：「裂轉鼻孔瞞人。」若與麼會，是何道理？大光善能答，他向句中有出身之路。大凡宗師為人，須是與麼抽釘拔楔，方稱善知識。大光作舞，者僧禮拜，且道，見箇什麼道理便禮拜？僧卻作舞。光云：「者野狐精！」不是轉這僧，畢竟這僧不知端的。若只管遞相⑩作舞，有什麼休歇時？大光道：「野狐精。」此語截斷金牛，不妨奇特。所以道：「他參活句、不參死句。」

雪竇只愛他道：「這野狐精」，所以頌出。且道，這「野狐精」與「藏頭白、海頭黑」，是同是別？「者漆桶」、「好箇師僧⑪」，是同是別，還知麼？觸處逢渠⑫。

【注釋】❶大光　法名居誨（西元八三六～九〇三年）。唐代禪僧。俗姓不詳。京兆（治今河南洛陽）人。曾在石霜慶諸處參學，得其心印，參禪二十餘年不出世。後住潭州（治今湖南長沙）大光山，學人親依，為世所重，世稱「大光居誨」。❷重光　再放光明。喻指金牛和尚的公案再次被舉問。❸莫賺殺人　意謂誤認影像的人很多。❹依舊依前恁麼來　意謂與金牛和尚是一個模子鑄出來的。❺又恁麼去　言外之意是為什麼不呈示禪機。❻依樣畫貓兒　喻指此僧只會模仿，不會創新。❼弄光影漢　指僅見表面、不能徹見真實理體的愚者。❽野狐精　原指野狐之精魅能作變幻，以欺誑他人。比喻自稱見性悟道而欺瞞他人者。❾此恩難報　意謂「這野狐精」一語能夠使這位僧人起死回生。❿遞相　輪流更換。⓫師僧　堪為人師之僧。又為眾僧的敬稱。⓬渠　指禪機。

【語譯】舉說公案：有一位僧人問大光居誨：「長慶慧稜說『用齋的時候唱讚歌』，這句話的意思是什麼呢？」

（重放光明，這位僧人真是一個漆桶！不問不知道，確實令人懷疑。）大光居誨並不答話，而是手舞足蹈。（不要折騰死人，與金牛和尚的禪機同出一轍。）這位僧人見此情景，於是向大光居誨禮拜，（就這樣讓禪機過去了。像倒是有點像，只恐怕理解錯了？）大光居誨問：「你到底看見了什麼而向我禮拜？」（也好和他較量一番機鋒，也好辨過。）這位僧人並不回答，也跟著手舞足蹈，（照著樣子畫貓兒，果然理解錯了，只知玩弄光影的傢伙！）大光居誨說：「你這個野狐精！」（一語之恩實難報答，禪宗的三十三代祖師只傳這個。）

圜悟克勤評唱：印度的禪宗傳了二十八代祖師，中國的禪宗傳了六代祖師，這些祖師所傳承的就是以心印心的禪法。你們各位還知道大光居誨的旨意是什麼嗎？如果你知道了他的旨意，就不會被他指責為「野狐精」；如果你不知道他的旨意，依舊是個「野狐精」。有的人說：「這是在故意欺騙別人。」如果真的是這樣理解，那還成什麼道理？

大光居誨善於回答別人的問題，他的言句之中有轉身自在的出路。大抵禪師接引學人，應該像抽去釘子一樣為學人解除妄想疑惑，像拔出木椿一樣幫助學人擺脫俗情迷障，這樣才稱得上是一個大禪師。大光居誨手舞足蹈，這位僧人向他禮拜，你來說說看，這位僧人到底看出了一個什麼道理才向大光居誨禮拜呢？後來這位僧人也手舞足蹈起來。大光居誨說：「你這個野狐精！」他不能使這位僧人回心轉意，因為這位僧人還不知道這句話的用意是什麼？如果一直讓他們輪流手舞足蹈下去，要到什麼時候才能停止呢？大光居誨說：「你這個野狐精！」這句話還能截斷金牛和尚的命根，非常奇特。所以說：「他參活句，不參死句。」

因為雪竇重顯很喜歡大光居誨說「你這個野狐精」，所以才頌出他的旨意。你來說說看，「這野狐精」和「藏頭白、海頭黑」相比，是相同呢？還是有所不同呢？「這野狐精」和「這漆桶」、「好個師僧」相比，是相同呢？還是有所不同呢？你還知道嗎？處處都能遇到禪機。

頌

前箭猶輕後箭深❶，（端的，百發百中❷，向什麼處回避？）

誰云黃葉是黃金❸？（且則❹止你啼哭，謾你小兒無用處。）

曹溪波浪如相似，（弄泥團漢，有什麼限❺？依樣畫貓兒，放行一路。）

無限平人被陸沉❻。（遇著活底❼，帶累天下衲僧，摸索不著❽；帶累闍梨，出頭不得。）

評唱

「前箭猶輕後箭深」，此頌大光作舞，是前箭；後云「這野狐精」，是後箭。此乃從上來牙爪。

「誰云黃葉是黃金」，仰山示眾云：「汝等諸人，各自回光返照❾，莫記吾言語。汝等無始❿劫來，背明投暗，妄想⓫根深，卒難頓拔，所以假設方便為人，奪汝諸人麤麤識，如將蜜果換苦胡蘆、如將黃葉止啼之說。」「這野狐精」，只要拔你業識⓬。世尊說一代時教，只是止啼之說。大光道「野狐精」，於中有權有實、有照有用，方是衲僧巴鼻。若會得，如虎插翅。

「曹溪波浪如相似，無限平人被陸沉」，四方八面學者，只管大家如此作舞，一向恁麼，卻被陸沉，有甚救處？

【注　釋】❶前箭猶輕後箭深　「前箭」喻指大光居誨的手舞足蹈。「後箭」喻指「這野狐精」，因為截斷了金牛和尚的命根，故云「深」。❷百發百中　形容射術高明，百不失一。這裡指「前箭」、「後箭」都射中了。❸誰云黃葉是黃金　意謂禪師接引學人，本是對症下藥，應病與人。誰如果把禪師權設的方便當作至寶，那就大錯特錯了。黃葉是黃金，即「黃葉止啼」，譬喻佛祖為度眾生所作的方便行。佛祖見眾生欲造諸惡時，即為他們說三十三天之常樂我淨，使聞者心生喜樂而勤作善業，斷止其惡。然此實乃生死，屬無常、無樂、無我、無淨，言「常樂我淨」者，是佛祖為度眾生的方便言說。此如嬰兒啼哭時，父母以楊樹的黃葉為金，給小兒以止其啼哭；然黃葉實非真金，乃父母的權便引設。禪家強調這是權宜之教，方便法門，都不是根本法，都是虛幻假像。❹且則　姑且。❺弄泥團漢二句　意謂相似的禪無灑脫之日。❻曹溪波浪如相似無限平人被陸沉　意謂如果禪門波波相似，浪浪同形，只用一種方法接引學人，眾僧豈不是永無出頭之日嗎？陸沉，比喻埋沒，不為人知。❼遇著活底　稱讚雪竇重顯的禪法活潑。❽帶累天下衲僧二句　謂雪竇重顯不說破。❾回光返照　本指夕陽反射之光，禪家用此語，意謂收回向外尋求的眼光，觀照自身自心。❿無始　一切世間如眾生、諸法等皆無有始，如今生乃從前世之因緣而有，前世亦從前世而有，如是輾轉推究，故眾生及諸法之原始皆不可得，故稱無始。萬法均從因緣生，亦由因緣滅，言無始即是顯因，若有始則無因，以有始則有初，有初則無因。以其無始，則是有因，所以明有因者，即顯佛法是因緣之義。⓫妄想　即以虛妄顛倒之心，分別諸法之相。亦即由於心的執著，而無法如實知見事物，遂產生謬誤之分別。⓬業識　謂依根本無明之惑而始動本心者，即指有情流轉的根本識。

【語　譯】雪竇重顯頌古：前箭猶輕後箭深，（真的是百發百中，看你往什麼地方躲避？）誰云黃葉是黃金？（暫時讓你停止啼哭，哄騙小兒無用處。）曹溪波浪如相似，（玩弄泥巴的傢伙，有什麼期限嗎？照著樣子畫貓兒，放行一路。）無限平人被陸沉。（遇上一個禪機活潑的人，連累天下的禪宗僧人都摸不著頭腦，連累和尚無法解脫。）

圜悟克勤評唱：「前箭猶輕後箭深」，大光居誨手舞足蹈，這個動作是「前箭」；他後來又說「你這個野狐精」，這句話是「後箭」。這是自古以來禪師們的手段。

「誰云黃葉是黃金」，仰山慧寂開示徒眾說：「你們各自迴光返照，不要記住我說的話。你們無始劫以來棄明投暗，妄想根深蒂固，難以拔除，所以諸佛祖師才假設種種方便法門來接引學人，破除你們那粗重的業識，如同拿著蜜果換掉苦葫蘆一樣，也像拿著黃葉當黃金哄騙哭啼的小孩一樣。」說「這野狐精」，只是為了拔除你的業識。釋迦牟尼所說的佛教所有教法，也只是用來止住啼哭的說教。大光居誨說「你這個野狐精」，在這句話當中有權宜教法，有根本大法，有對客體的認識，也有對主體的認識，這才是禪宗僧人的根本。你如果懂得了，那就好像猛虎增添了翅膀一樣。

「曹溪波浪如相似，無限平人被陸沉。」如果四面八方的參禪者只管這樣手舞足蹈，而且一向如此的話，那就像陸地無水而沉沒一樣，還有什麼可救之處呢？

【說 明】禪貴在灑脫，所以得道之人常常無故地開懷大笑，手舞足蹈。問話的僧人也模仿大光居誨手舞足蹈。同樣是手舞足蹈，大光居誨的手舞足蹈是從悟道之後的心性中流出來的，問話僧人的手舞足蹈是東施效顰，兩者之間有著天壤之別。

雪竇重顯頌道：「曹溪波浪如相似，無限平人被陸沉。」意謂如果各地的參禪者都是這樣陳陳相因地手舞足蹈，那麼禪的精神就要喪失殆盡。

第七八則　鹽官犀扇

【題解】在這則公案中，鹽官齊安假託犀牛扇子，以表現禪門向上之事。「破」與「不破」是俗人分別之心。鹽官齊安說：「還我犀牛兒來！」「犀牛」指的就是無分別之心的自性（佛性）。這句話就是用遮斷的手法，讓侍者去體悟自性。資福如寶在空中畫一個「圓相」，又在當中寫了一個「牛」字，其意謂此犀牛扇子是指宇宙的實體，而不是指作為實物的扇子。

示眾

超情離見、去縛解粘❶。提起向上宗乘❷，扶豎正法眼藏❸，也須是十方齊應、八面玲瓏。直到與麼田地，且道，是有同得同證、同死同生底麼？舉看。

舉

鹽官一日喚侍者：「與我將犀牛扇子❹來！」（打葛藤不少，好箇消息。）

侍者云：「扇子破也。」（好箇消息，可惜許❺！道什麼？）

官云：「扇子既破，還我犀牛兒❻來！」（漏逗不少，幽州猶自可，最苦是崖州❼。）

侍者無對。（果然，一箇無孔鐵鎚❽，可惜許。）

投子云：「不辭將出，恐頭角不全❾。」（似則似，爭奈兩頭三面❿，也是說道理。）

師拈云：「我要不全底頭角。」（堪作何用？將錯就錯。）

石霜云：「若還和尚即無也。」（道什麼？撞著鼻孔。）

師拈云：「犀牛兒猶在。」（嶮！幾乎錯認，收頭⓫去也。）

資福畫一圓相，於中書一「牛」字。（草稿⓬，不勞拈出，弄精魂漢。）

師拈云：「適來為什麼不將出？」（金鍮不辨⓭，也是草裡漢⓮。）

保福云：「和尚年尊，別請⓯人好。」（僻⓰地罵官人，辭辛道苦作什麼？）

師拈云：「可惜勞而無功。」（兼身在內，好與三十棒，灼然灼然！）

【注釋】❶去縛解粘　謂去除身上的粘縛；在禪林中，轉指解去煩惱執著，以達自在無礙之境。❷向上宗乘　極悟之至極宗旨。❸正法眼藏　指禪宗嫡佛嫡祖教外相傳的心印。又作清淨法眼。即依徹見真理的智慧眼（正法眼），透見萬德秘藏之法（藏），亦即佛祖內心的悟境；禪宗視為最深奧義的菩提，是由佛祖輾轉傳至達摩，以心傳心而由師父之心傳至弟子之心。❹犀牛扇子　指扇畫犀牛玩月，或者用犀牛角為扇柄。犀牛，動物名。形略似牛，體較粗大。皮厚而韌，色微黑，毛極稀少。❺可惜許　侍者錯過禪機，圜悟克勤為之嗟惜。❻兒　名詞詞尾。無義。❼幽州猶自可二句　喻指鹽官齊安前一句話較平常，後一句再勘之機至深。❽一箇無孔鐵鎚　謂侍者不解禪機，就像一個無用的鈍鐵器。❾恐頭角不全　落在第二頭之意。❿兩頭三面　指對宗旨不得要領，一回說此，一回說彼。這裡指投子大同既說「將出」，又說「不全」，已經涉兩頭。⓫收頭　猶收心。⓬草稿　謂圓相是老一套，故云「草稿」。⓭金鍮不辨　喻指雪竇重顯真偽不分。鍮，黃銅礦或自然銅。⓮也是草裡

漢　謂雪竇重顯也是不行正路。⑮請　詢問。⑯僻　歪；偏向一邊。

【語　譯】圜悟克勤開示：超越情識，脫離知見，解除俗情妄念的粘著與束縛。弘揚向上宗乘，護持正法眼藏，必須要有十方齊應、八面玲瓏的本事。進入這種境界之後，你來說說看，能有同得同證、同死同生的人嗎？我舉說一則公案給你們看看。

　舉說公案：鹽官齊安有一天吩咐侍者：「給我拿犀牛扇子來！」（費了不少言語，好一個消息。）侍者回答說：「犀牛扇子已經破了。」（好一個消息，太可惜了！說什麼？）鹽官齊安說：「犀牛扇子既然破了，那就把犀牛還給我吧。」（透露出不少禪機，幽州還算可以，最苦是崖州。）侍者一時語塞，沒有回答。（果然是一個無孔鐵鎚，太可惜了。）

　投子大同拈評說：「拿出來的話，恐怕犀牛的頭角也就不齊全了。」（像倒是有點兒像，無奈兩頭三面，還是在說道理。）雪竇重顯對拈語評論說：「我就是要那不齊全的犀牛頭角。」（這不齊全的犀牛頭角可以做什麼用？將錯就錯。）石霜慶諸對這則公案拈評說：「如果還給鹽官齊安，那侍者自己就沒有犀牛了。」（說什麼？撞著鼻孔了。）雪竇重顯對石霜慶諸的拈語評論說：「人人本來就具有犀牛，自己的犀牛還在那裡。」（險得很！幾乎錯認，把心收回去了。）資福如寶對這則公案不加評論，只是畫了一個圓相，中間又寫了一個「牛」字。（舊草稿不必拿出來，故弄玄虛的傢伙。）雪竇重顯評論說：「剛才為什麼不拿出來呢？」（連黃金和黃銅都分不清楚，也是一個草裡漢。）保福從展對這則公案評論說：「師父年紀大了，還是別再問人了。」（就像旁敲側擊罵達官貴人一樣，說辛道苦做什麼？）雪竇重顯對保福從展的拈語評論說：「真可惜！勞而無功，白費力氣。」（雪竇重顯本人也是勞而無功，當心挨三十棒，顯而易見。）

評唱

鹽官喚侍者云：「與我將犀牛扇子來！」此事雖不在言句上，要驗人平生❶

意氣❷作略❸，又須得如此藉言而顯理。臘月三十日❹，著得力❺、把得定、作得主❻，萬境聳然❼，睹❽之不動，可謂無功之功、無力之力。

鹽官乃齊安禪師。古時以犀牛角為扇，時鹽官豈不知扇子破？故問侍者。侍者云：「扇子破也。」看他古人，十二時中，常在其中，撞著磕著，問他索❾犀牛兒作什麼？要看他知得落處也無。

投子云：「不辭將出，恐頭角不全。」雪竇云：「我要不全底頭角。」只要句下提他，穿他鼻孔。

石霜云：「若還和尚即無也。」有逆水之波，擎頭帶角。雪竇云：「犀牛兒猶在。」向句下便投他。

資福畫一圓相，於中書一「牛」字。資福嗣仰山，愛說境致。雪竇云：「適來為什麼不將出？」又穿卻鼻孔了也。

保福云：「和尚年尊，別請人好。」此語道得穩當。前三句語卻易見，此一句有深遠處，雪竇一時打破了也。山僧舊日在慶藏主處理會❿，道：「和尚年尊老耄⓫，得頭忘尾。適來索扇子，而今索牛兒，難為執事⓬。故云『別請人好』。」雪竇道：「可惜勞而無功。」此皆是下語底格式。古人見徹此事，各各有不同之處。道得出來，百發百中。須知有出身之路，句句不失血脈⑬。如今人問著，只管作道理計較。所以十二時中，要人咬嚼⑭，教滴水滴凍，求箇證悟處，看雪竇穿作一串。

【注釋】❶平生 平素；往常。❷意氣 志向與氣概。❸作略 禪家應機接物的行為、舉措，機用實踐。❹臘月三十日 本義為農曆年最後一日，禪家用來喻指人生終了，死期到來。臘月，農曆十二月。❺著得力 鼓勁；花氣力。這裡指脫生死之力。❻作得主 謂不受生死之變。❼萬境聳然 謂萬境競起。聳，高起；矗立；生長。❽睹 看見；觀看。❾索 索取；討取。❿理會 評理；理論。⓫老耄 七、八十歲的老人。亦指衰老。⓬執事 指供役使者，僕從。⓭血脈 猶血統。指師徒之間的法系相承。⓮咬嚼 咀嚼。比喻精心琢磨，反覆玩味。

【語譯】圜悟克勤評唱：鹽官齊安有一天吩咐侍者：「給我拿犀牛扇子來。」參禪悟道這件事雖然不在言句上，但是為了勘驗參禪者平時的氣魄以及應用禪機的能力，還是要借助語言文字才能表達意思。一直到生命結束前，都要下苦功、把得定、做得主，儘管萬境紛然雜陳，一一現前，依然毫不動心，這樣才稱得上是無功之功，無力之力。

鹽官就是齊安禪師。古代用犀牛角做扇柄，鹽官齊安難道會不知道扇子破了嗎？他卻故意問侍者。侍者回答說：「扇子破了。」你們看從前的禪師一天十二時辰，行住坐臥、動靜語默無一不是禪，隨時都可能在不知不覺之中遇上禪機。鹽官齊安要犀牛幹什麼呢？他就是要勘驗侍者是不是知道人人本來具有犀牛的旨意。

投子大同說：「拿出來的話，恐怕犀牛的頭角也就不齊全了。」雪竇重顯說：「我就是要那頭角不齊全的犀牛。」雪竇重顯這句話的用意是從言句之下提住他，穿住他的鼻孔。

石霜慶諸說：「如果還給鹽官齊安，那侍者自己就沒有犀牛了。」這句話像逆水的波浪，頭角高聳。雪竇重顯說：「人人本來就具有犀牛，自己的犀牛還在那裡。」從言句之下與他機鋒相投。

資福如寶畫了一個圓相，中間寫了一個「牛」字。因為資福如寶是仰山慧寂的嗣法弟子，喜歡用事境接引學人。雪竇重顯說：「剛才為什麼不拿出來呢？」這一句話就穿住了資福如寶的鼻孔。

保福從展說：「師父年紀大了，還是別再問人了。」這句話說得很穩妥，恰到好處。前面投子大同、石霜慶諸、資福如寶所說的三句話都比較容易理解，保福從展的言句有深遠之處，雪竇重顯也同樣把它說穿了。我以前也曾與慶藏院主討論過這句話。慶藏院主說：「師父年紀太大了，想到前面忘了後面。剛才要扇子，現在又要犀牛，真是太為難侍者了。所以說『別再問人了』。」雪竇重顯說：「真可惜！勞而無功。」這都是下拈語的格式。從前的禪師看穿此事，各自下的拈語雖然有不同之處，但說出來都是百發百中，契中禪機。要知道這些拈語都有轉身的出路，句句都是一脈相承。現在的人一旦被問著，只會揣摩推理。所以你們應該在一天十二個時辰中，時刻不停地鑽研，一直參到滴水不漏，求個證悟的境地。你們再來看看雪竇重顯的頌古把他們穿作一串。

頌

犀牛扇子用多時❶，（遇夏涼，遇冬冷❷，人人具足，問著為什麼卻不知？）

問著元來❸總不知。（莫謾人好，知則也知、會則不會，怪別人不得。）

無限清風與頭角❹，（在什麼處？不向自己上會，向什麼處會？天上天下，唯我獨尊。）

盡同雲雨去難追❺。（蒼天蒼天，也是失錢遭罪。）

師復云：「若要清風再復、頭角重生，請禪客下一轉語❻。」（還道得麼？

三轉了也❼，鹽官猶在。）

問云：「扇子既破，還我犀牛兒來。」（也有一箇半箇，咄！更與掀倒禪牀❽。）

時有僧出云：「大眾❾參堂❿去。」（賊過後張弓，攙旗奪鼓，前不搆村，後不搆店⓫，被他奪去槍頭。）

師喝云：「拋鉤釣鯤鯨，釣得箇蝦蟆。」便下座。（招得恁麼地，賊過後張弓。）

【注　釋】❶犀牛扇子用多時　意謂犀牛扇子人人具有，日日皆用。❷遇夏涼二句　意謂能用之者得其所宜。❸元來　同「原來」。❹無限清風與頭角　意謂扇子有無限清風，犀牛亦頭角崢嶸。❺盡同雲雨去難追　謂四位禪師於間不容髮處通個消息，無蹤跡可尋，如同雲雨一樣一去難追回。❻一轉語　使人轉迷開悟的語句。即在禪者迷惑不解，進退維谷之際，由禪師驀地翻轉機法，下一語句，而令禪者頓然穎解。❼三轉了也　謂鹽官齊安的話是一轉，雪竇重顯的頌是二轉，現在又重新提起是三轉。❽禪牀　禪師說法時的座位。❾大眾　指寺院中學習佛法的眾僧。❿參堂　入僧堂參見首座、大眾，並坐禪。⓫前不搆村二句　喻指這位僧人兩邊都不是，即禪師權柄學人行之意。

【語　譯】雪竇重顯頌古：犀牛扇子用多時，（遇上夏天則涼爽，遇上冬天則寒冷，人人都具有犀牛，為什麼問著卻不知道？）問著元來總不知。（不要騙人，要說知道也許知道一些，要說理解還談不上，怪不得別人。）無限清風與頭角，（「清風」、「頭角」在什麼地方？不向自己的心中領會，到什麼地方去領會？天上天下，唯我獨尊。）盡同雲雨去難追。（蒼天啊蒼天！雪竇重顯這樣費勁頌，真是丟錢受罪。）

雪竇重顯又說：「如果想要清風回頭，頭角再生，請各位禪客下一句轉語。」（還說得出來嗎？已經三轉了，鹽官齊安還在。）接著又說：「扇子既然破了，那就把犀牛還給我吧。」（還有一個半個，咄！最好推倒禪牀。）當時有一位僧人從僧眾當中走出來說：「大家一起參堂去。」（盜賊過去之後才架設弓箭，搶旗奪鼓，往前走看不見村莊，朝後退找不到旅店。雪竇重顯被這位僧人奪去法柄。）雪竇重顯大喝一聲，說：「我拋下魚鉤本想釣取像鯤鯨那樣大根器的人，不料卻只釣到一隻像蝦蟆一樣小根器的人。」說完就走下法座。（這位僧人招來雪竇重顯的一番冷嘲熱諷，盜賊過去之後才架設弓箭。）

評唱

「犀牛扇子用多時，問著元來總不知。」人人有箇犀牛❶兒，十二時中，全得他力，為什麼問著都不知？侍者、保福、投子，總❷不知。且道，雪竇還知麼？不見無著訪文殊，喫茶次，文殊舉起玻璃盞子❸云：「南方還有這箇麼？」著云：「無。」殊云：「尋常用什麼喫茶？」著無語。若知得這箇公案落處，便知犀牛扇子落處。「無限清風與頭角，盡同雲雨去難追。」頭角崢嶸❹，四箇老漢恁麼道，如朝雲暮雨，去難追！

雪竇復云：「若要清風再復、頭角重生，請禪客各下一轉語。」問云：「扇子既破，還我犀牛兒來。」時有僧出云：「大眾參堂去。」者僧奪他主家權柄❺，道則煞❻道，只道得八成❼。若要十成，便好掀倒禪牀。且道，這僧會不會？若不會，爭解恁麼道？若會，雪竇為什麼卻道：「拋鉤釣鯤鯨，只釣得箇蝦蟆」？

且道，作麼生？試拈掇❽看。

【注　釋】❶犀牛　喻指本來面目。參禪悟道本來就是絕名相，故禪師常用「水牯牛」、「大蟲」、「犀牛」等假名代替。❷總　皆；都。❸玻璃盞子　與「犀牛」意同。❹嶸崢　高峻貌。❺奪他主家權柄　謂參禪者說禪師的言句。❻煞　連詞。表示讓步關係，相當於「雖然」。❼只道得八成　意謂欠第一機上的手段。❽拈掇　稱說禪機語句。

【語　譯】圜悟克勤評唱：「犀牛扇子用多時，問著元來總不知。」你們每個人都有一頭犀牛，一天十二個時辰，全靠牠的力量，為什麼問著的時候都不知道呢？侍者、保福從展、投子大同都不知道。你來說說看，雪竇重顯還知道嗎？

無著文喜曾去參訪文殊菩薩，當兩個人吃茶的時候，文殊菩薩舉起玻璃杯子說：「南方還有這種玻璃杯子嗎？」無著文喜回答說：「沒有。」文殊菩薩又問：「你們平時用什麼吃茶呢？」無著文喜無言回答。你如果知道了這則公案的旨意，也就知道了「犀牛扇子」的旨意。「無限清風與頭角，盡同雲雨去難追。」頭角高聳，四個老漢這樣說，如同早晨的雲、晚上的雨，一去不復返，難以追回。

雪竇重顯又說：「如果想要清風回頭，頭角再生，請各位禪客下一句轉語。」接著又說：「扇子既然破了，那就把犀牛還給我吧。」當時有一位僧人從僧眾當中走出來說：「大家一起參堂去。」這位僧人奪去了禪師的權利，雖然說出了禪師的言句，但只說出八成的意思。如果想要說出十成的意思，最好就是推倒禪床。你來說說看，這位僧人到底懂不懂犀牛？如果說他不懂，他怎麼知道這樣說？如果說他懂，雪竇重顯為什麼說「我抛下魚鉤本想釣取像鯤鯨那樣大根器的人，不料卻只釣到一隻像蝦蟆一樣小根器的人」？你來說說看，到底要怎樣說才對？你們各位好好地評說這則公案看看。

【說　明】「超情離見、去縛解粘。提起向上宗乘，扶豎正法眼藏。」這是圜悟克勤對這則公案的「示眾」之語，概括了鹽官齊安的用意。侍者見扇子破了，就說破了。但鹽官齊安卻不這麼看，扇子破了，犀牛還有。

一頭犀牛死了，犀牛種類猶存。只見犀牛骨扇，不見犀牛，這是拘虛的凡胎肉眼之見。智慧的正法眼藏，透過扇子與犀牛的區別，識透普存其間的無形大法。莊子有句名言：「旨窮於為薪，火傳也。」正可用來解釋鹽官齊安的慧識。火種不會由某一塊油脂的燃盡而熄滅。好與壞，完整與缺陷，相對而生，互為依存，禪宗卻要人們去頓悟超越這兩相對待的事物之上的真諦，生出擺脫矛盾與糾纏束縛的智慧之眼，也就是「第三隻眼」。

禪家常以「惺惺著」自警日常生活中的道心，使之不墮俗見，故圜悟克勤評唱道：「看他古人，十二時中，常在其中，撞著磕著。」扇子破了，這是件常人眼裡淡而無味的常事，但鹽官齊安偏要從這裡「提起向上宗乘」，引出一片「解縛去粘」的妙理。十二時常惺惺，惺惺中真俗不二，正是禪者平凡而高妙的日常生活。

雪竇重顯頌古的一、二句意謂參禪者只知向外尋求，迷失自性，不知道自身本來就具備「犀牛扇子」。三、四句意謂犀牛扇子的無限清風，隨著頭角崢嶸的犀牛一道如同雲雨般一去不復返了。

虎丘紹隆頌道：「炎暑蒸人汗似湯，鹽官用底豈尋常；輕搖休問犀牛在，拈出清風宇宙涼。」意謂侍者如果知道人人本來就具備犀牛扇子，在鹽官齊安問著時，只需做一個輕輕搖扇的動作，搖出的無限清風就可以使得宇宙之間充滿清涼。

第七九則　世尊陞座

【題解】世尊陞說法之座，未曾演說一句。禪林中常以這一公案表示第一義諦乃不立文字、言語道斷者。「世尊陞座」與「拈花微笑」二公案均不見於初期禪籍，可能是禪門宗匠為機緣而偽託。一位現代禪師認為，禪不是說唱聽聞之物，是所見之物。禪是不可以讀、不可以講的，但可以用眼力來洞察而證悟。我看到了禪，比我在讀禪或聽禪時更接近真正的禪境。

示眾

動絃別曲❶，千載難逢；見兔放鷹，一時取俊❷。總❸一切語言為一句❹，攝❺大千沙界❻為一微塵❼，同死同生，七穿八穴，還有證據❽者麼？舉看。

舉

世尊一日陞座，（賓主俱失，是一場漏逗也。）

文殊白槌❾云：「諦觀❿法王⓫法，法王法如是。」（一子親得⓬。）

世尊便下座。（愁人莫向愁人說，說向愁人愁殺人。打鼓弄琵琶，相逢兩會家⓭。）

【注釋】❶動絃別曲　撥動絲弦就能識別曲調。喻指十分敏捷地領會、契合禪機。❷見兔放鷹二句　謂禪師和參禪者都有俊利的禪機。❸總　總括；概括。❹一句　表述真理的一句。❺攝　收斂。❻大千沙界　又作大千世界。是古代印度人的宇宙觀。謂以須彌山為中心，周圍環繞四大洲及九山八海，稱為一小世界，此一小世界以一千為集，而形成一個小千世界，一千個小千世界集成中千世界，一千個中千世界集成大千世界。❼一微塵　指最微細之物。佛書中，謂物質的最小單位為一微塵。略稱一塵。❽證據　對參禪悟道的情況給予鑑定、印證。禪家認為新悟道者應由得道禪師給予證明。❾白槌　指打椎告事。白，告白。椎，是在一般律院告大眾靜肅時敲打的器具。白槌之人，稱為白槌師，多以知法尊宿擔任。初時，凡鳴槌而白事，皆稱白槌。禪林在開堂或祝國（新住持入寺，其時並祈禱國泰民安及聖壽無疆，特舉行說法的重大儀式）時的打槌亦稱為白槌。首先白槌師鳴槌一下，息靜群喧，方白於眾，稱為「白槌」。❿諦觀　認真觀察；仔細留意。⓫法王　佛祖的尊稱。王有最勝、自在之義，佛祖為法門之主，能自在教化眾生，故稱法王。⓬一子親得　意謂在聽法的僧眾中，只有文殊菩薩知道法王法。⓭打鼓弄琵琶二句　喻指佛祖釋迦牟尼和文殊菩薩兩人之間的曲調和諧。琵琶，彈撥樂器。會家，行家，精通某種技藝的人。

【語譯】圜悟克勤開示：看到別人一撥琴弦，就知道他彈的是什麼曲調，這樣的知音真是一千年也難遇到；看見野兔趕快放出獵鷹，禪師和參禪者都是善於把握禪機的賢才。既要把平時的一切言語用一句話統括起來表達，又要把三千大千世界收縮在一粒微塵之中。請問還能找到這種同死同生、七通八達、且有禪師給予印證的人嗎？我舉說一則公案給你們看看。

舉說公案：佛祖釋迦牟尼有一天登上法座，（參禪者和禪師都有過失，一場疏漏。）他只是沉默不言，文殊菩薩敲擊木槌，說：「你們要仔細看清佛法，佛法就是這個樣子。」（釋迦牟尼得到一個嗣法弟子。）釋迦牟尼於是走下法座。（心懷憂愁的人不要向心懷憂愁的人說憂愁，向心懷憂愁的人說憂愁更加愁死人。打鼓彈琵琶，行家兩相逢。）

評唱

世尊未拈花已前，早有者箇消息。始從光耀土，終至跋提河❶，於是二中間，未曾說一字，幾曾❷用著金剛王寶劍？當時衆中，若有箇有意氣息底衲僧，綽❸得出去，免得他末後拈花，一場狼藉❹。世尊良久間，文殊一搥，便下座。那時也有者消息❺。

釋迦掩室❻，淨名杜口❼，皆似他，已說了也。肅宗帝問忠國師：「百年後所須何物？」師云：「與老僧作箇無縫塔。」帝云：「請師塔樣。」國師良久云：「會麼？」帝云：「不會。」外道問佛：「不問有言，不問無言。」世尊良久，外道禮拜，讚歎而去。如此公案，總不在鬼窟裡作活計。

有者道：「意在默然❽處。」有底道：「在『良久』處，有言明無言底事，無言明有言底事。」永嘉道：「默時說❾，說時默❿，大施門開無擁塞⓫。」若與麼會去，三生六十劫，未夢見在！須知古人總不在鬼窟裡作活計。若會去，無凡無聖，是法平等⓬，無有高下。若會得去，日日與三世諸佛，把手共行。雪竇頌中自然見得。

【注釋】❶跋提河　位於中印度拘屍那揭羅國。釋迦牟尼於此河西岸涅槃，此河因此而著名。❷幾曾　何曾；哪曾。❸綽　通「踔」。超絕；特出。❹狼藉　形容困厄、窘迫。❺那時也有者消息　指本分不涉言句的那一著。❻釋迦掩室　指釋迦牟尼於摩竭陀國成道之初，在三個七日中不開口說法，掩戶閉門，悄然無聲。表示佛法深意並非言說、聲音所可傳達者。掩室，閉室而不與外界接觸。❼淨名杜口　指維摩詰居士於毗耶離城示疾，諸菩薩聚集各說不二法門，至文殊菩薩問及維摩詰時，維摩詰默然無言；表示不二法門非言句所能宣示者。淨名，維摩詰的梵文意譯。杜口，法之玄妙不可言說，故杜其口以止之。❽默然　沉默不語貌。❾默時說　意謂弘揚禪法用以表現的手段，不是用言語，而是用拈花微笑、棒喝、舉拂等。❿說時默　謂在使用其他手段之後才說一言句。⓫大施門開無擁塞　意謂六祖慧能之後，禪門大開，以至發展成為五家七派，出現了空前繁榮的「無擁塞」的局面。擁塞，擁擠充塞。⓬平等　即均平齊等，沒有高下、淺深的差別。指一切現象在共性或空性、唯識性、心真如性等上沒有差別，稱為平等。為「差別」的對稱。

【語　譯】圜悟克勤評唱：在佛祖釋迦牟尼還沒有拈花微笑以前，就已經有這個消息了。從釋迦牟尼在鹿野苑初轉法輪到跋提河涅槃為止，這四十九年之間並未說過一個字，什麼時候用過金剛王寶劍呢？當時在聽法的僧眾中，如果出現一個有氣魄的僧人，禪機超過他，就可以免去後來的拈花微笑，一場難堪。釋迦牟尼登上法座後，沉默不言，在文殊菩薩敲擊木槌之後，他走下法座。那時就有這個消息了。

釋迦牟尼閉門不出，維摩詰閉口不說，也都和這情形相似，其實都已經說過法了。如唐肅宗問南陽慧忠國師：「國師圓寂後需要什麼東西？」南陽慧忠回答說：「給我造一座無縫塔吧。」唐肅宗說：「請國師給出無縫塔的圖樣。」南陽國師沉默了一會兒之後問：「懂了嗎？」唐肅宗回答說：「不懂。」又如外道問佛祖釋迦牟尼：「不問可以用語言文字表達的真理，也不問不可以用語言文字表達的真理。」釋迦牟尼沉默不言。外道向他禮拜之後，讚歎而去。你看這些公案，那些得到大解脫的宗師們，從不在俗情妄念的鬼窩裡亂搞一通。

有的人說：「用意就在默不作聲之中。」也有的人說：「用意就在『良久』上頭。有言句是在表示無言句的事，無言句是在表示有言句的事。」永嘉玄覺說：「默時說，說時默，大施門開無擁塞。」你的理解如果像以上那些人一樣，我看你即使再過三生六十劫，連做夢也別想夢見禪法在哪裡。應該知道從前的禪師都不在俗情妄念的鬼窩裡亂搞一通。你如果能直接領悟禪法，就不會再存有凡夫聖人的念頭。佛法平等，沒有高下。你如果作這樣的理解，那麼每天都和三世諸佛手拉著手一道走。從雪竇重顯的頌古之中自然能看得出來。

頌

列聖叢中作者知❶，（莫謾❷釋迦老子好，還他臨濟德山，千箇萬箇中，難得一箇半箇。）

法王法令不如斯❸。（隨他走底，如麻似粟，灼然能有幾個得知？兩頭三面❹。）

會中若有仙陀客❺，（就中難得伶俐❻人，文殊本分作家，決定❼不是。）

何必文殊下一槌？（更下一槌又何妨？打兩槌也得，第二第三總不要，當機一槌如何？）

評唱

「列聖叢中作者知」，靈山列聖，百萬大眾，文殊、普賢、彌勒，主伴同會❽，須是巧中之巧、奇中之奇，方知他落處。雪竇意為列聖叢中，無一箇人知；若有箇作家，方知得不恁麼。何故？文殊白槌云：「諦觀法王法，法王法如是。」雪竇道：「法王法令不如斯。」何故如此？當時會中，若有箇漢，頂門具眼、肘後有符，向世尊未陞座已前覷得破，更何必文殊下一槌？

只如僧問香嚴：「如何是王索仙陀婆？」嚴云：「過者邊來。」僧過去，嚴云：「鈍置殺人。」又趙州：「王索仙陀婆時如何？」州下禪牀，叉手❾曲躬❿。

若似者箇伶俐漢，向世尊未陞座已前透去，猶較些子。世尊更陞座，便下去，已是不著便了也，那堪文殊更白槌？

【注釋】❶列聖叢中作者知　謂釋迦牟尼用意之深，在靈山八萬四千僧眾中，只有行家才能知道。列聖，意謂各位僧人都是賢聖。❷謾　譏謗；謾罵。❸法王法令不如斯　謂釋迦牟尼說的法不是這樣。如斯，如此。❹兩頭三面　嘲諷雪竇重顯既說「列聖」、又說「作者」、又說「法王」。❺仙陀客　指善解人意，能很快體會禪師的機法而契悟的弟子或客人。仙陀，為仙陀婆的略稱。古代西印度有鹽、器、馬、水等四種名產，「仙陀婆」的原意為「信度所產」的形容詞，其後乃轉指上述四種名產。據《涅槃經》卷九載，昔有國王，有一伶俐大臣。國王如果需要四種名產中的任何一樣，皆呼「仙陀婆！仙陀婆」，該大臣即知王所欲索求者為何物。禪林乃據此而形容學人聰明伶俐、善解人意，能任運自在契入禪師機法之貌為仙陀婆。仙陀客則指對主人或禪師之意能適當理解的客人或弟子，及能將對方所要表達的意義，通過其語默動靜即能正確判斷的才智敏慧者。❻伶俐　機靈；靈活。❼決定　必然；一定。❽主伴同會　謂主（佛）與伴（菩薩）同席與會；表示平等無差別的狀態。❾叉手　佛教的一種敬禮方式。兩掌對合於胸前。❿曲躬　折腰。形容恭順。

【語譯】雪竇重顯頌古：列聖叢中作者知，（不要譏謗釋迦牟尼老漢才好，要說知道法王法令的人，還得臨濟義玄、德山宣鑒才行，在千千萬萬的僧人當中，悟道的難得一個半個。）法王法令不如斯。（隨著文殊菩薩言句轉的人，多得來如麻如粟，能有幾個人像雪竇重顯這樣看得明明白白呢？不過雪竇重顯還是有點兩頭三面。）會中若有仙陀客，（在靈山法會中很少有機靈的僧人，文殊菩薩是本色在行的行家高手，其他人肯定不是。）何必文殊下一槌？（再敲一槌也沒有什麼關係？打兩槌也行，第二槌、第三槌都不要，敲敲契合禪機的一槌如何？）

圜悟克勤評唱：「列聖叢中作者知」，在靈山法會上，有百萬大眾，他們都是聖人。佛祖釋迦牟尼和文殊菩薩、普賢菩薩、彌勒菩薩都參加了這次法會。參加法會的僧眾，必須得是巧中之巧、奇中之奇的人，才能瞭解佛祖釋迦牟尼的旨意。雪竇重顯這句頌詞的意思是說，當時參與靈山法會的各位聖人，沒有一個人進入了大徹大悟的境界；如果其中有一個是真正的宗師，一定能夠知道佛祖不必登上法座，文殊菩薩不必敲擊木槌。為什麼這樣說呢？文殊菩薩敲擊木槌，說：「你們要仔細看清佛法，佛法就是這個樣子。」雪竇重顯卻說：「法王法令不如斯。」為什麼這樣說呢？當時靈山法會上如果有一個真正悟道的漢子，腦門上有一隻法眼，肘後有一個護身符，在佛祖還沒有登上法座之前就看穿他的用意，又何必讓文殊菩薩敲擊木槌呢？

曾經有一位僧人問香嚴智閑：「什麼是國王索求的仙陀婆？」香嚴智閑說：「你走到這邊來。」這位僧人走到香嚴智閑身邊，香嚴智閑說：「把人折磨得要命。」這位僧人又去問趙州從諗：「國王索求的仙陀婆是什麼意思？」趙州從諗走下禪床，彎著腰雙手在胸前合掌。

如果像「仙陀婆」那樣機靈的人，在佛祖還沒有登上法座之前就看穿他的用意，這樣還算說得過去。佛祖登上法座之後，又走下去，這已經是不契時機了，何況還要文殊菩薩敲擊木槌呢？

【說明】《祖庭事苑》云：「世尊律儀，欲辨佛事，必先秉白，為穆眾之法也。今宗門白槌，必命知法尊宿，以當其任。長老據座已，而秉白云：『法筵龍象眾，當觀第一義。』長老觀機法會，酬唱既終，復秉白曰：『諦觀法王法，法王法如是。』」這則記載，雖說是根據律儀，但實際上是根據《百丈清規》中開堂演法的儀式。這則公案應注意的是在白槌的「當觀第一義」。文殊菩薩的「法如是」的話，也自然是因這句為白槌而來的。「第一義」，是超越說與不說之境。一有言句，就已落在第二第三的應機說法了。「第一義」，自然沒有何等法可說，不論諸佛的出世不出世，原本超過說與不說。就是諸佛出世之前，天自高，地自低，森羅萬象，都無一不是絕對的超越了知識的範疇，是唯我獨尊的。也就是圜悟克勤所說的「天何言哉，四時行焉。地何言哉，萬物生焉。向四時行處可以見體，於萬物生處可以見用」。第一義已經在眼前這樣堂堂地顯現出來，所以也沒有再說法的必要。因此文殊菩薩舉說「法如是」，顯然在文殊菩薩舉白槌之前，法是早已經自己說過了，這不過是結束語，宣佈散會而已。於是佛祖釋迦牟尼除了下座之外，更無言可道。

雪竇重顯頌道：「列聖叢中作者知，法王法令不如斯。會中若有仙陀客，何必文殊下一槌？」意謂在「列聖叢中」的「作者」，如文殊、普賢、彌勒等菩薩，大概都明白禪法的旨意。如果達到了文殊菩薩的智慧，既不必在佛祖釋迦牟尼身邊聽法，佛祖釋迦牟尼也大可不必說法。就是在大眾中，如果遇到有天機高妙慧心通達的人，在佛祖釋迦牟尼開口說法之前也能理解得到，那也就用不著佛祖陞座說法，就連「文殊下一槌」說出「法如是」的話也是多餘的。第一機不可說，在諸佛出世之前就存在著，一說就落在第二機、第三機了，因此任何禪機作略都是畫蛇添足。

第八十則　烏臼屈棒

【題解】這則公案以烏臼和尚與定州來僧之間的問答，表現了禪家自在無礙的機境。烏臼和尚與定州來僧都斷絕了俗情妄念，打破了情塵意想。他倆互換機鋒，有時禪師變成了學僧，有時學僧變成了禪師，一來一往，打成一片，引起了雪竇重顯、圜悟克勤的一番讚歎。

示眾

靈鋒寶劍，常露現前。亦能殺人、亦能活人；在此在彼❶，同得同失。若要提持❷，一任提持；若要平展❸，一任平展。且道，不落賓主、不拘回互❹時如何？舉看。

舉

僧從定州和尚❺會裡，來到烏臼❻。（何必？）

烏臼問：「定州法道❼，何似❽這裡？」（言中有響，太煞❾欺謾❿人。探竿影草，要辨端倪⓫。）

僧云：「不別⓬。」（死中有活者，一箇半箇，鐵橛一般，踏著實處。）

臼云：「若不別更轉彼中⑬去。」便打。（灼然！打著，正令當行。）

僧云：「棒頭有眼，不得草草打人。」（也是者作家始得，卻是箇真獅子兒⑭。）

臼云：「今日打著一箇也。」又打三下。（打云：說什麼一箇半箇、千箇萬箇？）

僧便出去。（元是屋裡人，只得受屈，只是見機而作。）

臼云：「屈棒⑮元來有人喫在！」（啞兒喫苦瓜，點頭⑯回頭來堪作何用？放去收來。）

僧轉身云：「爭奈杓⑰柄在和尚手裡？」（依舊三百六十日⑱，卻是伶俐衲僧。）

臼云：「汝若要，山僧回與汝。」（知他阿誰⑲是君？阿誰是臣？敢向虎口裡橫身⑳，忒煞㉑不識好惡！）

僧近前奪臼手中棒，打臼三下。（也好是作家禪客，始得賓主互換，縱奪臨時㉒。）

臼云：「屈棒！屈棒！」（點。者老漢，著甚死急？）

僧云：「有人喫在。」（呵呵！是幾箇杓柄在者僧手裡㉓？）

臼云：「草草打著箇漢。」（不落兩邊，知他是阿誰？）

僧便禮拜。（臨危不變，始稱丈夫。）

臼云：「卻與麼去也？」（點。）

僧大笑而出。（作家禪客，天然㉔有在。猛虎須得清風隨㉕，方知盡始盡終，摸索不著。）

臼云：「消㉖得恁麼！消得恁麼！」（可惜放過。何不劈脊便打？將謂走到甚處？）

【注釋】❶在此在彼　意謂此劍從來不守自性，有時在此賓家而殺活人，有時在彼主家而殺活人。❷提持　為禪林中禪師引導學人的方法。即禪師接引學人時，破除學人原有的見解，而示予向上契機，以「把住」的手法，否定學人的我見。為「平展」的對稱。❸平展　為禪林中禪師引導學人的方法。為「提持」的對稱。如實呈現原貌之意，轉指禪師接引學人時所用的「放行」手法。即禪師肯定學人的境地見解，並令其自由發展悟道之機。❹回互　指事物之間相互涉入，相依相存，無所區別，相當於華嚴宗的理事無礙、事事無礙。❺定州和尚　法名石藏。唐代禪師。俗姓、里籍、生卒年均不詳。嵩山普寂的嗣法弟子。❻烏臼　唐代禪師。俗姓、里籍、生卒年均不詳。馬祖道一的嗣法弟子。❼法道　指佛法之道。❽何似　何如，比……怎麼樣。❾太煞　方言。過分。❿欺謾　猶「欺誑」。⓫端倪　頭緒；跡象。⓬不別　沒有區別。⓭彼中　猶那裡。⓮卻是箇真獅子兒　意謂雖然是參禪的學人，卻是奮迅咆哮。⓯屈棒　打錯了，毫無理由的棒打之意。⓰點頭　表示招呼。⓱杓　杓把子。喻指禪棒。杓，舀東西的器具。舀物部分大體作半球形，有柄。⓲依舊三百六十日　意謂這位僧人自始至終保持本色禪機，不涉異途。⓳阿誰　疑問代詞。猶言誰，何人。⓴敢向虎口裡橫身　意謂向危險處弄危險。橫身，置身。㉑忒煞　太；過分。㉒臨時　根據時機；契合時機。㉓是幾箇杓柄在者僧手裡　稱讚這位僧人的禪機寬綽有餘。㉔天然　生來具備的。指天性、本性。㉕猛虎須得清風隨　「猛虎」喻這位僧人，「清風」喻這位僧人的笑聲。形容他精神振奮，氣志昂揚。㉖消　用。

【語譯】圜悟克勤開示：一個禪者證得般若智慧，就像靈鋒寶劍常常顯現在眼前。這靈鋒寶劍既能斬除人們的分別妄念，又能復活人們的靈覺真性；它有時在禪師手中，有時在參禪的學人手中，都是同得同失。如果要提持，則任憑提持；如果要平展，則任憑平展。你來說說看，不落賓主兩邊，不拘交雜融匯時會是一種什麼樣的情景？我舉說一則公案來給你們看看。

舉說公案：有一位僧人曾經在定州和尚門下參禪，後又來到烏臼和尚這裡參禪。（何必這樣？）烏臼和尚問：「定州和尚的禪法和我這裡相比，有什麼不一樣嗎？」（話中有話，太欺騙迷惑人了。這是在用探竿影草的方法來辨別這位僧人的虛實。）這位僧人回答說：「沒有什麼兩樣。」（死中有活處，像這樣的僧人一千個裡面或許只能找到一個半個，這話像鐵棍一樣，踩住了烏臼和尚的實處。）烏臼和尚說：「既然沒有什麼兩樣，你就再回到定州和尚那裡去吧。」說罷就打了那僧一棒。（顯然是殺人刀。打中了，應該實行正宗本色的禪機。）這位僧人說：「師父如果有眼力的話，先要看清什麼人再用棒，不可隨便打人。」（只有這樣的行家高手才能這樣說，真不愧是釋迦牟尼的徒子徒孫。）烏臼和尚說：「今天算是打中一個該挨棒的傢伙了。」說罷又打了這位僧人三下。（如果是我，打過之後會說：不要說打著一個半個，就是一千個、一萬個，也要打個遍。）這位僧人便走了出去，（原來是自己人，只好受委屈。這位僧人正是見機行事。）烏臼和尚說：「原來有人願意挨這屈棒。」（啞巴吃苦瓜，有苦說不出。招呼他回來又有什麼用？烏臼和尚這句話既有放開的禪機，又有收回來的禪機。）這位僧人回轉身子說：「怎奈棒柄掌握在師父手裡？」（三百六十天如一日，倒是一個機靈的僧人。）烏臼和尚說：「你如果要的話，我就把棒柄交給你吧。」（你知道他倆誰是君主？誰是臣民嗎？烏臼和尚敢躺倒在虎口裡，全然不顧安危。）這位僧人上前奪過烏臼和尚手中的木棒，打了烏臼和尚三下。（也得是本色在行的禪客，才能做到賓主角色的互換，面對禪機一放一收。）烏臼和尚說：「屈棒！屈棒！」（點破。這老漢著什麼急呢？）這位僧人說：「可有人願意挨這屈棒。」（哈哈！有幾個杓柄掌握在這位僧人手裡？）烏臼和尚說：「我隨隨便便就打著了一個人。」（不落賓主兩邊，知道他是誰嗎？）這位僧人於是向烏臼和尚禮拜。（臨危不變，才稱得上是大丈夫。）烏臼和尚問：「你就這樣走了嗎？」（點破。）這位僧人大笑而去。（真是本色在行的禪客，天性猶在。猛虎還得有清風隨伴，才知道善始善終，天下的人都摸索不著這位僧人的蹤影。）烏臼和尚說：「走得好！笑得更妙！」（可惜烏臼和尚放過他了，為什麼不對準他的脊梁骨就打呢？我本以為烏臼和尚不知如何收拾局面呢？）

評唱

僧從定州❶到烏臼。若有人向者裡識得二人出入❷，千箇萬箇，只是一箇❸。作主也恁麼、作賓也恁麼，二人畢竟合成一家，一期❹勘辨，主賓問答，始終作家。烏臼問：「定州法道，何似者裡？」僧云：「不別。」若不是烏臼，也難奈者僧何。臼云：「若不別，更轉彼中去。」便打。爭奈者僧是作家，便云：「棒頭有眼，不得草草打人。」臼一向行令云：「今日打著一箇也。」又打三下，其僧便出去。

看他兩箇轉轆轆地，俱是作家。了得❺者箇事，須要分緇素❻、別休咎。他雖出去，者公案卻未了在。烏臼始終要驗他實處，看他如何；者僧卻似撐門拄戶❼，未見得他。烏臼卻云：「屈棒元來有人喫在！」者僧會轉身通氣，卻不與他爭，只道：「爭奈杓柄在和尚手裡？」烏臼是頂門具眼底宗師，敢向虎口裡橫身。臼云：「汝若要，山僧回與汝。」這漢是箇肘下有符底漢，所謂「見義不為，無勇也❽。」更不擬議，近前奪棒，便打三下。臼云：「屈棒！屈棒！」你且道，意作麼生？頭上❾道：「屈棒元來有人喫在！」及乎❿者僧打他，卻道：「屈棒！屈棒！」僧云：「有人喫在。」臼云：「草草打著箇漢。」頭上，僧云：「棒頭有眼，不得草草打人。」到末後自喫棒，為什麼亦道：「草草打著箇漢」？當時若不是這僧，眼眨眨⓫地，也不奈他何。這僧便禮拜，者箇禮拜最毒，也不是好心。若不是烏臼，也識他不得。臼云：「卻恁麼去也。」其僧大笑而出。臼云：「消得恁麼！消得恁麼！」看他作家相見，始終賓主分明，斷而能續⓬，其實互換機鋒。他亦不道者箇互換，自是古人絕情塵意想，彼此作家，亦不道有得失。雖是一期間語言，兩箇活潑潑地，都不失血脈。若能於此見得，亦乃向十二時中，皆亦分明。「其僧便出」是雙放、已下是雙收，互換也。雪竇正恁麼頌。

【注釋】❶定州　州名。治所在今河北定縣。❷出入　「出」謂放行，「入」謂把住。❸只是一箇　意謂賓主彼此之間無差別。❹一期　猶一時。同時；一齊。❺了得　領悟；理解。❻緇素　指本分現成。❼撐門拄戶　頂住門戶，不讓來敵進入。撐，抵拄；支援。拄，支撐；頂著。❽見義不為二句　見義勇為之意，謂看到正義的事便勇敢地去做。出自《論語．為政》。❾頭上　先；前頭。❿及乎　待；等到。⓫眼眨眨　眼光閃爍不定貌。形容這位僧人一副機靈的樣子。⓬始終賓主分明二句　意謂這位僧人放收兼備，烏臼和尚又是放行把住共行，且不失本分，兩人問答相連。

【語　譯】圜悟克勤評唱：有一位僧人從定州來到烏臼和尚這裡參禪。你們各位如果從參禪者與禪師相見處認得他們兩位的一放一收，那麼即使有一千個一萬個，其實只是一個而已。做接引學人的禪師也是這樣，做參禪的學人也是這樣，兩人終究是合為一體，同時勘辨，禪師與參學者之間的問答，始終都是行家高手的手段。烏臼和尚問：「定州和尚的禪法和我這裡相比，有什麼不一樣嗎？」這位僧人回答說：「沒有什麼兩樣。」當時如果不是烏臼和尚而是其他人的話，那是對這樣的回答無可奈何的。烏臼和尚說：「既然沒有什麼兩樣，你就再回到定州和尚那裡去吧。」說罷就打了這位僧人一棒。怎奈這位僧人是參禪的行家高手，他說：「師父如果有眼力的話，先要看清楚什麼人再用棒，不可隨便打人。」烏臼和尚一向行棒行喝，他說：「今天算是打中一個該挨棒的傢伙了。」說罷又打了這位僧人三下。這位僧人就走出去了。

你看他們兩人轉身自如，都是參禪的行家高手。要想明瞭悟道大事，先要分清黑白、辨別善惡。這位僧人雖然走出去了，這則公案卻沒有結束。烏臼和尚始終要勘驗他的見地是否實在；這位僧人卻又像頂住門戶一樣，所以看不出他的見地如何。烏臼和尚卻說：「原來有人願意挨這屈棒。」這位僧人懂得轉身吐氣，並不和他相爭，只是說：「怎奈棒柄掌握在師父手裡。」烏臼和尚是頂門具有一隻法眼的大宗師，敢於躺倒在虎口裡。他說：「你如果想要的話，我就把這棒交給你吧。」這位僧人也是附下有護身符的漢子，所謂「見義不為，無勇也。」便毫不猶豫地走上前奪過木棒，打了烏臼和尚三棒。

烏臼和尚說：「屈棒！屈棒！」你來說說看，他的用意是什麼呢？前面烏臼和尚說：「原來有人願意挨這屈棒！」當這位僧人打了他之後，卻又說：「屈棒！屈棒！」這位僧人說：「有人願意挨這屈棒。」烏臼和尚說：「我隨隨便便就打著了一個人。」前面這位僧人說：「師父如果有眼力的話，先要看清楚什麼人再用棒，不可隨便打人。」到後面烏臼和尚自己挨棒打了，為什麼卻說：「我隨隨便便就打著了一個人。」當時如果不是這位僧人機智靈活的話，那是對烏臼和尚的禪機無可奈何。

然後這位僧人向烏臼和尚禮拜，這個禮拜的動作最惡毒，也是不安好心。如果不是烏臼和尚，還是無法識破他的用意。烏臼和尚問：「你就這樣走了嗎？」這位僧人大笑而去。烏臼和尚說：「走得好！笑得更妙！」

你看他們行家相見，始終賓主分明，斷而能續，其實也只是互換機用。在這種情形之下也不存有互換機用的想法，只是因為他們斷絕了俗情塵垢和通常的思維意念活動。既然彼此都是參禪的行家高手，就不必再說誰贏了，誰輸了。雖然是一時間的言語交鋒，但兩人的禪機都是活潑潑的，都體現了自己的法脈傳承。你如果能從這裡見得，也就可以在一天十二個時辰中歷歷分明。這位僧人走出去的動作是雙放，以下是雙收，這就是所謂互換機用。雪竇重顯正是這樣頌出。

頌

呼即易❶，（天下人疑，天下衲僧不知落處。）

遣即難❷，（不妨勦絕，海上明公秀❸。）

互換機鋒子細看❹。（一出一入，二俱作家。一條拄杖兩人扶❺，且道，在阿誰邊？）

劫石固來猶可壞，（袖裡金槌，如何辨取❻？千聖不傳。）

滄溟深處立須乾❼。（向什麼處安排？棒頭有眼，獨許他親得。）

烏臼老、烏臼老，（可惜許，者老漢不識好惡。）

幾何般❽？（也是無端❾，百千萬重❿。）

與他杓柄太無端！（已在言前，洎合打破蔡州⓫，好與三十棒。且道，過在什麼處？）

【注　釋】❶呼即易　謂呼到近前來很容易。❷遣即難　意謂要處理得好卻很難。遣，發送；打發。❸海上明公秀　魔術藝人相逢無蹤跡可尋之意。❹互換機鋒子細看　意謂烏臼和尚和這位僧人之間互為賓主，都是第一機上的禪機手段，所以得仔細看。❺一條拄杖兩人扶　禪師手中所拿的一根拄杖，可作為二位學人的依憑；引申為佛弟子同證同悟之意。「扶」有支撐、依憑之義。就學人言，無論其人數多寡，凡是佛弟子，均可同證同悟。這裡指烏臼和尚用這根拄杖打僧人，僧人也用這根拄杖打烏臼和尚，兩人都是本分上的禪機作略。❻袖裡金槌二句　意謂如何辨別這金槌到底是生成世界還是毀壞世界。取，助詞。表動態。猶「得」。❼劫石固來猶可壞滄溟深處立須乾　意謂輕衣拂劫石，石雖然堅固，尚可消磨盡；洪波浩渺，白浪滔天的大海，立腳之時，便可乾竭，但他們兩位的機鋒卻千古不磨，萬古不消。劫石，以天衣輕拂磐石直至消磨盡淨，譬喻劫期之長遠，稱為磐石劫。此磐石又稱劫石。滄溟，大海。❽幾何般　謂擒縱殺活的手段無窮盡。幾何，猶若干；多少。般，量詞。樣；種類。❾無端　沒有界線；沒有頭緒。❿百千萬重　謂烏臼和尚的用處幽深，故不得窺其藩籬。⓫泊合打破蔡州　命如懸絲之意。泊合，幾乎、大體之意。蔡州，今為河南省汝南縣。

【語　譯】雪竇重顯頌古：呼即易，（天下的人都懷疑，天下的禪宗僧人都不知道烏臼和尚的用意。）遣即難，（確實滅絕了，海上明公秀。）互換機鋒子細看。（一出一入，兩人都是參禪的行家高手。）一根拄杖兩人扶，你來說說看，這根拄杖在誰那一邊？）劫石固來猶可壞，（怎樣辨別藏在袖子裡的金槌呢？歷代祖師都不傳。）滄溟深處立須乾。（向什麼地方安置？棒頭之上有法眼，只有烏臼和尚才具備。）烏臼老、烏臼老，（太可惜了，這老漢全然不顧安危。）幾何般？（烏臼和尚的禪機無頭緒可尋，層層疊疊。）與他杓柄太無端！（早在答應之前就給他了，幾乎攻破蔡州城，當心挨三十棒。你來說說看，過錯在什麼地方？）

評唱

「呼即易，遣即難」，一等是落草❶。雪竇太煞郎當，尋常道：「呼蛇易，遣蛇難」，如今將箇瓢子❷吹來，喚蛇即易，要遣時即難。一似將棒與他卻易；

復奪他棒，遣去卻難。須是有本分手腳時，方可遣得去。

烏臼有呼蛇遣蛇底腳手，者僧亦然。臼云：「定州法道，何似者裡？」是呼，「便打」是遣。其僧云：「棒頭有眼，不得草草打人。」是呼，「奪棒便打」是遣。乃至者僧大笑，臼云：「消得恁麼」，此分明是遣得他恰好。

看他兩箇，機鋒互換，絲來線去❸，打成一片，終始賓主分明。有時主卻作賓，有時賓卻作主。雪竇讚歎不及，所以道，互換之機，教人子細看。

「劫石固來猶可壞」，仙人拂❹劫石，大八萬四千由旬❺、厚八萬四千由旬。天人❻三年一度❼，將六銖衣❽拂過，石消盡❾，為一劫。雪竇道：「劫石固來猶可壞」，此二人機鋒，千古萬古，更無有窮盡。

「滄溟深處立須乾」，任是浩波浩渺、白浪滔天，若教彼此二人句裡立，此滄溟也須乾竭❿。

雪竇引此頌了，後面更道：「烏臼老」「幾何般」，擒縱殺活，是幾何般？「與他杓柄太無端」，者箇拄杖子，三世諸佛也用，歷代祖師也用，宗師家也用。與人解粘去縛、抽釘拔楔，爭得落別人手裡？雪竇意要獨用，賴值者僧當時只平展，忽若旱地⓫急雷鳴，看他如何？烏臼過⓬杓柄與人去，豈不是「太無端」？

【注　釋】❶一等是落草　意謂不僅烏臼和尚落草，古今禪師都是一樣。❷瓢子　瓠的一種。也稱葫蘆。古代因其腹為樽。❸絲來線去　謂如同用針縫衣，線路不差。❹拂　擦拭；揮除。❺由旬　為印度計算里程的單位。指公牛掛軛行走一日的旅程。另據《大唐西域記》卷二載，一由旬指帝王一日行的路程。一由旬的長度，中國古代有八十里、六十里、四十里等諸說。❻天人　即住在欲界六天及色界諸天的有情。亦指住在天界或人界的眾生。據佛經記載，天人歡喜讚歎佛事，奏天樂，散天花，薰天香，飛行於天空。❼一度　猶一次。❽六銖衣　指輕衣。一銖為四分一厘六毛，六銖即其六倍，形容其重量極輕。❾消盡　完全消除；完全消失。❿乾竭　枯竭。⓫旱地　陸地。⓬過　傳遞。

【語　譯】圜悟克勤評唱：「呼即易，遣即難」，烏臼和尚和其他禪師一樣，都是用言句來說破禪機。不過雪竇重顯也說得太多了，俗語說：「呼蛇容易，放蛇難。」現在有人拿一個葫蘆來吹，把蛇喊來很容易，但要把牠打發走，那就很難了。就如同把木棒給他人很容易，再要奪回木棒卻很困難。必須具有本分宗師的手段才能把他打發走。

烏臼和尚具有呼蛇放蛇的手段，這位僧人也是這樣。烏臼和尚問：「定州和尚的禪法和我這裡相比，有什麼不一樣嗎？」這是呼他；烏臼和尚打這位僧人一棒，這是放他。這位僧人說：「師父如果有眼力的話，先要看清楚什麼人再用棒，不可隨便打人。」從他的立場來說，這是呼；奪過木棒就打烏臼和尚，這是放。至於這位僧人大笑著走出去，烏臼和尚說：「走得好！笑得更妙！」這分明是烏臼和尚放他放得正好。

看他們兩人，機鋒互相交換，一來一往，契合無間，打成一片，始終賓主分明。有時禪師反而變成參禪者，有時參禪者卻又變成禪師，這使得雪竇重顯讚歎不止，所以說，互相交換的禪機，教人仔細看。

「劫石固來猶可壞」，仙人揩擦的劫石，大八萬四千由旬，厚八萬四千由旬。天人三年一次用六銖衣揩拭，磐石最終消磨淨盡，這就是一劫。雪竇重顯說：「劫石固來猶可壞」，而烏臼和尚和這位僧人的機鋒卻是千古萬古沒有窮盡。

「滄溟深處立須乾」，這是說即使是波濤浩渺、白浪滔天的大海，如果教他們兩人站立在其中，也會立即乾枯。

雪竇重顯說到這裡，把意思都頌出來了，後面又說「烏臼老」、「幾何般」，這是說烏臼和尚或擒或縱、或殺或活的手段，到底有多少樣呢？雪竇重顯又說：「與他杓柄太無端」，這根拄杖，三世諸佛也用，歷代祖師也用，禪師們也用，為人解除俗情妄念的束縛，擺脫妄想疑惑，怎麼能輕易落在別人的手中呢？雪竇重顯的意思是說這根拄杖要自己獨自使用。幸虧這位僧人當時只是用放行的手法，就像平地突然響起驚雷，看他如何受得了？所以把杓柄送給別人，那豈不是太無跡可尋了嗎？

【說　明】圜悟克勤在開示中將「靈鋒寶劍」比喻佛性及其妙用，不僅能斬斷自己的妄想執著，而且有開示學人的善巧方便，也能斬斷學人的妄想執著。一切行為舉止，無一不是佛性的妙用，無一不是佛性的顯現，所以說：「常露現前。」

「亦能殺人，亦能活人。」意謂既能除去妄想執著（殺人），又能發起種種妙用利益眾生，同時可以為他人作榜樣，引人入道（活人）。殺人時絕不會「傷鋒犯手」、藕斷絲連，活人時絕不會落入「窠窟」、漫扯葛藤。何以如此瀟灑自在？因為「靈鋒寶劍，常露現前」。

「在此在彼，同得同失」，意謂兩個明眼人機鋒相見，儘管賓主互換，二者仍然是渾然一體、無二無別。他們你來我往、有張有馳，契無言之妙旨於嬉笑怒罵之際，顯無相之本體於擎拳豎拂之間，無彼無此、無得無失，活潑潑地烘托出無掛無礙、自在瀟灑的靈明之心。

雪竇重顯頌道：「呼即易，遣即難。」比喻將棒給他容易，想奪回杓柄、把他遣走，可就難了。「互換機鋒子細看」，互換機鋒，就是「賓主互換」的機鋒。你看他們倆：一會兒定州來僧是主、烏臼和尚是賓；一會兒烏臼和尚是主、定州來僧是賓。

「劫石固來猶可壞」，劫石雖然堅固，還是可以被輕柔的六銖天衣磨光，還是會壞掉。但烏臼和尚與定州來僧「賓主互換」的機鋒，你卻無論如何無法摧壞，千古萬古也不能窮盡。「滄溟深處立須乾」，烏臼和尚與定州來僧，如果來到這大海中站立，海水也會乾枯。這是用劫石和大海作比喻，讚歎兩人「賓主互換」的機鋒。

「烏臼老、烏臼老，幾何般？與他杓柄太無端！」烏臼老、烏臼老啊！你這是從何說起呢？你有多大的本領啊？你怎麼敢把杓柄給他人呢！你這樣做太輕率、太無端了。這根拄杖子，可以用它來打掉參學者的執著、粘滯，使參學者認識到自己的本來面目。你怎麼能把這個輕易給人呢？不過，烏臼和尚道眼通明，看準了對方，大膽地把杓柄給他，才演出了這場千古絕唱。如果當交付而不交付，縮手縮腳，這則公案的後半段就沒有了。

第八一則　丹霞喫飯

【題　解】 禪師接引學人，句句不離明心見性。丹霞天然借一位僧人吃飯之事，指引禪悟大事。丹霞天然問「甚處來」，意指父母未生之前的地方。又問「將飯來與汝喫底人，還具眼麼」，則表示能施、所施、施物三輪體空之意。僧人回答不出來，表明他尚未明心見性。

示眾

細如米末、冷似冰霜❶；壅塞❷乾坤，離暗絕昏。低低處平之有餘，高高處觀之不足。把住放行，總在者裡❸。還有出身處也無？舉看。

舉

丹霞❹問僧：「甚處來？」（正是不可總沒來處，要知來處也不難。）

僧云：「山下來。」（著草鞋入你肚裡過也❺，只不知言中有響❻。）

霞云：「喫飯了也未？」（第二杓惡水澆，何必？定盤星❼。千里知端的。）

僧云：「喫飯了也。」（果然撞著箇露柱❽，被傍人穿卻鼻孔，元來是箇無孔鐵槌。）

霞云：「將飯來與汝喫底人，還具眼麼❾？」（雖然是倚勢欺人，也是據款結案❿。當時但與他掀倒禪牀，無端作什麼⓫？）

僧無語。（果然走不得⓬。這僧若是作家，向他道，與和尚眼一般。）

長慶問保福：「將飯與人喫，報恩⓭有分⓮，為什麼不具眼？」（也只是道得一半。通身是、遍身是⓯，一手抬一手搦⓰。）

福云：「施⓱者受者，二俱瞎漢。」（兩箇俱是草裡漢⓲，據令而行，一句道盡，罕遇其人。）

慶云：「盡其機來，還成瞎否？」（識甚好惡？猶自未肯。討什麼碗？）

福云：「道我瞎得麼？」（道得一半，龍頭蛇尾。當時待長慶恁麼道，只向他道瞎，一等作家。為什麼前不搆村，後不搆店⓳？）

【注釋】❶冷似冰霜　像冰霜一樣寒冷。形容不易接近。❷壅塞　阻塞。❸者裡　指心性。即禪宗玄旨。❹丹霞　法名天然（西元七三九～八二四年），唐代禪僧。初習儒業，後遇禪僧而悟，投石頭希遷門下，服役三年，剃髮受戒。又參謁馬祖大師，受「天然」法名。此後，大振法錫於南陽丹霞山，世稱「丹霞天然」。❺著草鞋入你肚裡過也　看穿五臟六腑之意。著，穿。❻只不知言中有響　謂這位僧人不回答所來之處，卻說「山下來」，語帶禪機。❼定盤星　定盤，即秤。星，即秤的刻度，刻度的基點即稱定盤星，一般以之比喻一事之準則。❽果然撞著箇露柱　謂這位僧人是一個瞎漢。❾將飯來與汝喫底人二句　意謂給你吃飯的人和你一樣是瞎漢。❿也是據款結案　丹霞天然判斷這位僧人性鈍。⓫無端作什麼　謂丹霞天然的問話是無根底的作略。⓬果然走不得　意謂這位僧人轉身不得，還是住在原來的窠窠裡。⓭報恩　酬報恩德之意。為三福田之一。⓮有分　有職分；有緣分；有一份。謂參與某事。⓯通身是遍身是　意謂長慶慧稜的言句無多餘的語言。通身，全身；渾身。遍身，猶全身。⓰一手抬一手搦　謂一半是勘驗保福從展，一半是出自見解。⓱施　給予；施捨。⓲兩箇俱是草裡漢　謂二人都像老婆婆一樣慈悲心切，已逾越自己之所能。此一用語，意在抑止疏於自省，超越本分而脫離正道的學人。⓳前不搆村二句　二者都不對之意。

【語譯】圜悟克勤開示：禪宗玄旨有時細得像大米的粉末一樣無間無隔，有時冷得像冰霜一樣不可接觸；它可以充滿天地之間，超越明暗的區別。低低處平之有餘，高高處觀之不足。把住也好，放行也好，都在這玄旨裡面。你還能找到脫離生死束縛、自由自在的出路嗎？我舉一則公案給你們看看。

舉說公案：丹霞天然問一位僧人：「你是從什麼地方來的？」（正是不可都沒來處，要知道他的來處也不難。）這位僧人回答說：「我是從山下來的。」（丹霞天然穿著草鞋從這位僧人的肚子裡走過去了，只是還不知道他話中有話。）丹霞天然又問：「你吃過飯了嗎？」（第二杓髒水澆過來了，何必這樣做？這是定盤星。千里之外就知道他的底細。）僧人回答說：「我吃過飯了。」（果然撞著一個露柱，被旁邊的人穿住鼻孔，原來是一個無孔鐵槌。）丹霞天然接著又問：「拿飯來給你吃的人，還具有法眼嗎？」（雖然是仗勢欺人，但也是根據口供斷案。當時只管對他推倒禪床，問這些話幹什麼？）這位僧人啞口無言，沒有回答。（果然沒有轉身的出路。這位僧人如果是參禪的行家高手，當場就好對他說：和師父的眼睛一樣。）

後來長慶慧稜問保福從展：「拿飯來給你吃的人，有資格受人的報答，為什麼不具有法眼呢？」（也只是說出了一半。這句話實實在在，一手抬一手壓。）保福從展回答說：「施捨的人和接受的人都未悟道，兩人都是睜眼瞎。」（兩個人都是用言句來說禪，應該實行正宗本色的禪機施設，一語中的，這樣的人真少見。）

長慶慧稜說：「如果把他的所有機用都施展出來，還會是一個睜眼瞎嗎？」（知道什麼好壞？還沒有印可保福從展。討什麼碗？）保福從展說：「你說我會成為一個睜眼瞎嗎？」（只說中了一半，不免龍頭蛇尾。當時等長慶慧稜這樣說時，只對他說瞎，同樣是參禪的行家高手，為什麼往前走看不見村莊，向後退找不著客店？）

評唱

鄧州❶丹霞天然禪師，不知何許人。初習儒學，將入長安應舉❷。方宿於逆旅，忽夢白光滿室。占者❸曰：「解空之祥❹。」偶❺一禪客問曰：「仁者❻何往？」曰：「選官❼去。」禪客曰：「選官何如❽選佛❾？」霞云：「選佛當往何所？」禪客曰：「今江西馬大師出世❿，是選佛之場⓫，仁者可往！」遂直造⓬江西。才見馬大師，以兩手托幞頭⓭腳。馬大師顧視⓮云：「吾非汝師，南嶽石頭處去。」遽⓯抵南嶽，還以前意投之，石頭云：「著槽廠⓰去。」師禮謝，入行者堂⓱，隨眾作務⓲凡三年。

石頭一日告眾云：「來日剷佛殿前草。」至來日，大眾各備鍬鋤剷草。丹霞獨以盆盛水，淨頭於師前跪膝。石頭見而笑之，便與剃髮，又為說戒。丹霞掩耳而出，便往江西，再謁馬祖。未參禮，便去僧堂內，騎聖僧⓳頸而坐。時大眾驚愕⓴，急報馬祖。祖躬㉑入堂視之曰：「我子天然。」霞便下禮拜曰：「謝師賜法號㉒」，因名天然。他古人天然，如是穎脫，所謂「選官不如選佛」也。

【注　釋】❶鄧州　州名。治今河南鄧縣。❷逆旅　客舍；旅館。❸占者　以占卜為職業的人。❹解空之祥　意即預言丹霞天然與佛有緣。解空，悟解諸法空相。祥，善；吉利。❺偶　遇見；碰上。❻仁者　對人的敬稱。❼選官　指聽候吏部選任官職。❽何如　用反問的語氣表示不如。❾選佛　原指選出可成佛成祖之師，後引申為坐禪修行之意。❿出世　禪師於自身修持功成後，再度歸返人間教化眾生。⓫選佛之場　為禪堂、僧堂的異稱；此因僧眾在僧堂坐禪辦道，以達證悟之境界，故有此稱。⓬造　到；去。⓭幞頭　古代男子用的一種頭巾。古人以皂絹三尺裹髮，有四帶，二帶繫腦後垂之，二帶反繫頭上，令曲折附項，故稱「四腳」或「折上巾」。至北周武帝時裁出腳後幞髮，始名「幞頭」。初用軟帛垂腳，隋代始以桐木為骨子，唐代方以羅代繒。帝服則腳上曲，人臣下垂。⓮顧視　轉視；回視。⓯遽　趕快；疾速。⓰著槽廠　安置於僧徒宿舍，是禪院住持同意收留行腳僧的習語。著，安置。槽廠，本義為畜棚，禪師常用驢馬來諷喻未通禪法的僧徒，故將僧徒宿舍賤稱為「槽廠」。⓱行者堂　指行者的住處。行者，禪林指未出家而住在寺內做雜務之人。⓲作務　勞作；服役。⓳聖僧　原指開悟且德高望重之僧，後轉指在齋堂上座所安置的聖僧像而言。一般小乘寺院安置賓頭盧，大乘寺院則安置文殊。用食之際，設一空座（即聖僧之座）以供養飲食，是印度以來所盛行的風習，後世則以置一圖像或塑像替代之。於禪宗，僧堂中央或安置文殊菩薩，或安置觀音菩薩、賓頭盧、空生、大迦葉，或布袋和尚之像。較普遍者，於僧堂安置僧形之文殊菩薩，稱為聖僧文殊；另於眾寮堂安置觀音菩薩。⑳驚愕　吃驚而發愣。㉑躬　親自；親身。㉒法號　佛教徒受戒時由本師授予的名字。

【語　譯】圜悟克勤評唱：鄧州丹霞天然禪師身世不詳，不知道是什麼地方的人。他本來是一個學習儒家經典的讀書人，在前往長安參加科舉考試途中，有一天住在旅館中，夢見白光滿室。他迷惑不解，便去請教占卜的人。占卜的人告訴他說：「這是解空的祥瑞徵兆。」又遇見一位禪宗僧人問他：「您打算到哪裡去呢？」丹霞天然回答說：「我要去參加科舉考試，等待朝廷的挑選。」禪宗僧人說：「應考選官怎麼比得上選佛呢？」丹霞天然問：「選佛要到什麼地方去？」禪宗僧人說：「現在江西的馬祖大師出世傳法，他那裡是一個選佛的道場，您可到他那裡去。」於是丹霞天然就直奔江西。他和馬祖大師一見面，就用雙手托住頭巾的腳。馬祖大師四下打量著他，說：「我不是你的師父，你可以到南嶽衡山石頭希遷那裡去參禪。」丹霞天然又到南嶽衡山，仍然用雙手托住頭巾的腳。石頭希遷說：「你就先到僧舍住下吧。」丹霞天然於是向石頭希遷行禮致謝，然後來到行者堂住下。從此就和僧眾一道幹活，這樣一幹就是三年。

有一天，石頭希遷告訴僧眾：「明天你們把佛殿前的雜草剷除掉。」第二天，僧眾都拿著鐵鍬、鋤頭在佛殿前鏟草。只有丹霞天然一人拿著一盆水，在石頭希遷面前洗頭，兩膝跪在地上。石頭希遷見此情景，不禁笑了起來，於是親自為他剃髮。當石頭希遷準備對他說佛教戒律時，丹霞天然卻捂著耳朵跑出去了，又來到江西參見馬祖大師。他不向馬祖大師行參見禮，直接來到僧堂，騎在一尊聖僧像的脖子上坐著。僧眾見此情景，都非常震驚，立即報告馬祖大師。馬祖大師趕到僧堂，看了之後說：「原來是我的嗣法弟子天然啊！」丹霞天然於是從聖僧像的脖子上跳下來禮拜說：「感謝師父賜給我法號。」他從此以後就叫「天然」。你看他丹霞天然就這樣脫穎而出，這真是「選官不如選佛」啊。

《傳燈錄》❶中載其語句，直是壁立千仞❷，句句有與人抽釘拔楔❸底手腳。似他問這僧道：「甚處來？」僧云：「山下來。」這僧卻不道來處，一如具眼倒去勘他主家相似。當時若不是丹霞，也收他不得。丹霞卻云：「喫飯了也未？」頭邊❹總未見得，此是第二頭勘他。僧云：「喫飯了也。」元來不曾會。霞云：「將飯與汝喫底人，還具眼麼？」他意道，與你者般漢喫飯，堪作什麼？者僧若是箇漢，當時與他一劄❺，看他如何？雖然如此，丹霞也未放你事在❻。者僧便眼眨眨無語。

長慶、保福，在雪峰會下，常舉古人公案商量。長慶將此話問保福云：「將飯與人喫，報恩有分，為什麼不具眼？」亦不必盡問公案中事，大綱❼借此語作問頭，要驗他作家。保福云：「施者受者，二俱瞎漢。」快哉！到者裡，只論當機事，句裡有出身之路。慶云：「盡其機來，還成瞎否？」他意謂若忽絕盡意想情塵，盡此機底人來，還成瞎否？福云：「道我瞎得麼？」保福意謂，我恁麼具眼，與你道了也，還道我瞎得麼？

雖然如此，半合半開❽。當時若是山僧，等他道：「盡機來，還成瞎否？」只向他道：「瞎。」可惜許！保福當時放過，若下得箇「瞎」字，免得雪竇後面許多葛藤，雪竇意亦如此頌。

【注釋】❶傳燈錄　即《景德傳燈錄》，凡三十卷。宋代道原撰。略稱《傳燈錄》。是中國禪宗史書之一。此書集錄自過去七佛，及歷代禪宗諸祖五家五十二世，共一七〇一人的傳燈法系，內容包括行狀、機緣等。其中附有語錄者九五一人。以宋真宗景德元年（西元一〇〇四年）具表上進，並奉敕入藏，故以「景德」名之；又以燈能照暗，法系相承，猶如燈火輾轉相傳，喻師資正法永不斷絕，故稱「傳燈」。此書是研究中國禪宗史的重要資料。❷壁立千仞　意謂都是機外語。❸抽釘拔楔　喻指拔去參學者的病根。❹頭邊　方言。前邊。❺一劄　指切中痛處的一問。劄，猶「刺」。❻丹霞也未放你事在　意謂丹霞天然變通自在。❼大綱　猶大概。❽半合半開　禪林常用此語表示一半合，一半開，不偏於任何一端。

【語譯】《景德傳燈錄》中記載了丹霞天然的語錄，他的禪機作略就像壁立千仞一樣，句句都有為人解除妄想疑惑、擺脫俗情迷障的手段。譬如他問這位僧人：「你是從什麼地方來的？」這位僧人回答說：「我從山下來。」這位僧人不說出自己的來處，就像已經開悟的人反過來勘驗禪師一樣。當時如果不是丹霞天然，也很難對付這位僧人。丹霞天然又問：「你吃過飯了嗎？」開頭的一問是一點也沒看出這位僧人的禪機，這一問是第二次勘驗他。這位僧人回答說：「我吃過飯了。」他原來一點也不明白丹霞天然問話的用意。丹霞天然又問：「拿飯來給你吃的人，還具有法眼嗎？」丹霞天然的意思是說拿飯來給你這種人吃有什麼用？這位僧人如果真是一個法眼明亮的人，那就應該和他較量一番機鋒，看他怎樣應對？儘管這樣，丹霞天然也不會就這樣輕易放過他。這位僧人光是眼珠子轉動，一句話也說不出來。

長慶慧稜和保福從展一道在雪峰義存門下參禪，常常舉說從前禪師的公案來討論。長慶慧稜拿這個話頭來問保福從展：「拿飯來給你吃的人，有資格受人的報答，為什麼不具有法眼呢？」他並沒有深入詳細地談論這則公案的細節，只舉說這則公案的大概，借這句話作話頭，想勘驗保福從展參禪的程度如何。保福從展回答說：「施捨的人和接受的人都未悟道，兩人都是睜眼瞎。」這話說得多麼痛快啊！到這裡，只論契合禪機事，言句中有脫離生死束縛的出路。長慶慧稜說：「如果把他的所有機用都施展出來，還會是一個睜眼瞎嗎？」他的意思是說如果突然斷盡思維意念活動和俗情妄念的塵垢，把他的機用都施展出來的人，還會是一個睜眼瞎嗎？保福從展說：「你說我會成為一個睜眼瞎嗎？」他的意思是說，我是一個具有法眼的人，為你回答得很清楚了，還能說我是個睜眼瞎嗎？

儘管這樣，還只是半開半合。當時如果是我的話，當長慶慧稜一問「把他的所有機用都施展出來了，還會是一個睜眼瞎嗎」這句話時，我就會對他說：「瞎。」保福從展當時錯過了禪機，實在是太可惜了！保福從展當時如果說得出這個「瞎」字，就不用雪竇重顯後來再說出這麼多的言句了。雪竇重顯就是根據這一點說出他的頌古。

頌

盡機不成瞎，（只道得一半，也要驗過。言猶在耳❶。）

按牛頭喫草❷。（失錢遭罪❸，一半河南一半河北❹，殊不知傷鋒犯手❺。）

四七二三諸祖師，（有條攀條，帶累先聖，不只帶累一人。）

寶器持來成過咎❻。（盡大地人換手槌胸❼，還拄杖子來，帶累山僧，出頭不得。）

過咎深，（可煞深，天下衲僧跳不出，且道，深多少？）

無處尋，（在你腳跟下，摸索不著，放過一著好。）

天上人間同陸沉❽。（天下衲僧一坑埋卻。還有活底人麼？蒼天蒼天！）

【注釋】❶言猶在耳　意謂現在聽來更覺新鮮。❷按牛頭喫草　喻指太熱心或勉強使他人覺悟，但因時節因緣還未成熟，所以勞而無功。❸失錢遭罪　謂保福從展一路說破，故受到雪竇重顯的責備。❹一半河南一半河北　喻指保福從展的話有對的地方，也有不對的地方。河，黃河。❺殊不知傷鋒犯手　意謂保福從展說的「施者受者，二俱瞎漢」料程太早，未到長安。如果這句話是對的話，禪法都要斷絕了。❻四七二三諸祖師寶器持來成過咎　意謂按照保福從展的見解，印度禪宗二十八代祖師、中國禪宗六代祖師代代相傳的心心相印的禪法，都埋沒了。寶器，指象徵王位的祭器。這裡喻指自證自悟的禪法。過咎，過失；錯誤。❼盡大地人換手槌胸　意謂不僅雪竇重顯一人悲傷，整個大地的人都悲傷。❽天上人間同陸沉　意謂如果大家都像保福從展一樣的見解，天上人間都要一道沉沒了。

【語譯】雪竇重顯頌古：盡機不成瞎，（只說出了一半，也要勘驗過保福從展才行。言猶在耳。）按牛頭喫草。（丟了錢還要受人家的責備，一半在黃河以南，一半在黃河以北，竟然不知道傷鋒犯手。）四七二三諸祖師，（有條攀條，連累了前代祖師，不只是連累了長慶慧稜一個人。）寶器持來成過咎。（整個大地的人都不斷地用雙手輪流捶著胸脯，把拄杖還給我，連累我不得出頭。）過咎深，（非常之深，天下的禪宗僧人都跳不出，你來說說看，到底深多少？）無處尋，（就在你的腳跟之下，摸索不著，退讓一步好。）天上人間同陸沉。（天下的禪宗僧人埋在同一個坑裡。還有活著的人嗎？蒼天！蒼天！）

評唱

「盡機不成瞎」，長慶道：「盡其機來，還成瞎否？」保福云：「道我瞎得麼？」遂不成瞎。一似按牛頭喫草，須是待他自喫始得❶，那裡按他頭教喫得？雪竇後面恁麼頌，自然見得丹霞意。

「四七二三諸祖師，寶器持來成過咎。」不唯只帶累長慶，乃至❷西天二十八祖，唐土六祖一時埋卻。釋迦老子，四十九年說法，末後傳箇寶器。永嘉道：「不是標形虛事褫，如來寶杖親蹤跡❸。」若作保福見解，卻是寶器持來，都成過咎。

「過咎深，無處尋。」者箇與你說不得。但去坐，自向句中點檢❹看。既是「過咎深」，因什麼卻「無處尋」？此非小過，將祖師一大事❺，一時於陸地上平沉卻。所以雪竇道：「天上人間同陸沉。」

【注　釋】❶須是待他自喫始得　喻指得自證自悟才行。❷乃至　以至；甚至。❸不是標形虛事褫二句　謂禪者手持佛祖傳下來的寶杖，並不是形式上的標誌，而是要降伏三毒，統真俗，解諸厄。褫，同「持」。❹點檢　辨識；判別。❺一大事　謂佛陀出現於世間的唯一大目的，是為開顯人生的真實相，此即所謂一大事。

【語　譯】圜悟克勤評唱：「盡機不成瞎」，長慶慧稜說：「如果把他的所有機用都施展出來，還會是一個瞎眼瞎嗎？」保福從展說：「你說我會成為一個瞎眼瞎嗎？」他當然不是瞎眼瞎。保福從展就像按著牛頭吃草，本來應該讓牛自己吃草才行，怎麼可以硬按著牛頭要牠吃草呢？雪竇重顯後面這樣頌出，自然瞭解丹霞天然的意思。

「四七二三諸祖師，寶器持來成過咎。」這是在說不僅連累了長慶慧稜，甚至把印度的二十八代祖師、中國的六代祖師一齊都埋沒了。釋迦牟尼老漢說法四十九年，最後只傳授了心心相印這個寶器。永嘉玄覺說：「不是標形虛事褫，如來寶杖親蹤跡。」如果按照保福從展的見解，就是把心心相印的寶器拿來都是過錯。「過咎深，無處尋。」這個我無法為你說出來，你只管去靜坐修行，自己從雪竇重顯的言句之中去探究。既然是「過咎深」，為什麼卻「無處尋」？這不是小過錯，把祖師的悟道大事一齊在陸地上沉沒了。所以雪竇重顯說：「天上人間同陸沉。」

【說　明】如何是丹霞天然的用意？可分三段來講：

問僧「甚處來」。這是問他「生從何來」，要驗一驗他的來處。答這一問，可用「不可總沒來處」、「要知來處也不難」。這兩句答語，意思都一樣，都是將天真佛性和盤托出。這兩句就是圜悟克勤在這句下的著語。如果這樣回答，意思已經非常明確，丹霞天然也就不用再勘驗他了。這僧卻回答「山下來」，這就不大明確了。所以圜悟克勤在此著語云：「著草鞋入你肚裡過也，只不知言中有響。」這著語道出了瞞天過海和懵懂不會兩種可能。如果這僧是瞞天過海、暗藏機鋒，那就是「著草鞋入你肚裡過」。如果這僧是個懵懂漢，那就是「只不知言中有響」。

丹霞天然進一步問「喫飯了也未」。這是進一步勘驗他。這僧如果伶俐，便不會上當。可惜他是懵懂漢，這一問便是當頭澆來的惡水了。圜悟克勤在此著語云：「第二杓惡水澆，何必？」然後自答：「定盤星。千里知端的。」丹霞天然何必這樣問呢？這正是他的穩健、細密之處，要用它勘驗來僧，以知來僧究竟如何。這僧卻回答「吃飯了」，這就上當了。所以圜悟克勤在此著語云：「果然撞著箇露柱，被旁人穿卻鼻孔，元來是箇無孔鐵槌。」這無疑是判這僧不具眼，不開竅。

丹霞天然說：「將飯來與汝喫底人，還具眼麼？」圜悟克勤在此著語：「當時但與他掀倒禪牀，無端作什麼？」如果這僧當時真的推倒禪床，丹霞天然也不會就此罷休，他可能拿起拄杖就打。明眼人也不會怕他的拄杖，便會順手接住，為後人留下一段頗具啟迪意義的千古絕唱。可惜的是這僧「無語」。

長慶慧稜對這則公案評論說：「盡其機來，還成瞎否？」盡其機來，就是盡機起用，所謂「大機大用」者是也。大機就是佛性，大用就是佛性的妙用。長慶慧稜的意思是說：如果這僧不是「無語」，而是盡了佛性的大機大用，還能說是「瞎漢」嗎？

禪宗直指人心，見性成佛，赤裸裸、淨灑灑，一法不立，豈能立得「盡機」？長慶慧稜不知不覺落到「盡機」裡去了。佛門的供養、報恩等概念他能看清、能空卻，禪家的盡機、具眼等葛藤他卻看不清、空不掉了。所以，圜悟克勤在此著語：「識甚好惡？猶自未肯。討什麼碗？」並評唱說：「當時若是山僧，等他道：『盡機來，還成瞎否？』只向他道：『瞎。』」如果見地不透徹，落在有無、是非、對錯、盡機不盡機、具眼不具眼等分別概念裡，不能超越，便大違「不二」，那就是粘滯，就是「猶自未肯」。若「掛得一絲」而未肯，不知不覺地就會討個「碗」端端。所以圜悟克勤說他瞎！

保福從展說：「道我瞎得麼？」意思是說：不是對你說過「施者受者，二俱瞎漢」了嗎！我識得這些概念當體即空，已經「盡其機」了，你當然不應該說我瞎。保福從展的答語顯得軟弱無力，不像圜悟克勤那樣說一個「瞎」字顯得多麼有力，且餘味無窮。圜悟克勤在此著語云：「道得一半，龍頭蛇尾。……一等作家。為什麼前不搆村，後不搆店？」長慶慧稜與保福從展兩問兩答，前一問一答很好，後一問一答卻落草了，這就是所謂「龍頭蛇尾」。他們兩位都是參禪的行家高手，為什麼到這裡問也是背離佛性、答也是背離佛性（前不搆村、後不搆店）呢？悟後起用，句句不能背離佛性根本義，但這大多需要一個鍛煉的過程，像丹霞天然那樣「一步到位」並不多見。

雪竇重顯就是抓住他們「盡機不成瞎」來頌這個公案的：「盡機不成瞎，按牛頭喫草。」這僧眼睜睜地「無語」，說明他並未認識到活潑自然的天真佛性，他當然是「瞎漢」。你能代替他「盡機」麼？牛不吃草，強按牛頭有什麼用？強按牛頭，不能代替牛自己吃草。這僧是「瞎漢」，由你來「盡機」，也不能說是「不成瞎」。

「四七二三諸祖師，寶器持來成過咎。」寶器指「直指人心，見性成佛」的頓悟法門。祖師代代相傳的頓悟寶器，為什麼反倒成了過咎呢？圜悟克勤對這句評唱說：「若作保福見解，卻是寶器持來，都成過咎。」「過咎深，無處尋，天上人間同陸沉。」過咎如果淺，也許有救。如果過咎甚深，那還能到哪裡去尋找佛性啊！不僅不能認識到佛性、不得解脫，就連人天福報也給埋沒掉了——「天上人間同陸沉」。如論稱揚祖師大事，人天福報也是過咎。

如何才能無過咎？請看圜悟克勤的評唱：「者箇與你說不得。但去坐，自向句中點檢看。既是『過咎深』，因什麼卻『無處尋』？此非小過，將祖師一大事，一時於陸地上平沉卻。」

我們就來看看圜悟克勤是如何向句中點檢的。他在「過咎深」下著語：「可煞深，天下衲僧跳不出。」接著筆鋒一轉，反問：「且道，深多少？」我們在這裡是否也能翻身一轉，從「跳不出」處跳出來呢？如果不能，那就接著往下看。圜悟克勤在「無處尋」下著語：「在你腳跟下，摸索不著。」這是點撥當機學人：在腳跟下的是什麼？既然在腳跟下，為什麼摸索不著？如果剛才你能翻身跳得出，這兩個問題根本不是問題。如果跳不出，那就肯定死在句下了。

第八二則　雲門餬餅

【題解】雲門文偃用「餬餅」回答「如何是超佛越祖之譚」，絕不容許有思考分別的餘地，即顯示超佛越祖之言，除穿衣吃飯，屙屎送尿外，別無他意。所以即使是超佛越祖之談，還不如一個餬餅吃掉了事。

示眾

向上轉去❶，可以穿天下人鼻孔❷，似鶻捉鳩；向下轉去❸，自己鼻孔，在別人手裡，如龜藏殼。箇中有箇出來道：「本無向上向下，用轉作什麼？」只向伊道：「我也知你向鬼窟裡作活計，你作麼生辨緇素？」良久云：「有條❹攀條、無條攀例❺。」

舉

僧問雲門：「如何是超佛越祖❻之譚❼？」（開。旱地忽雷❽振❾。）
門云：「餬餅❿。」（舌拄上齶⓫，過⓬！）

【注釋】❶向上轉去　由凡夫之境界向上轉至諸佛之絕對境地。❷可以穿天下人鼻孔　喻指用自己的見地去引導天下的參學者。❸向下轉去　指轉大悟之境界，順應迷界而現自在之妙用者。❹條　指法令、條文。❺例　成例；舊例。這裡指公案。❻超佛越祖　意為超越佛祖的究極境界，即不執著任何事物，到達絕對自由的心境。❼譚　同「談」。談說，稱說。❽忽雷　響雷。❾振 通「震」。震驚；震動。❿餬餅 一種爐中烘烤而成的麵餅。猶今之燒餅。⓫舌拄上齶 意謂非言語所能表達。⓬過 謂雲門文偃的答語早沒蹤跡了。

【語譯】圜悟克勤開示：一位禪師如果向上轉去的話，就可以穿住天下人的鼻孔，像鶻鷹捕捉斑鳩一樣毫不費力；如果向下轉去的話，自己的鼻孔反而掌握在別人手中，被人家牽著鼻子走，就像烏龜藏在殼裡而不得轉身自在一樣。在這些禪師當中，如果有一個人走出來說：「本來就沒有什麼向上向下，何必轉個什麼呢？」那我就對他說：「我也知道你在俗情妄念的鬼窩裡亂搞一通，你要怎樣才能分出黑白呢？」沉默了好一會兒才說：「有條規就引用條規，沒有條規就引用公案來說明。」

舉說公案：有一位僧人問雲門文偃：「什麼是超佛越祖的高論？」（打開一條縫隙。平地一聲響雷，震耳欲聾。）雲門文偃回答說：「餬餅。」（舌抵上齶，這話無蹤影可尋。）

評唱

者僧舉前話問雲門，還覺寒毛卓豎❶麼？衲僧問佛問祖、問道問禪，向上向下，無所可問，更問超佛越祖之譚。雲門是作家，便水長船高❷，泥多佛大❸，便答道：「餬餅。」可謂道豈不虛行，功不浪❹施。會得此語，便識「餬餅」。五祖云：「驢屎比❺麝香❻。」永嘉道：「直截根源佛所印，摘葉尋枝我不能❼。」到者裡，欲得親切，莫將問來問。

看這僧問：「如何是超佛越祖之談？」門云：「餬餅。」還識羞慚❽麼？

有一般人，不原❾他。雲門當時見兔放鷹，便道：「餬餅。」便是超佛越祖。若恁麼見，豈有活路？莫作「餬餅」會、莫作「超佛越祖」會，便是活路也。與「麻三斤」、「禾山打鼓」相似。雖然只道「餬餅」，其實難見。雲門尋常一句具三句❿，人多作道理會，云：「麤言及細語⓫，皆歸第一義⓬。」若恁麼會，且去作座主開講。

如今禪和子多道：「超佛越祖之時，諸佛也踏在脚下。」所以雲門只向他道「餬餅」，既是餬餅，豈會超佛越祖之談？試去自看。諸方多去問邊，作言語說會，唯有雪竇頌得最好，自然殊別。

【注釋】❶卓豎　豎立。❷水長舡高　比喻事物隨著所憑藉的基礎的提高而提高。長，通「漲」。❸泥多佛大　泥，喻指學人、眾生。佛，喻指禪師、善知識的機略作用。比喻附益者愈眾則成就愈大；在禪林中，謂禪師應學人、眾生的根機而自在接化的機用。與「水長舡高」相對稱。「水長」、「泥多」喻指僧人的問話，「舡高」、「佛大」喻指雲門文偃的答語與之相應。❹浪　副詞。徒然；白白地。❺比　齊同；等同。❻麝香　雄麝臍部香腺中的分泌物。乾燥後呈顆粒狀或塊狀，作香料或藥用。❼直截根源佛所印二句　意謂佛所印證的是直接追溯到萬法的根源，洞悉法界的實相。如果是著相求法，等於摘葉尋枝，不是我們要幹的事。❽羞慚　羞愧。❾原　推究；考究；研究。❿三句　雲門文偃用以接引學人的三種語句，即：「函蓋乾坤、目機銖兩、不涉萬緣」三句。「函蓋乾坤」，指絕對真理充滿天地之間，且涵蓋整個宇宙。「目機銖兩」，為斷除學人的煩惱妄想，謂應超越語言文字，於內心頓悟。「不涉萬緣」，對參學者應機說法，是活潑無礙的化導。⓫麤言及細語　印度語言有所謂平常言詞的口語與典正言詞的文言，釋迦牟尼說法時大多採用口語。他的言語可分為兩類：分明典正的全聲（細語），不分明訕僻的半聲（粗言）。⓬第一義　在禪籍中，常用以表示超越言語思惟之究極境地。

【語　譯】圜悟克勤評唱：這位僧人舉說「什麼是超佛越祖的高論」的話頭問雲門文偃，你會覺得寒毛直豎嗎？禪宗僧人問佛問祖，問道問禪，問向上問向下，有什麼不能問的呢？這位僧人似乎無可再問，卻提個問題問「什麼是超佛越祖的高論？」雲門文偃是一位參禪的行家高手，就像水漲船高，泥多佛大似的，隨口回答：「餬餅。」這句老練的答語真稱得上是禪道沒有空行，功夫沒有白費。理解了這句話的意思，也就知道什麼是「餬餅」。

五祖法演說：「驢糞如同麝香一樣。」永嘉玄覺說：「直截根源佛所印，摘葉尋枝我不能。」到了這一地步，你如果想和禪法協合相應，就不要拿問題來發問。

你看這位僧人問：「什麼是超佛越祖的高論呢？」雲門文偃回答說：「餬餅。」你會因為聽不懂而感到羞愧嗎？

有一種人不去探討雲門文偃的本意，而是憑想當然說：雲門文偃這樣講，就像打獵的時候發現了野兔，便放出獵鷹一樣，於是回答說「餬餅。」這就是超佛越祖。如果這樣理解，把餬餅當作超佛越祖的高論來看，那怎麼能找到活路？既不要當作餬餅來理解，也不要當作超佛越祖來理解，那就是活路。雲門文偃說的「餬餅」，與洞山守初說的「麻三斤」、禾山禪師說的「解打鼓」，意思都是一樣。雲門文偃雖然只說「餬餅」，其實那是很難理解的。雲門文偃平常一句話中往往具有三句之意，後人往往按照通常的邏輯關係去推理說：「粗言及細語，都歸第一義。」如果這樣見解，那你只能去做一個講經說法的座主。

現在也有些禪宗僧人往往說：「超佛越祖的時候，諸佛都被你踏在腳下。」所以雲門文偃只對他說「餬餅」。既然是餬餅，怎能理解超佛越祖的高論呢？你們自己試著去參究。各地禪師對這則公案寫頌古的人很多，但大多沒摸到邊，只是從言句上來說解。看來只有雪竇重顯頌得最好，自然與眾不同。

頌

超譚禪客問偏多❶，（箇箇出來，作者箇見解，如麻似粟。）
縫罅披離見也麼❷？（已在言前開口也。自屎不覺臭。）
餬餅挃來猶不住❸，（將木槵子❹，換卻你眼睛了也。）
至今天下有誵訛❺。（畫一圓相云：莫是者箇？咬人言語，有什麼了期？大地忙忙愁殺人❻！便打。）

評唱

「超談禪客問偏多」，此頌禪和子偏愛問。屎坑頭佛法、豬肉案❼上佛法，咬匝匝地。有者作圓相，土上加泥，添枷帶鎖❽。

「縫罅披離見也麼」，他致箇問處，大似縫罅。所以雲門見他問處縫罅，以餬餅攔縫塞定，他猶自不肯住，卻更問。是故雪竇道：「餬餅挃來猶不住。」至今天下人有誵訛。

如今人只管向「餬餅」上作解會，不然又去問「超佛越祖」處，作活計解會。既不在兩處作解會，畢竟在什麼處會？三十年後，待山僧換卻骨頭來，即向汝道。

【注　釋】❶超譚禪客問偏多　意謂問「超佛越祖」之談的禪宗僧人很多。偏，副詞，表程度。最；很；特別。❷縫罅披離見也麼　謂問「超佛越祖」之談的禪宗僧人卻不知道自己縫隙顯現，漏洞百出。縫罅，空隙。披離，分開的樣子。❸餬餅絚來猶不住　意謂雲門文偃拿一個餬餅塞縫補漏，還是塞不住這位僧人的嘴。絚，塞；不通。❹木槵子　落葉亞喬木，種子可作念珠之用。印度古來即以木欒子（木槵子之一種）製為念珠，故《木槵子經》載，欲滅煩惱和業報之障，須貫木槵子一百零八顆，常行攜帶之。在中國，初唐之時即以之製成念珠，作為稱名念佛之用。❺至今天下有誵訛　意謂直至如今，天下不知有多少禪宗僧人，或在餬餅上作文章，或去超佛越祖上作道理，豈不是錯上加錯。❻大地忙忙愁殺人　意謂不知雲門文偃答語的用意，不知有多少禪宗僧人愁殺。忙忙，同「茫茫」。廣大而遼闊。愁殺，謂使人極為憂愁。殺，表示程度深。❼案指架起的長方形木板。❽添枷帶鎖　喻指被知見所束縛，不得自在。

【語　譯】雪竇重顯頌古：超譚禪客問偏多，（個個出來作「超佛越祖」的見解，問「超佛越祖」的僧人多得來如麻如粟。）縫罅披離見也麼？（在說話之前就裂開縫隙了。自己拉的屎不覺得臭。）餬餅絚來猶不住，（用木珠子換掉你的眼睛。）至今天下有誵訛。（畫一個圓相說：莫非是這個嗎？咬住雲門文偃的言句不放，有什麼出頭之日？大地茫茫愁死人！舉手就打。）

圜悟克勤評唱：「超譚禪客問偏多」，這句頌詞的意思是說，一般的禪宗僧人偏愛發問，糞坑上頭去問佛法，賣豬肉的攤子上也去問佛法，咬住言句不放，能找到超佛越祖的禪法嗎？有的人畫圓相，簡直就像土上加泥一樣增添一層癡迷，又像被枷鎖束縛住不得自由。

「縫罅披離見也麼」，這句頌詞的意思是說這位僧人提的問題大有漏縫。由於雲門文偃看到這位僧人問處有漏縫，所以拿「餬餅」遮攔漏縫，把它塞住，這位僧人還是不肯就這樣停下來，還要問個明白。所以雪竇重顯說：「餬餅絚來猶不住。」到現在天下的人還在犯這樣的錯誤。

現在的禪宗僧人只管從通常的思路上對「餬餅」作出解釋，不然就在「超佛越祖」上頭去推理揣摩，妄作解釋。既然不在「餬餅」和「超佛越祖」這兩頭上妄作解釋，那到底又在什麼地方解釋呢？三十年之後，等我脫胎換骨回來，再對你說。

【說　明】雲門文偃的答語「餬餅」，其用意在於用「餬餅」堵住問話僧人的是非分辨之嘴，使他無話可說，從而返觀自性。這位僧人自以為有超佛越祖的功力，其實屬於狂禪之輩。他越是這樣問，越是顯得功力淺薄，被表面現象所束縛。自以為達到了捨棄佛見（拘泥於佛義的見解）與法見（拘泥於法義的見解）的佛之上的境界，至多只是一種形式上的膚淺之見，根本無濟於事。

「餬餅」意指「超佛越祖」是無意義的言句，如同趙州從諗的「吃茶」一樣，因此禪門中有「趙州茶、雲門餅」的說法。禪最終要回歸到日常生活中去，也就是說：禪就在穿衣吃飯，屙屎送尿等日常生活之中，根本就沒有什麼「超佛越祖」之談。「餬餅」對於飽者來說實在無味，對於饑者來說大可飽腹，這也是極平常的事。言外之意，平常心是道。

雪竇重顯頌道：「超譚禪客問偏多，縫罅披離見也麼？」指出問什麼是超佛越祖之談有著很大的漏洞。「餬餅埿來猶不住，至今天下有誵訛。」儘管雲門文偃用餬餅來堵漏洞，參禪者還是不斷地追問，以致錯到現在。這首頌古的言外之意，就是認為問超佛越祖之談是參禪的弊病，只有明心見性，才能認識到這一點。

第八三則　開士入浴

【題解】這則公案記述跋陀婆羅與十六開士（菩薩）沐浴時，因水悟道的因緣。據《首楞嚴經》卷五所載，跋陀婆羅與同伴十六開士於浴漕中沐浴，因為水的浸潤性及透明性，得妙觸宣明，成佛子住，懂得了七通八達、四面八方攻破敵陣的活手段，能夠逆順縱橫，自由自在，不為煩惱所束縛。

舉

古有十六開士❶，（成群作隊，有什麼用處？者一隊不唧嚁漢！）

於浴僧時，隨例❷入室。（撞著露柱❸，漆桶作什麼？）

忽悟水因。（惡水驀頭澆❹。）

諸禪德❺，作麼生會他道「妙觸宣明，成佛子住」❻？（更不干別人事❼，作麼生會他？撲落❽非他物，諸佛祖師，天下衲僧，者裡摸索不著，兩頭三面❾作什麼？）

也須七穿八穴❿始得。（一棒一條痕，莫辜負山僧好。又撞著露柱。）

【注釋】❶十六開士　指顯教經論中普遍列舉的十六位求正道的居士菩薩。即賢護、寶積、星德、帝天、水天、善力、大意、殊勝意、增意、善發意、不虛見、不休息、不少意、導師、日藏、持地等菩薩。開士，指開正道，以引導眾生者；特指菩薩。因為菩薩明解一切真理，能開導眾生悟入佛之知見，故有此尊稱。開，明達之意。❷隨例　按照慣例。❸撞著露柱　意謂這些人一向是瞎漢。❹惡水驀頭澆　喻指污垢脫去。❺禪德　對禪宗僧人的尊稱。❻妙觸宣明二句　意謂絕妙、明快的感觸頓生時，就是住佛地、成佛功業了。佛子，信順佛之教法，而承其家業者，即欲成佛而使佛種不斷絕者。是大乘用作菩薩的美稱。又指佛教徒受大乘菩薩戒者。❼更不干別人事　因為有自己證悟的境界。❽撲落　摔落；跌落。❾兩頭三面　謂既說「妙觸宣明」，又說「成佛子住」。❿七穿八穴　謂逆順縱橫，自由自在。

【語　譯】舉說公案：古代有十六位菩薩，（成群結隊，有什麼用處？這一群不機靈的傢伙！）在僧眾沐浴的時候也照例入室沐浴。（撞著露柱了，這些漆桶在做什麼？）其中的跋陀婆羅菩薩，由於感覺、看見水的浸潤性和透明性而突然覺悟。（髒水當頭澆下來了。）各位禪宗大德對這段悟道因緣怎樣領會呢？跋陀婆羅菩薩說：「妙觸宣明，成佛子住。」（更不干別人的事，怎樣理解他的意思呢？掉落的不是其他東西，諸佛祖師，天下的禪宗僧人，到這裡都摸索不著，兩頭三面做什麼？）這必須得有七通八達的手段才行。（這得一棒打下去出現一道傷痕才行，不要辜負我才好。又撞著露柱了。）

評唱

楞嚴會上，二十五聖中，跋陀婆羅菩薩❶與十六開士，各作梵行❷，乃說所得圓通❸，是二十五圓通❹之一數。因浴僧時，隨例入室，忽悟水因，云：「既不洗塵，亦不洗垢。」且道，洗箇什麼？若會得去，於中安然❺，得無所有❻，千箇萬箇，近傍不得。都無所得，是真般若❼；若有所得，是相似般若❽。

舉，二祖初見達摩云：「我心未寧，乞師安心。」達摩云：「將心來與汝安。」

二祖云：「覓心了不可得。」摩云：「與汝安心竟。」者裡是性命之根本，衲僧家總不消得許多葛藤，只消道箇「忽悟水因」，自然了得。「既不洗塵、亦不洗垢。」且道悟箇什麼？到這般田地，一點也用不得。道箇佛字，亦著不得；道箇八字❾，也不得。他道：「妙觸宣明，成佛子住。」宣則顯也、妙觸是明也。既悟「妙觸宣明，成佛子住」，即住佛地❿也。

【注釋】❶跋陀婆羅菩薩　即賢護菩薩。據《八吉祥神咒經》載，若有急疾，呼賢護等八人名字，即得解脫。命終時，此八人飛往迎之。又據《大佛頂首楞嚴經》卷五所載，跋陀婆羅入浴室而悟水因，證得無所有，基於此說，禪宗遂於浴室安置跋陀婆羅菩薩。❷梵行　即道俗二眾所修的清淨行為。以梵天斷淫欲、離淫欲者，故稱梵行。❸圓通　謂遍滿一切，融通無礙；指聖者妙智所證的實相之理。由智慧所悟之真如，其存在之本質圓滿周遍，其作用自在，且周行於一切，故稱為圓通。復次，以智慧通達真如之道理或實踐，亦可稱圓通。❹二十五圓通　謂諸菩薩、聲聞證悟的二十五種方法。眾生的機緣千差萬別，故所得圓通之法亦各自不同。二十五，謂六塵、六根、六識及七大。即：音聲、色因、香因、味因、觸因、法因、見元、息空、味知、身覺、法空、心見、心聞、鼻息、法音、身戒、心達、火性、地性、水性、風性、空性、識性、淨念、耳根。跋陀婆羅證的是觸塵圓通，即觸因。❺安然　猶泰然。心情安定貌。❻無所有　又作無所得。為「有所得」的對稱。謂體悟無相真理，內心無所執著，無所分別。反之，執著諸法差別之相，墮入有無邊邪之見，則稱有所得。諸法均由因緣所生，本無自性，以無自性，故無決定相可得，稱為無所得。此即不墮於生滅、常斷、一異、來去等四雙八計的中道正觀。❼般若　修習八正道、諸波羅蜜等，而顯現的真實智慧。明見一切事物及道理的高深智慧，即稱般若。❽相似般若　指似是而非的智慧。禪林中常以「相似」一詞貶稱似是而非的事物，如相似禪、相似禪徒、相似言語（謂似是而非的宗義）等用辭常見於禪宗語錄。❾八字　即雪山偈的後半偈「生滅滅已，寂滅為樂」。相傳釋迦牟尼前世在雪山修行，為了聽此「八字」而捨身。❿佛地　指一切種智等諸佛之法完全具備之位。

【語　譯】圜悟克勤評唱：在參與楞嚴法會的二十五位聖者中，跋陀婆羅菩薩與十六位菩薩各自修梵行，各自陳述所證得的圓通法門，這是二十五種圓通當中的一種。在僧眾沐浴的時候，跋陀婆羅菩薩也照例入室沐浴。由於感覺、看見水的浸潤性和透明性而突然覺悟。他說：「既不是洗除灰塵，也不是洗去身上的污垢。」你來說說看，到底洗去了什麼呢？你如果覺悟了，就可以做到心安理得，從而內心無所執著，千個萬個都靠近你不得。完全無所得是真實的智慧，如果有所得只是似是而非的智慧。

舉說公案：二祖慧可初見菩提達摩時說：「我的心不得安寧，請師父為我安心。」菩提達摩說：「把你的心拿來，我替你安好。」二祖慧可說：「我怎麼也找不到自己的心。」菩提達摩說：「我已經為你安好心了。」這話裡面就是各位禪宗僧人性命的根源，不需要用許多言句，只要說個「由於感覺、看見水的浸潤性和透明性而突然覺悟」就直接了當地覺悟了。「既不是洗除灰塵，也不是洗去身上的污垢。」你來說說看，到底悟了個什麼呢？悟道的人到了這種境地，絲毫都用不上，說個佛字也要避免；說八字偈語也不行。跋陀婆羅菩薩說：「妙觸宣明，成佛子住。」「宣」是顯現的意思，「妙觸」是明的意思。既然悟得「妙觸宣明，成佛子住。」那就是住「佛地」了。

而今人亦入室❶，亦洗水，亦恁麼觸，亦去垢，因什麼卻不悟？皆被塵境❷惑障❸，粘皮著骨，所以不能恁麼省悟去。若向者裡，洗亦無所得，觸亦無所得，水因亦無所得。且道，是妙觸宣明？不是妙觸宣明？若向者裡見得，便是「妙觸宣明，成佛子住。」而今亦觸，還見妙處麼？妙觸非常觸，與觸者合則為觸，離則非也。

玄沙過嶺，磕❹著腳指頭，以至德山行棒，豈不是妙觸宣明？雖然恁麼，也須是七穿八穴始得。若向身上摸索，有什麼交涉？你若七穿八穴去，何必入浴？於一毫端現寶王剎❺，坐微塵❻裡，轉大法輪❼。一處❽透得，千處百處一時透。莫守一窠一窟❾，一切處都是觀音入理之門❿。古人亦有聞聲悟道，見色明心⓫。所以道，一切處皆是古人發機⓬之地。若一人悟去則故是，為什麼十六開士一時悟去？所以古人同修同得、同證同悟、同行⓭同解⓮。

雪竇拈他教意⓯，教人去「妙觸宣明」處會取。雪竇出他教意外頌出，免得人去教綱裡，籠罩半醉半醒，要令洒洒落落。

【注釋】❶入室　比喻學問或技藝得到師傳，造詣高深。❷塵境　指心的對象，即色、聲、香、味、觸、法等六境。❸惑障　謂眾生被貪欲、瞋恚、愚癡等迷惑，使根性昏鈍而障蔽正道。❹磕　敲擊；碰撞。❺寶王剎　佛土之意。寶王，佛的尊稱。剎，指國土，或合梵漢稱為「剎土」。❻微塵　即眼根所取最微細之色。❼轉大法輪　宣講佛法之意。轉，說示宣演之意。法輪，對於佛法的喻稱。以輪比喻佛法，其義有三：㈠摧破之義，因佛法能摧破眾生之罪惡，猶如轉輪聖王之輪寶，能輾摧山嶽岩石，故喻之為法輪。㈡輾轉之義，因佛之說法不停滯於一人一處，猶如車輪輾轉不停，故稱法輪。㈢圓滿之義，因佛所說之教法圓滿無缺，故以輪之圓滿喻之，而稱法輪。❽一處　指心源。❾莫守一窠一窟　意謂何止是入浴而得妙觸。❿觀音入理之門　觀音菩薩從聲塵得圓通。入理，謂領悟佛理。⓫聞聲悟道二句　聞聲悟道，乃憑耳之機緣而悟道。見色明心，謂徹見自己本具之心性，即憑藉五官中眼之機緣而透見本性。此語係源自禪林中的兩則公案：唐代靈雲禪師因睹桃花而明心見性，香嚴智閑禪師因偶聞擊竹之聲而豁然悟道。色，佛教指一切可以感知的物質存在。⓬發機　發示禪機。⓭行　修行之意，即依循教理而實踐躬行。⓮解　知解、智解、認知，即從各種見聞學習而領解教理。⓯教意　以教禪相對，故天台、真言等諸家之意，稱為教意。

【語譯】現在的僧人既入佛門學法，也入水洗澡，同樣是接觸水，也同樣是去除污垢，為什麼就不能覺悟呢？這都是由於被塵境迷惑而受到障礙，修行仍然是連皮帶骨，所以不能像跋陀婆羅菩薩這樣覺悟。如果從這裡洗浴無所得，接觸萬物也無所得，水因也無所得。你來說說看，是妙觸宣明呢？或者不是妙觸宣明呢？你如果能從這裡認識到，那就是「妙觸宣明，成佛子住。」現在的人也同樣的「觸」，但你能看得出神奇美妙之處嗎？妙觸並不是平常的「觸」；是和「觸的事物」相合才是「觸」，相離的話那就不是了。

玄沙師備有一次路過一座山嶺的時候，碰著了腳趾頭，乃至德山宣鑒行棒行喝，這一切難道不是妙觸嗎？儘管這樣，也必須得有七通八達的手段才行。如果只向自身上摸索，那與參禪有什麼關係？你如果能七通八達，靈活地轉去，那又何必入浴？從一根毫毛的端頭上能夠顯現出佛國淨土，坐在微塵裡也能宣講佛法。所以只要參透得心性一處，千處萬處一齊參透，不要死守著某一個洞，某一個窩，所有的地方都是觀音菩薩入理之門，從前的禪師有的聽見石頭擊中竹子聲音就能悟道，有的看見桃花盛開就能明瞭心性。所以說，一切地方都是從前的禪師發示禪機之處。如果只是跋陀婆羅菩薩一個人開悟了，那還說得過去，可是在這則公案中為什麼十六位菩薩同時開悟了呢？由此可以看出從前的禪者往往是同修同得、同證同悟、同行同解。

雪竇重顯在這裡拈出經教中的道理，教人從「妙觸宣明」處領會其中的道理。雪竇重顯這首頌古跳出經教之外，免得人們被經教束縛得半醉半醒，從而使人們能夠洒洒落落，自在無礙。

頌

了事❶衲僧消❷一箇，（現有一箇，朝打三千、暮打八百，跳出金剛圈❸，一個也不消得。）

長連牀上展腳臥❹；（果然是箇瞌睡漢❺，論劫❻不論禪。）

夢中曾說悟圓通，（早是瞌睡，更寢語，你卻夢見。）

香水洗來驀❼面唾。（咄！土上加泥，又添得一重。莫來痾我淨地上❽！）

評唱

「了事衲僧消一箇」，且道，了得什麼事？作家禪客，聊聞舉著，剔起便行。似恁麼衲僧，只消一箇；用十六箇，成群作隊作什麼？

「長連牀上展腳臥」，古人道：「明明無迷悟，悟法即成迷；長舒兩腳臥，無悟亦無迷。」胸中無一事，飢來喫飯、困來打眠。雪竇意道，你若說入浴悟「妙觸宣明」，在者般無事衲僧分上，只似夢中說夢。所以道：「夢中曾說悟圓通，香水洗來驀面唾」，正是惡水驀頭澆，更說什麼「悟圓通」？雪竇道，似這般漢，正好驀頭驀面唾。山僧道：土上加泥又一重！

【注釋】❶了事　明白事理。這裡指了卻大事，不知有朝暮，放下一切。❷消　需要。❸金剛圈　喻指禪家機語、古人公案。❹長連牀上展腳臥　形容非常快活的樣子。長連牀，禪寺僧堂中的大床，供僧眾坐禪休息之用。展腳，伸腳。❺果然是箇瞌睡漢　意謂永遠不知迷與悟。瞌睡漢，指愚鈍糊塗者。❻論劫　以劫為單位來計數，指極為久長的時間。❼驀　冒，衝上來。❽莫來痾我淨地上　喻指不要到離言句的境地上吐文字語言。

【語　譯】雪竇重顯頌古：了事衲僧消一箇，（現在有一個雪竇重顯是了事禪僧，早上打三千棒，晚上打八百棒，跳出金剛圈，一個也不需要。）長連牀上展腳臥；（果然是一個瞌睡漢，永遠不要和他談論禪法。）夢中曾說悟圓通，（雪竇重顯已經在打瞌睡了，現在又在說夢話，你夢見了什麼。）香水洗來驀面唾。（咄！說圓通已經是土上加泥了，雪竇重顯這樣頌好比是又增添了一層癡迷。不要到我的淨土上來拉屎！）

圜悟克勤評唱：「了事衲僧消一箇」，你來說說看，悟了個什麼事呢？一位大機大用的禪師，只要一聽見舉說公案，即刻就能悟道。像這樣的禪宗僧人只要一個就夠了；何必用十六個，成群結隊做什麼呢？

「長連牀上展腳臥」，從前的禪師說：「明明無迷悟，悟法卻成迷；長舒兩腳臥，無悟亦無迷。」所以只須胸中無一事，餓了只管吃飯，睏了只管睡覺。雪竇重顯的意思是說，你如果說入浴的時候悟得「妙觸宣明」，在這種「無事」的禪宗僧人看來，就像在睡夢中說夢話一樣。所以說「夢中曾說悟圓通，香水洗來驀面唾」，正是髒水突然迎面澆來，還說個什麼「悟圓通」呢？雪竇重顯認為對於這種說夢話的人，應該猛地朝著他的面孔吐口水。我認為這樣做也是土上加泥，又增添一重癡迷，多此一舉。

【說　明】悟道的因緣、機會無時不有，無處不在。眼觀桃花是色因；小石擊竹是聲緣；此外，還有水因、火因。也可以把它們統稱為觸因、觸緣。一切皆有時節因緣，你無法得知何時開悟，所以每一個人都要盡心修持，不可懈怠一刻。佛經中雖然說「欲知佛性要義，當觀時節因緣」，而且見性確實也依賴於時機，但切切不可忘記定力與精進成正比。定力強者必悟無疑。

雪竇重顯頌古的意思是說：大徹大悟的禪宗僧人，只要一個就夠了。這樣的人心中無一事，甚至連悟的境界也不存在，所以能夠饑來吃飯睏來眠。在大徹大悟的禪宗僧人看來，所謂香水洗浴悟圓通，就像說夢話一樣。當他聽到這樣的夢話時，就會對著說夢話者的臉吐一口唾沫，唾棄他所謂的「妙觸」之理。雪竇重顯這樣說的目的就是要人們不要被經教束縛得動彈不得。

第八四則　投子佛聲

【題解】投子大同通過「一切佛聲」之問，打破文字執著的一切計較分別。提問的僧人舉出「一切聲是佛聲」與「麤言及細語，皆歸第一義」二句，問其義之對錯，投子大同均給予肯定的答覆，拈提「即文字之平等一味之禪」之旨。但這位僧人執著文句，墮入惡平等之見，乃以𡱁沸、碗鳴聲亦是佛聲，呼和尚為一頭驢亦歸第一義來反問投子大同，投子大同則用棒打來使這位僧人放下偏執。

示眾

大用現前，不存軌則；活捉生擒，不勞餘力❶。且道，是什麼人會？舉看。

舉

僧問投子：「一切聲是佛聲，是否？」（也解捋虎鬚。青天轟霹靂❷，屎臭不聞❸。）

投子云：「是。」（賣身與你了也❹，拈放一邊，是何心行❺？）

僧云：「和尚，莫𡱁❻沸❼碗鳴聲？」（只見錐頭利，不見鑿頭方❽。道什麼？果然納敗缺❾。）

子便打。（著，好打。放過即不可。）

又問：「麤言及細語，皆歸第一義，是否？」（第二回弄虎鬚⑩，東西南北有影有響，抱贓叫屈⑪。）子云：「是。」（又是賣身與你了也。陷虎之機，什麼心行？）僧云：「喚和尚作一頭驢得麼？」（只見錐頭利。雖有逆水之波，亦是頭上無角、含血噴人⑫。）子便打。（著，不可放過。因什麼休去？好打。）

【注　釋】❶活捉生擒二句　謂行棒的手段始終同出一轍。❷青天轟霹靂　虛張聲勢之意。「一切聲是佛聲」是《涅槃經》中的偈語，僧人拈來問投子大同，想借此挫敗投子大同。青天，指天。其色藍，故稱。霹靂，響雷；震雷。❸屎臭不聞　喻指不自量力。❹賣身與你了也　意謂不顧惜因使用言辭說教而遭受懲罰。❺心行　變動不居之心。心以流行於事相為作用，故稱。❻莫　副詞。表示揣測。或許；大約；莫非。❼㞘　屁股。❽只見錐頭利二句　謂這位僧人只看見投子大同老實的一面，卻不知他有陷虎之機。❾果然納敗缺　意謂這位僧人見地不高，且口吐粗言。❿第二回弄虎鬚　意謂不改軌轍，再置此問，處境危險。⑪抱贓叫屈　謂這位僧人第一回提問被打敗之後，第二回還是這樣問，就像抱著贓物不放卻口說冤枉一樣。⑫含血噴人　喻指不知道自己見地的暗昧，因為含血噴人，所以自己的嘴先髒。

【語　譯】圜悟克勤開示：各人自己在現時現刻運用禪機，並沒有一定規則的限定和束縛；生擒活捉，一點也不費力。你來說說看，是什麼樣的人曾經這樣做過呢？我舉說一則公案來給你們看看。

舉說公案：有一位僧人問投子大同：「宇宙之間的一切聲音都可以說是佛祖釋迦牟尼說法的聲音嗎？」（這位僧人也知道來摸老虎的鬍鬚。晴天一聲響雷，自己拉的屎都不知道有多臭。）投子人同回答說：「是的。」（把整個身體都賣給你了，拿起來放在一邊，這是什麼心行？）這位僧人又問：「師父，放屁的聲音、飯碗之間碰來碰去的聲音，莫非也是佛祖說法的聲音嗎？」（這位僧人只看見錐頭的鋒利，卻沒有看見鑿頭的方正。有什麼好問的？果然是投子大同的手下敗將。）投子大同舉手就打了這位僧人一棒。（打中了，打得好。不可放過。）這位僧人接著又問：「粗言和細語，兩者都不違背佛法的第一義，這樣說對嗎？」（這是第二回摸老虎的鬍鬚了，東西南北有影子也有回聲，手中抱著贓物，口裡喊著冤屈。）投子大同回答說：「是的。」（又是把整個身體都賣給你了。這種禪機能使老虎掉進陷阱裡，什麼心行？）這位僧人說：「把師父叫做一頭驢子可以嗎？」（又是只看見錐頭鋒利。這位僧人雖然有像活龍一樣倒翻波浪的禪機，可惜的是頭上無角，含血噴人。）投子大同又打了這位僧人一棒。（打中了，不可放過。為什麼要停下來？應該一直打下去。）

評唱

投子實頭，得逸群❶之辯。凡有致問，開口便見膽，不費纖毫力，坐斷他舌頭，可謂運籌帷幄，決勝千里。者僧將聲色佛法見解貼在額頭上❷，逢人便問。投子來風深辨，者僧知投子實頭，合下❸作箇圈圚，教投子入來，所以有後語。投子有陷虎之機，釣他後語出來。這僧去他答處便道：「和尚，莫㞘沸碗鳴聲？」果然一釣便上❹。若是別人，不奈者僧何。投子具眼，隨後便打。咬豬狗底手腳❺，還他作家始得。左轉也隨他阿轆轆地、右轉也隨他阿轆轆地。者僧既是做箇圈圚，要來捋虎鬚，殊不知投子更在他綣繢❻頭上。便打，這僧可惜許，有頭無尾。當時待他拈棒，便與掀倒禪牀，直饒投子全機，也須是倒退三千里。

又問：「麤言及細語，皆歸第一義，是否？」投子亦云：「是。」一似前頭一般。僧云：「喚和尚作一頭驢得麼？」子便打。者僧雖然作窠窟，也不妨奇特。若是禪牀上老漢，頂門上無眼、肘後無符，也難折倒他。投子有轉身處，者僧既作箇道理，要攙令行，他卻到令行，依舊不奈投子老漢何。不見巖頭云：「若論戰也，箇箇立在箭鋒。」投子放去太遲，收來太疾。這僧若解轉身吐氣，豈不作得箇口似血盆底漢？衲僧家一不做、二不休，他既不能返，被投子穿卻鼻孔。

【注釋】❶逸群　超群；出眾。❷者僧將聲色佛法見解貼在額頭上　意謂這位僧人把這種見解作為自己的面目。❸合下　即時；當下。❹果然一釣便上　謂這位僧人把偏見利舌掛在鼻尖上，卻不知投子大同鑿頭方正，終於掉進陷阱而不得出來。❺咬豬狗底手腳　喻指本色在行的禪師接引學人或較量機鋒，不講情面，手段奇特。❻綣繢　同「圈圚」。圈套。

【語譯】圜悟克勤評唱：投子大同是一個實心眼的人，的確具有超群出眾的辯才。凡是有人提出問題來問他，他開口總是直截了當，言簡意賅，毫不費勁地截斷對方的話頭，使其啞然失語，真可稱得上是「運籌於帷幄之中，決勝於千里之外。」這位僧人把聲音、物質就是佛法的見解時時掛在嘴邊，逢人就提出來發問。投子大同深知他問話的用意，這位僧人也知道投子大同的脾性，當即做個圈套讓投子大同掉進來，所以又有後面的話頭。投子大同卻使出足以讓老虎掉進陷阱的禪機，把這位僧人後面的言句引出來。於是這位僧人接著又說：「師父，放屁的聲音、飯碗之間碰來碰去的聲音，莫非也是佛祖說法的聲音嗎？」果然一釣就上鉤了。如果換了別人，就會對這位僧人無可奈何。投子大同是一個具有法眼的人，接著就打了過來。這種咬豬狗的手段，還得像投子大同這樣機用傑出的大禪師才做得到。向左轉是轉動自如，向右轉也是轉動自如。這位僧人既然做了一個圈套，要來摸老虎的鬍鬚，竟然不知道投子大同更在他的圈套之上打他。可惜的是，這位僧人有頭無尾。他如果在投子大同拿木棒的時候，當場就推倒禪床，儘管投子大同能施展全機大用，碰到這種情況，也得倒退三千里。

這位僧人又問：「粗言和細語，兩者都不違背佛法的第一義，這樣說對嗎？」投子大同回答說：「是的。」和前面的回答沒有什麼兩樣。這位僧人又問：「把師父叫做一頭驢子可以嗎？」投子大同又打了他一棒。這位僧人雖然沒有活的禪機作略，但提出的問題卻很奇特。如果坐在禪床上的這位老漢，是一個腦門上沒有法眼、脅下沒有護身符的人，那是很難折服他的。投子大同有轉身自在的活路，這位僧人想辦法要讓他落入用言句說義理概念的圈套，奪過他的禪機來反戈一擊，最終還是對投子大同無可奈何。巖頭全豁說：「如果要論法戰的話，個個都要站在箭鋒之處。」投子大同放出去太慢，收回來太快。這位僧人當時如果懂得轉身吐氣，那豈不是像一個有著血盆大口的傢伙嗎？禪宗僧人應該是一不做，二不休，他既然不能反擊，那就只好被投子大同穿住鼻孔了。

頌

投子！投子！（灼然，天下無者實頭老漢也。教壞人家男女。）

機輪無阻❶。（有什麼奈何他處？也有此子。）

放一得二❷，（換卻你眼睛，向什麼處見投子❸？）

同彼同此❹。（恁麼來也喫棒，不恁麼來也喫棒❺，闍黎替他喫棒，好打。）

可憐無限弄潮人，（叢林中放出一箇半箇❻，放過者漢，天下衲僧要恁麼去。）

畢竟還落潮中死❼。（可惜許。爭奈出者圈圚不得。愁人莫向愁人說，說向愁人愁煞人。）

忽然活，（禪牀振動，驚殺山僧，倒退三千里。）

百川倒流鬧聒聒❽。（嶮！徒勞佇思❾，山僧不敢開口，拗折拄杖始得❿。）

【注釋】❶機輪無阻　喻指投子大同超群出眾的機辯自在無礙。❷放一得二　一棒兩處用得之意。❸向什麼處見投子　謂投子大同的禪機放不在放處，收不在收處，放收自在，不見蹤跡。❹同彼同此　謂這位僧人兩次致問，投子大同的答語一樣，使用的手段也一樣。❺恁麼來也喫棒二句　意謂放行把住都要吃棒。❻叢林中放出一箇半箇　意謂在禪師面前班門弄斧者不多。❼可憐無限弄潮人畢竟還落潮中死　喻指這位僧人用盡伎倆，最終還是死在投子大同的言句之中。弄潮人，指朝夕與潮水周旋的水手或在潮中戲水的人。喻指有勇敢進取精神的人。❽忽然活百川倒流鬧聒聒　意謂這位僧人忽然活過來了，何止投子大同要倒退，就是百川也要倒流。聒聒，水流聲。❾徒勞佇思　意謂倒流處進前退後都不行。徒勞，空自勞苦；白費心力。佇思，沉思；凝思。❿拗折拄杖始得　意謂投子大同也得繳械投降。

【語譯】雪竇重顯頌古：投子！投子！（顯然天下沒有這樣實心眼的老漢。雪竇重顯這樣頌，顯然是教壞人家的子女。）機輪無阻。（投子大同的機輪飛轉，天下的人都對他無可奈何。雪竇重顯這樣稱讚投子大同，還有點眼光。）放一得二，（換掉你的眼睛，到什麼地方去見投子大同？）同彼同此。（這樣來也要吃棒，不這樣來也要吃棒，如果雪竇重顯替這位僧人吃棒，我就要打雪竇重顯。）可憐無限弄潮人，（禪林中放出一個半個這樣不自量力的人，放過這傢伙，天下的禪宗僧人都像這位僧人一樣。）畢竟還落潮中死。（可惜的是這位僧人棒打之下還活不過來。怎奈他跳不出這個圈套。心懷憂愁的人不要對心懷憂愁的人說，說給心懷憂愁的人聽更要愁死人。）忽然活，（禪床振動，把我嚇一大跳，倒退三千里。）百川倒流鬧聒聒。（險！白費心思，在這樣的活人面前，我也不敢開口。投子大同也要拗斷拄杖才行。）

評唱

「投子！投子！機輪無阻。」投子尋常道：「你道投子實頭；忽然下山三步，有人問：『如何是投子實頭處？』你又作麼生祇❶對？」古人道：「機輪轉處，作者猶迷。」他機輪轉轆轆地，全無阻隔。所以雪竇頌他，「放一得二」。

不見僧問投子：「如何是佛法？」子云：「佛法。」「如何是法中法？」子云：「法中法。」投子接人，常用此機，只是一箇是字，兩回打他。所以雪竇道：「同彼同此」，此頌投子也。

末後頌者僧，「可憐無限弄潮人」，道「和尚莫㞘沸碗鳴聲」，又云：「喚和尚作一頭驢得麼」，是弄潮處。者僧作盡伎倆，依舊落在投子句中，便打，是「畢竟還落潮中死」。雪竇出者僧云：「忽然活」，適來便與掀倒禪牀，投子也須倒退三千里，直得「百川倒流鬧㶁㶁」。非唯❷禪牀震動，亦乃山川岌㟞❸，天地陡❹暗。苟忽一一如此，山僧且打退鼓。諸人且道，向什麼處安身立命？

【注釋】❶祇　適；恰。❷非唯　不只；不僅。❸岌㟞　傾頹貌。❹陡　頓時；突然。

【語譯】圜悟克勤評唱：「投子！投子！機輪無阻。」投子大同平時說：「你說投子大同實心眼；如果你下山走三步，突然有人問：『什麼是投子大同實心眼的地方？』你該怎麼恰到好處地回答呢？」從前的禪師說：

「機鋒靈活轉動之處，就是機用傑出的禪師還有迷惑不解的地方。」投子大同的機鋒轉動自如，毫無障礙。所以雪竇重顯頌他：「放一得二。」

也曾經有僧人問投子大同：「什麼是佛法？」投子大同回答說：「佛法。」僧人又問：「什麼是佛法之中的佛法？」投子大同回答說：「佛法之中的佛法。」投子大同在接引參學者的時候常常使用這樣的機鋒，回答這位僧人的時候只說一個「是」字，兩次棒打他。所以雪竇重顯說：「同彼同此。」這是在頌投子大同。

最後是在頌這位僧人，「可憐無限弄潮人」，這位僧人說：「師父，放屁的聲音、飯碗之間碰來碰去的聲音，莫非也是佛祖說法的聲音嗎？」又說：「把師父叫做一頭驢子可以嗎？」這些話是弄潮之處。這位僧人用盡了手段，仍舊掉進投子大同言句的陷阱之中。他挨了投子大同的打，是「畢竟還落潮中死」。雪竇重顯想救出這位僧人，說「忽然活」，指的是這位僧人一活過來就要推倒投子大同的禪床，投子大同也得倒退三千里，弄得「百川倒流鬧湉湉」。不僅僅是禪床震動，甚至山河倒塌，天地隨之昏暗無光。如果真的是這樣，那我只好打退堂鼓了。各位說說看，到什麼地方去尋求安身立命之處呢？

【說　明】這位僧人故弄玄虛，問話時偏心眼。所謂偏心眼，就是說出自一人一己之短見。為了從根本上蕩除參禪者的私心短見，投子大同的做法則體現了禪匠無心的妙用：首先是肯定了僧人的提問，接著就是徹底的猛「打」。一穩一激，一馳一張，遊刃有餘。

投子大同的禪機從表面看上去似乎比較樸實，其實深不可測，達到了爐火純青的地步。正如圜悟克勤在示眾中讚歎的那樣：「大用現前，不存軌則；活捉生擒，不勞餘力。」雪竇重顯頌古的前四句讚歎投子大同妙用無窮的禪機，後四句頌問話的僧人。「可憐無限弄潮人，畢竟還落潮中死。」這位僧人敢於和投子大同鬥機鋒，這就是他的「弄潮」之處。不料這位僧人用盡手段，仍舊敗在投子大同的手下。不過雪竇重顯還想救活這位僧人，「忽然活，百川倒流鬧湉湉」，意謂如果這位僧人推倒禪床的話，不僅投子大同要敗倒在他腳下，就連百川也要倒流。

第八五則　趙州孩子

【題　解】圜悟克勤評唱說：「初生孩子，雖具六識，眼能見、耳能聞，只是不能分別六塵，是非、好惡、長短總不知。」意謂嬰兒無分別取捨之心。趙州從諗的答語「急水上打毬子。」意謂念念不停流，暗示無拘無束、自由自在的境界。這種境界就是嬰兒無分別取捨之心的境界。

舉

僧問趙州和尚：「初生孩子，還具六識❶也無？」（閃電之機❷，說什麼初生孩子？過！）

州云：「急水上打毬子❸。」（要驗過，俊❹鶻趁不及。）

僧復問投子：「急水上打毬，意旨如何？」（也是作家同驗，還會得麼？過也。）

投子云：「念念❺不停流。」（打葛藤漢。）

【注　釋】❶六識　指六識或八識中的第六識，即意識。依唯識宗之說，眼、耳、鼻、舌、身等前五識各緣色、聲、香、味、觸等五種對境，然此五識僅由單純的感覺作用來攀緣外境，而不具有認識、分別對境的作用；第六意識始具有認識、分別現象界所有事物的作用，故又稱分別事識；乃前五識共同所依據者。❷閃電之機　比喻禪機之神速、猛烈。❸急水上打毬子喻指法法不住處，閃電不及。毬，古代泛稱遊戲用球類。最初以毛糾結而成，後以皮為之，中實以毛或充以氣。❹俊　雄健；英武。❺念念　即剎那，意謂極其短暫的時間。經典中常以念念一詞，形容現象界生、住、異、滅的遷流變化。

【語　譯】舉說公案：有一位僧人問趙州從諗：「一個剛出生的嬰兒，還具有意識嗎？」（禪機像閃電一樣快，說什麼剛出生的嬰兒？已經錯過禪機了。）趙州從諗回答說：「意識的遷流生滅，就像在急水中擊球一樣。」（要勘驗過這位僧人，這禪機就是矯健的雄鷹也追趕不上。）

這位僧人不解其意，又去問投子大同：「趙州禪師說『意識的遷流生滅，就像在急水中擊球一樣。』這句話是什麼意思？」（也要禪師一道勘驗，還明白嗎？錯過禪機了。）投子大同回答說：「一念一念，流逝不停。」（用言句來表達禪法的傢伙。）

評唱

此六識，教家❶立為正本❷。山河大地、日月星辰，因其所生，來為先鋒、去為殿後❸。古人道：「三界唯心❹，萬法唯識❺。」若證佛地❻，六識轉為四智❼，教家謂之「改名不改體❽」。根塵識❾是三，前塵❿元不會分別⓫。勝義根⓬能發識⓭，識能顯色⓮分別，只是第六意識，第七末那識⓯，能去執持⓰世間⓱一切影響⓲事，令人煩惱，不得自在。第八謂之阿賴耶識⓳，亦云「含藏識」，含藏一切善惡種子。

者僧知教意，將來問趙州，云：「初生孩子，還具六識也無？」初生孩子，雖具六識，眼能見、耳能聞，只是不能分別六塵⑳，是非、好惡、長短總不知。學道人，須要復如嬰孩，榮辱功名、違情順境㉑，都動他不得。眼見色如盲、耳聞聲如聾，如癡㉒如兀㉓，其心不動，如須彌山。者箇是衲僧真實㉔得力處。古人道：「衲被懞頭萬事休。」此時山僧都不會。若能如是，方有少分與古人相應。雖然如此，爭奈一點也瞞他不得，依舊山是山、水是水，無造作㉕，無緣慮。如日月運於太虛，未嘗暫止，亦不道我有許多名相㉖，如天普蓋，似地普擎㉗。為無心故，所以長養㉘萬物，亦不道我有許多功行㉙。天地為無心㉚故，所以長久；若有心㉛，則有限。得道㉜之人亦復如是，於無功用㉝中施功用㉞。一切違情順境，皆以慈心攝受㉟。到者裡，古人尚自呵責㊱道：「了了了時無可了㊲，玄玄玄處亦須呵㊳。」又云：「入聖超凡㊴不作聲，臥龍長怖碧潭清㊵。人生若得長如此，大地那能留一名㊶？」然雖恁麼，更須跳出窠窟始得。

【注釋】❶教家　指依大小乘的經論等言教而建立的教宗，如天台宗、唯識宗、華嚴宗等，相對於禪家而言，稱之為教家。❷正本　端正其本源、根本。❸殿後　泛指居後。❹三界唯心　謂三界（欲界、色界、無色界）所有現象皆由一心所變現。全稱三界唯一心。即心為萬物之本體，此外無別法，凡三界生死、十二緣生等諸法，實是妄想心所變作。❺萬法唯識　謂宇宙萬物皆心識之動搖所現之影像，內外二界，物質非物質，無一不是心識所變。能變識有八，所變法則森羅萬象。❻佛地　謂超脫生死、滅絕煩惱的境界。❼四智　指四種智慧。為唯識宗所立。即將有漏的第八識、第七識、第六識，及前五識分別轉變為四種無漏智，即大圓鏡智、平等性智、妙觀察智、成所作智。這裡說「六識」轉為四智，不確。❽改名不改體　謂識改智不改其體。❾根塵識　又稱「根境識」，即有發識取境之作用者，稱為根；所緣者，稱為塵（境）；能緣者，稱為識。五根、五塵（境）、五識等，稱為前十五界；六根、六塵（境）、六識等，則稱十八界。例如眼識以眼根為所依，色境為其所緣。又如意識以意根為所依，法境則為其所緣。❿前塵　謂當前由色、香、聲、味、觸、法六塵組成的非真實的境界。⓫分別　推量思惟之意。即心及心所（精神作用）對境起作用時，取其相而思惟量度之意。⓬勝義根　又稱正根。小乘有部等將眼耳鼻舌身五根分為扶塵根與勝義根，扶塵根即指眼球、耳穴、鼻柱等可見部分，勝義根則以扶塵根為所依處，以地水火風四大種所造之淨色為體，具有發識取境之作用。⓭識　乃謂分析、分類對象而後認知的作用。依唯識宗解釋，我們能識別、了別外境，乃因識對外境的作用所顯現，故於此狀態之識稱為表識、記識。⓮顯色　指顯然可見之色。為「形色」的對稱。在一切色法中，其相狀顯著，可使眼見而識別者，有十二種，即：青、黃、赤、白、雲（指龍氣）、煙（指火氣）、塵（指被風吹起之細土）、霧（指地面之水蒸氣）、影（光明被障而不得明見物體或其餘諸色）、光（指日焰）、明（指月、星、寶珠、雷等之光焰）、闇（全然無法見物）。⓯末那識　末那，為梵語音譯，意譯為意，思量之義。唯識宗將有情的心識立為八種，末那識即為八識中的第七識。此識為我執的根本，若執著迷妄則造諸惡業。⓰執持　握持；掌握；控制。⓱世間　指被煩惱纏縛的三界及有為有漏諸法的一切現象。又因「世」有遷流之義，「間」為間隔之義，故與「世界」一語同義，包含有情與國土（器世間）二者。⓲影響　影子和聲響。引申為蹤跡。⓳阿賴耶識　阿賴耶，梵語音譯。此識為宇宙萬有之本，含藏萬有，使之存而不失，故稱藏識。又因其能含藏生長萬有之種子，故亦稱種子識。由於有阿賴耶識才能變現萬有，故唯識學主張一切萬有皆緣起於阿賴耶識。⓴六塵　指色塵、聲塵、香塵、味塵、觸塵、法塵等六境。眾生以六識緣六境而遍污六根，能昏昧真性，故稱為塵。㉑違情順境　又作違境順境。感苦之境界，稱為違情（境），即與自己之身心相違悖，以致引起痛苦、不快或瞋恚之環境皆屬之。反之，感樂之境界，稱為順境。㉒癡　幼稚；天真。㉓兀　茫然無知的樣子。㉔真實　實修上所用，為「虛假不實」的對稱。身口各異，言念無實，稱為虛偽。若表裡如一，更無虛妄，則為真實。㉕造作　做作。㉖名相　為五法之一。名，指事物的名稱，能詮顯事物的本體。相，指事物的相狀。以名能詮顯事物的相狀，故稱名相。一切事物，皆有名有相，耳可聞者是為名，眼可見者是為相。然此名與相皆是虛假而非契於法之實性者，是一種方便教化的假立施設，而凡夫常分別此虛假的名相，生起種種妄想執著。㉗擎　舉起；向上托。㉘長養　乃生長、養育之意。㉙功行　功績和德行。指養育萬物。㉚無心　指解脫邪念的真心。㉛有心　謂懷有某種意念或想法。㉜得道　佛教謂修行戒、定、慧三學而發斷惑證理之智為得道，然後可以成佛。㉝無功用　不借功用之意。即不加造作，自然的作用。亦即不假借身、口、意而任運自在之道。為「有功用」的對稱。㉞功用　指假借身、口、意的動作，而修習無相觀。亦即不能任運修習無相觀，尚須藉方便加行者。㉟攝受　謂以慈悲心收取和護持眾生。㊱呵責　猶呵斥。㊲了了時無可了　謂一切了卻，更無可了，是了性亦無。㊳玄玄玄處亦須呵　意謂悟道的境界無玄妙可言。㊴入聖超凡　謂脫離凡塵，修道成佛。又謂達到登峰造極、超越凡庸的境界。㊵臥龍長怖碧潭清　喻指悟道者無心也不住。㊶人生若能長如此二句　意謂若能無心也不住，整個大地何物能留凡聖名。

【語譯】圓悟克勤評唱：這第六識，經論家把它立為根本。山河大地，日月星辰，都是因為有了意識才得以出現。意識最早產生，最後消失。從前的禪師說：「三界唯心，萬法唯識。」如果證入佛地，就把六識轉為四智，經教家把它稱之為「改名不改體」。根、塵、識這三者，前塵原來不會分別。勝義根能發生「識」的作用，「識」就能顯現可見之色的分別，這就是第六意識。第七末那識能執持世間一切塵事，常使人煩惱而不得解脫自在。第八識叫做阿賴耶識，亦叫做「含藏識」，它能含藏一切善惡的種子。

這位僧人瞭解經教的道理，所以拿這問題來問趙州從諗：「一個剛出生的嬰兒，還具有意識嗎？」剛出生的嬰兒雖然具有意識，眼睛也能看到物體，耳朵也能聽到聲音，但他對他所在的塵世還未起分別心，塵世的好壞、長短、是非、得失都不知道。學禪的人要返回到和剛出生的嬰兒一樣，一切的榮辱、功名、順境、逆境都無法使他的心動搖。眼睛雖然能看見物體，卻像瞎子一樣；耳朵雖然能聽見聲音，卻像聾子一樣，如癡如兀，他的心就像須彌山一樣毫不動搖。能做到這個地步，才稱得上是禪宗僧人真實修行的得力境界。從前的禪師說：「就像用被子蒙著頭一樣，萬事都可以大休大歇。」進入這種心智泯絕的境界，我都不會。如果真的能這樣都不會，才會有少許功夫與從前的禪師相應。儘管這樣，卻是一點也瞞不了他，山依舊是山，水依舊是水，既沒有「有心」的造作，也沒有攀緣的思慮，就像日月在天空中運行，從未停止過，也從不顯示自己有許多的名相，如蒼天普蓋著大地，如大地承載著萬物。由於日月無心而照萬物，所以養育萬物，但從不炫耀自己創造化育的功行。這是因為天地「無心」的緣故，所以它能長久；如果「有心」的話，那就有限了。得道的人也是這樣的，他往往在「無功用」的境地中施行功用。人世間一切的逆境也好，順境也罷，他都能用慈悲心愛護眾生。從前的禪師達到了這種無心的境界還要責備自己說：「了了了時無可了，玄玄玄處亦須呵。」又說：「入聖超凡不作聲，臥龍長怖碧潭清。人生若得長如此，大地那能留一名？」不過一個修行者即使到了這種境界，還要能跳出這窠臼才行。

豈不見教中道：「第八不動地❶菩薩，以無功用智❷，於紅塵❸裡轉大法輪。於一切時❹中，行住坐臥，不拘得失，任運❺流入薩婆若海❻。」衲僧到者裡，都無執著❼，隨時自在。遇茶喫茶，遇飯喫飯。者箇向上，著箇定❽也不得、著箇不定也不得。石室行者❾云：「哆哆和和❿，初生孩子。」

南泉道：「老僧十八上⓫，解作活計⓬。」趙州道：「我十八上，解破家散宅⓭。」又道：「我在南方行腳時，除粥飯二時⓮是雜用心處⓯。」曹山問僧：「菩薩定中，聞香象渡河⓰瀝瀝⓱地。」僧云：「和尚流也。」山云：「灘下接取。」

《楞嚴經》云：「湛⓲入合湛，歸識⓳邊際。」《楞伽經》云：「相⓴生執礙，想生妄想㉑，流注生㉒則逐妄流轉。」若到無功用地㉓，猶在流注相中，須是出得第三流注生相，方始自在。所以溈山問仰山云：「寂子如何？」仰山云：「和尚問他㉔見解㉕？問他行解？若問他行解，某甲不知；若是見解，如一瓶水注一瓶水㉖。」若能如此，方可為一方㉗之師。

趙州云：「急水上打毬子。」早是轉轆轆地，更向急水上打毬時，眨眼便過。《楞嚴經》云：「如急流水，望為恬靜㉘，流急不見，非是無流。」如遠望水。水本流急，為水紋細，故似恬靜。趙州答處，意類如此。其僧問投子：「急水上打毬子，意旨如何？」子云：「念念不停流。」自然與他問處恰好，答得只似一箇相似。古人不消計較，才聞便知落處了也。孩子六識，雖然無功用，「念念不停流」，如密水流。投子恁麼答，可謂深辨來風。

【注釋】❶第八不動地　指不斷生起無相智慧，絕不為煩惱所動的覺位。❷無功用智　指八地以上的菩薩，不借加用之功，自然契於真性之智。大乘菩薩十地中，八地以上為無功用地，得任運無功用智，自在利生，其念無退。❸紅塵　佛教稱人世為「紅塵」。❹一切時　指自無始以來凡有心法之時必相續無間之法。❺任運　指非用造作以成就事業。亦即隨順諸法之自然而運作，不假人之造作之義。與「無功用」同義。一般以七地及七地以前為有功用，八地以上則為無功用而任運自然。❻薩婆若海　以海比喻一切智之廣大，故稱為薩婆若海。薩婆若，指了知內外一切法相之智，即指佛智而言。❼執著　指由虛妄分別之心，對事物或事理固執不捨。❽定　令心專注於一對象，而達到不散亂的精神作用，或即指其凝然寂靜的狀態。❾石室行者　唐代禪僧善道在武宗毀佛時離僧位而做行者，住在石室中搗米，但不忘舉揚佛法，故禪林中稱為「石室行者」。❿哆哆和和　口中依呀出聲，心中並不理解。⓫十八上　十八回之意。⓬作活計　本指為謀生而幹活，這裡喻指禪法的實際運用。⓭破家散宅　喻指大徹大悟的境地。⓮二時　指一天內的兩段時間。⓯雜用心處　謂打成一片處。雜，共同；一起。⓰香象渡河　香象渡河，徹底截流；譬喻聽聞教法，所證甚深。諸經論每以兔、馬、香象三獸渡河，譬喻聽聞教法所證深淺之別，謂兔渡河則浮，馬渡則及半，香象渡河則徹底截流。香象，指由鬢角可分泌有香氣液體之強碩大象而言，即指交配期之大象。此時期之象，其力特強，性甚狂暴，難以制伏，一頭香象的力氣可抵得上十頭普通大象的力氣。⓱瀝瀝　象聲詞。⓲湛　沉寂。⓳識　指識蘊，即眼識等諸識的聚集。為五蘊之一。眼等六識對境僅取總相來分別，故類聚此六識而立名為識蘊。⓴相即形相或狀態之意；乃相對於性質、本體等而言者，即指諸法的形像狀態。唯識宗則視其為五遍行之一。指對境之像，在心中浮現的精神作用而言。即相當於表像的知覺，乃次於「受」（印象感覺）而起的心所作用。㉑妄想　即以虛妄顛倒之心，分別諸法之相。亦即由於心的執著，而無法如實知見事物，遂產生謬誤分別。㉒流注生　意謂微細的煩惱塵垢不斷生起。流注，比喻煩惱妄想的無間斷。㉓無功用地　八地以上之菩薩，無須再藉加功用行，自然功德增進，則稱無功用地。㉔他　指心性。㉕見解　觀視、推度之義。指由眼所見或推想，而對某事產生一定的見解。㉖如一瓶水注一瓶水　喻指始覺、本覺沒有差別。注，流入；灌入。㉗一方　一個方面；一帶地方。㉘恬靜　恬淡安靜。

【語　譯】經論中說：「第八不動地菩薩用無功用智在人世間宣說佛法。在一切時中，行住坐臥，不拘得失，任憑流入薩婆若海。」一個禪宗僧人到了這種境界，毫無執著，隨時自在，有茶喝茶，有飯吃飯。在這個悟道的世界裡，光執著一個禪定不行，不執著禪定也不行。石室行者善道曾對僧眾開示說：「你看那嬰兒剛出生的時候，他何曾說過我會禪法？」

南泉普願說：「老僧我參禪參到第十八回，才知道怎麼樣弄禪法。」趙州從諗說：「我參禪參到第十八回，總算悟道了。」又說：「我在南方行腳的時候，除去早晨吃粥、中午吃飯這兩段時間外才會用心修行。」曹山本寂問一位僧人：「菩薩在禪定中可以聽見香象渡河的聲音嗎？」僧人說：「師父，你被水沖走了。」曹山本寂說：「那你就在沙灘上接住我。」

《楞嚴經》說：「湛然不動，入合於湛然清淨，就是識蘊的邊際。」《楞伽經》說：「相生執礙，想生妄想，流注生則隨著妄流轉。」如果到了無功用地，還在流注相中，必須能超越第三流注生相，才能自在。所以溈山靈祐問仰山慧寂：「慧寂，你現在修行的情況怎麼樣？」仰山慧寂回答說：「師父問的是見解還是行解？如果問的是行解，我不知道；如果問的是見解的話，那就如同一瓶水灌進另一瓶水之中。」你如果能夠做到這樣的話，就有資格做一方之師了。

在這則公案中，趙州從諗說：「意識就像在急水中擊球。」本來在水上擊球已經是轉動自如了，如果在急水中擊球，那一眨眼就流過去了。《楞嚴經》說：「湍急的流水，看上去像是處在平靜的狀態，實際上是因為流急了看不見，而不是不流。」又如遠望湍急的流水，只是因為水的波紋細，所以看上去很平靜。趙州從諗的答語，其用意往往是這樣。

這位僧人不明白趙州從諗的用意，又去問投子大同：「趙州禪師說『意識的遷流生滅，就像在急水中擊球一樣』，這句話是什麼意思？」投子大同回答說：「一念一念，流逝不停。」自然與這位僧人的詢問吻合。兩個人的回答就像一個人的回答一樣。從前的禪師的修行功夫做得綿綿密密，回答問題時不用再去思考推敲，你一提問，他早就知道你的用意是什麼？「孩子六識」的公案雖然無功用，「一念一念，流逝不停」，猶如急水流動一樣。投子大同這樣回答，可以說是深深知道這位僧人的老底。

頌

六識無功伸一問❶，（有耳如聾、有眼如盲。明鏡當臺，明珠在掌，一句道盡。）
作家曾共辨來端❷。（何必要辨箇緇素？）
茫茫急水打毬子❸，（始終一貫❹，過也。道什麼？）
落處不停誰解看❺？（看則瞎。灘下接取❻，過也。）

評唱

「六識無功伸一問」，古人學道，養到者裡，謂之無功之功，與孩兒一般。雖有眼耳鼻舌身意，而不分別六塵，蓋無功用也。到者箇田地，便乃降龍伏虎、坐脫立亡❼，如今人但將目前萬境，一時歇欲，更何必第八地已上，方乃如是？雖然無功用處，依舊見山是山、水是水，天是天、地是地。

只如趙州問投子：「大死底人，卻活時如何？」投子云：「不許夜行，投明須到。」趙州、投子是作家，乃宗門中傑出者。「藥忌何須鑒作家❽？」故道：「作家曾共辨來端，茫茫急水打毬子」。投子道：「念念不停流」，諸人還知落處麼？

雪竇末後，教人自著眼看。所以道：「落處不停誰解看？」此是雪竇活人底句。且道，落在什麼處？

【注釋】❶六識無功伸一問　意謂六識不別六塵，依舊山是山、水是水。僧人不知，卻當個話頭來問。❷作家曾共辨來端　意謂趙州從諗、投子大同二人深深知道問話僧人的底細。❸茫茫急水打毬子　雪竇重顯至此拈向活處，直指無所住真源。如果不到無功用地，很難領會這種境界。❹一貫　謂同一個道理。❺落處不停誰解看　意謂誰也不知道這個毬會落在哪裡？❻灘下接取　意謂向流注生滅絕無處看取。❼坐脫立亡　謂端坐時遷化，直立時入涅槃。禪林中，若有尊宿坐化，應將之置於方丈室中，以香花供養，並將其遺誡偈頌貼在牌上。❽藥忌何須鑒作家　意謂趙州從諗勘驗投子大同的禪機就像用藥性所忌之物來試驗藥性一樣，但機用傑出的禪師不用鑑別。鑒，照察，審辨。

【語譯】雪竇重顯頌古：六識無功伸一問，（有耳朵卻像聾子一樣，有眼睛卻像瞎子一樣。明鏡當臺，明珠在掌，一句頌詞揭穿了問話僧人的老底。）作家曾共辨來端。（何必要辨個青紅皂白呢？）茫茫急水打毬子，（佛法始終一樣，錯過禪機了。沒有什麼好說的？）落處不停誰解看？（如果看得見就是瞎子。到沙灘上去接應，這個毬滾過去了。）

圜悟克勤評唱：「六識無功伸一問」，從前的禪師學道，養到了無功用的境地，稱之為無功之功，就會和嬰兒一樣。雖然具有眼、耳、鼻、舌、身、意六根，可是對色、聲、香、味、觸、法這六塵不起分別，這就是無功用。到了這個無功用的境地，就可以使龍虎降服馴順，可以坐著圓寂，站著涅槃。現在的人只要能將眼前的一切情景通通放下，何必要到第八地以上才能做到呢？雖然是處在無功用的境地，卻依舊見山是山、見水是水、見天是天、見地是地。

趙州從諗曾問投子大同：「大死之後的人，突然活過來了又會怎麼樣呢？」投子大同回答說：「晚上不許走路，天亮之前必須趕到目的地。」趙州從諗、投子大同是參禪的行家高手，更是禪門中的佼佼者。雪竇重顯曾經頌這則公案說：「藥忌何須鑒作家？」所以說：「作家曾共辨來端，茫茫急水打毬子。」投子大同說：「一念一念，流逝不停。」你們各位還知道這句話的用意是什麼嗎？

雪竇重顯最後教人們睜開眼睛看清楚，所以說：「落處不停誰解看？」這句頌詞是雪竇重顯活人的言句。你來說說看，他的用意是什麼呢？

【說　明】江面上看起來很平靜，好像沒有流逝的跡象，可是在那深深的底層，洪流奔湧；你只要把球拋入水中，球在一瞬之間就會隨流而去。這就是靜中有動。人也是一樣，這人外表看上去很愚鈍，似一潭死水，其實心底急流奔湧。這一「佛之上」的境界用禪語來形容就是「悟了同未悟」、「大智若愚」。投子大同對此用一念一念流轉不停來表示，念念正念相續，在無心狀態下，一瞬一瞬都是正念。

雪竇重顯頌道：「六識無功伸一問，作家曾共辨來端」，意謂六識無功用的境界是高深莫測的境界，對於這方面的問題，只有趙州從諗、投子大同才知道怎樣回答。「茫茫急水打毬子」，這句頌投子大同的「念念不停流」。「落處不停誰解看」，用反問的語氣，啟發參禪者睜開法眼觀察毬在急水上被擊的「落處」。

第八六則　藥山麈鹿

【題解】麈是鹿中的一種，是鹿王，生活在懸崖峭壁上，角齒鋒利，很難射，連老虎也怕它三分。僧人把射麈的話頭引來問藥山惟儼，也是有機鋒的。不過當藥山惟儼說一聲「看箭」時，他卻倒在地上，完全做了麈鹿。問如何射本是問的機心，現在卻反了，作圈套陷人，卻把自己鑽了進去。侍者要來拖他時，他還知道跑掉、按照後來參禪者的話說是「還有些活氣」。德山宣鑒在有人問「手仗利劍取人頭時如何」時，把頭伸給了對方，結果讓人說「頭落了地」，很被動，只好低著頭走回方丈室。藥山惟儼卻能變被動為主動，先喊聲「看箭」，把個做麈的角色讓給了對方。

示眾

攙旗奪鼓，千聖莫窮❶；坐斷譊訛，萬機❷不到。不是神通，亦非本體❸如然，且道，憑箇什麼道理，得任恁麼奇特？舉看。

舉

僧問藥山：「平田❹淺草，麈❺鹿成群。如何射得麈中麈？」（把髻投衙❻，擎頭帶角出來，腦後拔箭❼。）

山云：「看箭。」（就身打劫❽，下坡不走，快便難逢❾。）

僧放身便倒。(灼然不同，一死更不再活，弄精魂漢。)

山云：「侍者拖出這死漢❿。」(據令而行，前箭猶輕後箭深，不勞再勘。)

僧便走。(棺木裡瞠眼，死中卻活，猶有氣息在。)

山云：「弄泥團漢，有什麼限？」(可惜許，放過。據令而行，雪上更加霜。)

師拈云：「三步雖活，五步須死。」(一手抬⓫，一手搦⓬，直饒走百步也須是喪身失命。)

【注　釋】❶千聖莫窮　謂機鋒轉變自在，歷代祖師莫測其所出。窮，揭穿；識破。❷萬機　指所有的分別意識。❸本體　佛教稱諸法的根本自體或與應身相對的法身。❹平田　即平田寺。當時藥山惟儼住持於此。❺麈　鹿類。亦名駝鹿。俗稱四不像。❻把髻投衙　把髻，即戰敗時脫掉護頭盔，走入敵陣；又指斬首時，抓住犯人的髮髻並將其盤牢固定。衙，即官衙、官府。把髻投衙，原意謂自首請罪；在禪林中，轉指禪宗僧人愚蠢的程度，完全不知道自己的所作所為。❼腦後拔箭　喻指對付問話的僧人易如反掌。❽就身打劫　意謂藥山惟儼用一枝箭就把問話僧人劫奪過來了，取得了主動權。❾下坡不走二句　喻指如果不趕快張開雙眼，那就很難看見藥山惟儼的玄機。❿死漢　指執著於空寂之處，因而失去自由運作之人。亦指槁木死灰之徒。⓫一手抬　謂「三步雖活」。⓬一手搦　謂「五步須死」。

【語　譯】圜悟克勤開示：如果一位禪者在較量機鋒時具有搶旗奪鼓的手段，即使歷代祖師與他較量，也莫測高深；當他斷除一切錯訛含糊的觀念時，千算萬計即刻無影無蹤了。這不是什麼神通妙用，也不是本身就這樣。你來說說看，他憑什麼能夠表現得這樣奇特呢？試舉一則公案給你們看看。

舉說公案：有一位僧人問藥山惟儼：「在平田寺的草叢之間，麈鹿成群結隊。怎樣才能射中鹿中之王呢？」(這位僧人真是忘乎所以，鋒芒畢露，要射中他真是太容易了。)藥山惟儼說：「看箭！」(就身打劫，下坡不跑，千載難逢的好機會。）這位僧人應聲躺倒在地上。（顯然不同，一死就再也活不過來了，故弄玄虛的傢伙。）藥山惟儼吩咐說：「侍者，把這死傢伙拖出去。」（這話辛辣得很，超過了棒喝，藥山惟儼的前一句話輕淺，後一句話深刻，對這樣的死傢伙不用再勘驗了。）這位僧人爬起來就跑開了。（棺材裡面睜開眼睛，死去之後又活過來了，還有點氣息在。）藥山惟儼說：「玩弄泥團的傢伙，有什麼用？」（太可惜了，放過他一棒。見機行事，雪上更加霜。）

雪竇重顯評論這則公案時說：「這位僧人跑了三步時還是活的，跑到五步必死無疑。」（一手抬，一手壓，即使走到一百步也要喪失生命。）

評唱

這箇公案，洞下謂之「借事問❶」，亦謂之「辨主問❷」。以明當機。鹿與麈尋常易射，唯有麈中麈，是鹿中之王，最是難射。此麈常於巖石上利其角，角頭穎利，身亦越眾，護惜群鹿，虎亦不能近取，難射。者僧引來問，用明第一機。山云：「看箭。」作家宗師，不妨奇特，如擊石火、似閃電光。豈不見，三平❸初參石鞏。鞏纔見，便作彎弓勢云：「看箭。」平撥開❹胸云：「此是殺人箭，如何是活人箭？」鞏彈弓絃三下，平便禮拜。鞏云：「三十年，一張弓，兩隻箭。今日只射得半箇聖人❺。」便拗折弓箭。法燈❻頌云：「古有石鞏師，架弓矢而坐。如是❼三十年，知音無一箇。三平中的來❽，父子相投和⑨。子細返思量⑩，元伊是射垛⑪。」石鞏作略，與藥山一般。三平頂門具眼，向一句下便中的，一似藥山道「看箭」，其僧便作麈放身倒，者僧也是箇作家，只是有頭無尾。他做箇圈圓，要陷害藥山；爭奈藥山是作家，一向⑫逼將去。山云：「侍者拖出者僧！」如展陣⑬向前相似。其僧便走，也好是即是，爭奈不脫洒，粘腳粘手。所以藥山道：「弄泥團漢，有什麼限？」藥山當時，若無後語，千古之下，遭人檢點。

山云：「看箭。」者僧放身便倒，且道，是會不會？若是會，因什麼藥山卻恁麼道「弄泥團漢，有什麼限？」者箇最好，正似僧問德山：「學人仗鏌鎁劍擬取師頭時，如何？」山引頸云：「囮！」巖頭問僧：「黃巢過後，曾收得劍麼？」僧云：「收得。」頭引頸云：「囮！」僧云：「師頭落地也。」者箇公案，都是陷虎之機，正類此。恰好藥山不管他，識得他破，只管逼將去。

雪竇道：「這僧三步雖活、五步須死。」者僧雖是好手，看箭便倒。山云：「侍者拖出！」佗便走。雪竇道：「只恐三步外不活！」當時若跳出五步外，天下人不奈他何。作家相見，須是始終賓主互換，無有間斷，方有自由自在分⑭。這僧當時既不能始終，所以遭雪竇檢點。後面雪竇自用他語，頌出。

【注　釋】❶借事問　即學人借譬喻、事例來請益的問法。❷辨主問　主，指禪師。指學人為勘驗禪師而提出質問。❸三平　法名義忠（西元七八一～八七二年），唐代禪僧。福州人，俗姓楊氏。初參石鞏慧藏，後為大顛寶通的嗣法弟子。住漳州（今屬福建境內）三平山接引學人，世稱「三平義忠」。❹撥開　分開。❺今日只射得半箇聖人　對三平義忠的十分許可之辭。聖人，泛稱佛、菩薩等得道者。❻法燈　法名泰欽（西元？～九七四年），宋代禪僧。魏府（治今河北大名）人。入法眼文益門下參禪。初住洪州（治今江西南昌）雙林院，後遷金陵（治今江蘇南京）清涼山，世稱「清涼泰欽」。❼如是　像這樣。❽三平中的來　喻指三平義忠契悟。中的，指箭射中靶心。❾投和　相合；融洽。❿思量　考慮；忖度。⓫元伊是射垛　謂石鞏慧藏並未射中本分正的，只是射中箭靶而已。元，本來；向來；原來。伊，指石鞏慧藏。垛，箭靶。⓬一向　謂朝著一個目標或一個方向。⓭展陣　佈陣。展，陳設；鋪設。⓮自由自在分　指不受任何外力拘束干擾的大自在境地。

【語　譯】圜悟克勤評唱：這則公案，曹洞宗的禪師把牠叫做「借事問」，也叫做「辨主問」，用以當面勘驗人的機鋒。

打獵的時候，鹿和麈平常都很容易射中，只有那麈中麈是群鹿之王，最難射中。這種鹿中之王常常在巖石上把牠的角尖磨得很銳利，身子也與眾不同，以便保護群鹿，即使老虎也不敢靠近牠的身旁，確實難以射中。這位僧人便拿這種鹿中之王來問藥山惟儼，用來摸清藥山惟儼對玄妙禪法掌握的程度。藥山惟儼說：「看箭！」藥山惟儼是一位大機大用的禪師，他的禪機非常奇特，就像擊石火、閃電光一樣稍縱即逝。

三平義忠第一次去參訪石鞏慧藏，石鞏慧藏看見三平義忠走過來，便作拉弓的架勢說：「看箭！」三平義忠敞開胸膛，問：「這只是殺人箭，什麼是活人箭？」石鞏慧藏彈了三下弓弦，三平義忠便向他禮拜。石鞏慧藏說：「三十年來，我拿著這一張弓，帶著兩枝箭，直到今天才射中了半個聖人。」說完就把弓箭折斷。清涼泰欽頌這則公案說：「古有石鞏師，架弓矢而坐。如是三十年，知音無一箇。三平中的來，父子相投和。子細返思量，元伊是射垛。」石鞏慧藏的機鋒和藥山惟儼一樣。三平義忠腦門上具有一隻法眼，一言之下就能契悟禪法玄旨，就像藥山惟儼說「看箭」，那位僧人便裝作是麈鹿仰面倒在地上。這位僧人表現得倒像個參禪的行家高手，只是有頭無尾。他既然設個圈套要使藥山惟儼鑽進去，怎奈藥山惟儼是一個機用傑出的禪師，一直朝著他逼過去。藥山惟儼吩咐說：「侍者！把這死傢伙拖出去！」就像佈置好陣勢向前衝一樣。這位僧人一聽這話，爬起就跑。這樣也好，他這樣做，說對也對，怎奈手段不灑脫，顯得粘手粘腳。所以藥山惟儼說：「玩弄泥團的傢伙，有什麼用？」藥山惟儼當時如果不說出後面這句話，千古以來就會受到後人的指責。

藥山惟儼說：「看箭！」這位僧人就仰面倒在地上。你來說說看，他到底懂不懂禪法呢？如果說他懂的話，藥山惟儼為什麼要這樣說：「玩弄泥團的傢伙，有什麼用？」這句話說得很好，就像一位僧人問德山宣鑒：「弟子現在憑藉莫邪寶劍，想要取下師父的腦袋，您看怎麼樣？」德山宣鑒把脖子伸過去說：「囮！」又如巖頭全豁問一位僧人：「自從黃巢得到過天賜寶劍以後，還有人得到過天賜寶劍嗎？」這位僧人回答說：「我得到過天賜寶劍。」巖頭全豁把脖子伸過去說：「囮！」這位僧人說：「師父的腦袋落地了。」這一類公案都像是使老虎掉進陷阱的機關一樣。正好藥山惟儼不管他，只管逼過去，這是因為藥山惟儼識破了這位僧人的緣故。

雪竇重顯說：「這位僧人走了三步時還是活的，走到五步必死無疑。」這位僧人雖然是參禪的好手，藥山惟儼一說「看箭」，他就仰面倒下去；可是當藥山惟儼說「侍者！把這死傢伙拖出去」時，這位僧人爬起就跑。雪竇重顯說：「只恐怕他走出三步之後就活不過來了。」當時他如果跳出五步之外，天下人誰也奈何不了他。機用傑出的禪師們相見，必須做到賓主的角色始終互相交換，沒有間斷，這樣才能進入自在解脫的境地。這位僧人當時不能做到有始有終，所以受到雪竇重顯的指責。看下面雪竇重顯用他的語言創作的頌古。

頌

麈中麈，（高著眼看❶，擎頭帶角去也。）

君看取。（何似生？第二頭走❷，要射便射，看作什麼？）

下一箭，（中也。須知藥山好手。）

走三步。（活潑潑地，只得三步，死了多時。）

五步若活，（有什麼？跳百萬里。忽有箇死中得活時如何❸？）

成群趁虎❹，（二俱亦然，須與倒退始得。天下衲僧，放他出頭。）

正眼從來付獵人❺。（爭奈藥山未肯承當者話。藥山即且止❻，雪竇又作麼生？也不干藥山事，不干山僧事，不干闍黎事❼。）

師高聲云：「看箭。」（一狀領過❽，只是草窟裡作活計❾，須與他倒退始得。打云：已塞咽喉了也。）

【注釋】❶高著眼看　謂從高處、遠處觀察、考慮，則「麈中麈」喻指佛教慧命。❷第二頭走　意謂隨他看取則錯過第一機。❸如何　奈何。亦指對付、處置的辦法。❹成群趁虎　喻指這位僧人如果活了過來，就會像鹿中之王追逐老虎一樣威猛，難以靠近其身旁。趁，追逐；追趕。❺正眼從來付獵人　稱讚藥山惟儼原來是一位參禪好手。正眼，指在佛法上具有真實正見的慧眼，不同於凡夫的肉眼。❻即且止　放在複句的前分句（副句）末尾，表示排除某項內容，不作為本句主題，後分句（主句）一般是疑問句。❼也不干藥山事三句　如此掃蕩一切，只是突出「麈中麈」而已。❽一狀領過　意謂這一則公案就這一句話說斷了。❾只是草窟裡作活計　喻指沒有追逐老虎的氣概。

【語譯】雪竇重顯頌古：麈中麈，（睜大雙眼往高處、遠處看，這鹿中之王鋒芒畢露地奔過去了。）君看取。（看它像個什麼樣子？已經走在玄妙禪法之外了，要射就直接射，看它幹什麼？）下一箭，（射中了。要知道藥山惟儼是高手。）走三步。（活潑潑地，只能走三步，已經死去很長時間了。）五步若活，（有什麼？海闊天空任你跳。突然有個死中得活的時機如何應付？）成群趁虎，（死活都一樣，必須得倒退才行。天下的禪宗僧人放他出頭。）正眼從來付獵人。（怎奈藥山惟儼不配這讚語。藥山惟儼不配也就算了，雪竇重顯又配這讚語嗎？這事與藥山惟儼無關，與我無關，與和尚無關。）雪竇重顯高聲說：「看箭！」（一語斷案，只是在草窩裡幹活，應該和他後退才行。打過之後說：已經塞住你的咽喉了。）

評唱

「麈中麈，君看取。」衲僧家須具麈中麈底眼、有麈中麈底用，有頭角有機關作略，任是插翅猛虎、戴角❶大蟲，也只得全身❷遠害❸。者僧當時放身便倒，自道：我是「麈中麈」。

「下一箭，走三步。」山云：「看箭！」放身便倒。山云：「侍者拖出。」僧便走，甚好。只走三步。「五步若活，成群趁虎」，雪竇道，只恐五步外須死。當時若跳得出，五步外活時，便能成群去趁虎。其麈中麈，角利如尖鎗❹，虎見怕之而走。麈為鹿中王，能引❺群鹿，趁虎入別山。

雪竇後頌藥山，亦自有當機出身處。云：「正眼從來付獵人」，藥山如能射虎底獵人，其僧如麈中麈。雪竇是時陞座，舉此話，都盧❻束作一團，高聲道一句云：「看箭！」坐者立者，一時起不得❼。

【注　釋】❶戴角　頭頂上生角。❷全身　保全生命。❸遠害　避免禍害。❹鎗　古時一種尖頭有柄的刺擊兵器。❺引　引導；帶領。❻都盧　都；全都。❼坐者立者二句　謂座下僧眾飲氣吞聲，戰慄惶恐。

【語　譯】圜悟克勤評唱：「麈中麈，君看取。」一個真正的禪宗僧人，必須具有「麈中麈」的眼光，有「麈中麈」的機用，有頭角，有心機手段，即使是插上翅膀、頭上長角的猛虎，看見牠也只得遠遠避開，以保住一條命。這位僧人當時仰面倒在地上，認為自己就是「麈中麈」了。

「下一箭，走三步。」藥山惟儼說：「看箭！」這位僧人仰面倒在地下。藥山惟儼吩咐說：「侍者！把這死傢伙拖出去！」這位僧人一聽這話，爬起就跑，這樣本來也很好，怎奈只跑得了三步。「五步若活，成群趁虎。」雪竇重顯的意思是說只恐怕這位僧人跑出五步之外就得死。當時這位僧人如果能跳出五步之外，活了過來，就會像鹿王率領群鹿去追趕老虎一樣威風凜凜。因為麈鹿的角像尖鎗一樣銳利，老虎見了也要怕牠三分，嚇得一溜煙就跑了。麈鹿是鹿中之王，能率領群鹿追趕老虎進入別的山峰之中。

雪竇重顯最後頌藥山惟儼自有當機轉身的出路。「正眼從來付獵人」，這是說藥山惟儼就像善於射虎的獵人，而這位僧人就像鹿中之王。雪竇重顯當時上堂說法，舉說這則公案，最後捆束成一團，大聲地說出了一句話：「看箭！」不管是坐著的僧人，還是站著的僧人，一個個都動彈不得了。

【說　明】雪竇重顯所謂「三步雖活，五步須死」，亦可謂棋高一著，強中自有強中手，鬥機鋒也是這樣。

怎樣射中鹿與麈，那是可以說的；這可以說的，就是所謂箭法。但如何射中麈中麈，那是不可以說的；這不可以說的，就是所謂「運用之妙」。常言運用之妙，在乎一心。只不過既然說要射鹿中之王，則一心之妙，又在一箭了。一箭要產生射死鹿中之王的妙用，又在一心。藥山惟儼說「看箭」，既是平常之語，也是有道之言。這位僧人「放身便倒」反成虛玄，以致心死，故必須把這死漢拖出去。僧人之跑，自以為是復活，但在藥山惟儼看來，還是一個「弄泥團漢」。

雪竇重顯頌古的意思是說一個真正的禪宗僧人必須具有麈中麈的眼力，這位僧人在藥山惟儼說「看箭」

之後的所作所為，表明他只能跑三步。如果他跑得出五步之外，那就算是活過來了，成了真正的麈中麈，可以率領群鹿把老虎趕跑。「正眼從來付獵人」，這句稱讚藥山惟儼就像一個善於射箭的獵人，遺憾的是這位僧人不是麈中麈。

第八七則　維摩不二

【題解】「不二法門」，就是一種超越於相對性的境界，離開了諸如善與惡、美與醜、色與空、禍與福等所有的分別。這種境界，也就是「真如」、「佛性」。佛性是不可說的，體悟的境界是不可描述的，一說就有了形象，就有了時間、空間，有了相對性，所以只能意會，不可言詮。維摩詰居士沉默不語，就超越了一切，這才是「真正的悟入不二法門」。據《維摩詰經》記載：維摩詰本是一個得道成佛的人。卻以居士的身分為人演說佛法，他那種無拘無束、透脫自在的作風，深為中國禪師所效法。

示眾

道是是，無可是；言非非，無可非。是非已去，得失亦忘，淨裸裸，赤洒洒❶。且道，面前背後，是箇什麼？忽有箇衲僧出來道：「面前是佛殿三門，背後是寢堂❷方丈。」且道，此人還具眼也無？若辨得此人，許你親見古人。試舉看。

舉

維摩詰問文殊師利：（者漢太煞❸合鬧❹一場去，合取狗口。）

「何等是菩薩入不二法門❺？」（知而故犯。）

文殊師利曰：「如我意者，（道什麼？直得分疏不下。擔枷過狀❻，把髻投衙。）

於一切法，（喚什麼作「一切法❼」處？）

無言無說，（無言無說，道箇什麼？）

無示無識❽，（無示無識，瞞別人去。）

離諸問答，（道什麼？）

是為入不二法門。」（用「入」作什麼？用許多葛藤作什麼？）

於是文殊師利，問維摩詰：「我等各自說已。仁者當說，何等❾是菩薩入不二法門？」（者一靠，莫道金粟如來❿，設使三世諸佛，也開口不得。倒轉鎗頭⓫也，刺殺人⓬，中也。）

師云：「維摩道什麼？」（萬箭鑽心，咄！替他說道理。）

復云：「勘破了也。」（非但當時，即今也恁麼。雪竇也是賊過後張弓⓭，雖然為眾竭力，爭奈禍出私門⓮。你且道，雪竇還見得落處麼？夢也未夢見！說什麼勘破？嶮！金毛獅子⓯也摸索不著。）

【注　釋】❶淨裸裸二句　謂情忘理現，胸襟坦蕩。❷寢堂　禪寺中住持的寢室。為住持在公事方面接待賓客、僧眾的處所。有以下三說：㈠在方丈室之外，別置寢堂。㈡在一棟之中，方丈室有大小，指其中的大方丈室。㈢方丈室的一間屋子。❸太煞　過分。❹合鬧　猶取鬧。❺入不二法門　指超越相對差別，進入絕對平等的境地。不二法門，指顯示超越相對差別的一切絕對、平等真理的教法。即在佛教八萬四千法門之上，能直見聖道者。《維摩經‧入不二法門品》載有三十三種不二法門。禪宗將「不二法門」作為一種處世態度。❻擔枷過狀　遇詰問而述說自己的見解，是自作自受。過狀，遞交文狀、訴狀。❼一切法　包含一切事物、物質、精神，以及所有現象的存在。❽無言無說無示無識　指超脫於矛盾之外的佛說之門，這是對「不二法門」的具體表述。❾何等　什麼樣的。用於表示疑問。❿金粟如來　過去佛之名，維摩詰居士的前身。⓫倒轉鎗頭　喻指文殊師利的反問。⓬刺殺人　喻指文殊師利逼問維摩詰。⓭雪竇也是賊過後張弓　謂雪竇重顯勘破遲了。⓮禍出私門　指於不說破處著語言。私門，猶家門。⓯金毛獅子　喻指修行圓熟的僧人，這裡指文殊師利。

【語　譯】圜悟克勤開示：一個禪者超越了時間與空間，泯除了一切對立的觀念，說是既無可是，說非又無可非。是與非離去了，得與失忘記了，一絲不掛赤條條，點塵不著潔白白。你來說說看，面前背後是個什麼？突然有位禪宗僧人站出來說：「面前是佛殿、山門，背後是寢堂、方丈室。」你來說說看，這位禪僧還具備了法眼嗎？你如果能辨別這位禪宗僧人，我就印可你已經覺悟了。試舉說一則公案給你們看看。

舉說公案：維摩詰居士問文殊菩薩：（這傢伙實在是無理取鬧，閉上你的狗嘴。）「什麼是菩薩入不二法門呢？」（明知故問。）文殊菩薩回答說：「依我之見，（說什麼？弄得分不清條理。擔著木枷遞訴狀，自首請罪。）就是對一切事物和現象，（把什麼東西叫做「一切事物和現象」？）既不言語，也不解說，（既不言語，也不解說，說個什麼？）既不拿它給人看，也不自以為知道了，（既不拿它給人看，也不自以為知道了，這話只能哄騙別的人。）把問和答全都拋棄，（說什麼？）這就是入不二法門。」（用「入」字做什麼？用這麼多言句幹什麼？）文殊菩薩說完了，反過來問維摩詰居士：「我們都各自說出了自己的見解。現在該輪到您說了，什麼是菩薩入不二法門呢？」（這一反問，不要說金粟如來，即使是三世諸佛也無法回答。掉轉鎗頭，反戈一擊，刺中了。）維摩詰居士沉默不言。

雪竇重顯拈評這則公案時說：「維摩詰居士說過什麼呢？」（萬箭鑽心，咄！為他說道理。）稍後又說：「勘破了。」（不僅當時這樣說，就是現在也是這樣說。雪竇重顯也是竊賊過去之後才架設弓箭，雖然竭盡全力為僧眾，爭奈禍出家門。你來說說看，雪竇重顯還看出了維摩詰居士的用意嗎？其實他連做夢都沒有夢見！還說什麼勘破？險！文殊菩薩也摸索不著維摩詰居士的用意。）

評唱

舉維摩緣起❶，維摩詰令諸大菩薩，各說不二法門。時三十一菩薩，皆以二見，合為一見，為不二法門。後問文殊。文殊曰：「如我意者，於一切法，無言無說，無示無識，離諸問答，是為入不二法門。」三十一人，以言遣言，文殊以無言遣言，一時掃蕩總不要，是為「入不二法門」。不知靈龜曳尾，似用掃帚掃塵。塵雖去已，掃迹猶在。末後依前餘蹤跡，於是文殊問維摩詰：「我等各自說已，仁者當說，何等是菩薩入不二法門？」維摩默然。

若是活漢，終不去死水裡浸卻❷。若作恁麼見解，如狂狗逐塊❸。雪竇亦不默然，亦不良久據坐，只去急處❹云：「維摩道什麼？」只如雪竇恁麼道，還見維摩麼？夢也未夢見在。

維摩乃過去古佛，亦有眷屬❺，助佛宣化❻，有不可思議❼辯才❽，有不可思議境界，有不可思議神通。於方丈室❾，容三萬二千獅子之座❿，坐百萬大眾，亦無寬狹，且道是什麼道理，喚作「神通妙用」得麼？且莫錯會！不二法門，唯有同得同證、共相⓫知委⓬，獨有文殊，可與酬對。雖然與麼，還免得雪竇點檢也無？

雪竇恁麼道，也要與此二人相見，云：「維摩道什麼？」復云：「勘破了也。」什麼處是勘破處？只者此子⓭，不拘得失，不落是非⓮，如萬仞崖上捨得性命、跳得過去，許你親見維摩。如捨不得，大似羝羊觸藩。雪竇是捨得性命底人，所以頌出。

【注釋】❶緣起　一切諸法（有為法），皆因種種條件（即因緣）和合而成立，此理稱為緣起。即任何事物皆因各種條件的互相依存而有變化（無常），為佛陀對於現象界各種生起消滅的原因、條件，所證悟的法則。❷終不去死水裡浸卻　意謂直知維摩詰居士的玄旨，不在「默然」上下功夫。❸狂狗逐塊　原意謂向犬投土塊，犬竟誤認土塊為食物，遂盲目追逐之；在禪林中，轉指禪徒並無自己真正的見解，僅在言句上詮解，或執著於事物之形跡、捕捉枝葉末節等，而欲了達事物之真相，可謂徒勞無功。❹急處　指維摩詰居士於間不容髮處通那邊消息之處。❺眷屬　眷為親愛，屬為隸屬，指親近、順從者。❻宣化　傳佈佛法，教化百姓。❼不可思議　指不可思慮言說的境界。主要是用以形容諸佛菩薩覺悟的境地，與智慧、神通力的奧妙。❽辯才　謂巧於辯述。單稱辯。即善巧說法義之才能。佛、菩薩等於多劫中，由口業莊嚴之功力而具足各種辯才，如四無礙辯、七辯、八辯、九辯等。❾方丈室　印度的僧房多以方一丈為制，維摩詰禪室亦依此制，遂有方丈之說。❿獅子之座　原指釋迦牟尼的座席。佛為人中獅子，故佛所坐之處（床、地等），總稱獅子座。後泛指寺院中佛、菩薩的臺座以及高曾說法時的座席。⑪共相　即由眾人共同所感，共同受用之相，稱為共相。⑫知委　猶知道。⑬只者些子　指雪竇重顯的旨意。⑭不拘得失二句　意謂從不二真域境說過來。

【語　譯】圜悟克勤評唱：舉說維摩詰居士「不二法門」的緣起：維摩詰居士要使諸位大菩薩各自說出對「不二法門」的看法。當時有三十一位菩薩都把有為無為、真俗二諦合而為一，認為這就是入不二法門。最後維摩詰居士問文殊菩薩。文殊菩薩說：「依我之見，就是對一切事物和現象，既不言語，也不解說，既不拿它給人看，也不自以為知道了，把問和答全都拋棄，這就是入不二法門。」三十一位菩薩都是用言句來表達對「入不二法門」的看法，而文殊菩薩卻是用不言說來表達對「入不二法門」的看法，掃蕩一切，全都拋棄，這就是「入不二法門」。他不知道這樣做就像靈龜拖著尾巴走路，背後還是留下了痕跡；也像用掃帚掃地上的灰塵，灰塵雖然掃掉了，掃過之後的痕跡還在，最後還是留下了蹤跡。於是文殊菩薩問維摩詰居士：「我們都各自說出了自己的看法。現在該輪到您說了，什麼是菩薩入不二法門呢？」維摩詰居士沉默不言。

你如果是一個大活的人，絕對不會一直泡在死水裡。如果在維摩詰居士「沉默不言」上作文章，就像瘋狗追逐土塊那樣勞而無功。雪竇重顯拈評這則公案時既不是沉默不言，過了好久也不說，也不是一直坐在禪床上。只是在稍縱即逝的禪機之處說：「維摩詰居士要說個什麼呢？」不過雪竇重顯這樣講，他能見到維摩詰居士的用意嗎？恐怕連做夢都沒有夢到過。

維摩詰居士是過去的古佛，有弟子協助他宣揚弘化佛教，具有不可思議的辯才、不可思議的境界、不可思議的神通妙用。他的方丈室有可以容納三萬兩千個菩薩的寶座，亦可以坐百萬大眾，而且大小適中，既不太寬也不太狹。你來說說看，這是什麼道理呢？叫做「神通妙用」可以嗎？你們還是不要錯誤地理解維摩詰居士的用意。不二法門，只有和他同得同證，才能具有和他一樣的證知。只有文殊菩薩才敢和他對答。儘管這樣，文殊菩薩還是免不了要受雪竇重顯的指責。

雪竇重顯這樣說，他本身必然具有和維摩詰居士、文殊菩薩相同的證悟。他說：「維摩詰居士要說個什麼呢？」又說：「勘破了。」他到底勘破了什麼呢？雪竇重顯這兩句話，不拘得失，不落是非，就像置身在萬丈懸崖上，不顧生命危險跳過去，那我就同意你已經具有和維摩詰居士相同的證悟。如果捨不得生命，那就如同公羊的角鉤在籬笆上，進退兩難了。雪竇重顯當然是一個不顧一切的人，所以說出以下這首頌古。

頌

咄！這維摩老。（咄他作什麼？朝打三千、暮打八百，咄得濟什麼？且道，咄他作什麼？）

悲❶生空懊惱❷。（悲他作什麼？自有金剛王寶劍，為他閑事長無明❸，勞而無功❹。）

臥疾毗耶離❺，（因誰致得？帶累一切人。）

全身太枯槁❻。（病則且置，為什麼口似匾擔？飯也喫不得，啼也啼不得。）

七佛祖師❼來，（客來須看，賊來須打❽，成群作隊，須是作家始得。）

一室且頻掃❾。（猶有者箇在❿。尤來只在鬼窟裡作活計在。）

請問不二門，（若有可說，被他說了，打云：闍黎尋常尋不見。）

當時便靠倒。（死中得活，猶有氣息在！）

不靠倒，金毛獅子無處討⓫。（咄！還見麼？）

【注　釋】❶悲　憐憫他人之苦而欲救濟之心。❷懊惱　煩惱。❸無明　為煩惱的別稱。不如實知見之意；即不通達真理與不能明白理解事相或道理的精神狀態。亦即不達、不解、不了，而以愚癡為其自相。泛指無智、愚昧，特指不理解佛教道理的世俗認識。❹勞而無功　謂徒勞而沒有功效。❺毗耶離　古代中印度國名。又為都城之稱。是古印度十六大國之一，六大城之一。是離車子族所居之地。該國住離車民眾，佛陀在世時頗為繁榮，佛陀屢次遊行說法，人民皆信奉佛教。關於其位置，約相當今印度恆河北岸、幹達克河東岸的毗薩爾。❻全身太枯槁　形容維摩詰居士臥病的樣子。枯槁，消瘦；憔悴。❼七佛祖師　指文殊菩薩。七佛，指釋迦佛及其出世前所出現的佛，共有七位。即：毗婆屍佛、屍棄佛、毗舍浮佛、拘留孫佛、拘那含牟尼佛、迦葉佛與釋迦牟尼佛。❽客來須看二句　謂維摩詰居士何必用心。看，款待。❾一室且頻掃　謂維摩詰居士聽說文殊菩薩即將到來，手忙腳亂地掃地。❿猶有者箇在　指掃地的心未除。⓫金毛獅子無處討　意謂維摩詰居士的用意，連文殊菩薩也無處尋找。

【語　譯】雪竇重顯頌古：咄！這維摩老。（呵叱他做什麼？早晨打三千棒，晚上打八百棒，光呵叱又有什麼用？你來說說看，呵叱他做什麼？）悲生空懊惱。（憐憫他做什麼？眾生自有金剛王寶劍，由於他多管閒事徒增煩惱，勞而無功。）臥疾毗耶離，（維摩詰居士的病是怎樣引起的？連累了所有的菩薩。）全身太枯槁。（暫且不說維摩詰居士的病，為什麼他們不開口說話？飯也無法吃，叫也無法叫。）七佛祖師來，（客人來了要招待，竊賊來了只管打。文殊菩薩領來一大群菩薩前來探望維摩詰居士，如果要問維摩詰居士的病情，還得文殊菩薩這樣的行家才行。）一室且頻掃。（還有掃地的心思。原來只是在俗情妄念的鬼窩裡亂搞一通。）請問不二門，（不二法門如果可以解說的話，也被那三十一位菩薩說過了，打過之後說：雪竇重顯平時也找不著不二法門。）當時便靠倒。（死去之後又活過來了，還有點氣息。）不靠倒，金毛獅子無處討。（咄！諸位還看見了嗎？）

評唱

「咄！這維摩老。」頭上先下一咄，作什麼？如金剛王寶劍直截，朝打三千、暮打八百始得❶。梵語❷維摩，此云無垢稱，亦云淨名，乃過去金粟如來也。僧問雲居簡和尚❸：「既是金粟如來，為甚卻現居士身？」對云：「他不爭❹人我❺。」大解脫底人，不拘成佛。若道他修業❻，務❼成佛道❽者，轉❾沒交涉❿。不見《圓覺經》⓫云：「以輪迴⓬心，生輪迴見，入於如來大寂滅⓭海，終不能至。」永嘉道：「或是或非人不識，逆行順行天莫測⓮。」順行入佛果位⓯，逆行入眾生界⓰中。

壽禪師道：「直饒你磨鍊⓱得到此田地，亦未可順你意在。」所以道：「悲生空懊惱。」

《維摩經》云：「為眾生病故，我亦有病。」「懊惱」即愁悶也。「臥疾毗耶離」，即示病⓲於毗耶離城中也。

舉：唐時王玄策⓳，奉使往西域⓴。過維摩之室，以笏㉑縱橫量之，得十笏，因名方丈。「全身太枯槁」，說維摩病容。

「七佛祖師來」，文殊是七佛之師，承世尊旨，往彼問疾。「一室且頻掃」，乃方丈內除去所有，唯留一榻㉒，以待文殊。殊至，便問不二法門。所以雪竇道：「請問不二門，當時便靠倒。」維摩口似匾擔，如今禪和子便道：「無語是靠倒」，且莫錯會好！

雪竇拶到萬仞懸崖㉓上，卻道：「不靠倒」，一手抬㉔，一手搦㉕，有者般手腳。此頌「維摩道什麼」。

「金毛獅子無處討」，非但當時，即今也恁麼，還見維摩老麼？盡山河大地、草芥人畜，皆變作金毛獅子，也摸索不著。

【注釋】❶朝打三千暮打八百始得　圜悟克勤嫌雪竇重顯的一咄太輕。❷梵語　古代印度的標準語文。❸雲居簡和尚　法名道簡，五代禪僧，范陽（治今河北涿縣）人。雲居道膺的嗣法弟子，後繼其丈席，世稱「雲居道簡」。寂年八十餘。❹不爭　不計較。❺人我　指以個人生命為中心的我。佛教認為，正因為人有「人我執」，故會產生種種煩惱、過失。❻業　為造作之義。意謂行為、所作、行動、作用、意志等身心活動，或單由意志所引發的身心生活。如果與因果關係結合，則指由過去行為延續下來所形成的力量。此外，「業」亦含有行為上善惡苦樂等因果報應思想，及前世、今世、來世等輪迴思想。❼務　必須；一定。❽佛道　「道」即菩提之義，意謂果德圓通。佛道即指佛果之無上菩提。❾轉　副詞。反而；反倒。❿交涉　關係；牽涉。⓫圓覺經　佛經名。全一卷。為《大方廣圓覺修多羅了義經》的略稱。唐代佛陀多羅譯。全經凡十二章，是佛祖為文殊師利等十二菩薩說大圓覺之妙理，主要說明大乘圓頓之理及如何觀行實踐之法。禪宗一向重視《維摩經》、《楞嚴經》、《圓覺經》。⓬輪迴　謂眾生由惑業之因（貪、瞋、癡三毒）而招感三界、六道的生死輪轉，如同車輪的轉動，永無止盡，故稱輪迴。⓭寂滅　指度脫生死，進入寂靜無為的境地。此境地遠離迷惑世界，含快樂之意，故稱寂滅為樂。⓮或是或非人不識二句　謂摩訶般若力是根本智，超出是非等相對觀念。或是或非，一般人很難把握，更難猜度。這裡用來指維摩詰居士的用意。⓯佛果位　指成佛。佛為萬行之所成，故稱佛果，即能成之萬行為因，而所成之萬德為果。即從修行之因到達佛果之位，又指從聲聞、菩薩之位至無上正等正覺之位。⓰眾生界　佛界的對稱。十界中，除佛界之外，總稱其他九界為眾生界，即：地獄界、餓鬼界、畜生界、阿修羅界、人界、天界、聲聞界、緣覺界、菩薩界。又指眾生生存的世界。⓱磨鍊　猶鍛煉。⓲

示病　謂佛菩薩及高僧得病。⑲王玄策　唐代人。籍貫、生卒年均不詳。太宗貞觀十七年（西元六四三年）春，奉敕出使印度，貞觀二十年，攜梵本經論六百餘部歸國。高宗顯慶二年（西元六五七年）再次出使印度，送佛袈裟往西國，於龍朔元年（西元六六一年）春，奉持佛頂、圖籍等歸國。撰有《中天竺行記》十卷。⑳西域　漢以來對玉門關、陽關以西地區的總稱。狹義專指蔥嶺以東而言，廣義則凡通過狹義西域所能到達的地區，包括亞洲中、西部，印度半島，歐洲東部和非洲北部都在內。㉑笏　古代臣朝見君王時所手執的狹長板子；用玉、象牙、竹木製成。也叫手板。後世惟品官執之。㉒榻　狹長而矮的坐臥用具。㉓萬仞懸崖　指心思不到之處。㉔一手抬　指「不靠倒」一語。㉕一手搦　指「靠倒」一語。

【語譯】圜悟克勤評唱：「咄！這維摩老。」開頭先下一個「咄」字幹什麼呢？就像用金剛王寶劍直接截斷一樣，應該早上打三千棒，晚上打八百棒才行。「維摩」一語，梵語的意思是「無垢稱」或「淨名」，他就是過去世的金粟如來。曾經有一位僧人問雲居道簡：「維摩詰居士既然是過去世的金粟如來，為什麼卻又要現居士身在佛祖的法會上聽法呢？」雲居道簡回答說：「他已經沒有人我的執著了。」一個大解脫的人，並不拘泥於是否成佛。如果說他的修行是為了成就佛道，反而不對。《圓覺經》說：「用有輪迴的想法，生起輪迴的見解，就好比進入了深不可測的如來大寂滅海，始終不能到達彼岸。」永嘉玄覺說：「或是或非人不識，逆行順行天莫測。」如果順行則入佛果位，如果逆行則入眾生界中。

永明延壽禪師說：「即使你修煉到了這個境界，也不可順著你的意思。」所以雪竇重顯說：「悲生空懊惱。」

《維摩經》說：「因為眾生有病，所以我也有病。」「懊惱」即憂慮煩悶。「臥疾毗耶離」，這就是說維摩詰居士在毗耶離城生病了。

唐朝時王玄策出使西域各國，到過印度，經過維摩詰居士的故居，用笏板縱橫量了一下，約有十個笏板長，因此他的居室叫做「方丈」。「全身太枯槁」，是說維摩詰居士處在有病的狀態。

「七佛祖師來」，文殊菩薩曾經是過去七佛之師，他秉承佛祖釋迦牟尼的旨意前往維摩詰居士處探問疾病。

「一室且頻掃」，這是說維摩詰居士的方丈室內除去了所有的東西，只留下一張床榻，等候文殊菩薩的到來。

文殊菩薩進門後，請問不二法門。所以雪竇重顯說：「請問不二門，當時便靠倒。」當時維摩詰居士一言不發。現在有的禪宗僧人便說：「默默無語就是靠倒。」你們還是不要誤解維摩詰居士的用意才好。

雪竇重顯現在逼到萬丈懸崖上，卻說：「不靠倒。」他具有一手抬、一手壓的手段。這句頌「維摩道什麼」。

「金毛獅子無處討」，不僅當時那樣，就是現在也還是那樣。你和維摩詰居士具有相同的證悟嗎？即使整個山河大地，草芥人畜都變成了金毛獅子，你們還是摸索不著。

【說　明】古人對維摩詰居士的一語不發、默然不動評價甚高：「文殊有言道無言，維摩無言達無言。」說的都是同一個真理，而無言的力量甚於有言，威懾性更明顯。這就是禪門中最有名的「維摩一默如雷」一語的出處。

默默與天語，默默如天行。默默行善，不求人知，這才是禪所追求的真正目標。

第八八則　桐峰虎聲

【題　解】桐峰庵主的大笑，雖不乏禪味，但沒有什麼創舉，最後一句簡直就是敗筆。這位桐峰庵主墮入了虎頭蛇尾的文字問答中。就算這位僧人與桐峰庵主都對笑一番，最終也無法自救。雪竇重顯對此「只解掩耳偷鈴」的評語極為中肯。

示眾

把斷❶世界❷，不漏絲毫❸。盡大地人，亡鋒結舌❹，是衲僧正令；頂門❺放光，照破四天下❻，是衲僧金剛眼睛❼；點鐵成金，或擒或縱，是衲僧拄杖子；坐斷天下人舌頭，直得無出氣處，倒退三千里❽，是衲僧氣宇。且道，總不恁麼時，畢竟是什麼人？舉看。

舉

僧到桐峰庵主❾處，便問：「這裡忽逢大蟲，又作麼生？」（作家弄影❿，草窟裡有一箇半箇。）

庵主便作虎聲，（將錯就錯⓫，也有爪牙；同生同死⓬，承言須會宗⓭，勿自立規矩。）

僧便作怕勢，（兩箇弄泥團漢，似則似，是則不是，見機而作。）

庵主呵呵大笑⑭。（猶較些子。笑中有刀，亦能放亦能收。）

僧云：「這老賊！」（也是分破。兩個都放過，敗也！）

主云：「爭奈老僧何？」（劈耳便掌，可惜放過，雪上加霜。）

僧休去。（蒼天蒼天，兩箇俱不了。）

師云：「是即是，兩箇惡賊，只解掩耳偷鈴⑮。」（言猶在耳⑯，天下衲僧都不到⑰。二俱不了，遭人檢點。）

【注釋】❶把斷　與「把住」同意，即捉住之意；在禪門中，禪師用以去除學人胸中的妄見，令其絲毫不存我見的方法。把住之時，則一切靜止，無有一物。❷世界　世，即遷流之意。界，指方位。即在時間上有過去、現在、未來三世的遷流，空間上有東南西北、上下十方等定位場所之意。亦指眾生居住所依處，如山川、國土等。❸不漏絲毫　不立一法之意。❹亡鋒結舌　謂把住綿密，故出手亦吐語不得。❺頂門　指頭頂的前部。因其中央有囟門，故稱。❻四天下　古代印度人的世界觀，謂在須彌山四方，七金山與大鐵圍山間的鹹海中，有四個大洲：東勝身洲、南贍部洲、西牛貨洲、北俱盧洲。❼金剛眼睛　指明定正邪、辨別得失之眼。又指辨別學人優劣的能力。❽倒退三千里　喻指禪師在第一機上，參禪者無法應對，畏之而退。❾桐峰庵主　臨濟義玄的嗣法弟子。庵主，創建庵寺之人。❿作家弄影　嘲諷這位僧人不明禪法。弄影，拘泥於虛幻事物，虛妄作為。⓫將錯就錯　謂桐峰庵主敏於接機。⓬同生同死　謂桐峰庵主與問話的僧人一樣。⓭承言須會宗　意謂當僧人問大蟲時，就應該給他一頓棒。⓮庵主呵呵大笑　徹見這位僧人未覺悟而笑。⓯掩耳偷鈴　比喻愚蠢自欺的行為。⓰言

猶在耳　讚美雪竇重顯的判語。⑰天下衲僧都不到　因為雪竇重顯的玄機是從第一機上判來。

【語譯】圜悟克勤開示：有的禪師對眼前的情境把得定，一機一境都綿綿密密，而且不遺漏一絲一毫。有的禪師能使整個大地的人遇到他都要失去鋒芒，從而瞠目結舌，這就是禪宗僧人正宗本色的禪機。有的禪師當他腦門放光的時候，可以照遍四天下，這就是禪宗僧人的金剛眼睛。有的禪師能點鐵成金，有時把住，有時放行，這就是禪宗僧人的拄杖。有的禪師會截斷天下人的舌頭，弄得他們說不出話來，這樣的機鋒銳不可當，使對方倒退三千里，這就是禪宗僧人的蓋天蓋地的氣概。你來說說看，如果一位禪師都不具備上述這四種手段，他到底是一個怎麼樣的人呢？我舉說一則公案給你們看看。

舉說公案：有一位僧人前來參訪桐峰庵主，問：「如果在這裡突然出現一隻大老虎的時候，你該怎麼辦呢？」（弄神弄鬼的行家高手，草叢裡有一隻半隻老虎。）桐峰庵主隨即模仿老虎大吼了一聲，（將錯就錯，也有手段；桐峰庵主和這位僧人彼此都差不多，回答問題要用本分禪機，不要自立規矩。）這位僧人便做出一副害怕的樣子，（兩個玩弄泥團的傢伙，做得像倒是有點像，只是不完全像，見機行事。）桐峰庵主哈哈大笑。（這樣的機鋒還說得過去。笑裡藏刀，既能放又能收。）這位僧人說：「你這老賊！」（也算是看穿他了。兩個人都放過棒打，失敗了！）桐峰庵主說：「你要把老僧怎麼樣？」（應該對著他的耳邊就是一巴掌，可惜放過一頓棒了，雪上加霜。）這位僧人就此做罷。（蒼天啊蒼天，兩個都沒明瞭禪法。）雪竇重顯說：「這兩個惡賊的機鋒雖然說得過去，但故弄玄虛，自欺欺人，就像捂住耳朵去偷鈴一樣。」（言猶在耳，天下的禪宗僧人都達不到雪竇重顯的境界。兩個人都不明瞭禪法，所以被人指責。）

評唱

大雄山派下❶，有四庵主：大梅、白雲、虎溪、桐峰。

看他一人恁麼，且道，譊訛在什麼處？古人一機一境、一言一句，雖然出在臨時，若是眼目❷周正，自然活潑潑地。雪竇拈來時，教人識邪正辨得失。雖然如此，達人❸分上，無得無失。若以得失見他古人，則勿交涉。須是各各窮到無得無失處，然後以得失辨人。若一向去揀擇❹言句，又何時得了去？

不見雲門道：『者箇是公才底語、者箇是就身打出❺語、者箇是曹山道底語，者箇是公體❻底語、那箇是體底語』，古人暫時拈弄，豈有勝負、是非、得失？」

桐峰見臨濟，其時在深山間卓庵。僧到彼中，遂問云：「這裡忽逢大蟲，又作麼生？」峰作虎聲，好就事❼便行。者僧亦會，將錯就錯，便作怕勢。桐峰呵呵大笑。僧云：「者老賊！」峰云：「爭奈老僧何？」是則是，兩箇俱不了。千古之下，遭人檢點，所以雪竇道：「是則是，兩箇惡賊，只解掩耳偷鈴。」

他二人雖皆是賊，當機不用，所以掩耳偷鈴。此二人如排百萬軍陣，卻只鬥掃帚柄相殺。若論此事，須是殺人不眨眼底手腳。若一向縱不擒、一向殺不活，不免遭人怪笑。雖然如是，他古人無許多事。看他兩箇恁麼，總是見機而變。

五祖道：「神通遊戲三昧、慧炬三昧、莊嚴王三昧，自是後人腳跟不點地，只去檢點古人，便道『有得失』。」有底道：「分明是庵主落節❽。」且喜勿交涉！

雪竇道：「他二人相見，皆有放過處。」其僧道：「者裡忽逢大蟲時如何？」峰便作虎聲，是放過處。乃至❾庵主道：「爭奈老僧何？」亦是放過處，著著落在第二機。

雪竇道：「要用便用。」如今人聞恁麼道，便道：「當時好與行令，且莫盲枷瞎棒❿！」且如德山入門便棒，臨濟入門便喝，古人意作麼生？雪竇後面，便只恁麼頌，又作麼生免得掩耳偷鈴？

【注釋】❶大雄山派下　指臨濟義玄，他是百丈懷海的後世法脈。❷眼目　禪機施設，示機、應機的言行。❸達人　通達事理的人。❹揀擇　挑選。❺就身打出　謂佛性真如原本即顯現於世間各種千差萬別的現象界中，禪師遂藉此種具顯於人人眼前的現成佛性，信手拈來，一一皆可隨緣點化。❻體　體現；摹狀。❼事　指大蟲。❽落節　失利。❾乃至　以至；甚至。❿盲枷瞎棒　比喻胡亂懲罰。

【語譯】圜悟克勤評唱：臨濟義玄門下出了四位庵主：大梅庵主、白雲庵主、虎溪庵主、桐峰庵主。

看他桐峰庵主這樣應機，你來說說看，他含糊不清的地方在哪裡呢？從前的禪師對於眼前的一機一境，一言一句，雖然都出自隨機應變，但都自然合轍。如果禪機周圓正真，自然活潑潑地。雪竇重顯拈說這則公案，主要是要教人知道邪正、辨別得失。儘管這樣，對一個通達靈悟的禪者來說，他雖然處在得失之中，卻不存有得失之心。你如果用得失之心來看從前的禪師，那你和他們之間的距離就實在是太遠了。所以你們要各自窮絕心路，一直到沒有得失之心的地步，然後才可以用得失之心分辨別人。如果只是一味地在言句上用心推求尋思，那麼不知要到什麼時候才能覺悟？

雲門文偃說：「你們這些行腳漢聚在一起說：『這個是公道上才的言句，這個是就身打出的言句，這個是曹山本寂的言句，這個是公體的言句，那個是體明屋裡的言句。』從前的禪師臨時拈弄機鋒，哪裡存有勝負、得失、是非的想法？」

桐峰庵主參見臨濟義玄得法之後，來到深山老林搭建了一座草庵。一位僧人走進草庵之中，前來參訪桐峰庵主，問：「如果在這裡突然出現一隻大老虎的時候，你該怎麼辦呢？」桐峰庵主隨即模仿老虎大吼了一聲，他真會隨機應變，見機行事。這位僧人也能理解他的用意，將錯就錯，便做出一副害怕的樣子，桐峰庵主見了哈哈大笑。這位僧人說：「你這老賊！」桐峰庵主說：「你要把老僧怎麼樣？」他們兩人這一番較量機鋒，對倒是對，只是兩人都未明瞭禪法。千古以來，被人指責，所以雪竇重顯說：「這兩個惡賊的機鋒雖然說得過去，但故弄玄虛，自欺欺人，就像捂住耳朵去偷鈴一樣。」

他們兩人都是賊，當機不用，所以才捂住耳朵去偷鈴。這兩個傢伙就像排開百萬大軍的陣勢，只拿著掃帚鬥來鬥去一樣。談起較量機鋒，必須具有殺人不眨眼的手段。如果一直是縱而不擒，或者一直是殺而不活，不免要受人譏笑。儘管這樣，從前的禪師並沒有多少事。你看他們兩人這樣互鬥機鋒，總是隨機應變，見機行事。

五祖法演說：「這是神通遊戲三昧、慧炬三昧、莊嚴王三昧。只是後人往往沒有腳踏實地的功夫，所以不能證得，只會指責從前的禪師，說什麼『有得有失』。」還有的人說：「明明是桐峰庵主被打敗了。」這些說法都是風馬牛不相及。

雪竇重顯說：「他們兩人較量機鋒，都有放過的地方。」這位僧人問：「如果在這裡突然出現一隻大老虎的時候，你該怎麼辦呢？」桐峰庵主隨即模仿老虎大吼了一聲，這就是放過棒喝的地方。乃至桐峰庵主說：「你要把老僧怎麼樣？」這也是放過棒喝的地方，步步都落在第二機上。

雪竇重顯說：「要用就用。」現在有人一聽他這樣講，便說：「當時就應該好好地實行正宗本色的禪機。我看你們還是不要盲打瞎喝。」只是像德山宣鑒一看見有人進門就用棒打，臨濟義玄一看見有人進門就大喝一聲。從前的禪師這樣做的用意是什麼呢？雪竇重顯後面就這樣把他們的意思頌了出來。究竟要怎樣做才能免得被雪竇重顯說是掩耳偷鈴呢？

頌

見之不取❶，（蹉過了也，已是千里萬里。）

思之千里❷；（悔不慎當初，蒼天蒼天。）

好箇斑斑❸，（爭奈未解用在？闍黎自領出去。）

爪牙未備❹。（只為用處不明，待爪牙備即向闍黎道。）

君不見，大雄山下忽相逢，（有條攀條、無條攀例❺。）

落落聲光皆振地❻。（者大蟲，較些子，何不恁麼去？幾箇男兒是丈夫！）

大丈夫見也無？（老婆心切，若解見同生同死，雪竇打葛藤。）

收虎尾兮捋虎鬚❼。（忽然突出❽又如何？天下衲僧，總在這裡。忽有箇出來便與一摑。一摑若無放你三十棒，教你轉身吐氣。打云：何不道者老賊？）

【注　釋】❶見之不取　謂參禪應該當機立斷。指問話的僧人不用本分手段。之，指大蟲，喻指鮮活有力的禪機。❷思之千里　謂稍有疑惑便是差之千里。❸斑斑　斑點眾多貌。指老虎的毛色。❹爪牙未備　謂桐峰庵主與問話的僧人的機鋒均未到運用自如的境地，就像猛虎沒有爪牙一樣。❺有條攀條無條攀例　謂用有爪牙的人接引無爪牙的人，使其知道禪機作略。攀例，援引為例。❻大雄山下忽相逢落落聲光皆振地　謂大雄山下百丈懷海、黃檗希運師徒二人機鋒競起，落言下語振地有聲。❼大丈夫見也無收虎尾兮捋虎鬚　謂身為男子漢大丈夫，既有摸虎鬚的勇氣，也應有收虎尾的功夫。❽突出　竄出；衝出。

【語　譯】雪竇重顯頌古：見之不取，（錯過禪機了，已經是相差千里萬里了。）思之千里；（後悔當初不該這樣做，蒼天啊蒼天。）好箇斑斑，（無可奈何的是不知道怎樣用爪牙？雪竇重顯自己把這頭老虎領出去。）爪牙未備。（只因為用處不明，等爪牙齊全就對和尚說。）君不見，大雄山下忽相逢，（有條攀條、無條攀例。）落落聲光皆振地。（這頭老虎還算可以，為什麼不這樣去？世上有幾個男子漢是真丈夫！）大丈夫見也無？（像老婆婆一樣慈悲心切，如果和黃檗希運的見解一樣，就知道同生同死，雪竇重顯叮嚀頌出。）收虎尾兮捋虎鬚。（突然衝出來又該怎麼辦？天下的禪宗僧人都在這裡。忽然有個禪宗僧人出來就和他較量一番機鋒。一個回合也不較量就饒了你三十棒，教你轉身吐氣活過來。打過之後說：為什麼不說這老賊？）

評唱

「見之不取，思之千里」，正當嶮處，卻不能用。等他道「爭奈老僧何」，好與本分草料❶。當時若下得箇手腳，他必須有後句。二人只解放不解收，見之不取，早是白雲萬里❷。說什麼「思之千里」？

「好箇斑斑，爪牙未備」，是則是。者箇大蟲，也解藏牙伏爪，爭奈不解咬人！

「君不見，大雄山下忽相逢，落落聲光皆振地」。者兩句引黃檗、百丈採菌子話❸，雪竇引用，明此公案。聲光磊落落❹，皆振於大地。也者箇些子❺，轉變自在，要句中有出身之路。

「大丈夫見也無」，還見麼？「收虎尾兮捋虎鬚」，也須是本分。任你收得虎尾、捋得虎鬚，未免一時穿卻鼻孔。

【注　釋】❶本分草料　指一喝一掌等手段。❷白雲萬里　意謂與禪法相隔極遠，沾不上禪法的邊。是禪家習用批評語。❸黃檗百丈採菌子話　百丈懷海問黃檗希運：「你從什麼地方來？」黃檗希運回答說：「我從山下採菌來。」百丈懷海又問：「你看見老虎了嗎？」黃檗希運便模仿老虎吼了一聲，百丈懷海從腰間取下斧頭作砍殺的架勢，黃檗希運抓住百丈懷海並打了他一巴掌。當天晚上百丈懷海上堂說法：「大雄山下有一隻老虎，你們各位進出時千萬要看清楚，老僧今天被他咬了一口！」菌子，高等菌類。有的可供食用，如香菇。❹磊落落　形容聲音宏大。❺也者箇些子　指「聲光」的根源，根本。

【語　譯】圜悟克勤評唱：「見之不取，思之千里」，意謂正當緊要關頭，這位僧人卻不會用本分手段。當桐峰庵主說「你要把老僧怎麼樣」時，他就應該大喝一聲，然後給他一個耳光。當時這位僧人如果使出這樣的手段，那麼就應該給桐峰庵主一個答覆。可是他們兩個都只懂得用放行的方法，卻不懂得用把住的方法。看他不用本分手段，早已經像白雲一樣相隔萬里了，豈止是「思之千里」呢？

「好箇斑斑，爪牙未備」，這是說桐峰庵主和這位僧人之間的應答對倒是對，不過只懂得藏住爪牙，無可奈何的是不知道咬人。

「君不見，大雄山下忽相逢，落落聲光皆振地。」雪竇重顯在這兩句頌詞中引用黃檗希運、百丈懷海採菌子的話頭，用來說明這則公案。黃檗希運發出的虎嘯聲震耳欲聾，在大地迴盪。其實他在發出虎嘯聲之前就能轉變自在。應該在言句中有轉身的出路。

「大丈夫見也無？」你還看見了什麼嗎？「收虎尾兮捋虎鬚」，必須自己具有本色禪機。否則即使你收得虎尾，摸得虎鬚，也難免要被人家牽著鼻子走。

【說　明】在這則公案中，桐峰庵主和問話僧人的機鋒都不算錯，但仍嫌拖泥帶水，不夠爽氣，圜悟克勤對此批評道：「是則是，兩箇俱不了。千古之下，遭人檢點。」

雪竇重顯在頌古中感歎桐峰庵主與問話僧人在禪機險峻處卻不能顯示出大機大用，兩人只知道放而不知道收，不能見機行事，以致錯過禪機。思索擬議，離禪更是相差千里之遙。兩人的機鋒雖然像老虎一樣，但還不具備鋒利的爪牙，算不上是威風凜凜的猛虎。雪竇重顯接著引用百丈懷海與黃檗希運的大機大用來說明他倆才是真正的猛虎，相比之下，桐峰庵主與問話僧人的機鋒就差得遠了。

第八九則　雲門光明

【題解】在這則公案中，雲門文偃以廚房、山門等平常可見之物，提示人人都有內在的光明。他在這裡說的「光明」就是所謂人人生來具有的清淨佛性或本心。因為人們對此不覺悟，不知道自己本有成佛的內在依據，不知道心即是佛，所以又說「看時不見暗昏昏」。廚房、山門均用以表示日日所見而不以為奇者，如人本有光明自性而不自知。雲門文偃不得已，於是用以上兩種尋常之物為譬喻，提醒學人返照自心。

示眾

把斷世界，不漏絲毫；截斷眾流，不存涓滴❶。開口便錯、擬議即差。且道，作麼生是「具透關眼」？請試舉看。

舉

雲門大師垂語云：「人人盡有光明❷在。（黑漆桶❸。）

看時不見暗昏昏❹。（看時瞎。）

作麼生是諸人光明？」（山是山，黑漆桶裡洗墨汁。）

自代云：「廚庫❺三門❻。」（老婆心切，打葛藤作什麼？）

又云：「好事不如無❼。」（自知較❽一半，猶較些子❾。）

【注　釋】❶涓滴　水點，極少的水。❷光明　指佛菩薩的發光。如果由佛菩薩自身發出的光輝，稱為光；而照射物體之光，則稱為明。光明具有破除黑暗，彰顯真理的作用。❸黑漆桶　謂黑漆漆不見一物。以之譬喻超越一切差別對立的絕對境界。❹看時不見暗昏昏　喻指一心不生。暗昏昏，與「黑漆桶」同義。❺廚庫　即廚房。❻三門　即山門，寺院大門。❼好事不如無　意指放棄辨別好惡或執著於好事的心才能覺悟。雲門文偃知道自己下的代語功夫不到家，又補上這一句，用以掃絕「光明」的思慮。❽較　相差。❾猶較些子　意謂還不是十分功夫。

【語　譯】圜悟克勤開示：如果一位禪者對眼前的世界能夠把定的話，那麼對一機一境都能綿綿密密，而不遺漏一絲一毫；如果能夠截斷眾流的話，那麼一點一滴也不會存在。在這種情況之下，你一開口就有錯，一思慮就不對。你來說說看，怎樣才算是具有透過禪悟關口的法眼？我試舉一則公案給你們看看。

舉說公案：雲門文偃對僧眾開示說：「人人本來都各自具有一個大光明，(黑漆桶。)如果你想找到它的話，不僅看不到光明，反而更加黑暗。(看的時候瞎了眼。)到底什麼是你們各位的大光明呢？」(山是山，黑漆桶裡洗墨汁。)過了一會兒，雲門文偃自己代為回答說：「這光明在廚房，在山門。」(像老婆婆一樣慈悲心切，用言句說出來幹什麼？)又說：「好事不如無事。」(雲門文偃自己知道還差一半功夫，這樣說還算可以。)

評唱

雲門室中，垂此語接人：「你諸人腳跟下，人人各有一段光明。輝騰❶今古、迥絕❷廉纖❸。」雖然光明，恰到問著，又卻不會，豈不是「暗昏昏」？二十年垂示，無人會他語得。香林後來請他代語。門云：「廚庫三門。」又云：「好事不如無。」尋常代語只一句，者裡為什麼卻兩句？前頭一句，略與你開一線路教你見。若是箇漢，聊聞便會。他又怕人滯在此，末後更道：「好事不如無。」依然與你掃卻。如今人聞道：「人人有箇光明」，便去瞠眼云：「那裡是廚庫？那裡是三門？」且得沒交涉。所以道：「識取鉤頭意，莫認定盤星❹。」此事不在眼上、亦不在境❺上，須是絕知見❻得失是非，淨裸裸、赤灑灑，各各當人分上究取始得。

雲門道：「日裡❼來往，日裡辨人。忽然中夜❽，教取箇物來，未曾到處，作麼生取？」《參同契》云：「當明中有暗，勿以暗相遇；當暗中有明，勿以明相睹❾。」坐斷明暗，是箇什麼？所以道：「心花❿發明⓫，照十方剎⓬。」盤山道：「光非照境，境亦非存；光境俱亡⓭，復是何物？」又云：「即此見聞，更無餘物可呈君。」但會取末後一句了，卻去前頭遊戲，畢竟不在裡頭作活計。古人云：「以無住⓮本，立一切法。」不得去者裡弄光影弄精魂，又不得作無事會。古人道：「寧可起有見⓯如須彌山，不可起無見⓰如芥子⓱許。」二乘⓲人墮於此也。

【注釋】❶騰　跨越；超越。❷迥絕　猶迥別。❸廉纖　綿密而微細之義。❹識取鉤頭意二句　意謂不要從言句上去識取雲門文偃的旨意。識取，辨別。❺境　佛教指成為心意對象的世界。如塵境，色境，法境等。❻知見　指依照自己的思慮分別而建立的見解。與智慧有別，智慧乃般若的無分別智，為離思慮分別的心識。惟作佛知見、知見波羅蜜時，則知見與智慧同義。❼日裡　白天。❽中夜　半夜。❾當明中有暗四句　這四句論明與暗的相互關係，說明現象與本體界的辯證統一關係。明，指表現在外的現象界。暗，指隱性的本體界。現象界有本體的表現，但不能把現象界視為本體界。暗中有明，本體界要通過現象界來表現，是存在現象之中的，但不能以現象來看本體。勿，不要。睹，顯示；暴露。❿心花　喻指人們的本心。以花比喻本心清淨，故稱心花。⓫發明　放出光芒。⓬剎　梵語剎多羅的音譯省稱。意為土地或國土、世界。⓭光境俱亡　光，為能照之主體。境，為所照之對象。若能所（主客）合一，稱為光境一如；若照物之心與所照之境不相對立，相涉互融，而達解脫之境，則稱光境俱亡。⓮無住　住，所住之意，意為住著之所。指無固定之實體；或指心不執著於一定之對象，不失其自由無礙之作用者。將無住引申為否定固定狀態的用語，故謂「一切諸法無自性，故為無所住」。事物不會凝住於自身不變的性質，人的認識亦不應以固定概念作為其固有本質。⓯有見　指執著於有的偏見。即妄執世間萬物皆具有恆常不變的實體的見解，如認為我人固定不變，我體常存；又如主張「人常為人，畜生常為畜生，貧富恆常不變動」等說法，皆屬有見。⓰無見　即偏執世間及我終歸斷滅的邪見。諸法之因果各別亦復相續，非常亦非斷，執斷見者則唯執於一邊，謂無因果相續之理，世間及我僅限於生之一期，死後即歸於斷滅。⓱芥子　原係芥菜的種子，顏色有白、黃、赤、青、黑之分，體積微小，故在經典中多用以比喻極小之物。⓲二乘　聲聞乘與緣覺乘。即小乘法分為二種：㈠直接聽聞佛陀的教說，依四諦理而覺悟者，稱聲聞乘。㈡不必親聞佛陀的教說，獨自觀察十二因緣之理而獲得覺悟者，稱緣覺乘。

【語　譯】圜悟克勤評唱：雲門文偃在法堂中對僧眾開示說：「你們各位腳跟下都有一段光明，照耀古今，絕對不是細微的光亮所可比擬的。」雖然每個人都有一片光明，當你正好被問到的時候卻又不懂，這難道不是「暗昏昏」嗎？二十年來，雲門文偃一直這樣開示，卻沒有人懂得他這段話的用意。香林澄遠後來請求雲門文偃自己代為回答。雲門文偃說：「這光明在廚房，在山門。」又說：「好事不如無事。」平常禪師自己代為回答都只是說一句話，雲門文偃在這裡為什麼說了兩句？雲門文偃開頭回答的那一句為你稍微提供了一點線索，教人們認識他所說開示的旨意。如果是一個真正的參禪者，一聽見這句話就懂了。雲門文偃唯恐人們執著「這光明在廚房，在山門」的言句，最後只得又說：「好事不如無事。」仍舊為你掃絕「光明」的思慮。現在的人一聽見「人人都有個光明」時，便瞪大著眼睛說：「哪裡是廚房？哪裡是山門？」這話講得風馬牛不相及，所以說：「識取鉤頭意，莫認定盤星。」悟道大事不是眼睛就能看見的，也不在大千世界之內。必須斷絕知見、得失、是非，一絲不掛赤條條、點塵不著潔白白，各人在自己本分上努力參究，這樣才能悟道。

雲門文偃說：「對白天往來的人來說，在白天並不難辨別。如果忽然在半夜的時候，沒有燈光，要你到不曾到過的地方去拿東西，你能找到東西嗎？」石頭希遷在《參同契》中說：「當光明中有黑暗時，不要用黑暗來相逢；當黑暗中有光明時，不要用光明來相見。」能夠超越光明與黑暗的人，是一個什麼樣的人呢？所以說：「他內心的智慧之光，能夠明亮地照遍十方世界。」盤山寶積說：「光照不著對象，對象也不存在；光與所照對象融為一體，那又是一個什麼東西呢？」他又說：「就以所見所聞來講，更沒有聲音、形象可以呈現出來給你們看。」只要理解了最後這一句「好事不如無事」，然後又去玩味「這光明在廚房山門」，終歸不會在「好事不如無事」這句話裡弄禪機。從前的禪師說：「以無住本，立一切法。」不過你也不可在這裡弄神弄鬼，故弄玄虛，又不可把它當作無事來理解。從前的禪師又說：「寧可起有見像須彌山一樣大，不可起無見像芥子一樣小。」二乘人往往掉進這無見的窠臼裡。

頌

自照列孤明❶，（森羅萬象，賓主交參❷。裂轉鼻孔❸，瞎漢作什麼❹？）

為君通一線❺。（何止一線？十日並照，放一線道即得。）

花謝樹無影，（打葛藤！有什麼了期，向什麼處摸索？）

看時誰不見？❻（瞎！不可總扶籬摸壁❼，兩瞎三瞎。）

見不見，（二俱坐斷，瞎。）

倒騎牛兮入佛殿❽。（中三門前合掌❾，還我話頭來❿。打云：向什麼處去？雪竇也是鬼窟裡作活計，還會麼？半夜日頭出，日午打三更⓫。）

【注　釋】❶孤明　孤獨明亮，指人人本來就具有的佛性。❷賓主交參　謂光光相映，彼此交錯。❸裂轉鼻孔　謂孤明焰焰，故扭轉諸位鼻孔。❹瞎漢作什麼　指責其不知光明，萬象森羅都是光明，卻全然不見。❺為君通一線　這句頌「這光明在廚房山門」為各位打開一線光明。❻花謝樹無影看時誰不見　意謂如果你從對象上去找時，朝花已謝，樹亦無影，整個是一團漆黑，終究是尋不見。❼扶籬摸壁　原意謂手扶圍牆，作探摸牆壁之勢，猶如黑夜尋物之狀；在禪林中，轉指凡夫以思慮分別，來臆測佛之境界。❽倒騎牛兮入佛殿　喻指以現成顯本分，以本分說現成。❾合掌　佛教徒合兩掌於胸前，表示虔敬。一般人亦藉以表示虔誠或敬意。❿還我話頭來　意謂雪竇重顯的頌古滅去孤明，拈向黑漫漫處。⓫打三更　指三更更鼓。三更，指半夜十一時至次日清晨一時。

【語　譯】雪竇重顯頌古：自照列孤明，（森羅萬象，賓主交相輝映。扭轉鼻孔，看不見光明的瞎漢，不知道在幹什麼？）為君通一線。（雲門文偃的用意豈止是打開一線光明，就像十個太陽當空照一樣。雪竇重顯只要放開一線之道就可以了。）花謝樹無影，（用言句表達，永遠沒有出頭之日，既然樹已無影，你到什麼地方去摸索？）看時誰不見？（瞎眼漢！不可老是扶摸牆壁，真是瞎盲中的瞎盲。）見不見，（「見」與「不見」都截斷，瞎眼漢。）倒騎牛兮入佛殿。（寺院大門前合掌，把話頭還給我。打過之後說：到什麼地方去？雪竇重顯也是在俗情妄念的鬼窩裡亂搞一通，你們各位懂了嗎？半夜裡太陽出來，中午時分敲三更鼓。）

評唱

「自照列孤明」，自家腳跟下，本有一段光明，只是尋常用得暗❶。所以雲門道：「與你羅列❷此光明。」作麼生是諸人光明？「廚庫三門」，此是雲門列孤明處也。

盤山道：「心月孤圓❸，光含萬象❹；光非照境，境亦非存」，者裡是真常❺獨照，然後「為君通一線」，亦怕人著在「廚庫三門」處。卻道：「花謝樹無影」，日又落、月又黑，盡乾坤大地，黑漫漫地，你還見麼？

「看時誰不見」，且道，是誰不見？到者裡，當明中有暗，勿以暗相睹；當暗中有明，勿以明相遇。明暗各相對，彼此如前後步❻，自可見。

雪竇道：「見不見。」頌「好事不如無」。合見又不見，合明又不明。「倒騎牛兮入佛殿❼」，還入墨汁桶裡去也。須是你自騎牛入佛殿，看道是什麼道理？

【注　釋】❶只是尋常用得暗　謂整天踏在這光明上，卻不知有光明在。❷羅列　分佈；排列。❸心月孤圓　此心原來絕對待，故云「孤」，周遍十方無缺，故云「圓」。❹萬象　宇宙間的一切事物或景象。❺真常　謂如來所得之法真實常住。❻彼此如前後步　前步指「光明」，後步指「黑暗」。後步進則作前步，前步退則作後步。❼倒騎牛兮入佛殿　指積修行之功，因而覺悟，歸返自己的本來面目。此乃形容得悟後的風貌。

【語　譯】圜悟克勤評唱：「自照列孤明」，這是說每個人的腳跟下本來都有這一段光明，只是平時不知道，沒有充分利用。所以雲門文偃說：「為你們排列這一段光明。」到底什麼是你們自己的一段光明呢？「這光明在廚房山門」，雲門文偃用這句話指出了「孤明」之處。

盤山寶積說：「一輪心月孤圓，光明包含萬物；光明不照萬境，萬境也不存在。」這裡是真常在獨自照耀，雲門文偃隨後「為君通一線」。雪竇重顯惟恐人們都執著在「光明在廚房山門」這句話上，又說：「花謝樹無影。」太陽落山，月亮不見，整個乾坤大地黑壓壓的一片，你們還能看見嗎？

「看時誰不見」，你來說說看，是誰看不見？在這個黑漫漫的境界裡，當光明中有黑暗時，不要用黑暗來相見；當黑暗中有光明時，不要用光明來相逢。光明與黑暗各自相對，彼此之間的關係如同人走路的前步與後步一樣，自然可以看見。

雪竇重顯說：「見不見。」這句話是在頌「好事不如無事」。應該看見卻又看不見，應該放光卻又不放光。「倒騎牛兮入佛殿」，我看你是走進了墨汁桶裡。這必須得你親自騎著牛走進佛殿，才能看出是什麼道理。

【說　明】我們每個人心中都具有一定的大光明，從對象上去找是找不見的，是一團漆黑，即「大緣鏡光黑如漆」。從對象上加以觀照雖然把握不到，但如果成為本體，一般會光明赫赫；如廚房、山門等處，真如實相也會光芒閃耀。正是因為有了這顆佛心，所以無處無時眼前不是一片光明。打水的時候，月光映在水裡，抬頭的時候，月光映在眼裡；極目四望，月光沐浴著一切。真人的光輝就是這月光，完完全全與這月光一樣，普照一切時間一切所在。僅僅悟到這種程度，還是不夠的；因為這時的悟者反而被悟本身所束縛了。真正的禪者還要從悟中超脫出來，回到廚房、山門，去做好事，自自然然地做，不求報酬地去做，並達到「好事不如無」的境界。通過無私的勞作，掃除心中的一切微塵。

圜悟克勤評唱道：「『雲門室中，垂此語接人：『你諸人腳跟下，人人各有一段光明，輝騰今古，迥絕廉纖。』雖然光明，恰到問著，又卻不會，豈不是『暗昏昏』？二十年垂示，無人會他語得。香林後來請他代語。門云：『廚庫三門。』又云：『好事不如無。』』」「腳跟下」就是人的立足處，安身立命的根本。每人都有清淨本心，要達到覺悟就應當從這裡著眼下功夫，而不是向外追求。雲門文偃雖然對弟子們作了這種寓意深刻的開示，但長期沒人理解。他應香林澄遠的請求作出兩則代語：一是「廚庫、三門」；二是「好事不如無」，但都沒有明確地回答人人具有的光明就是佛性。因為按照禪門宗旨，任何言句都不能準確地對諸如佛、佛性、實相、菩提、祖師西來意等加以描述，所以在參禪過程中一些禪師常常用一些不相干的詞語來回答涉及它們的問題。認為佛性是超言絕相的，如果一定要使用言句來加以表述，既可以叫它們是佛性、本心，也可以叫它們為廚庫、三門等名稱；如果對此還有人執著的話，就可以用「好事不如無」等語來打斷他的世俗思惟，並藉以對他提示，引導他解除迷誤。

第九十則　雲門藥病

【題解】這則公案旨在闡明徹悟「全自己」、「全機現」的機法。「藥病相治」，意謂藥與病是相對的兩樣事物，轉指凡夫的相對二見。修行者能滅除藥與病的妄想，才能算是真出家。如果達到滅除相對二見的境界時，整個大地都是藥；如果自己能活用藥石，則整個大地全都成為自己，除自己之外，無藥可求，亦無可除之病。

示眾

明眼漢沒窠臼❶，有時孤峰頂上草漫漫❷，有時鬧市叢中赤洒洒❸。忽若忿怒❹那吒❺，現三頭六臂；忽若日面月面，放普攝慈光❻，於一塵現一切身，為隨類❼人和泥合水。忽若撥開向上一竅❽，佛眼也覷不著；設使千聖出來，亦須倒退三千里❾，還有同得同證者麼？舉看。

舉

雲門大師示眾云：「藥病相治❿。（一合相不可得。）盡大地是藥，（苦瓠連根苦⓫，攙過那邊。）那箇是自己？」（甜瓜徹蒂甜⓬，那裡得者箇消息來⓭？）

【注　釋】❶明眼漢沒窠臼　意謂不執著也就圓轉自在。❷漫漫　廣大貌。❸赤洒洒　猶赤裸裸。❹忿怒　憤怒。❺那吒　護持佛法，守護國界及國王的善神。是沙門天王五太子之一。那吒太子手執棒戟，以雙眼觀察四方，晝夜守護國王大臣、百官僚屬，乃至比丘、比丘尼、優婆塞、優婆夷等，如果有人對他們起不善心或殺害心，那吒就會用金剛杖刺打惡人之頭或心。❻慈光　指諸佛、菩薩大慈大悲的光輝。❼隨類　佛菩薩隨順眾生的類別，示現不同形相而宣說教化。❽向上一竅　喻指悟道的關鍵所在。竅，指心眼兒。❾設使千聖出來二句　意謂歷代祖師不傳悟道的境界。❿藥病相治　當人生病時，要以藥相治，但人要真正恢復健康，既需以藥除病，更需要把藥所具有的副作用排除。禪者把這稱之為「藥病相治」。就像僧人參禪，心迷時須開悟，但執著於悟境不再超脫，便仍同未悟一樣。雲門文偃開示僧眾的用意在於告誡他們不要執迷於悟境，須百尺竿頭，更進一步。⓫苦瓠連根苦　漏洩天機，不假安排。苦瓠，即苦匏，瓜類。味苦如膽，不可食，故名。⓬甜瓜徹蒂甜　謂「哪個是自己」一語從根源上說過來。徹，貫通；滲透。蒂，花或瓜果與枝莖相連的部分。⓭那裡得者箇消息來　謂雲門文偃的示眾語令人耳目一新。

【語　譯】圜悟克勤開示：一位法眼明亮的禪師，他的禪機絕不落窠臼，有時卓然不群，就像高高地站立在荒草彌漫的孤峰頂上；有時又積極入世，就像全身赤裸裸地走進喧鬧的市場裡；有時突然像憤怒的那吒太子，現出三頭六臂；有時突然又像日面佛月面佛，大放普度眾生的慈光，在一微塵中示現種種應化身，去教化三教九流的人；有時突然撥開悟道的心眼，連佛眼也難以窺測，即使歷代祖師出世，也要倒退三千里。你們當中有人能和他同得同證嗎？我舉一則公案給你們看看。

　舉說公案：雲門文偃對僧眾開示說：「藥是用來治病的。（由眾緣和合而成的事物得不到。）有什麼病就吃什麼藥，整個大地的所有東西通通都是藥。（苦瓠連根苦，回歸本源。）請問，哪個是適合你自己的藥呢？」（甜瓜連瓜蒂也是甜的，從哪裡得到這個消息的？）

評唱

雲門道：「藥病相治，盡大地是藥，那箇是自己？」還有出頭處麼❶？二六時中，只管看取壁立千仞❷。德山棒如雨點、臨濟喝似雷奔，則且止，釋迦自釋迦、彌勒自彌勒，未知落處者，往往作藥病相治會。世尊四十九年，三百餘會❸，應機設教❹，皆是應病與藥❺。古人道：「如將蜜果換苦葫蘆相似❻。」

「盡大地是藥」，你向什麼處插嘴？若插得嘴，有轉身吐氣處，許你親見雲門。你若回顧躊躇，插嘴不得。雲門在你腳跟下「藥病相治」！尋常語論，你若著有❼，便與你說無❽；你若著無，與你說有；你若著不有不無，與你去埃壒堆上現丈六金身❾，頭出頭沒❿卻易。只如今盡大地萬象森羅，乃至自己，一時是藥。當恁麼時節，卻喚那箇是你自己？你若一向喚作藥會，直待彌勒佛下生，也未見雲門在。且畢竟如何？識取鉤頭意、莫認定盤星。

文殊一日令善財採藥。善財拈一莖草，度與文殊。殊云：「此藥亦能殺人、亦能活人。」者箇藥病相治話，最難會。雲門室中，愛舉此語接人。

金鵝長老⓫訪雪竇。他是箇作家，乃臨濟下尊宿⓬，與雪竇論此「藥病相治」話。二人一夜到天曉，方能盡善。到者裡，學解⓭思量計較，總使不著。雪竇後有頌送他道：「藥病相治見最難，萬重關鎖太無端⑭。金鵝道者來相訪，學海波瀾一夜乾⑮。」雪竇後面頌，最有工夫，他意亦在賓亦在主，自可見。

【注　釋】❶還有出頭處麼　意謂還會死在雲門文偃的言句之下嗎？❷壁立千仞　喻指雲門文偃的本意。❸三百餘會　形容佛祖釋迦牟尼一生說法的法會之多。❹應機設教　指相應受教者（機）的能力、根機，而施以各種說教。❺應病與藥　謂醫師針對病症施藥，比喻佛菩薩等善知識應所對之根機而說法。佛陀自古被稱為醫者之王，若視人間種種迷惑、束縛、貪婪、瞋恚等煩惱為種種病症，則佛陀應各種病症所說之法，應為一劑良藥。❻如將蜜果換苦葫蘆相似　意謂方便說法都是為了拔去一切眾生的業根。蜜果，喻指佛法。苦葫蘆，喻指業根。❼有　就諸法的存在與否而言，「有」是表示諸法的存在，為「無」、「空」的對稱。❽無　意謂非存在。佛教認為所謂有或無之二邊（即「偏有」或「偏無」之一方）皆為謬誤；唯有超越有與無之相對性，始屬絕對之真如。❾與你去埃壒堆上現丈六金身　就污穢處現淨妙世界，為執著清淨者說污穢，使其不執著玄機。❿頭出頭沒　全身為人浮沉之意。⓫金鵝長老　法名善暹。宋代禪僧。臨江軍（治今江西清江）人。德山慧遠的嗣法弟子。雪竇重顯喜其俊逸，遂命分座說法。適逢金鵝寺缺主持，雪竇重顯推薦他前往。善暹書二偈而遁。晚年應僧眾之請，開法廬山開先寺。⓬乃臨濟下尊宿　此語有誤，金鵝長老是雲門宗的法脈。⓭學解　指世間通常的知識道理。禪家認為玄妙禪法超越世間的知識道理，需要排除「學解」的障礙，才能獲得覺悟。⓮萬重關鎖太無端　意謂雲門文偃的萬重關鎖，金鵝長老覓其端由不得。⓯學海波瀾一夜乾　喻指金鵝長老的學解情量已盡，契合雲門文偃的旨意。

【語　譯】圜悟克勤評唱：雲門文偃說：「藥是用來治病的，有什麼病就吃什麼藥，整個大地的所有東西通通都是藥，請問，哪一樣東西是適合你自己的藥呢？」你們聽了這番話，能找到出頭之處嗎？在一天的十二時辰中，只管參究雲門文偃這番話的本意。儘管德山宣鑒的木棒如雨點一般打過來，臨濟義玄的大喝一聲似雷電一樣奔馳，這些都暫且不提；而釋迦牟尼自然是釋迦牟尼，彌勒菩薩自然是彌勒菩薩，都不用去理會他；還不知道這番話的旨趣的人，往往會把這則公案當作平常醫學上藥病相投的意思來理解。釋迦牟尼一生說法四十九年，講經三百多次，為了順應眾生的根器，施以不同的教法，這樣做就如同醫師診斷患者的病症，而施以不同的處方一樣。從前的禪師說：「就像用蜜果來換苦葫蘆一樣。」「整個大地的所有東西通通都是藥。」聽了這句話，你該從什麼地方插嘴呢？如果你插得了嘴，那麼你就有了轉身吐氣的餘地，而且已經和雲門文偃心心相印了。如果你稍一猶豫，我看你就插不了嘴。雲門文偃的藥正好治你腳跟下的病！就像平常的言談議論，當你執著「有」的時候，就跟你談「無」；當你執著「無」的時候，就跟你談「有」；當你執著「不有不無」的時候，就在塵土堆上示現一丈六尺的佛身，腦袋時而出現時而隱沒倒是非常容易。現在談到整個大地的一切事物，乃至自己一齊都是藥。在這樣的時候，反過來要叫哪個是你自己呢？你如果一直都把它當作是治病的「藥」來理解，我看你即使是參到彌勒佛降生，連做夢都別想見到雲門文偃。那麼究竟要怎樣做到「識取鉤頭意，莫認定盤星」呢？

文殊菩薩有一天叫善財童子去採藥，善財童子出去採了一根草回來，遞給文殊菩薩。文殊菩薩說：「這藥既能奪去人的性命，也能使人活過來。」這個藥病相治的話頭，最難理解。雲門文偃在法堂中也喜歡舉說這則公案來接引學人。

金鵝長老是一位參禪的行家高手，他是臨濟宗的一位大禪師。有一天他去參訪雪竇重顯，和雪竇重顯一起談論「藥病相治」的話頭。兩人談了整整一夜，到天亮時才算有所領悟。參到大徹大悟之時，一切學問、知解、思量、計較都用不上。後來雪竇重顯寫了一首頌古送給金鵝長老：「藥病相治見最難，萬重關鎖太無端。金鵝道者來相訪，學海波瀾一夜乾。」另外雪竇重顯下面所寫的這首頌古，最能顯示他的功底，他的用意既在參禪者這邊，也在禪師這邊，這是不難看出來的。

頌

盡大地是藥，（教誰辨的？撒砂撒土❶，架高處著❷。）

古今何太錯❸！（言中有響，一筆勾下❹，咄！）

閉門不造車❺，（大小雪竇為眾竭力，坦蕩蕩❻不掛一絲毫，阿誰有閑工夫，鬼窟裡作活計？）

通途❼自寥廓❽。（下腳入草，上馬見路，信手拈來，不妨奇特。）

錯！錯！（雙劍倚天❾，一箭落雙鵰。）

鼻孔遼天❿亦穿卻。（頭落了也⓫，已穿卻了也。）

【注　釋】❶撒砂撒土　喻指使清淨的心源混濁。❷架高處著　意謂超出雲門文偃言句外看。❸古今何太錯　謂古今參學者拾雲門文偃的餘唾，不知他言句的用意，確實太錯。❹一筆勾下　謂雪竇重顯這句頌古把雲門文偃的旨意一筆勾銷。❺閉門不造車　意謂自己本來就是轉身自在，何必靠修行用功去合轍。閉門造車，朱熹《四書或問》卷五：「古語所謂『閉門造車，出門合轍』，蓋言其法之同。」意思是只要按照同一規格，關起門來製造車輛，使用時也能和路上的車轍完全相合。❻坦蕩蕩　形容胸襟開朗，心地純潔。❼通途　暢通的大路。❽寥廓　空曠深遠。❾雙劍倚天　喻指雪竇重顯辛辣的禪機無人可擋。❿遼天　遠天。⓫頭落了也　意謂豈止穿過鼻孔，性命也難保。

【語　譯】雪竇重顯頌古：盡大地是藥，（教誰來分辨個明白？撒砂撒土，從高處看。）古今何太錯！（話中有話，一筆勾銷，咄！）閉門不造車，（雪竇大禪師為僧眾竭盡全力說禪機，心中坦蕩蕩，不掛一絲毫，誰有閑功夫來閉門造車，閉門造車的人是在俗情妄念的鬼窩裡亂搞一通。）通途自寥廓。（下腳入草，上馬見路，雪竇重顯隨手拈來，非常奇特。）錯！錯！（雙劍倚天，一箭射落兩隻大鵰。）鼻孔遼天亦穿卻。（腦袋落地了，穿住鼻孔了。）

評唱

云：「盡大地是藥，古今何太錯」。你若喚作藥會，古今一時錯了也。雪竇道：「有般漢不識截斷大梅腳跟，只管道『貪程❶太速』。」他能截斷雲門腳跟❷，為雲門者一句語，惑亂天下人。雲門云：「拄杖子是浪，許你七縱八橫；盡大地是浪，看你頭出頭沒。」

「閉門不造車，通途自寥廓。」雪竇道：「為你通一線道。」你若閉門造車，出門合轍❸，濟什麼事？我這裡閉門也不造車，出門自然寥廓。所以道：「通途自寥廓。」他者裡略露些子縫罅教人見，又連忙卻道：「錯錯。」前頭❹也錯，後頭❺也錯，誰知雪竇開一線路，也是錯？

然「鼻孔遼天」，為什麼卻被你穿卻？要會麼？更參三十年！你有拄杖子，我與你拄杖子；若無拄杖子，不免穿卻你鼻孔。

【注釋】❶貪程　貪趕路程。❷他能截斷雲門腳跟　謂雪竇重顯始終不對雲門文偃的言句下注腳，而是從更高的角度來看雲門文偃。❸合轍　車輪與車的軌跡相合。比喻彼此思想言行相一致，合拍。❹前頭　指雲門文偃說的「盡大地是藥」。❺後頭　指雲門文偃說的「哪個是自己」。

【語譯】圜悟克勤評唱：「盡大地是藥，古今何太錯。」如果你們把雲門文偃說的「藥」當作平常醫學上的藥來理解，那麼自古至今都錯了。雪竇重顯說：「有一種人不知道截斷大梅法常的腳跟，只管說趕路的速度太快了。」雪竇重顯能夠截斷雲門文偃的腳跟，因為雲門文偃的這一句話，徒然增加了天下人的困惑。雲門文偃說：「拄杖子是波浪，我允許你在裡面七縱八橫；整個大地是波浪，我看著你的腦袋時而出現，時而隱沒。」

「閉門不造車，通途自寥廓。」雪竇重顯說：「我為你們指引一條線索，讓你們有路可循。」你如果閉門造好車子，車子出門以後車輪與車的軌跡相合，能成什麼事？如果我閉門不造車，車了出門以後自然大路寬闊，所以說：「通途自寥廓。」雪竇重顯在這裡稍微透露一些縫隙讓人看，接著又連忙說：「錯！錯！」雲門文偃前面的那句話說錯了，後面的這句話也說錯了，誰又能知道雪竇重顯指引的這條線索也是錯的呢？

既然「鼻孔遼天」，為什麼卻被你穿住了呢？你想知道嗎？好好地再參究三十年！如果你有了拄杖，我也給你拄杖；如果你沒有拄杖，難免要被人穿住鼻孔。

【說明】首先要弄清什麼是藥病相治。對症下藥，病症治癒後，就不再需要藥了。不僅不需要藥，而且還必須清除用藥後的副作用。把藥毒與病毒都根除之後，身體才算真正的健康。這樣疾病也根治了，藥毒也根除了，禪者稱為藥病根治，這不僅僅限於我們的身體不健康的場合，當我們有心病的場合也同樣適用。當心生百病時，把心帶出迷境進入悟境，頓開法眼是首要的，必需的；而如果執著於悟境，不能再超脫，就成了悟味十足令人不快的野狐禪。於是，禪師的義務就是去除悟後的禪病，清除開眼人得悟的痕跡。達到迷悟同忘的境界，這就是藥病相治的境界。

「盡大地是藥」，意謂整個大地無一不是禪法，宇宙全體都是禪法。佛陀原本是不借他力，自己是佛陀；彌勒，自己原本就是彌勒，什麼也不曾假借過，便是物物全真，個個顯露，一切都是壁立萬仞的禪法。這就是這則公案的旨意。雲門文偃為了使學人體驗此法，說「哪個是自己」，給與學人以思索的端緒。「藥病相治」，原本是一種方便施設，還不是根本大法的直接開示。所以圜悟克勤評唱道：「『藥病相治』！尋常語論，你若著有，便與你說無；你若著無，與你說有。」

至於「哪個是自己」，這是指禪的本體：無道、無禪、無自己、無名、無相。達到這無名無相的境界，再來看宇宙之間的森羅萬象時，就會感到萬象和自己也都是禪，都是藥。

雪竇重顯頌道：「盡大地是藥，古今何太錯！閉門不造車，通途自寥廓。錯！錯！鼻孔遼天亦穿卻。」為什麼說「太錯」呢？雲門文偃希望使人轉卻一切現象，一切意識，回歸到禪的本體，可是從古到今，只會做「藥」來理解，所以「太錯」。禪的本體是「閉門不造車」的，不須憑藉種種理論和種種修行，是天然自性真。如萬里一條鐵，坦坦蕩蕩地一物也不立。「通途自寥廓」者，是對他的作用而言，因為一念起時，則三千諸佛都起，一一具全，一一本真，任何事物都一樣。次說「錯！錯！」者，意謂「盡大地是藥」，已經是錯；「哪個是自己」，也是錯。因為禪的本體是無名無相，說「藥」說「自己」，都落在第二義，遠離第一義。

圜悟克勤對此頌古評唱道：「雲門云：『拄杖子是浪，許你七縱八橫；盡大地是浪，看你頭出頭沒。』」「拄杖子」，是禪的本體；「浪」，是現象。如果認識到禪的本體是現象，就在一物中都體驗得本體和現象，既不拘泥於現象，也不滯留於本體，自在的妙用，才自然而然地顯現。但僅僅是認識「浪」的現象；離開了本體，便得不到自由，墮在生滅有無之見中「頭出頭沒」。從這個意義來看：「藥」，是浪，是現象；「自己」，是拄杖子，是本體。

第九一則　玄沙三病

【題解】這則公案的前半部分，玄沙師備以盲人、聾子、啞巴三種人比喻昧於真見、真聞、真語之人，而不是指肉體上的盲人、聾子、啞巴。諸佛出世的一大事因緣，目的在於教化被無明所障而迷失本真的凡夫，所以玄沙師備說「若接此人不得，佛法無靈驗」。這則公案的後半部分，一位僧人以玄沙師備之語請問雲門文偃。雲門文偃直接用動作來回答，絲毫不讓這位僧人有分別思考的機會，使他當即明瞭自己原本不盲、不聾、不啞，就像迷妄凡夫原本具有真如佛性，只是因為見聞覺知妄起分別，時間一長，自然與諸法實相相隔甚遠，猶如有眼之盲者、有耳之聾者、有口之啞者。所以這則公案的關鍵就在於超越見聞覺知的分別妄想，而契入不可思議、不可言說的實相無相的境界。

示眾

門庭施設❶，且恁麼破二作三❷；入理深談❸，也須七穿八穴。當機敲點，擊碎金鎖玄關❹；據令而行，直得掃蹤滅迹。且道，誵訛在什麼處？頂門具眼者，試辨看。

舉

玄沙示眾云：「諸方老宿，盡道接物利生❺，（隨分❻開箇鋪席❼，隨家豐儉❽。）忽遇三種病人來，作麼生接？（打草蛇驚❾。山僧只得目瞪口呿，管取❿倒退三千里。）

患盲者，拈槌豎拂[11]，他又不見；（端的瞎，即接物利生，未必盲在。）

患聾者，語言三昧[12]，他不又聞；（端的聾，即接物利生，未必聾在。）

患啞者，教伊說，又說不得。（端的啞，即接物利生，未必啞在。）

且作麼生接？若接此人不得，佛法無靈驗[13]。」（誠[14]哉是言也。山僧只管拱手歸降[15]，已接了也，打！）

僧請益雲門。（也要諸人共知著。）

門云：「汝禮拜著。」（風行草偃[16]，咄咄！）

僧禮拜起。（者僧拗折拄杖子[17]。）

門以拄杖挃[18]。僧退後，門云：「汝不是患盲。」（端的瞎，莫道者僧患盲。）

復喚近前來，僧近前。（第二杓惡水潑[19]，觀音來也，當時好與一喝。）

門云：「汝不是患聾。」（端的聾，莫道者僧聾。）

乃云：「還會麼？」（何不與本分草料，當時好莫作聲。）

僧云：「不會。」（兩重公案，蒼天蒼天。）

門云：「汝不是患啞。」（端的啞，口吧吧[20]，莫只道這僧啞。）

其僧於此有省。（賊過後張弓，討什麼碗㉑？）

【注　釋】❶門庭施設　指禪師接引學人所使用的方便機法。禪林中常說的第二義門就是權假施設。門庭，指禪宗的叢林、修行道場、禪師住處、庵等處所。又比喻引導進入堂奧之前階段，即方便法。❷破二作三　分二為三。指分析事理。❸入理深談　即第一義門，指超越言語思惟的究極境地。❹金鎖玄關　喻指俗情妄念的窠窟。❺接物利生　即接引化導世間眾生，相應其種種機根，而給予利益。❻隨分　依據本性；按照本分。❼鋪蓆　鋪面；店鋪。這裡指施設法門。鋪，同「舖」。❽隨家豐儉　意謂各自立把住放行家風。豐，豐足；豐裕。儉，節儉；節省。❾打草蛇驚　意謂垂教只要人覺悟。❿管取　包管。⓫拈槌豎拂　提起槌棒、豎起拂子，是禪家示機、應機的常用動作，泛指禪機作略。椎是魚鼓敲棒，拂是揮塵之具，均係寺院常見器物。⓬三昧　專注而不散亂的心境。⓭靈驗　謂靈妙不可思議的效驗。即祈求諸佛菩薩，或由於受持讀誦經典，而獲得不可思議的證驗。⓮誠　真實。⓯山僧只管拱手歸降　圜悟克勤誠心歸伏玄沙師備的這句話。拱手，猶束手。謂無能為力。⓰風行草偃　喻指雲門文偃的道風。⓱者僧拗折拄杖子　喻指失去了主人翁，聽人使喚。⓲揎　搗，撞擊。⓳第二杓惡水潑　喻指雲門文偃第二次使用俊快的手段。⓴吧吧　嘴唇開合作聲。形容說話多而響。㉑討什麼碗　喻指悟道的時機已過。

【語　譯】圜悟克勤開示：方便法門，已經是在用言句說禪法了；至於第一義門，本身就應該具備七通八達的手段。敲問點破接引學人的機用，擊碎金鎖玄關。實行正宗本色的禪機施設，直到掃除俗情妄念的蹤跡。你來說說看，什麼是容易使人含糊錯訛的地方呢？如果是一個腦門上具有法眼的人，試舉一則公案辨別看看。

舉說公案：玄沙師備對僧眾開示說：「各地的老禪師都說要對世人宣揚佛法，利益眾生，（隨其本性開個法門，隨家豐儉。）突然遇到三種病人來了，應該怎樣接引他們呢？（打草驚蛇。我只好日瞪口呆了，肯定要倒退三千里。）在盲人面前，當你舉起槌棒、豎起拂子，他全都看不見；（真的是瞎子，在經過禪師的接引之後，不一定真的就瞎了。）在聾子面前，儘管你對他不斷地講經說法，他還是聽不見；（真的是聾子，在經過禪師的接引之後，不一定真的就聾了。）在啞巴面前，你教他說話，他卻說不出。（真的是啞巴，在經過禪師的接引之後，不一定真的就是啞巴。）究竟應該怎樣接引這三種人呢？如果說對這三種人無法接引，那麼佛法也就談不上有什麼靈驗了。」（這話說得太棒了，我只好束手就擒了，在玄沙師備還沒開口說話之前，我就認識到了自己的本來面目，打。）

一位僧人聽完玄沙師備的這番話後，便去向雲門文偃請教。（也要各位都知道。）雲門文偃說：「你趕快對我禮拜。」（風吹過後草倒伏，咄咄！）這位僧人向雲門文偃禮拜之後站了起來。（這位僧人拗斷拄杖了。）雲門文偃舉起拄杖就要打過來。這位僧人往後退，雲門文偃說：「你不是瞎子。」（真的瞎了嗎？這位僧人的眼睛明亮。）雲門文偃又叫這位僧人走過來，這位僧人真的走過去了。（雲門文偃把第二杓髒水潑過來了，觀音菩薩走過來了，這位僧人當時就應該大喝一聲。）雲門文偃說：「你不是聾子。」（真的聾了嗎？這位僧人的耳朵好得很。）雲門文偃又問：「你懂了嗎？」（為什麼不用棒喝？當時就不應該出聲。）這位僧人回答說：「我不懂。」（兩次都不懂雲門文偃的用意，蒼天啊蒼天！）雲門文偃說：「你不是啞巴。」（真的是啞巴嗎？你看他張大嘴巴說話，這位僧人還真不是啞巴。）這位僧人至此才有所覺悟。（盜賊走過去之後才架設弓箭，吃飯的時間已經過去了，再來討碗又有什麼用？）

評唱

玄沙參到絕情塵意想、絕見聞處，淨裸裸、赤洒洒，方解恁麼道。是時諸方列刹相望❶，尋常示眾云：「諸方老宿盡道：『接物利生』，忽遇三種病人來，作麼生接？」若作聾盲瘖啞❷會，卒摸索不著。所以道，莫向句中死❸，須是會玄沙意始得。

玄沙常以此語接人。有僧久在玄沙處，一日上堂，僧問和尚：「三種病人話，還許學人說道理也無？」沙云：「許。」僧便珍重而出。沙云：「不是不是。」者僧會得玄沙意。後來法眼云：「我當時見羅漢和尚❹舉者僧語，便會三種病人話。」若道者僧不會，法眼為什麼卻恁麼道？若道會，玄沙為什麼卻道「不是不是」？地藏云：「聞和尚有三種病人話，是否？」沙云：「是。」藏云：「桂琛現有眼耳鼻舌，和尚作麼生接？」玄沙便休去。會得玄沙意，不在言句上。他會底人，自然殊別。

後有僧舉似雲門。門便會他意云：「汝禮拜著。」僧禮拜起。門以拄杖挃，僧退後。當時便與掀倒禪牀，免見他許多葛藤！且道，雲門與玄沙，會處是同是別？他兩個會得，都只一般。古人出來，作百千萬億種方便，意在鉤頭❺。

五祖云：「一人說得卻不會，一人卻會說不得，二人來參，如何辨得？」若辨此二人不得，如何為人？若會了，才入門來，便云：「我著草鞋，在你肚裡走幾匝了也❻，猶自不省！討什麼碗出去？」且莫作聾盲瘖啞會，若與麼會，不見他意。所以道：「眼見色，與盲等；耳聽聲，與聾等；口談說，與啞等。」又道：「滿眼不見色，滿耳不聞聲，文殊常觸目❼，觀音塞耳根。」到者裡，眼見如盲、耳聞如聾，方能與玄沙意不爭多❽。諸人還知盲聾喑啞漢落處麼？

【注　釋】❶是時諸方列剎相望　意謂仰望玄沙師備的德風。❷喑啞　啞巴，口不能言。喑，啞。❸莫向句中死　意謂應該領會玄沙師備的言外之意。❹羅漢和尚　法名桂琛（西元八六七～九二八年），五代禪僧。常山（今屬浙江境內）人，俗姓李氏。出家後行腳至玄沙師備座下，得一言啟發，脫落眾惑。時漳州州牧於閩城西方石山建地藏院，請他開法，駐錫十八年，學徒集者二百餘人，世稱「地藏桂琛」。後住漳州羅漢院，大闡玄要，契機開悟者甚多，世人尊稱「羅漢和尚」。❺意在鉤頭　謂用言句使人理解言外之意。❻在你肚裡走幾匝了也　意謂看穿心肝五臟了。你，指參學者。❼觸目　目光所及。❽方能與玄沙意不爭多　意謂與玄沙師備的意多不相違。

【語　譯】圜悟克勤評唱：玄沙師備一直參到斷絕了一切情塵、意想、見聞的境界，一絲不掛赤條條，點塵不著潔白白，才知道這樣說。當時全國各地的名山大寺都很敬仰他。平時玄沙師備常用這句話向僧眾開示：「各地的老禪師都說要對世人宣揚佛法，利益眾生，如果突然遇見三種病人來了，應該怎樣接引他們呢？」玄沙師備所說的三種病人，你們如果真把他看做是盲人、聾子、啞巴的話，那是風馬牛不相及的。所以你們不要老是依據言句上的意思去思考，一定要理解玄沙師備真正的旨意才行。

玄沙師備經常用這句話來接引學人。有一位僧人長期在玄沙師備這裡參禪，有一天玄沙師備上堂說法，這位僧人問玄沙師備：「師父所說的三種病人，還允許弟子們說出其中的道理嗎？」玄沙師備說：「可以。」這位僧人便告辭出去。玄沙師備說：「不對，不對。」這位僧人算是理解了玄沙師備的意思。後來法眼文益說：「我當時聽見羅漢和尚舉說這位僧人的話頭，總算明白了三種病人這段話的意思。」如果說這位僧人不懂玄沙師備的意思，法眼文益為什麼卻要這樣說？如果說這位僧人懂得了玄沙師備的意思，為什麼玄沙師備卻要說「不對，不對」？有一天地藏桂琛問玄沙師備：「聽說師父曾經說過三種病人的話頭，有這回事嗎？」玄沙師備回答說：「是的。」地藏桂琛說：「桂琛也有眼睛、耳朵、鼻子、舌頭，師父應該怎樣接引呢？」玄沙師備不回答他的話。所以要知道玄沙師備的意思，並不是在言句上。至於那些懂了玄沙師備意思的人，自然就與眾不同了。

後來有一位僧人拿這則公案去請教雲門文偃。雲門文偃知道他的用意，便說：「你對我禮拜。」這位僧人禮拜之後站了起來。雲門文偃拿起拄杖就打過來，這位僧人退後了幾步。這位僧人當時就應該推倒雲門文偃的禪床，免得他說出這麼多話來？你來說說看，雲門文偃和玄沙師備的意思是一樣呢？還是不一樣？其實他們兩人的意思都一樣。從前的禪師所表現的手段就有千萬億種方便，無非就是要讓人們明白他們的言外之意。

五祖法演說：「如果有一個人對禪法能說出許多道理，卻沒有實際的修行；另一個人具有實際的修行，卻說不出其中的道理。當這兩種人同時來參訪時，你該怎樣來辨別他們呢？」如果你無法辨別他們的話，那麼你也就無法接引學人？如果你懂得辨別，當參禪者一進門，就會說：「我穿上草鞋，已經在你的肚子裡走過幾圈了，你還不覺悟，跑到我這裡來討什麼碗帶回去？」所以你們還是千萬不要把他看作是盲人、聾子、啞巴。如果把他看作是盲人、聾子、啞巴，那就無法理解他的用意。所以前人說：「眼睛看到東西，就像瞎子一樣；耳朵聽見聲音，就像聾子一樣；口中說出言句，就像啞巴一樣。」前人又說：「眼前事物充滿視野，卻又看不見東西；四周聲音充滿耳邊，卻又聽不見聲音。文殊菩薩常常縱目遠望，觀音菩薩常常塞住耳朵。」到了這種境地，就會眼見事物如同盲人一樣看不見，耳聞聲音如同聾子一樣聽不見，也就能和玄沙師備的意思不謀而合了。你們各位還知道盲人、聾子、啞巴的意思嗎？

頌

盲聾喑啞，（已在言前❶，三竅❷俱明，只作三段。）

杳絕❸機宜❹。（向什麼處摸索❺？還作得計較麼？有什麼交涉？）

天上天下，（正理❻自然，我也恁麼。）
堪笑堪悲！（笑箇什麼？悲箇什麼？）
離朱❼不辨正色❽，（眼瞎，巧匠不留蹤，端的瞎！）
師曠❾豈識玄絲❿？（耳聾，端的聾！大功不立賞⓫。）
爭如獨坐虛窗下，（須是恁麼始得。莫向鬼窟裡作活計，打破漆桶。）
葉落花開自有時⓬。（即今是什麼時節？切不得作無事會。今日從朝至暮，明日從朝至暮。）
復云：「還會也無？（重說偈言⓭。）
無孔鐵鎚！」（自頌出去，著無孔鐵槌，可惜放過，打！）

【注釋】❶已在言前　不向外求之意。❷三竅　指眼、耳、口。❸杳絕　消失；懸隔；隔絕。❹機宜　謂眾生皆有善根，故若欲度化，則隨應其機，而施之以適宜之教法。❺向什麼處摸索　因為聲音蹤影全無。❻正理　正當的道理。❼離朱　傳說中視力特別強的人。❽正色　指青、赤、黃、白、黑五種純正的顏色。對間色而言。❾師曠　春秋晉國樂師。善於辨音。❿玄絲　謂音樂。⓫大功不立賞　真聞不依聲音之意。⓬爭如獨坐虛窗下葉落花開自有時　意謂無心而不管四季交替。⓭偈言　即佛經中的唱頌詞。每句三字、四字、五字、六字、七字以至多字不等，通常以四句為一偈。

【語譯】雪竇重顯頌古：盲聾喑啞，（早在說話之前就知道了，眼睛、耳朵、嘴巴始終明白無誤，只作三段。）杳絕機宜。（到什麼地方去摸索？還生得出區別計較嗎？有什麼關係？）天上天下，（雪竇重顯順著正理頌，故十分自然，我也要這樣做。）堪笑堪悲！（笑個什麼？悲個什麼？）離朱不辨正色，（眼睛瞎了，能工巧匠不留痕跡，真的瞎了！）師曠豈識玄絲？（耳朵聾了，真的聾了！大功不立賞。）爭如獨坐虛窗下，（應該這樣才行。不要到俗情妄念的鬼窩裡去亂搞一通，打破漆桶。）葉落花開自有時。（現在是什麼時候？千萬不要作無事來理解。今天從早到晚，明天從早到晚。）

雪竇重顯又說：「你們各位還明白了嗎？（重重說示偈言。）無孔鐵鎚。」（自頌出去，拿無孔鐵槌，可惜放過，打。）

評唱

「盲聾瘖啞，杳絕機宜」，盡❶你見與不見、盡你聞與不聞、盡你說與不說，雪竇一時與你掃卻了也。直得盲聾瘖啞、見解機宜、計較得失，一時杳絕，總用不著❷。者箇向上❸，可謂真盲聾瘖啞，無機無宜。

「天上天下，堪笑堪悲」，雪竇一手抬一手搦，且道，笑箇什麼？悲箇什麼？堪笑是啞卻不啞、是聾卻不聾、是盲卻不盲，堪悲他明明不盲卻盲、明明不聾卻聾、明明不啞卻啞。

「離朱不辨正色」，不辨青黃赤白，正是瞎漢。離婁❹，黃帝❺時人，百里察秋毫❻，其目甚明。黃帝游於赤水❼，遺其玄珠，令離朱尋之，尋不得；令契詬❽

尋之，亦尋不得；今罔象❾尋方得。故云：「罔象到時光燦爛，離婁行處浪滔天」，者箇是高妙處。雖離婁之目，亦辨他正色不得。

「師曠豈識玄絲」，周❿時絳州⓫晉景公⓬之子，字子野，善彈，能別五音六律，隔山聞蟻叫。時晉與楚爭霸，曠唯鼓琴，撥動風絃，知楚必無功。雖然如是，雪竇道：「他尚未識玄絲在，不聾卻是聾底人。」者箇高處玄妙音，師曠亦識不得。雪竇道：「我亦不作離婁、亦不作師曠。」

「爭如獨坐虛窗下，葉落花開自有時」，若到此境界，雖見似不見、雖聞似不聞、雖說似不說。飢來喫飯、困即打眠，任他葉落花開，秋來葉落、春至花開，各自有時節，雪竇一時掃蕩了也。

又放一線道。復云：「還會也無？」雪竇力盡神疲，只道得箇「無孔鐵鎚」。者箇一句，急著眼方見，若擬議即蹉過。

師舉拂子云：「還見麼？」敲禪牀一下云：「還聞麼？」便下禪牀云：「還說得麼？」

【注釋】❶盡　縱令；即使。❷一時杳絕二句　意謂一切計較思慮，一齊掃除，使你無處著意路，至此一切消息都絕，無物可用。❸者箇向上　指機宜計較杳絕處。❹離婁　即離朱。❺黃帝　古帝名。傳說是中原各族的共同祖先。少典之子，姓公孫，居軒轅之丘，故號軒轅氏。又居姬水，因改姓姬。國於有熊，亦稱有熊氏。以土德王，土色黃，故曰黃帝。❻秋毫　鳥獸在秋天新長出來的細毛。喻細微之物。❼赤水　古代神話傳說中的水名。❽契詬　即喫詬，古代傳說中的大力士。❾罔象　一作象罔。《莊子》寓言中的人物。含無心、無形跡之意。❿周　朝代名。姬姓。西元前十一世紀武王滅商建周。都城鎬京（治今陝西省西安市），史稱西周。西元前七七二年，周平王東遷洛邑（治今河南省洛陽市），史稱東周。西元前二五六年為秦所滅。⓫絳州　治今山西省新絳縣。⓬晉景公　晉國國君。西元前五九九～前五八〇年在位。晉，春秋諸侯國名。故址在今山西省、河北省南部、陝西省中部及河南省西北部。

【語　譯】圜悟克勤評唱：「盲聾喑啞，杳絕機宜」，不管你看見了還是沒看見，不管你聽見了還是沒聽見，不管你說話了還是沒說話，這所有的一切，雪竇重顯全都為你掃除了。弄得盲聾喑啞，見解機宜、計較得失都杳然絕跡了，通通都用不上。在這個向上的境界裡，稱得上是真盲、真聾、真啞，無機、無宜。

「天上天下，堪笑堪悲」，雪竇重顯是一手抬舉，一手壓抑。你來說說看，雪竇重顯到底在笑個什麼？悲個什麼呢？可笑的是說啞卻不啞，說聾卻不聾，說盲卻不盲；可悲的是他的眼睛明明不瞎卻看不見，耳朵明明不聾卻聽不見，嘴巴明明不啞卻又說不出。

「離朱不辨正色」，分不清青黃紅白，就是瞎漢。離婁是黃帝時期的人，他站在百里之外可以明察秋毫，具有很好的視力。黃帝曾到赤水遊玩，掉了一顆黑色的明珠，他下令離朱去尋找，結果沒有找到；再下令契詬去尋找，結果也沒找到；最後下令罔象去尋找，總算找到了。所以說：「罔象到時光燦爛，離婁行處浪滔天。」像這樣的高妙之處，即使離婁的視力很好，也分不清他的本色。

「師曠豈識玄絲」，師曠是周朝時絳州晉景公的兒子，字子野，善於彈奏樂器，能辨別五音六律，隔山可以聽見螞蟻的叫聲。當時晉國和楚國為了爭奪霸主，發生戰爭。師曠彈琴，只撥了一下風絃，就知道楚國必敗無疑。雖然師曠具有這樣好的聽力，雪竇重顯卻說：「他還不知道玄妙的音樂，儘管耳朵不聾卻像聾子一樣。」對於這樣高妙的玄音，師曠也不能分辨出來。雪竇重顯說：「我既不作離婁，也不作師曠。」

「爭如獨坐虛窗下，葉落花開自有時」，如果達到了這個境界，雖然用眼睛看卻又像看不見，雖然用耳朵聽卻又像聽不見，雖然用嘴巴說卻又像沒說話。只是肚子餓了就吃飯，身體疲倦了就睡覺，管它葉落花開？秋天樹葉飄落，春天百花盛開，各自有不同的季節，雪竇重顯一切都為你掃除了。

雪竇重顯至此又放開一線之道，露出一些消息，說：「你們還明白了嗎？」此時的雪竇重顯也已經筋疲力盡了，只說了一句「無孔鐵鎚」。這一句話希望你們趕緊睜大眼睛，才能看見，如果揣摩思考的話，那就錯過禪機了。

最後雪竇重顯舉起拂子，說：「你們的眼睛還看得見嗎？」然後又敲了一下禪床，問：「你們的耳朵還聽得到嗎？」接著走下禪床，說：「你們的嘴巴還說得出話嗎？」

【說　明】問話僧人經過雲門文偃的開示，悟到這個問題並不是他人的問題，而是自己本人不當這三種病人的問題。仔細想想，自己本人並不是那三種病人，這實際上就是自己本人的問題。

雪竇重顯頌古的意思是說，如果囿於分別情識，淪失天然本真，則即使目明如離婁，耳聰如師曠，亦無法平心看待平常的形色音聲。他在頌古結束之後又對在場的僧眾說：「還會也無？無孔鐵鎚！」說他們是「無孔鐵鎚」，也有「三種病人」的意思。圜悟克勤在對雪竇重顯頌古的評唱中說：頌古前六句的意思是說禪法不須外求，後兩句的意思是說如果達到了「爭如獨坐虛窗下，葉落花開自有時」的境界，也就泯除了五官六識的知見，顯得自由自在。

《碧巖集》的核心就是「看腳下」。禪宗強調在自己對外說這說那之前，首先要仔細看好自己的腳下。所以在這裡實際上也是在說必須當心自己別成了「三種病人」。

禪宗有「無心地看」、「無心地聽」、「無心地說」的說法，這十分重要。「無心地看」、「無心地聽」、「無心地說」的無心，就是「空之心」。因為心裡填滿多餘的東西，所以就是看見了也覺得沒看見。如果心真的是空的話，那麼任何事物都能自由地看得清清楚楚，任何聲音都能自由地聽得清清楚楚，任何言語都能自由地說得清清楚楚，而且沒有任何不自在。

因此，玄沙師備所說的「三種病人」，就是教育人們「自己可不能患三種心病」。進一步來說，就是借此來說：「要注意自己的腳下。」

禪宗就是告訴人們「此時、此地、此我」怎麼生活的宗教。這則公案就是開示人們，要仔細審視自己，看看自己怎麼樣，是不是做錯了？是不是自己也成了「三種病人」了？也就是說，必須領會到這則公案說的不是別人的事，而始終都是以自己為對象的。

有人說，現代是「人性喪失」的時代。據說近代是從「自我的確立」開始的，可是到了現代，現代人卻有失去自我之處。有一位英國的歷史學家非常確切地說過：「現代人什麼都知道，就是不知道自己。」如今，「禪」之所以受到全世界的注視，正是因為禪宗主張重新注視正在失去的自我。這已成為在向現代化行進中的一大警鐘。應該知道正視自我對於現代人來說是何等重要。

如此看來，其實早在一千年以前，玄沙師備和雲門文偃就向人們提出了「要看自己」的教導。這確實是難能可貴的。

第九二則　雲巖大悲

【題解】大悲菩薩，即千手千眼觀音，每一隻手上都有一隻眼。能達到這等境界，自然就像黑夜中摸自家枕頭一樣，能自由行動，不受拘束，就像手上長眼一樣了。「遍身是眼」與「通身是眼」，像這樣一字的改變，後來成為曹洞宗的宗風。

示眾

通身是眼，見不到；通身是耳，聞不及；通身是口，說不得；通身是心，鑒❶不出。「通身」則且致，忽若無眼，作麼生見？無耳，作麼生聞？無口，作麼生說？無心，又作麼生鑑？若向者裡❷撥得一線路，便與古佛同參。且道，參箇什麼人？

舉

雲巖問道吾：「大悲菩薩❸，用許多手眼作什麼？」（當時好與本分草料，你尋常走上走下作什麼？）

吾云：「如人夜間背手摸枕子。」（何不用本分草料？一盲引眾盲❹。）

巖云：「我會也。」（將錯就錯❺，賺殺一船人，同坑無異土❻。）

吾云：「汝作麼生會？」（何堪更問❼？也要問過，好與一拶。）

巖云：「遍身是手眼。」（有什麼交涉？鬼窟裡作活計❽，泥裡洗土塊❾。）

吾云：「道即太殺道，只得八成。」（同坑無異土，奴見婢慇懃，癩兒牽伴❿。）

巖云：「師兄作麼生？」（取人處分又爭得⓫？好與一拶。）

吾云：「通身是手眼⓬。」（蝦跳不出斗⓭。換卻眼睛移卻舌⓮，還得十成也未？喚爹作爺⓯！）

【注　釋】❶鑒　照察，審辨。❷者裡　指無六根處。❸大悲菩薩　指觀世音菩薩。大悲之名，雖通於諸佛菩薩，然此菩薩為慈悲門之主，故特稱之。❹一盲引眾盲　喻指道吾宗智的說示。❺將錯就錯　謂雲巖曇晟以自錯去就道吾宗智說示之錯。❻同坑無異土　喻指道吾宗智與雲巖曇晟並無區別。❼何堪更問　意謂雲巖曇晟的所謂「會」很膚淺，不值得勘問。何堪，豈可；哪裡能。用反問的語氣表示不可。❽鬼窟裡作活計　謂雲巖曇晟沒有鮮活的手段。❾泥裡洗土塊　喻指雲巖曇晟的回答不脫灑。❿同坑無異土三句　喻指道吾宗智與雲巖曇晟是知音。奴，喪失人身自由，為主人從事無償勞動的人，多指男奴。婢，女奴；使女。慇懃，情意懇切。⓫取人處分又爭得　意謂自己不承當，受人處置分斷，沒有解脫之日。⓬通身是手眼　原意指全身都是手，全身都是眼，是禪宗欲闡示忘卻主客之間的對立，從而達到一如境界的用語。⓭蝦跳不出斗　謂道吾宗智答語與雲巖曇晟的答語雖相差一字，但用意差不多。⓮換卻眼睛移卻舌　喻指道吾宗智用一字之差改變雲巖曇晟的見解。⓯喚爹作爺　喻指意同而用語不同。

【語　譯】圜悟克勤開示：一位禪者全身是眼睛，卻看不見任何事物；全身是耳朵，卻聽不見任何聲音；全身是嘴巴，卻說不出話來；全身是心，卻又無法鑑別外物。「全身」這句話暫且不提，如果突然沒有了眼睛，應該怎樣看呢？沒有了耳朵，應該怎樣聽呢？沒有了嘴巴，應該怎樣說話呢？沒有了心，應該怎樣鑑別外物呢？你如果能從這裡頭撥開，找出轉身的出路，就有資格和古佛同參。你來說說看，參個什麼人？

舉說公案：雲巖曇晟問道吾宗智：「大慈大悲的觀音菩薩，要這麼多的手眼幹什麼用呢？」（當時就應該給雲巖曇晟吃一頓棒，你平常跑上跑下做什麼？）道吾宗智回答說：「這就像人們在黑夜之中反手去摸枕頭一樣。」（為什麼不用棒喝？一位盲人領著一群盲人。）雲巖曇晟說：「我明白了。」（將錯就錯，騙了一船的人，同一個坑裡沒有兩樣的泥土。）道吾宗智問：「你明白什麼啦？」（何必再問？也要問過，好和他較量一番機鋒。）雲巖曇晟說：「遍身都是手眼。」（有什麼關係？在俗情妄念的鬼窩裡亂搞一通，泥水裡洗土塊。）道吾宗智說：「你講得有些過分，不過只講出八成的意思。」（同一個坑裡沒有兩樣的泥土，奴僕見到婢女情真意切，無癩小兒手牽著手一道走。）雲巖曇晟問：「師兄的意思怎麼樣？」（光聽別人的話又怎麼能悟道呢？應該和他較量一番機鋒。）道吾宗智回答說：「全身都是手眼。」（蝦跳不出斗。換掉眼睛移去舌頭，還能說出十成的意思嗎？把爹叫做爺。）

評唱

雲巖與道吾同參藥山，四十年脅不著蓆。藥山出曹洞一宗，有三人禪子盛行。雲巖下洞山、道吾下石霜、船子下夾山。

大悲菩薩，有八萬四千母陀羅❶臂。大悲有許多手眼，諸人還有也無？百丈云：「一切語言皆宛轉歸自己❷。」

雲巖常隨道吾，咨參❸決擇❹。一日問：「大悲菩薩，用許多手眼作什麼？」

當初好與他劈脊便打，免見後面許多葛藤。道吾慈悲，不能如此，卻與他說道理，意要教他自會，卻道：「如人夜中，背手摸枕子。」正當夜深無燈光，將手去摸枕子，且道，眼在什麼處？他便道：「我會。」吾云：「汝作麼生會？」巖云：「遍身是手眼。」吾云：「道即太殺道，只得八成。」巖云：「師兄作麼生？」吾云：「通身是手眼」。且道，遍身底是？通身底是？他道「通身是手眼」，雖似爛泥❺，卻有脫洒。

如今人多去作情解云：「遍身底不是，通身底是。」只管去咬他古人言句上死卻。殊不知，古人意不在言句上，此皆是事不獲已而用之。如今下注腳、立格❻則道：「若透得此公案，多作罷參會❼。以手摸燈籠、摸渾身、摸露柱，盡作通身話會。」若恁麼會，壞他古人不少。所以道：「他參活句，不參死句」，須是絕情塵意想、淨裸裸地，方可見得此大悲話。

不見曹山問僧：『佛真法身，猶如虛空；應物現形，如水中月❽』，作麼生會？」僧云：「如驢覷井。」山云：「道即太煞道，只得八成。」僧云：「和尚如何？」山云：「如井覷驢❾。」正同此意。你若向語上見，總出雲巖、道吾、曹山圈繢不得。雪竇是作家，不向句下死，直向二人頭上行❿，方能頌。

【注　釋】❶母陀羅　即密教曼荼羅海會諸尊各標示其內證三昧之印。未成佛果之修行人與諸尊之本誓相同，皆為成就三密涉入之義，而於手上結密印，屬於身口意三密中的身密。所謂「印」者，即標幟之義，以此方便表顯諸尊內證之德。❷一切語言皆宛轉歸自己　圜悟克勤引此語就是要使人知道手眼都是從自己分上生出。宛轉，隨順變化；迴旋。❸咨參　徵詢；商議；問候。❹決擇　抉擇；選擇。決，通「抉」。選取。❺爛泥　喻指道吾宗智的答語聽上去不太明白。❻立格　訂出標準；確立格局。❼罷參會　指得到開悟者的見解。❽佛真法身四句　此語出自《金光明經》卷二。謂法身如虛空，遍滿一切處，人心如清淨，則佛亦隨即應現，猶如水中之月，無有障礙。曹山本寂舉此經文，問德尚座應現自在的道理，而指摘其見處未達十成，即喻說其非情識理智所及，無我無心底方能見得真法身的妙用。應形，佛應眾生根機而示現教化，稱為應形。水中月，大乘十喻之一，十緣生句之一。水中之月乃月之影現，並無月之實體，以此比喻諸法無自性，凡夫妄執心水中所現我我所之相，而著於諸法，實則諸法了無實體。❾如井覷驢　井，指井戶。驢，即轆轤，或謂驢馬。曹山本寂用此語表示超越二物相對的狀態，亦即以無心超越情識分別。❿直向二人頭上行　喻指踏在第一頭地上。

【語　譯】圜悟克勤評唱：雲巖曇晟和道吾宗智一起在藥山惟儼門下同參，四十年來脅不著席，非常用功。藥山惟儼的法脈後來衍出了曹洞宗，他的門下有三位弟子的禪法盛行。雲巖曇晟的門下出了洞山良价，道吾宗智的門下出了石霜慶諸，船子德誠的門下出了夾山善會。

大慈大悲的觀音菩薩具有八萬四千條母陀羅尼臂和許多手眼，你們各位還有這些東西嗎？百丈懷海說：「一切語言文字，一一都會輾轉回歸自己。」

雲巖曇晟常常隨同道吾宗智參請抉擇。有一天他問道吾宗智：「大慈大悲的觀音菩薩，要那麼多手眼做什麼用呢？」當雲巖曇晟開口問這句話的時候，道吾宗智就應該對著他的脊梁骨打幾棒，免得後面引出這麼多的話語。因為道吾宗智慈悲，所以沒有那麼做，只是和他講道理，希望他能自己明白。他回答說：「這就像人們在半夜的時候，反手去摸枕頭一樣。」正當深夜沒有燈光的時候，用手去摸枕頭，你來說說看，眼睛在什麼地方？雲巖曇晟說：「我明白了。」道吾宗智問：「你明白什麼啦？」雲巖曇晟回答說：「遍身都是手眼。」道吾宗智說：「你講得有些過分，不過只講出八成的意思。」雲巖曇晟問：「師兄的意思怎麼樣？」

道吾宗智回答說：「全身都是手眼。」你來說說看，「遍身都是手眼」對呢？還是「全身都是手眼」對呢？道吾宗智說「全身都是手眼」，雖然像稀爛的泥土一樣，卻有洒脫之意。

現在的人往往對此產生俗情妄解，說：「遍身都是手眼不對，全身都是手眼才對。」這樣說，只是在前輩禪師的言句上咬文嚼字，最終死在他們的言句之下。他們竟然不知道前輩禪師的用意並不在言句上，只是在迫不得已的時候才借助言句。現在的人下注腳、立標準說：「如果參透了這則公案，往往大事已畢，不必再參了。用手去摸燈籠、摸全身、摸圓柱，都可以作『全身都是手眼』來理解。」如果這樣理解，那就大大誤解了前輩禪師的意思。所以說：「他參活句，不參死句。」這就應該斷絕情塵意想，一絲不掛赤條條地，自然就可以看出「大慈大悲的觀音菩薩全身都是手眼」這句話的意思。

曹山本寂問一位僧人：「『佛真法身，猶如虛空，無所不在；如果應物現形，就像水中映月一樣』，對這句經文你該怎樣理解？」僧人回答說：「就像轆轤對著水井，影像倒映在井水之中。」曹山本寂說：「你說得過分了，不過只講出了八成的意思。」僧人問：「師父的意思怎麼樣？」曹山本寂回答說：「如水井覷看轆轤。」以上道吾宗智和雲巖曇晟的對話與這則公案的意思一樣，你如果老是在言句上思索，無論如何也跳不出雲巖曇晟、道吾宗智、曹山本寂的圈套。雪竇重顯是參禪的行家高手，絕對不會死在言句之下，正因為他直接在雲巖曇晟、道吾宗智兩人的頭上行走，所以才能說出以下的頌古。

頌

「遍身是」，（四肢八節❶，未是衲僧極則事❷。）

「通身是」，（頂門有半邊，猶在窠窟裡❸。）

拈來猶較十萬里。（放過即不可，何止十萬里？）

展翅❹崩騰❺六合❻雲，（小境界❼，點！將謂奇特。）

摶風鼓蕩四溟❽水。（些子塵埃，過！天下不奈何。）

是何埃壒❾兮忽生？（重為禪人下箇注腳❿，斬！拈卻著那裡？）

那箇毫釐兮未止？（劄！截。吹散了也。）

君不見，網珠垂範⓫影重重，（大小雪竇作者去就，可惜許！依舊打葛藤。）

棒頭手眼從何起？（咄！賊過後張弓，放你不得⓬。盡大地人無出氣處，放過須喫棒，打。）

喝！（且道，山僧底是？雪竇底是？咄！三喝四喝後，又作麼生？）

【注釋】❶四肢八節　指整個身體。四肢，兩手兩腳。八節，指四肢加頭、身。❷未是衲僧極則事　意謂如果認為「遍身都是手眼」是對的話，就是強執之愚迷。❸猶在窠窟裡　嘲諷隨語生解者。❹展翅　張開翅膀。❺崩騰　奔騰。❻六合　天地四方；整個宇宙的巨大空間。❼小境界　意謂與大悲菩薩的手眼相比，只是一毫釐。❽四溟　四海；四方之海。❾埃壒　猶塵土。❿重為禪人下箇注腳　前有「展翅」句，故云「重」。⓫垂範　垂示範例。⓬放你不得　意謂雪竇重顯要吃一頓痛棒。

【語譯】雪竇重顯頌古：遍身是，（四肢八節，不是禪宗僧人追求的至極妙理。）通身是，（腦門上有半邊眼，還在窠窟裡。）拈來猶較十萬里。（放過則不可，豈止十萬里？）展翅崩騰六合雲，（小境界，點破！原以為奇特。）摶風鼓蕩四溟水。（一點兒塵土，錯過大悲菩薩了！天下的人無可奈何。）是何埃壒兮忽生？（再次為禪宗僧人下一個注腳，斬斷雪竇重顯的叮嚀之處！這些小塵埃不知該放到哪裡去？）那箇毫釐兮未止？

（扎！截斷雪竇重顯的注腳。吹散了。）君不見，網珠垂範影重重，（雪竇大禪師做這種行為，太可惜了！仍舊是在用言句。）棒頭手眼從何起？（咄！雪竇重顯這句話說得太晚了，就像盜賊走過去之後才架設弓箭一樣。不可放過雪竇重顯。整個大地的人都呼氣不得，放過就要吃棒，打。）喝！（你來說說看，是我對呢？還是雪竇重顯對？咄！三喝四喝後，又該怎麼辦？）

評唱

「遍身是，通身是」，若道背手摸枕子底是，以手摸渾身底是，盡是鬼窟裡作活計。「遍身」、「通身」總不是，若要以情識去見他大悲語，直是「猶較十萬里」。雪竇一句話道：「拈來猶較十萬里」。後句頌雲巖、道吾奇特處，云：「展翅崩騰六合雲，摶風鼓蕩四溟水」。大鵬❶吞龍，以翅摶風鼓浪，水自開三千里，遂取龍而吞。雪竇道，你真得似大鵬摶風鼓浪，也太煞雄壯。若以大悲手眼話觀之，只是些子塵埃相似，又似一毫釐之風吹未止相似。雪竇道：「你以手摸身，用作手眼，堪作何用？」於此話上，直是未在。所以道：「是何埃壒兮忽生？那箇毫釐兮未止」，雪竇一時拂迹了也。後面依舊漏逗，說箇喻子，依舊只在圈繢裡。「君不見網珠垂範影重重」，如帝網❷明珠，以用垂範相似。「手眼」且道落在什麼處？

華嚴宗[3]中，立四法界[4]：一理法界[5]，明一味[6]平等[7]故；二事法界[8]，明全理成事故；三理事無礙法界[9]，明理事相融、大小無礙故；四事事無礙法界[10]，明一事遍入一切事，一切事遍攝一切事，同時交參無礙故。所以道：「一塵才舉，大地全收；一塵含法界[11]、法界歸一塵。」一塵既爾，諸法皆然。

網珠乃帝釋善法堂[12]前，以摩尼珠為網。凡一珠中映現百千珠，而百千珠俱現一珠中，交映重重、主伴無盡[13]，此用明事事無礙法界也。如賢首[14]鏡燈喻[15]相似，乃十法界[16]，交互涉入一切，一切入一切。喻世尊成道，不離菩提樹[17]下；七處九會[18]，說法似帝網珠，垂示理事無礙底法門。然六相[19]義甚明，但為眾生日用而不知。

雪竇拈帝網珠垂範，比喻大悲手眼話，直似如此。你若善能向此珠網中，用得拄杖子，神通妙用、出入無礙，方可見得手眼。所以雪竇道：「棒頭手眼從何起」，教你向棒頭取證，喝下承當得，不妨奇特。

只如德山入門便棒，且道，手眼在什麼處？臨濟入門便喝，手眼亦在什麼處？且道，他為什麼更著箇「喝」字？

【注　釋】❶大鵬　傳說中的大鳥。這裡指金翅鳥。❷帝網　為帝釋天之寶網，乃莊嚴帝釋天宮殿之網。網之一一結皆附寶珠，其數無量，一一寶珠皆映現自他一切寶珠之影，又一一影中亦皆映現自他一切寶珠之影，如是寶珠無限交錯反映，重重影現，互顯互隱，重重無盡。《華嚴經》以帝網譬喻諸法之一與多相即相入、重重無盡之義。❸華嚴宗　為中國佛教宗派之一。該宗依《大方廣佛華嚴經》立法界緣起、事事無礙之妙旨，以唐代杜順禪師為初祖。由於該宗依《華嚴經》立名，故稱華嚴宗。❹四法界　是華嚴宗的宇宙觀。華嚴宗認為全宇宙統一於一心，如果從現象與本體來觀察，則可分為四種層次。❺理法界　指平等之本體界。理，為理性。界，為性之義。即宇宙之一切萬物，本體皆為真如，平等而無差別。理法界，即無盡事法，同一理性之義。此現象之共性，皆為空性；理，即是本心、佛性、真如。然達此境界尚未顯真如妙用，故並不完全。❻一味　指所有一切事（諸現象）理（本質）均平等無差別。通常指佛陀教法而言。❼平等　即均平齊等，無高下、淺深的差別。指一切現象在共性或空性、唯識性、心真如性等上沒有差別，稱為平等。是「差別」的對稱。❽事法界　指差別的現象界。事，為事象。界，為分齊之義。即宇宙各種事物皆由因緣而生，各有其區別與界限；而世俗認識的特徵，則以事物的差別性或具特殊性的事物，作為認識的對象，此稱情計之境，雖有而非實，不屬佛智範圍。❾理事無礙法界　指現象界與本體界具有一體不二的關係。即本體（理）無自性，須藉事而顯發；而一切萬象，則都是真如理體的隨緣變現。此即理由事顯，事攬理成，由此顯出理與事互融無礙的法界。如來藏隨緣成阿賴耶識，此即理徹於事；亦可依他緣起無性同如，此即事徹於理。然尚非佛智之最高認識。❿事事無礙法界　指現象界本身的絕對不可思議。即一切諸法都有體有用，雖各隨因緣而起，各守其自性，事與事看似互為相對，但多緣互為相應以成就一緣，且一緣亦偏助多緣。以其力用互相交涉，自在無礙而無盡，故稱事事無礙重重無盡。又作無盡法界。⓫法界　指意識所緣對象的所有事物。⓬善法堂　位於須彌山頂善見城外的西南角，為忉利天諸天眾的集會所。每逢三齋日，天眾集於此堂，詳論人、天的善惡，並制服阿修羅。此堂縱廣各五百由旬，有七重欄楯、七重鈴網，皆為七寶所成，四方諸門皆樓櫓臺觀，亦為七寶所成，其地為青琉璃寶，柔軟細滑，觸之如迦旃鄰提衣。堂中央有一寶柱，高二十由旬，柱下設帝釋天之座，高一由旬，方半由旬，左右各有十六小天王之座。⓭主伴無盡　主與伴即主體與從屬的並稱。華嚴宗說法界緣起之法時，若以此為主，則以彼為伴；若以彼為主，則以此為伴，如此，則主伴具足而攝德無盡，稱為主伴具足。又萬有各為主，亦各為伴，如是相即相入，重重無盡，稱為主伴無盡。⓮賢首　法名法藏（西元六四三～七一二年），唐代僧人。為華嚴宗第三祖。字賢首，號國一法師。俗姓康氏，祖先康居國人，後遷至長安。早年師事智儼，聽講《華嚴經》，深入其玄旨。一生宣講《華嚴經》三十餘遍。⓯鏡燈喻　賢首大師說法的時候，曾經拿了十面鏡子，中間再擺著一盞燈來做譬喻，只要看這十面鏡子的任何一面，其餘九面鏡子和燈光都會清清楚楚地映現在裡面。⑯十法界　指迷與悟的世界，可分為十種類，即：㈠地獄界，㈡餓鬼界，㈢畜生（傍生）界，㈣修羅界，㈤人間界，㈥天上界，㈦聲聞界，㈧緣覺界，㈨菩薩界，㈩佛界等十界。此中，前六界是凡夫的迷界，亦即六道輪迴的世界。後四界是聖者的悟界，此即六凡四聖。⑰菩提樹　屬桑科，原產於東印度，為常綠喬木，高達三米以上，其葉呈心形而末端尖長，花隱於球形花囊中，花囊熟時呈暗橙色，內藏小果。佛陀就是在中印度摩揭陀國伽耶城南菩提樹下證得無上正覺。⑱七處九會　將說法的場所與說法的聚會加以區別，則有「處」與「會」之分。七處，即佛陀演說《華嚴經》的場所為七處。九會，即佛陀演說《華嚴經》的回數為九會。⑲六相　指《華嚴經》、《十地經》所說萬有事物具足的六種相：㈠總相，即一緣起之法具足多德；如人體具足眼、耳諸根而成為一體。㈡別相，於多德之中，彼此相依而合成一法；如體雖為一，但眼、耳等諸根各不相同。㈢同相，即多德相互和合成一法，而互不相違背；如眼、耳等各具其特性，而各有其不同的作用，但同心協力分別作用而互不妨礙。㈣異相，是構成一法的多德互異；如構成人體的眼、耳等諸根各個相異。㈤成相，乃多德相依而合成一法；如諸根互相相依成為一體。㈥壞相，即諸根各自住於本法而不移動，則總相不成；如眼、耳等諸根各住自位而各自為用，則不成為一體。總、別二相是從相對關係的立場，表示平等、差別二門。同、異二相是辨別平等、差別的二種意義。成、壞二相是以同、異二相而辨總、別二相的結果，此稱為平等差別之二門。

【語　譯】圜悟克勤評唱：「遍身是，通身是」，如果說「反手摸枕頭」是對的，「用手摸全身」也是對的，這種見解統統都是在俗情妄念的鬼窩裡亂搞一通。「遍身」、「全身」都不對，你如果用俗情妄解來看這則大悲菩薩的話頭，那簡直是相差十萬八千里。真的如同雪竇重顯所說的「拈來猶較十萬里」。接著頌雲巖曇晟、道吾宗智的奇特之處：「展翅崩騰六合雲，摶風鼓蕩四溟水。」當大鵬準備吞吃龍時，便展開翅膀，摶風飛翔，鼓起波浪，海水自動隔開三千里，於是抓住龍，一口就吞下去了。雪竇重顯的意思是說，你如果像大鵬這樣摶風飛翔，鼓起波浪，那真是太了不起了。如果用大悲菩薩手眼的話頭來看，大鵬不過是揚起一陣灰塵而已，或者像一陣微風吹過一樣。雪竇重顯說：「你用手摸身子，用作手眼，能夠派上什麼用場呢？」在這話語上，真是未在。所以他又說：「是何埃壒兮忽生？那箇毫釐兮未止？」雪竇重顯一下子就把所有的疑惑拂拭得一乾二淨了。怎奈後面他又露出一點消息，說出一個比喻，使你仍舊跳不出他的圈套。「君不見，網珠垂範影重重」，雪竇重顯在此舉帝釋天的摩尼珠網為例，向人們開示。你來說說看，「手眼」的用意是什麼呢？

華嚴宗立有四法界，一、理法界，用以表明「一味平等」的道理。二、事法界，用以表明「全理成事」的道理。三、理事無礙法界，用以表明「理事相融、大小無礙」的道理。四、事事無礙法界，用以表明一事遍入一切事，一切事遍攝一切事，同時交參無礙的道理。所以說：「一塵才舉，大地全收；一塵含法界，法界歸一塵。」一塵既然是這樣，其他事物也無不如此。

所謂網珠，是在帝釋天的說法堂前，用摩尼寶珠連綴成了一張網，每一顆寶珠可以映現千百顆寶珠，而千百顆寶珠又映現在一顆寶珠當中，互相映照，重重疊疊，大珠、小珠重重無盡，這是用來說明事事無礙法界的道理。如同賢首大師鏡燈的比喻一樣，乃至十法界，互相涉入一切，一切入一切。比喻佛陀在悟道成佛的時候，一直在菩提樹下；他在七個地方共講述《華嚴經》教義達九次之多，說法就像帝釋天的網珠，開示理事無礙的法門。不過六相之義非常明白，只是眾生平常就生活在六相當中，卻不明白六相的道理。

雪竇重顯拿帝釋天的網珠來開示，比喻大慈大悲觀音菩薩的千手千眼的話頭，就像這樣。你如果善於在這張網珠中用得拄杖，就能夠產生神通妙用，出入無礙，才能證得千手千眼的境界。所以雪竇重顯說：「棒頭手眼從何起？」就是要你在棒打之下得到證悟，大喝一聲之下承受禪法，非常奇特。

至於像德山宣鑒一看見有人進來舉棒就打，你來說說看，他的手眼在什麼地方呢？臨濟義玄一看見有人進門就大喝一聲，他的手眼又在什麼地方呢？你來說說看，雪竇重顯為什麼最後還要說一個「喝」字呢？

【說　明】觀世音菩薩有著千手千眼，但並不是劃分著這些手眼來應眾生，一部分一部分的使用，他就好像我們在半夜醒來時忘記了手忘記了眼，在無我無心的直覺中摸枕頭似的，不是有意的想著用這隻手來動、用那隻眼來看，是任運自在地使用千手千眼的。道吾宗智說明的就是這個道理，他是以雲巖曇晟的理解為基礎的。遍身是手眼，在遍身中的任何處，是手是眼，手眼遍佈整個身體。雖然說遍身是手眼，但仍未脫離說手說眼的特殊器官的觀念。所以道吾宗智說：「只道得八成。」道吾宗智所謂「通是手眼」，指的是通徹全身都是手眼，所以實際上全身都構成手的用、眼的用，手眼和身體融為一體。雲巖曇晟仍未脫離部分感覺的作用，身是手眼」則是菩薩的圓通境，禪的真實境。

雪竇重顯在頌古中先頌菩薩的神通妙用的偉大：雲巖曇晟和道吾宗智說的「遍身」或「通身」，都是五十步與一百步之差而已，畢竟未能拈出菩薩的手眼來。與預期獲得菩薩的圓滿理想相比，相差十萬里。試看形容菩薩的手眼——行動與識見：正如那大鵬飛騰展翼如天地四方之雲，搏風鼓浪於四方大海之水，眼視下界，似乎什麼塵埃也不揚起，一根毫毛也無不止。也就是說：超越人間界而下視宇宙現象，一切萬象和一點塵埃也沒有什麼不同，這是平等一味的法界。雪竇重顯再從「君不見」開始下一轉語：垂示出宇宙萬象，一事入於一切事，交參無礙的成為一大組織的模樣。這個「棒頭手眼」，就是以菩薩手眼為目標的理想，到底從什麼處現起呢？雪竇重顯最後用「喝」作結，喝出了驚異感歎的一聲。

第九三則　智門般若

【題解】這則公案通過智門光祚與僧人之間的問答，顯示般若體用不二之義。般若為佛教智慧，是無我、無心的無分別智。在這則公案中，僧人分別就般若的「體」與「用」發問，智門光祚則以「體用」一體作為回答。即蚌含中秋明月而生明珠，兔吞中秋明月而懷胎，以前者為般若之體，後者為般若之用。蚌、兔雖異，能照之明月則無二。僧人分別般若的體用，智門光祚則超體絕用，直接以明月無心而普照萬象，提示般若大智慧之當體。

示眾

聲前一句，千聖不傳❶；面前一絲❷，長時❸無間。淨裸裸，赤洒洒，露地白牛❹，身卓朔❺。作麼生？試舉看。

舉

僧問智門：「如何是般若體？」（通身無影像，坐斷天下人舌頭，用「體」作什麼❻？）

門云：「蚌❼含明月。」（光吞萬象則且致，棒頭正眼❽事如何？曲不藏直❾，雪上加霜又一重❿。）

僧云：「如何是般若用？」（倒退三千⓫，要「用」作什麼？）

門云：「兔子懷胎。」（嶮⓬！苦瓠連根苦，甜瓜徹蒂甜⓭，向光影中作活計⓮。）

【注　釋】❶千聖不傳　意謂佛陀不傳迦葉，迦葉不傳阿難。❷面前一絲　指眼前的一景一物。❸長時　原為古代印度婆羅門教極大時限的時間單位。佛教沿之，而視之為不可計算的長大年月。❹露地白牛　露地，為門外的空地，喻指平安無事的場所；白牛，意指清淨之牛。《法華經・譬喻品》中，以白牛譬喻一乘教法，從而指無絲毫煩惱污染的清淨境地為露地白牛。❺身卓朔　俊發靈利之相。卓朔，張開；翹起。❻用體作什麼　意謂本體與功用本來就出自一源。❼蚌　軟體動物。有兩個可以開閉的多呈橢圓形介殼，殼內有珍珠層，或能產珠。❽正眼　指在佛法上，具有真實正見的慧眼，非凡夫之肉眼。❾曲不藏直　謂智門光祚的答語無私，可信。❿雪上加霜又一重　意謂佛國處處是般若，用言句來回答是多此一舉。⓫倒退三千　意謂般若如同大火聚集，其用鋒利，靠近就要喪身失命。⓬嶮　意謂般若之功用險峻，難以靠近。⓭苦瓠連根苦二句　喻指隨其自然，不用修行，就像兔子吞月光而懷胎那樣不作意。⓮向光影中作活計　喻指虛妄的情識、言語、行為。

【語　譯】圜悟克勤開示：發出聲音之前的那一句，即使是歷代祖師也不傳；眼前的景物通貫古今，自無始劫以來直到現在都沒有間斷過。你只要證得這個道理，便自然一絲不掛赤條條，點塵不著潔白白，就像門外場地的白牛，身體靈利。這是怎麼一回事呢？我試舉一則公案給你們看看。

舉說公案：有一位僧人問智門光祚：「什麼是般若的本體？」（般若全身無影像，截斷天下人的舌頭，用「體」做什麼？）智門光祚回答說：「蚌含明月產珍珠。」（月光吞吐萬象暫且不談，棒頭之下如何認識自己的正法眼？曲不藏直，雪上加霜又一層。）這位僧人又問：「什麼是般若的功用？」（倒退三千里，要「用」做什麼？）智門光祚回答說：「兔子吞月光而懷胎。」（險！苦瓠連根苦，甜瓜徹蒂甜，在俗情妄念的光影中亂搞一通。）

評唱

僧問智門：「如何是般若體？」者話都用中秋意，古人要意卻不在蚌兔上❶。他是雲門下尊宿。一句須具三句，不消安排，自然恰好❷。便去嶮處答，略露些子鋒鋩，不妨奇特。雖然如此，他古人終不去弄光影，只與你指此子路頭❸，教人易見。到中秋月夜，蚌於水上浮，開口含月光，感陰精❹而生珠。若中秋夜有月，其珠則多；若無月，其珠則少。

「如何是般若用？」門云：「兔子懷胎」，只是一般。兔屬陰❺，於中秋夜有月，開口吞月光，便乃懷胎，向口中生兒。其夜有月則兔多、無月則兔少，他古人答處，無許多事，借此光明，答般若光也。雖然與麼，他意不在言句上，自是後人去言句上作活計。

不見盤山云：「心月孤圓❻，光吞萬象❼，光非照境、境亦非存。光境俱亡，復是何物？」你若瞠眼喚作「光」，正是情上生解、空裡釘橛。

古人道：「汝等諸人，六根門頭，晝夜放光明，照破山河大地，不止眼根放光，鼻舌身意，亦皆放光也。」到者裡，直須打疊六根下，無一星事，淨裸裸赤洒洒地，方見此話落處。雪竇正恁麼頌。

【注　釋】❶古人要意卻不在蚌兔上　謂借事顯示般若靈光遍滿之處。❷恰好　恰當；正當。❸路頭　指悟入的門徑。❹陰精　指月亮。❺陰　母性的；雌性的。❻心月孤圓　喻指般若的本體。心月，謂心性明朗清淨，譬如滿月。獨一無二謂孤，萬德具足謂圓。❼光吞萬象　喻指般若的功用。意謂萬象都在光照之下。

【語　譯】圜悟克勤評唱：一位僧人問智門光祚：「什麼是般若的本體？」智門光祚的答話都是取中秋的月亮來譬喻的，不過他的用意並不在蛤蚌、兔子上面。智門光祚是雲門宗的大禪師，他說一句話往往涵蓋三句話的意思，而且不是出自刻意的安排，完全是出於自然的流露，且恰到好處。他就這樣突如其然地回答這位僧人的問話，向他透露一些消息，非常奇特。儘管這樣，從前的禪師並不是在玩弄光影，只是指出一些悟道的門路，使人們比較容易入門。當中秋月亮當空的時候，蚌就浮出水面，開口吸取月光的精華，感受月光而產出蚌珠。如果在中秋之夜看得見月光，產出的蚌珠就多；如果見不到月光，產出的蚌珠就少。

這位僧人又問：「什麼是般若的功用？」智門光祚回答說：「兔子吞月光而懷胎。」這句話的意思和「蚌含明月產珍珠」並沒什麼兩樣。兔子屬於一種陰性的動物，在中秋之夜月亮當空的時候，張口吸取月光的精華，因而懷胎，從嘴巴裡生出小兔子。中秋之夜有月亮的時候，小兔子就生得多；沒有月亮的時候，小兔子就生得少。智門光祚這樣回答，並沒有其他意思，只是借用月光作比喻，回答什麼是般若的靈光。雖然是這樣比喻，他的用意卻不在言句上面，所以後人不要老是在字面上思索言句的意思。

盤山寶積說：「心月孤圓，光吞萬象，月光不照萬境，萬境也不存在。月光與萬境融為一體之後，又是一種什麼樣的境界呢？」如果你瞪大眼睛把它叫做「光」，那就是在俗情之上產生妄解，好像是在天空中釘木楔一樣，毫無根據。

從前的禪師說：「你們各位的六根門戶，從早到晚都在大放光明，照遍山河大地，不僅眼根放光，鼻根、舌根、身根、意根也都在放光。」要想達到前輩禪師所講的這種境界，就必須好好收拾這六根，直到沒有一點事，一絲不掛赤條條，點塵不著潔白白，自然瞭解這句話的用意。雪竇重顯正是為這種境界而創作了以下一首頌古。

頌

一片虛凝絕謂情❶，（擬心即差，動念即乖❷，佛現也覷不見❸。）
人天❹從此見空生❺。（須菩提也好與三十棒，者老漢作什麼？設使須菩提也倒退三千里❻。）
蚌含玄兔深深意❼，（也是當時人始得，有什麼意❽？何須更用「深深意」！）
曾與禪家作戰爭❾。（干戈❿已息，天下太平，還會麼？打云：闍黎得多少？）

【注　釋】❶一片虛凝絕謂情　意謂一片杜絕情塵的虛明凝寂。此頌般若的本體。❷擬心即差二句　意謂稍生遲疑就與禪法相違背。❸佛現也覷不見　意謂般若無始無終、無大小、無高低。❹人天　指人界及天界，是六道、十界中的二界，都是迷妄之界。❺空生　即須菩提，為佛陀十大弟子之一，譽為解空第一。❻設使須菩提也倒退三千里　意謂依須菩提所見，無法進入這虛明凝寂的境界。❼蚌含玄兔深深意　讚美智門光祚的答語有深密之意。玄兔，指月亮。❽有什麼意　謂意路已絕。❾曾與禪家作戰爭　意謂很多僧人不解其深深之意而法戰不止。❿干戈　指戰爭。

【語　譯】雪竇重顯頌古：一片虛凝絕謂情，（一有思索就出現差錯，一動心念就違背禪法，即使佛陀出現也看不見。）人天從此見空生。（須菩提要當心挨三十棒，雪竇重顯這老漢在幹什麼？即使須菩提也要倒退三千里。）蚌含玄兔深深意，（這「深深意」也只有智門光祚知道，哪有什麼「深深意」？何必再用「深深意」！）曾與禪家作戰爭。（戰爭已經止息，天下太平，各位禪宗僧人還明白「深深意」嗎？打過之後說：和尚該吃多少棒？）

評唱

「一片虛凝絕謂情」，當頭一句便頌得好，自然見古人意。六根沉湛❶，是箇什麼？只者一片，虛明❷凝寂❸，不消天上討、不必去人間求，自然常光❹現前，是處壁立千仞，謂情即是，絕情塵言謂。法眼頌云：「理極❺忘情謂，如何有喻齊？到頭霜夜❻月，任運❼落前溪。」永嘉云：「心是根❽，法❾是塵❿，兩種猶如鏡上痕⓫。塵垢盡時光始現⓬，心法雙忘性即真⓭。」又古時有僧住庵，洞山去見，遂燒卻庵去。頌云：「三間茆屋⓮從來⓯住，一道神光⓰萬境閑；莫把是非來辨我，浮生⓱穿鑿不相干。」此頌亦見得「一片虛凝絕謂情」。

「人天從此見空生」，須菩提巖中宴坐，天帝釋雨花讚歎善說般若⓲，且不說體、不說用。若於此見得，便可見得智門語「蚌含明月、兔子懷胎」。

古人意雖不在言句上，爭奈答處有深深之意旨？切不得作道理會。「曾與禪家作戰爭」，天下禪和子，鬧浩浩地商量，也須是自著眼看，始得。

【注　釋】❶沉湛　深厚。❷虛明　空明；清澈明亮。❸凝寂　端莊鎮定。❹常光　佛所具三十二相之一。即常圍繞佛菩薩身邊，晝夜恆照光明。❺理極　理論的最高標準。❻霜夜　結霜的夜晚；寒夜。❼任運　隨順諸法之自然而運作，不假人之造作之義。❽根　佛家指能產生感覺、善惡觀念的機體或精神力量。❾法　指事物及其現象。❿塵　染污之義，謂能染污人的清淨心，使真性不能顯現。⑪兩種猶如鏡上痕　謂心法不相融則有礙於真性，猶如鏡上的垢痕。⑫塵垢盡時光始現　謂只有除去塵垢(煩惱)，才能使心的光輝現出來。⑬心法雙忘性即真　謂要做到心和法雙忘，自性才能現出真實的面貌。⑭茆屋　茅屋。⑮從來　歷來；向來。⑯一道神光　喻指一片虛凝的本覺般若。⑰浮生　本謂世間動盪不定，充滿憂苦；亦即無常之世。⑱須菩提巖中宴坐二句　一天，須菩提在巖洞中坐禪，天空中忽然飄落雨花，似作讚歌。須菩提問：「空中雨花讚歎，是什麼人呢？」天神回答說：「我是梵天。」須菩提問：「你在讚歎什麼呢？」天神說：「我讚歎你善於說般若波羅蜜多。」須菩提說：「我對般若未曾說過一個字，有什麼值得讚歎的呢？」天神說：「你沒有說。我也沒有聽，不說不聽，這就是真正的般若。」說完又是大地震動，花紛紛落地。宴坐，安身正坐之意，指坐禪。

【語　譯】圜悟克勤評唱：「一片虛凝絕謂情」，開頭一句就頌得很好，非常自然地表達出了前輩禪師的意思。六根深厚，是個什麼呢？就這一片虛明凝寂，既不必升到天上去尋找，也不用向別人去求取，自然常光出現在眼前，這一片虛明凝寂就像壁立千仞一樣高不可攀。謂情就是絕情塵言謂。法眼文益有頌說：「理極忘情謂，如何有喻齊？到頭霜夜月，任運落前溪。」永嘉玄覺說：「心是根，法是塵，兩種猶如鏡上痕。塵垢盡時光始現，心法雙忘性即真。」從前有一位僧人住在草庵之中，當洞山良价前去參見時，這位僧人卻把草庵燒掉而離去。又有頌說：「三間茆屋從來住，一道神光萬境閑；莫把是非來辨我，浮生穿鑿不相干。」從這首頌就可以明白「一片虛凝絕謂情」。

「人天從此見空生」，須菩提在巖洞中坐禪，天帝釋撒花如同降雨一樣，讚歎須菩提善於解說般若，既不說般若的本體、也不說般若的功用。如果能從他的「不說」中明白其用意，也就同時明白了智門光祚所說「蚌含明月」、「兔子懷胎」的用意。

前輩禪師的用意雖然不在言句上，怎奈他們的答語卻有深遠的涵意，千萬不能理解為說道理。「曾與禪家作戰爭」，天下的禪宗僧人都在激烈地爭論這則公案，他們應該自己睜大眼睛仔細看看才行。

【說　明】高風俊雅的雲門宗僧人智門光祚竟把「異中存同，本來不二」的體用關係表達得這麼聖潔、形象：中秋明月夜，長浦裡的蛤蚌浮出水面，嘴含月光，産下了珍珠；玉兔也在這月影光潔之夜，出神地張開玉口，吞下月光，感月之精華而懷孕。圜悟克勤在這則公案的示眾中說：「聲前一句，千聖不傳。」意思是智門光祚的答語道出了整個世界的本來面目，像發出聲音之前的那一句一樣，這樣的金言玉語，就是歷代祖師也不可能想到，這種名言至理，就是聖人也別想表達得如此精當。

智門光祚是講究「言句妙密」的雲門文偃的法孫，如果拘泥於回答時的文字的表面意思，就會跟真意失之交臂。

禪門中有一則分辨風的體、用的公案。風是誰也看不見，然而風過之處，樹葉搖曳、樹影婆娑。要參究「真空無相」的本體，必須著眼於「真空妙用」。體、用在智門光祚的眼中是統一的、本來不二的；沒有本體就沒有作用，沒有作用也無所謂本體。

雪竇重顯頌道：「一片虛凝絕謂情，人天從此見空生。」引用須菩提宴坐諸天雨花的故事，讓參禪者真切地體會到般若「絕謂情」的特點。這是雪竇重顯頌得最得力的地方。只要認識到本來清淨的自性，即可進入大徹大悟的禪境。雪竇重顯接著進一步掃除情塵意想，「蚌含玄兔深深意，曾與禪家作戰爭。」意謂一些禪宗僧人不理解智門光祚答語的「深深意」，為此而爭論不休。言外之意，對智門光祚的答語不可以用俗情妄解來思慮，只能用坦蕩瀟灑的胸懷去體驗。

第九四則　楞嚴不見

【題解】佛陀說法的目的就是要破除阿難的妄見，因為阿難認為所見到的是物而不是自己。在禪者看來，見（乃至見聞覺知）的本性並不是觀照性，並不在乎對方；關鍵的是主體，主體應該直接地能動地把握這一「見之性」（本來意義是能見的自性或主觀的本性）。所以圜悟克勤時常說要「看取自家腳跟下」。意謂不要見取外物，照看好自己的腳跟下，其意旨就與佛陀的意旨相通。

舉

《楞嚴經》云：「吾不見時，（好箇消息❶。）

何不見吾不見之處？（用「見」作什麼？）

若見不見，自然非彼❷不見之相；（咄❸！有什麼閑工夫❹？釋迦老子既是不見，兩頭三面。）

若不見吾不見之地，（向什麼處去❺？口頭聲色，更說什麼❻？）

自然非物，（按牛頭喫草。）

云何非汝❼？」（咄！你說得總沒交涉。還見釋迦老子麼？）

【注釋】❶好箇消息　讚歎「不見」即「真見」。❷彼　指佛祖釋迦牟尼。❸咄　咄破釋迦牟尼的說示之處。❹有什麼閑

工夫　用此語掃蕩釋迦牟尼的說示。❺向什麼處去　意謂被如此詰問，恐無地避身。❻口頭聲色二句　意謂「不見之地」是自知自證的境地。❼云何非汝　意謂那不就是你的妙明真心嗎？云何，為何。

【語譯】舉說公案：《楞嚴經》中，佛祖釋迦牟尼對阿難說：「當我閉上眼睛不看外物的時候，（好一個消息。）你怎麼看不見我那閉上眼睛不看外物時的視覺所見呢？（用「見」做什麼？）你如果看得見我那閉上眼睛不看外物時的視覺所見，那你所看到的，自然就不是我那閉眼不看的物象；（咄！還有什麼閑功夫來說道理？釋迦牟尼老漢既然是閉眼不看，為什麼一回說此，一回說彼。）如果你看不到我閉上眼睛不看外物時的視覺所見，（到什麼地方去？口頭聲色，有什麼好說的？）自然見到的就不是物象了，（按著牛頭吃草。）既然如此，為什麼還說不是你呢？」（咄！你說得都沒關係。還看見了釋迦牟尼老漢嗎？）

評唱

雪竇引此經文，意不盡，全行可見。經云：「若見是物，則汝亦可見吾之見；若同見者，名為見吾。吾不見時，何不見吾不見之處？若見不見，自然非彼不見之相；若不見吾不見之地，自然非物，云何非汝？又則汝今見物之時，汝既見物，物亦見汝。體性❶紛雜，則汝與我，並諸世間，不成❷安立❸，阿難，若汝見時，是汝非我；見性❹周遍❺，非汝而誰？」

阿難意道，世界、燈籠、露柱，亦可有名，亦要教世尊指出，此「妙精元明❻」喚作什麼物，教我見佛意？世尊云：「我見香臺❼」，阿難云：「我亦見香臺」，即是佛見。世尊云：「我見香臺則可知，我若不見香臺時，你又作麼生見？」阿難云：「我不見香臺時，即是見佛。」佛云：「我云不見，自是我知；汝言不見，自是汝知；他人不見處，汝如何得知？」古人云：「到者裡，只可自知，與人說不得。」只如世尊道：「吾不見時，何不見吾不見之處？若見不見，自然非彼不見之相；若不見吾不見之地，自然非物，云何非汝？」若認「見」為有物，未能拂迹。「吾不見」時，如羚羊挂角❽，聲響、蹤跡、氣息都絕，你向什麼處摸索？經意：「初縱破、後奪破」，雪竇出教眼頌，亦不頌物、亦不頌見與不見，直頌見佛。

【注　釋】❶體性　指實體，即事物之實質為體，而體之不變易稱為性，故體即性。若就理之法門而言，佛與眾生，其體性同一而無差別。❷不成　不行；不可以。❸安立　猶安置。❹見性　謂悟徹清淨的佛性。❺周遍　普遍；遍及；周全；全面。❻妙精元明　指人人本來具有的佛性。❼香臺　燒香之臺。佛殿的別稱。❽羚羊挂角　傳說羚羊夜眠防患，以角懸樹，足不著地，無跡可尋。比喻大悟之人泯絕迷執之蹤跡，無掛礙，意境超脫，不著形跡。也比喻禪家啟發學人領悟禪法，不憑藉語言文字、知識見解等。

【語　譯】圜悟克勤評唱：雪竇重顯引用這一小段經文，還沒有把佛陀的意思全部表達出來，只有引用整個一段的經文，才能看出佛陀的用意。整個一段的經文是這樣：「如果見性是有形的物體的話，那麼你必然也可以看到我的見性；當你和我共同看一樣東西的時候，我的見性就映現在那東西上面，你就可以在那東西上看到我的見性，這種情形叫做『見我』。當我閉上眼睛不看外物的時候，你怎麼看不見我那閉上眼睛不看外物時的視覺所見呢？你如果看得見我那閉上眼睛不看外物時的視覺所見，那你所看到的，自然就不是我那閉眼不看的物象；如果你看不到我閉上眼睛不看外物時的視覺所見，自然見到的就不是物象了，既然如此，為什麼還說不是你呢？又，當你現在看見物象的時候，你既然看見了物象，物象也同時看見了你，這樣能見和所見就紛亂混雜，那麼你和我以及這世間的一切萬物都會變成一片混亂，不能做到井然有序了。阿難，當你看見物象時，這只是你的所見而不是我的所見；而徹見自心的佛性無邊無際，它不屬於你又屬於誰呢？」

阿難認為：「世界上的萬事萬物，如燈籠、露柱等，都有一個名稱，所以也要請佛祖指出這個『妙精元明』該叫什麼名稱，使我知道佛祖的旨意。」佛祖指著香臺說：「我看見了香臺。」阿難說：「我也看到了香臺。」他與佛祖所見相同。佛祖又問：「我看見香臺時，你也能看見。如果我看不見香臺時，你要怎樣才能看見香臺呢？」阿難回答說：「我看不見香臺時，那就是看見了佛祖。」佛祖說：「我說看不見，那只有我自己才能知道；你說你看不見，那也只有你自己才能知道；至於別人有沒有看見，你怎麼能知道呢？」從前的禪師說：「有沒有看見，只有自己才能知道，講給別人聽，別人是無法理解的。」就像佛祖說：「當我閉上眼睛不看外物的時候，你怎麼看不見我那閉上眼睛不看外物時的視覺所見呢？你如果看得見我那閉上眼睛不看外物時的視覺所見，那你所看到的，自然就不是我那閉眼不看的物象；如果你看不到我閉上眼睛不看外物時的視覺所見，自然見到的就不是物象了，既然如此，為什麼還說不是你呢？」所以你如果把「見性」當做是一種有形的物體，那就不能破除形相。當我們不想用眼睛觀察的時候，外界的事物如同「羚羊掛角」，一切聲音、蹤跡、氣息都無跡可尋，你到什麼地方去尋找呢？這段經文的大意是起初縱破，後來奪破。雪竇重顯在此超出經文旨意之外來頌，他既不頌物也不頌見與不見，直接頌「見佛」。

頌

全象全牛翳不殊❶，（半合半開，扶籬摸壁作什麼❷？一刀兩兩。）

從來作者共名摸。（西天四七，此土二三。天下老和尚如麻似粟，猶自❸少在❹。）

如今要見黃頭老❺，（咄！者老胡在你腳跟下，瞎漢！）

剎剎塵塵❻在半途。（腳跟下蹉過了也。更教老僧說箇什麼❼？驢年❽還曾夢見麼？）

【注釋】❶全象全牛翳不殊　此頌真佛真見妙存象外，即使見全象全牛，從真性看來，也是翳目見空花。翳，目疾引起的障膜。不殊，沒有區別；一樣。❷扶籬摸壁作什麼　謂視力不明者的行為。❸猶自　尚；尚自。❹在　猶些許。❺黃頭老　釋迦牟尼佛為金色身，故有此稱。又迦毗羅衛城的梵語意即黃頭仙人的住居。以釋迦牟尼出生於該城，故稱其「黃頭老」。禪宗多以此語表現訶佛罵祖的機法。❻剎剎塵塵　無數國土之謂，或比喻數量極多。❼更教老僧說箇什麼　因為人人本具佛性。❽驢年　指不可知的年月。

【語譯】雪竇重顯頌古：全象全牛翳不殊，（眼睛半閉半開，扶著籬笆摸著牆壁做什麼？一刀兩斷。）從來作者共名摸。（印度的二十八代祖師，中國的六代祖師。天下的老和尚多得來如麻似粟，真正的祖師少了些。）如今要見黃頭老，（咄！佛祖釋迦牟尼就在你的腳跟之下，瞎了眼的傢伙！）剎剎塵塵在半途。（在你的腳跟之下錯過真佛了。還要教我說些什麼呢？不知何年何月才能夢見真佛的境界？）

評唱

「全象全牛翳不殊」，如眾盲摸象❶，各說異端❷，出《涅槃經》❸。

僧問仰山：「和尚見人問禪問道，便畫一圓相，於中書牛字，意在於何？」山云：「者箇也是閑事❹，忽若會得，不從外來；忽若不會，決定❺不識。」我且問你諸人，諸方老宿於你身中，指出那箇是你佛性——為復❻語言底是、為復默底是？為復不語不默底是？為復總是、總不是？你若認語言底是，如盲人摸著象尾；你若認默底是，如盲人摸著象耳；若認不語不默底是，如盲人摸著象鼻牙。若道總是，如盲人摸著象四足；若道總不是，棄本象落在空見❼。如是眾盲所言，只於象上，名邈差別。你若要知，切莫摸象，莫道見覺是、亦莫道不是。祖師云：「菩提❽本非所，非所無菩提；若覓菩提，終身累劫❾迷。」又道：「本來無一物，何處惹塵埃？」具得眼人見象，得其全體，如佛見性亦然。

全牛者出《莊子》。庖丁❿解⓫牛，未曾見其全牛。順理⓬而解，遊刃⓭自在，更不須下手。才觀時，頭角蹄肉，一時自解了也。如此十九年，其刀利若新發⓮於硎⓯，謂之全牛。雖然如此奇特，雪竇道：「縱使得如此，全象全牛，如眼中翳，一般無殊。」

「從來作者共名摸」，直是作家，也去裡頭摸索不著。從自佛至迦葉，得旨傳授。西天此土祖師，乃至天下老和尚，已來皆只是「名摸」。

雪竇直截道：「如今要見黃頭老」，意道要見即便見，更不要尋覓方見。黃頭老，乃黃面老子也。

只是「剎剎塵塵在半途」，尋常道：「一塵一佛國⑯，一葉一釋迦」，盡三千大千世界，所有微塵，只在一塵中見。正當恁麼時，猶在半途。那邊更有半途在？且道，在什麼處？釋迦老子尚自不知，教山僧作麼生說得⑰？

【注　釋】❶眾盲摸象　《大般涅槃經》：「爾時大王，即喚眾盲各各問言：『汝見象耶？』眾盲各言：『我已得見。』王言：『象為何類？』其觸牙者即言象形如蘆菔根，其觸耳者言象如箕，其觸頭者言象如石，其觸鼻者言象如杵，其觸腳者言象如木臼，其觸脊者言象如床，其觸腹者言象如甕，其觸尾者言象如繩。」後以「盲人摸象」比喻看問題以偏概全。❷異端　各種說法；不同見解。❸涅槃經　佛經名。凡四十卷。北涼曇無讖譯。宣說佛身常在，及一切眾生皆有佛性等大乘思想。❹閑事　意謂不是實法。❺決定　必然；一定。❻為復　猶還是；抑或。❼空見　指不承認三世因果之理，或執著於空法而全然否定諸法存在的妄見。佛教諸見中空見之過最重。❽菩提　佛教用以指豁然徹悟的境界，又指覺悟的智慧和覺悟的途徑。❾累劫　連續數劫。謂時間極長。❿庖丁　廚師。⓫解　用刀分割動物或人的肢體。⓬理　物質組織的紋路。⓭遊刃　運刀自如。⓮發　磨。⓯硎　磨刀石。⓰佛國　指寺院。⓱教山僧作麼生說得　意謂禪法不在言句上。

【語　譯】圜悟克勤評唱：「全象全牛翳不殊」，一群盲人摸大象，得到的感覺都不一樣。這個故事出自《涅槃經》。

有一位僧人問仰山慧寂：「師父見有人來問禪問道的時候，只是畫一個圓相，並在圓相當中寫一個『牛』字，不知道這是什麼意思？」仰山回答說：「其實我這樣做也是多餘的，如果你開悟了，不憑藉外物就能自明本性；如果不開悟，即使見到這個圓相中的『牛』字也不知道是什麼意思。」我來問問你們各位，各地的老禪師為你們開示，他們會怎樣指出你的佛性是什麼呢？是直接告知的對呢？還是沉默不言的對？或者是既不告知也不沉默的對？或者是要麼都對，要麼都不對呢？如果你認為直接告知才對，那就像盲人摸到了大象的尾巴；如果認為沉默不言才對，那就像盲人摸到了大象的耳朵；如果你認為既不告知也不沉默才對，那就像盲人摸到了大象的鼻子和牙齒；如果你認為通通都對，那就像盲人摸到了大象的四條腿；如果你認為通通都不對，那就像盲人看不見大象，只是說大象並不存在，從而落在空見。以上這一群盲人依照他們各自摸到的大象的形狀，在對大象的描述上差別很大。你如果要了知禪法，千萬別學那些盲人摸象，不要用自己的見聞覺知說它對，或者說它不對。禪門祖師說：「悟道境界本無固定所在，本無固定所在也不是悟道的境界；如果存心尋覓悟道的境界，那就永遠也不會覺悟。」又說：「本來無一物，何處惹塵埃？」具備法眼的人看見大象，往往得到的是總體印象，佛門見性也是這樣。

「全牛」者，出自《莊子》。書中描繪一位廚師宰牛，未曾看見過整個的牛，只是刀順著牛肉的紋理切下去，骨頭與肉就分開了，運刀自如，更不必下手，眼睛一抬起來，牛的頭、角、蹄、肉一齊都自然分開。十九年來，這把宰牛刀的刀刃像是剛磨出來的一樣，這就是所謂心中有「全牛」的印象。儘管廚師宰牛的技巧是這樣的奇特，雪竇重顯還是說：「即使是進入了這樣高超的境界，有『全象』、『全牛』的總體印象，也和眼睛昏暗不明沒有什麼兩樣。」

「從來作者共名摸」，即使是參禪的行家高手，在佛性問題上也如同盲人摸象一樣摸不著頭腦。自從佛祖釋迦牟尼把心心相印的禪法傳授給迦葉，印度的祖師和中國的祖師，乃至天下的老和尚，從來都只是在摸索之中。

雪竇直截了當地頌道：「如今要見黃頭老」，意思是說要見當場就見，不需要通過尋尋覓覓才能見到。黃頭老，就是黃面老漢釋迦牟尼。

只是「剎剎塵塵在半途」，常言說：「一塵一佛國，一葉一釋迦」，宇宙間三千大千世界，所有的微塵，只在一粒微塵中就可以看出來。達到了這樣真佛真見的境地，也只能說還在修行的半途中。另外的半途在哪裡呢？你來說說看，到底在什麼地方呢？釋迦牟尼老漢尚且不知道，叫我怎麼告訴你呢？

【說明】雪竇重顯頌古的意思是說即使具有觀象見全象、解牛見全牛的極高悟性，如果從真性看來，也如同患眼病者見物一樣。因為即使是參禪的行家高手，對《楞嚴經》這段經文的旨意，也是摸不著頭腦。現在的參禪者如果想認識到佛陀的玄妙旨意，即使進入了奇特高妙的悟境，也只能算是在半途，離入門還差得很遠。

第九五則　長慶佛語

【題解】《維摩經》中說：「佛以一音演說聖法。眾生可隨其類而得其解。」如果聽到了兩種說法的聲音，那只能說明你的見地、境界還比較淺顯。佛只有一種聲音，即心聲；有了心聲，則一切聲是佛聲。佛法是一種絕對的聲音，因為聲就是佛，佛就是聲。天籟之聲，人喧馬嘶，皆是佛聲。

示眾

有佛處不得住，住著[1]則頭角[2]生；無佛處急走過，不走過則草深一丈。直饒淨裸裸、赤洒洒，事外無機，機外無事[3]，未免守株待兔[4]。且道，總不恁麼，又作麼生行履[5]？試舉看。

舉

長慶有時云：「寧說阿羅漢[6]有三毒[7]，（焦穀不生芽。）不說如來有二種語[8]。（只是謗釋迦老子，微塵直[9]壁。）不道如來無語，（猶自顢頇，已是七花八裂。）只是無二種語。」（周由者也，說什麼第二第三種？）

保福云：「作麼生是如來語？」（拶！道什麼⑩？）

慶云：「聾人爭得聞？」（望空啟告⑪，七花八裂。）

保福云：「情知⑫汝向第二頭道。」（爭瞞得明眼人？裂轉鼻孔，何止第二？）

長慶云：「作麼生是如來語？」（錯！猶較些子。）

福云：「喫茶去。」（領，還會麼？蹉過了也。）

【注釋】❶住著　止於一處之意。著，為助詞。住於一處而無轉動，亦無進展，即指在事物上有所執著。❷頭角　指煩惱之念。又凡夫起有所得之心，稱為頭角生。❸事外無機二句　心境不二之意。事，指因緣生之一切有為法，即宇宙間千差萬別的現象。機，心意。❹守株待兔　喻指癡鈍漢無俊逸超脫的禪機。❺行履　行，躬行。履，踐履。即指日常的行住坐臥、語默動靜，以及喝茶吃飯、屙屎送尿等一切行為動作。❻阿羅漢　指斷盡三界見、思之惑，證得盡智，而堪受世間大供養的聖者。此果位通於大、小二乘，但一般專指小乘佛教中所得到的最高果位。❼三毒　指貪欲、瞋恚、愚癡三種煩惱。一切煩惱本通稱為毒，但這三種煩惱通攝三界，是毒害眾生出世善心中最為嚴重者，能使有情長劫受苦而不得出離，故特稱三毒。❽二種語　指世語、出世語。謂如來為二乘人與菩薩的說法不同，其中，為諸聲聞、緣覺宣說世間有為之法，稱為世語；為諸菩薩宣說出世間無為之法，稱為出世語。❾直　當；對著。❿道什麼　意謂佛祖從來無言說。⓫望空啟告　不脫洒。意謂長慶慧稜的答語欲截斷保福從展的舌頭，可惜不在第一機上。望空，謂憑白無據。啟告，啟奏；告知。⓬情知　深知；明知。

【語譯】圜悟克勤開示：當佛的境界出現在眼前的時候，不可執著，一執著就會出現妨礙修行的煩惱之念；當沒有佛的境界出現在眼前的時候，要趕快走過；不趕快走過，就像置身在荒草叢中。即使一絲不掛赤條條，一塵不著潔白白，事境之外無心機，心機之外無事境，不免守株待兔。你來說說看，既不執著有佛的境界，也不執著無佛的境界，要怎麼樣修行才對呢？我試舉一則公案給你們看看。

舉說公案：長慶慧稜有時候說：「我寧可說阿羅漢還具有貪欲、瞋恚、愚癡三毒，（乾燥的種子長不出芽來。）絕不說如來佛的說法有兩種聲音。（只是譭謗釋迦牟尼老漢，就像一粒微塵飛向牆壁。）不是說如來佛傳法沒有言教開示，（還是糊裡糊塗，已經是七劃八裂了。）只是沒有兩種聲音。」（真是囉裡囉嗦，說什麼第二種、第三種？）保福從展問：「什麼是如來佛的聲音呢？」（和他較量一番機鋒，說什麼？）長慶慧稜回答說：「像聾子一樣的人怎麼能聽得懂呢？」（口說無憑，七劃八裂。）保福從展說：「早就料到你會從第二義上來回答。」（怎麼瞞得過法眼明亮的人？把長慶慧稜的鼻孔扭轉過來，豈止是落在第二義？）長慶慧稜問：「什麼是如來佛的聲音呢？」（長慶慧稜的反問本身就是錯，總算說得過去。）保福從展回答說：「吃茶去。」（保福從展能夠領會如來佛的言語，你們各位明白了嗎？錯過禪機了。）

評唱

長慶、保福，在雪峰會下，常時❶互相舉覺。一日平常說話云：「寧說阿羅漢有三毒，不說如來有二種語。」梵語「阿羅漢」，此云「殺賊」，以功能❷彰名，能斷九九八十一品煩惱❸，諸漏❹已盡，梵行已立❺，所作已辨❻，此是無學❼阿羅漢位。貪嗔癡名三毒，是根本煩惱❽。八十一品，尚自斷盡，何況三毒？長慶道：「寧說阿羅漢有三毒，不說如來有二種語」，大意要顯如來無不實語。《法華經》云：「唯此一事實，餘二則非真」。又云：「唯有一乘❾法，無二亦無三」。世尊三百餘會說法，觀機逗教、應病與藥，萬種說法，畢竟無二種語。

他意到者裡，諸人作麼生會得？佛以一音⑩演說法，眾生隨類各得解。長慶要且未夢見如來語在⑪！何故？大似說食終不能飽。保福見他平地⑫上說教，遂問：「作麼生是如來語？」慶云：「聾人爭得聞？」者漢知他幾時在鬼窟裡作活計來也。保福云：「情知汝向第二頭道。」果中其言。卻問：「作麼生是如來語？」者漢把不住。福云：「喫茶去。」槍頭倒被別人奪卻了也。大小長慶，失錢遭罪。且問諸人，如來語還有幾箇？恁麼見得，方見者兩箇漢納敗闕。雖然如此，子細檢點⑬將來⑭，盡合喫棒。放一線道，與他理會。

有底道：「保福道得是，長慶道得不是。」只管隨語生解，便道：「有得有失」，殊不知古人說話，如擊石火、似閃電光，如今人不去古人轉處看，只管去言句下走。便道：「長慶當時不便用，是落第二頭；保福云『喫茶去』，是第一頭」。若與麼看，到彌勒佛下去，也未見古人意在。若是作家，終不作者般見解。跳出者箇窠窟，向上有一條路。你若道「聾人爭得聞」，有什麼不是處？保福道：「喫茶去」，有什麼是處？轉無交涉⑮。所以道：「他參活句，不參死句。」者因緣與大悲菩薩「通身是」、「遍身是」一般，無你計較是非處。須是自家腳跟下，淨裸裸、赤洒洒地，方見他古人相見處。但去宛轉處，莫去他語上覓。五祖云：

「如馬前相撲相似，須是眼辨手親始得見。」

者箇公案，若以正眼覷之，俱無得失，卻於無得失處，辨箇得失；無親疏處，分箇親疏。長慶也須是禮拜保福始得。何故？者此子巧處用得好，如電轉星飛相似⑯，保福方是牙上有牙、爪上有爪。

【注釋】❶常時　平時；時常；常常。❷功能　效能；功效。❸八十一品煩惱　指三界九地各有九品思惑，合計為八十一品惑。三界總有九地，即欲界、四禪、四無色。其中欲界具有四種修（思）惑（貪、瞋、慢、無明），四禪、四無色已除瞋，尚餘三惑。於各地中，總此等修惑，分上上乃至下下九品，合之為八十一品修惑。❹諸漏　即諸煩惱。漏，煩惱的異稱。❺梵行已立　即脫離愛欲而過著清淨的生活，只有正行、正精進而沒有邪行。梵行，指清淨離欲之行。❻所作已辨　即已完成一切義務職守。辨，明白；清楚。❼無學　為「有學」的對稱。雖已知佛教真理，但未斷迷惑，尚有所學者，稱為有學。相對於此，無學指已達佛教真理之極致，無迷惑可斷，亦無可學者。聲聞乘四果中的前三果為有學，第四阿羅漢果為無學。❽根本煩惱　指諸惑之體可分為貪、瞋、癡、慢、見、疑等六種根本煩惱。❾一乘　指佛乘。乘，載運之義。佛說一乘之法，為令眾生依此修行，出離生死苦海，運至涅槃彼岸。喻以七寶大車而導之以大白牛。佛之出世，意欲直說《法華經》，因眾生根機不等，於是先說三乘之法而調熟之。《法華經》載，於一乘道分別說三，後至《法華經》時，會三乘之小行，歸廣大之一乘。❿一音　謂佛的音聲。眾生緣有深淺，根有利鈍，故於一音之中同聽異聞。若是人天根器，則聞佛說五戒十善之法；若是聲聞根器，則聞佛說四諦之法；若是緣覺根器，則聞佛說十二因緣之法；若是菩薩根器，則聞佛說六度等法，各得解了。⓫長慶要且未夢見如來語在　意謂長慶慧稜是一個未曾聽佛以一音說法且生異解的人。要且，終是；實在。⓬平地　猶言突然；平白無故。⓭檢點　辨識。⓮將來　下來；起來。⓯轉無交涉　意謂不可分「是」與「不是」。轉，副詞。漸漸；更加。⓰如電轉星飛相似　意謂於間不容髮處通個消息。

【語譯】圜悟克勤評唱：長慶慧稜、保福從展兩人在雪峰義存門下參學的時候，時常在一起切磋公案。有一天，長慶慧稜在言談中說：「我寧可說阿羅漢還具有貪欲、瞋恨、愚癡三毒，絕不說如來佛的說法有兩種聲音。」梵語「阿羅漢」一語是「殺賊」的意思，因為阿羅漢修行的功德，足以斷除八十一品煩惱。各種煩惱都去除了，清淨的行為已經完成，應該做的事情也已經做好，成就了無學阿羅漢的果位。貪欲、瞋恨、愚癡號稱「三毒」，是根本煩惱。一個無學阿羅漢連八十一品煩惱都可以斷除，何況那貪欲、瞋恨、愚癡三毒呢？

長慶慧稜說：「我寧可說阿羅漢還具有貪欲、瞋恨、愚癡三毒，絕不說如來佛的說法有兩種聲音。」這句話的意思主要是在宣揚如來佛的說法沒有一句不是真實語的道理。《法華經》中說：「唯此一事實，餘二則非真。」又說：「唯有一乘法，無二亦無三。」佛祖釋迦牟尼在世的時候，講經三百多次，觀察眾生的根器，分別施以不同的法門，如同醫生根據病情，對症下藥一樣，萬種說法，畢竟沒有兩種聲音。佛祖說法看來是沒有兩種聲音，你們各位該怎樣理解呢？佛祖用一種聲音演說佛法，眾生的根器不同，對佛法的理解自然也有差異。從這點來看，長慶慧稜連做夢都沒有夢到過如來佛的聲音。為什麼這樣說呢？就拿吃東西來說吧，光是嘴裡講要吃東西，卻不動口去吃，肚子是不會飽的。保福從展看長慶慧稜突然提到這個問題，於是問：「什麼是如來佛的聲音？」長慶慧稜回答說：「像聾子一樣的人，怎麼能聽得懂呢？」保福從展這傢伙知道長慶慧稜此時又在俗情妄念的鬼窟裡亂搞一通了，說：「早就料到你會從第二義上來回答。」這句話果然擊中長慶慧稜那句話的要害。不料長慶慧稜又反問：「什麼是如來佛的聲音？」這傢伙果然控制不住自己。保福從展回答說：「吃茶去。」長慶慧稜手中的槍頭反倒被別人奪去了。長慶慧稜大禪師，既丟了錢，又受罪。我來問問你們各位，如來佛的聲音還有幾種？由此看來，才知道這兩個傢伙都失利了。儘管這樣，如果要認真分析起來，兩個人都應該吃棒。不過保福從展通了一線消息，讓長慶慧稜理解。

有的人說：「保福從展說得對，長慶慧稜說得不對。」只顧望文生義，還說什麼「有得有失」，他們竟然不知道前輩禪師的言句的機鋒像擊石火、閃電光一樣，現在的人不知道從前輩禪師的轉身處著眼，只顧在言句上摸索，說：「長慶慧稜不能當下提起便用，所以落在第二機；保福從展說『吃茶去』，能夠提起便用，這樣回答是第一機。」你如果也抱著這種見解，即使參到彌勒佛降生，也不瞭解長慶慧稜、保福從展的用意。

如果是一位參禪的行家高手，始終不會產生這種見解，一跳就跳出言句的窠臼，向上自然找得出一條出路。長慶慧稜說：「像聾子一樣的人，怎麼能聽得懂呢？」你認為他這樣講有什麼不對之處呢？保福從展說：「吃茶去。」你認為這句話又對在哪裡呢？這種「對」與「不對」的看法與禪法毫無關係。所以說：「參禪要參活句，不可參死句。」這則公案和前面大悲菩薩公案的「通身是」、「全身是」是一樣的，讓你沒有思考誰是誰非的餘地。應該在自己的腳跟下一絲不掛赤條條，一塵不著潔白白，才能具有和前輩禪師相同的見解。只管去含蓄曲折之處理解，不要去言句上尋找其用意。五祖法演說：「這就像在馬前進行摔跤比賽一樣，應該是眼光、動作準確而迅速才能得勝。」

這則公案如果用正法眼來看，兩人都沒有得與失。但如果要在沒有得與失之處，分辨出得失；在沒有與禪法的相應與不合之處，分辨出與禪法的相應與不合的話，長慶慧稜必須向保福從展禮拜才對，為什麼這樣說呢？因為保福從展有些巧妙之處，用得很好，如同電轉星飛一樣，保福從展真是牙上生牙，爪上生爪。

頌

頭兮第一第二❶，(王庫中無如是刀❷，隨邪逐惡作什麼？)

臥龍不鑒止水❸。(同道方知。)

無處有月波澄❹，(四海孤舟獨自行❺，徒勞卜度，討什麼碗❻？)

有處無風浪起❼。(嚇殺❽人，還覺寒毛卓豎。打云：來也！)

稜禪客稜禪客，(勾賊破家❾，鬧市出頭，失錢遭罪❿。)

三月禹門遭點額⓫。(退己讓人⓬，萬中無一，只得飲氣吞聲。)

【注　釋】❶頭兮第一第二　意謂如果對這則公案只注意第一義與第二義是什麼，就是落在死水裡，摸索不著佛法大意。❷王庫中無如是刀　意謂我圜悟克勤這裡沒有第一第二的差異。❸臥龍不鑒止水　意謂保福從展的高襟不在第一第二，如果從言句上去理解，就好像落在死水裡，不知他的活處。臥龍，喻隱居或尚未嶄露頭角的傑出人材。這裡喻指保福從展。止水，靜止的水。❹無處有月波澄　水中無龍之處月光清澈，喻指長慶慧稜的機鋒。澄，清澈而不流動。❺四海孤舟獨自行　謂無龍之處不起波浪，孤舟無翻船之憂。❻討什麼碗　意謂保福從展原來不在死水裡。❼有處無風浪起　水中有龍之處無風也要起滔天大浪，喻指保福從展「吃茶去」這句話中有活機鋒。❽嚇殺　嚇死。謂受驚之甚。❾破家　耗盡家產。❿失錢遭罪　謂長慶慧稜花費很多英氣，最終還是失利。⓫三月禹門遭點額　謂長慶慧稜被保福從展啄破額頭，不得出頭，如同龍門點額之魚，曝腮沙灘。⓬退己讓人　嘲諷長慶慧稜沒有活的禪機。

【語　譯】雪竇重顯頌古：頭兮第一第二，（國王的寶庫中沒有這樣的刀，保福從展的答語是古今參禪者的榜樣，追逐邪惡做什麼？）臥龍不鑒止水。（雪竇重顯和保福從展是知音。）無處有月波澄，（大海之中，一葉孤舟獨自航行，有人用世俗常情去理解保福從展的用意，真是白費心機，討什麼碗？）有處無風浪起。（嚇死人，還感到汗毛直豎嗎？打過之後說：活龍來了。）稜禪客，稜禪客，（勾引竊賊，家財被盜，本想在鬧市中出頭露面，不料既丟錢，又受罪。）三月禹門遭點額。（自己退下去，讓別人先上，一萬個人當中都找不到一個這樣的人，長慶慧稜只好忍氣吞聲。）

評唱

「頭兮第一第二」，只管去理會第一第二，正是死水裡作活計。者箇機巧，你若作第一第二頭會，且摸索不著在。

雪竇道：「臥龍不鑒止水」，止水裡豈有龍藏❶？若作第一第二會，正是在止水裡。不見道：「死水不藏龍」？又云：「臥龍長怖碧潭清」。須是洪波浩渺，白浪滔天處，方始有龍藏。似前頭道「澄潭不許蒼龍蟠」，所以道，「無龍處有月波澄」，風恬❷浪靜，有龍處無風，卻洪波浩渺。大似保福道「喫茶去」，正是無風起浪。雪竇到者裡，一時與你打疊情解，頌了也。他有餘才風韻❸，故成文章❹，依前就裡頭著一隻眼❺，也不妨奇特。

卻道：「稜禪客，稜禪客，三月禹門遭點額。」雖然如是，亦是透❻龍門底龍。卻被保福驀頭一點。

【注釋】❶止水裡豈有龍藏　意謂保福從展的玄旨豈在言句上。❷恬　安靜；平靜。❸風韻　指詩文書畫的風格、情趣。❹文章　文字。❺依前就裡頭著一隻眼　謂從首句至此都是從本分上頌，故句句有眼。裡頭，謂本分底裡。❻透　跳躍。

【語譯】圜悟克勤評唱：「頭兮第一第二」，現在的人只顧分別誰是第一機、誰是第二機，這正是在死水裡亂搞一通。保福從展「喫茶去」這句話的禪機很巧妙，你如果只是想理解這句話到底是第一機還是第二機，那是摸不著頭腦的。

雪竇重顯說：「臥龍不鑒止水。」在一潭死水裡，怎麼會有臥龍潛藏？如果你從第一機、第二機的角度來思索，正是在死水裡亂搞一通。從前的禪師說：「死水不藏龍。」又說：「臥龍長怖碧潭清。」一定要在洪波浩瀚、白浪滔天的地方才會有龍潛藏。前面有一句頌詞說「澄潭不許蒼龍蟠」，所以雪竇重顯又在這裡說：「無龍處有月波澄」，風平浪靜之時，有龍之處雖然無風，倒也洪波浩瀚。保福從展回答說「喫茶去」，就像這無風起浪。雪竇重顯頌到這裡，把你的俗情妄解收拾得一乾二淨，全都頌盡了。不過他很有才氣，頌詞餘味無窮，又形成文字，仍舊在這頌詞裡面睜開一隻法眼，也是非常奇特。

雪竇重顯說：「稜禪客，稜禪客，三月禹門遭點額。」雖然長慶慧稜是一條跳過龍門的龍，卻被保福從展當頭點額。

【說　明】 長慶慧稜與保福從展在討論「丹霞吃飯」這則公案時，也許兩人尚在修行之中，未達到禪的境界，所以還談得極為膚淺。在這則公案中多少顯露了禪的本來面目。《碧巖集》自問世以來，便成了「試探禪旨深淺」的奇書。有精彩的公案，也記錄了一二則不成其為範本的公案。它客觀而深刻地描繪出了中國傑出而偉大的「禪」。

雪竇重顯頌道：「頭兮第一第二，臥龍不鑒止水。」意謂如果只管理解什麼是第一機、什麼是第二機，就像掉進死水裡一樣，不是一條活龍。「無處有月波澄，有處無風浪起。」指點參禪者要像一條活龍一樣，到活水大浪中去，才能做到英雄有用武之地，才能顯示大機大用。「稜禪客，稜禪客，三月禹門遭點額。」這句頌詞表達了對鈍根機的一聲歎息。

第九六則　趙州轉語

【題解】趙州從諗用三句轉語接引學人，開示真佛所在，使人人徹見本來面目。金佛如果進入火爐之中就會熔解，木佛如果進入火中就會燒毀，泥佛如果進入水中就會爛掉，自性本然的真佛內裡端坐，不為水火所壞；此即表示一心不生之處即等同於「萬法一如」的至理。

舉

趙州示眾三轉語❶。（道什麼？三段不同。）

評唱

「金佛不度❷爐，泥佛不度水，木佛不度火，真佛裡頭坐。」者一句太煞郎當。他古人出一隻眼，垂一隻手接人，略借此語通箇消息❸，要為人。你若一向正令全提❹，法堂前草深一丈。雪竇嫌他末後句漏逗，所以削去，只頌三句。泥佛若度水，則爛卻❺；金佛若度爐，則燒鎔❻卻；木佛若度火，則焚卻，有什麼難會？雪竇一百則頌古，皆是計較葛藤；唯此三頌，直下有衲僧氣息❼。只是者頌，也不妨難會，若透得此三頌，便許你罷參❽。

【注　釋】❶三轉語　轉語是令人轉迷開悟的語句。即在參禪者迷惑不解，進退維谷之際，由禪師驀地翻轉機法，下一語句，而使參禪者頓然穎解。所下之語，若為三句，則稱三轉語。❷度　通「渡」。過江湖。又泛指過。用於空間或時間。❸消息　指自性真佛的消息。❹正令全提　是禪家特有的傳授心印之法。❺卻　助詞。用在動詞後面，表動作的完成。❻鎔　給金、石等加熱使變成液態。❼氣息　呼吸；呼吸出入之氣。這裡喻指鮮活的禪機。❽罷參　罷休參禪之意。指禪林之中，參學者開悟，大事了畢之際，不再修道參禪。

【語　譯】舉說公案：趙州從諗有一天上堂舉三轉語對僧眾開示：「金佛不度爐，泥佛不度水，木佛不度火，真佛裡頭坐。」（說什麼？三段各不相同。）

圜悟克勤評唱：趙州從諗開示三轉語：「金佛不度爐，泥佛不度水，木佛不度火，真佛裡頭坐。」最後一句「真佛裡頭坐」顯得太囉嗦了。從前的禪師特地突顯一隻法眼，垂下一隻手來接引學人，就是要借三轉語透露一些消息來啟發參學者。你如果一直都是實行正宗本色的禪機施設和完全徹底的教法提示，那麼法堂前就要草深一丈了。雪竇重顯嫌他最後一句說得太直露了，所以他在頌這則公案時，把最後一句話刪去了，只頌前面三句。

泥塑的佛像如果放入水中，就會爛掉；金屬鑄造的佛像如果放入火爐中，就會熔化；木雕的佛像如果放入火中，就會燒成灰燼。這三句話的意思很明白，有什麼難懂呢？雪竇重顯的一百則頌古都是帶有思維色彩的言句，只有這三則頌古，看上去有禪宗僧人鮮活的氣息。就是這三則頌古，也是非常難以理解。你如果能徹底理解這三則頌古，我就允許你可以罷參了。

頌第一

泥佛不度水，（浸爛鼻孔，無風起浪。）

神光❶照天地。（干他什麼事？見兔放鷹。）

立雪如未休，（一人傳虛，萬人傳實❷，將錯就錯，阿誰見你？）
何人不離偽❸？（入寺看額❹，二六時中，走上走下，皆是坐斷，闍黎便是。）

評唱

「泥佛不度水，神光照天地」，一句分明頌了也。為什麼卻引神光？二祖初生時，神光燭❺空、亙❻於霄漢❼，而立名❽神光。二祖初參達摩於少林，立雪齊腰得法。達摩器之，名改為慧可。後來接得三祖，住司空山❾。隋末唐初之際，卅五代雜亂❿，遂遭沙汰，宣律師⓫《高僧傳》⓬不載。〈三祖傳〉云：二祖妙法，不傳於世，賴值末後依前悟他當時立雪，所以雪竇道：「立雪如未休，何人不離偽？」立雪若未休，足恭⓭諂詐⓮人皆效之，一時只成雕偽，即是諂詐之徒。

雪竇頌：「泥佛不度水」，為什麼卻引者因緣？他參得意根下，無一星事，淨裸裸、赤洒洒地，方頌得如此。五祖尋常教人看此三頌。

洞山初和尚〈法身頌〉云：「五臺山下雲蒸飯，佛殿街前狗吠天；幡竿頭上煎鎚子，三箇胡孫夜賭錢⓯。」

傅大士頌云：「空手把鋤頭，步行騎水牛；人從橋上過，橋流水不流。」又頌云：「石人機似汝，也解唱巴歌⓰；汝若似石人，雪曲⓱也應和。」

土順和尚⑱〈法身頌〉云：「懷州牛喫禾，益州馬腹脹⑲，天下覓醫人，灸⑳豬左膊㉑上。」若會得此等頌，便會雪竇意。

【注釋】❶神光　謂佛的光明靈妙不可思議。光明象徵智慧，佛智離一切分別虛妄之相，為不可思議；從而其光明亦離形相，故稱神光。禪宗稱自己的本來光明為神光。❷一人傳虛二句　謂真理乃各人所自悟自得，一涉及語言文字則失其實。❸雕偽　矯飾；做作。❹入寺看額　意謂逢人須辨真偽。額，書寫文字或圖繪在板、紙、絹布上，高懸在門堂上，稱為額。❺燭　照亮；照見。❻亙　橫度；貫穿。❼霄漢　天河。亦借指天空。❽立名　命名；建立名稱。❾司空山　在今安徽太湖北。❿隋末唐初之際二句　此處有誤，當時正是北周武帝迫害僧眾，毀滅佛法。三祖僧璨往來皖公山、司空山之間，沒有固定的住處，前後達十多年，沒有人知道他的底細。⓫宣律師　即道宣，以熟悉《四分律》見稱。律師，專門研究、解釋、讀誦律的人。⓬高僧傳　即《續高僧傳》。佛書名。三十卷。唐代道宣著。銜接梁慧皎的《高僧傳》，至唐貞觀十九年（西元六四五年）止，凡一百四十四年之間的僧傳。全書立十科，計本傳四一四人，附傳二〇一人。本書所編纂者，多補錄北朝佛教的狀況，而成為瞭解北方佛教的重要資料。⓭足恭　過度謙敬，以取媚於人。⓮諂詐　逢迎、詐偽。⓯五臺山下雲蒸飯四句　此頌有情、非情理事普遍之意。吠，狗叫。幡，乃旌旗的總稱。原為武人在戰場上用以統領軍旅、顯揚軍威之物，佛教則取之以顯示佛菩薩降魔的威德，與「幢」同為佛菩薩的莊嚴供具。鎚子，錘子；榔頭。胡孫，猴的別名。⓰巴歌　古代民間通俗歌曲。巴，古國名，地在今川東、鄂西一帶。泛指通俗的文藝作品。⓱雪曲　戰國時楚國的高雅歌曲名。後因用以泛指高雅的曲子。又喻指高深典雅、不夠通俗易懂的文藝作品。⓲土順和尚　法號法順（西元五五七～六四〇年），唐代僧人，雍州萬年（治今陝西臨潼北）人，俗姓杜氏。十八歲出家，後住終南山，宣揚華嚴教綱。唐太宗聞其德風，引入宮內禮遇之。後人尊為華嚴宗第一祖。⓳懷州牛喫禾二句　意謂一理普遍，物物無隔。懷州，州名。唐時轄境相當於今河南焦作一帶。益州，州名。唐時轄境相當於今四川成都一帶。⓴灸　為了治病，用艾葉等燒灼或熏烤身體某一部位。㉑膊　肩膀；胳臂。亦泛指身體的上部。

【語譯】雪竇重顯第一首頌古：泥佛不度水，（進入水中就要浸爛鼻孔了，無風起浪。）神光照天地。（干他什麼事？看見兔子，放出獵鷹。）立雪如未休，（一人傳虛，萬人傳實，將錯就錯，誰見過二祖休歇？）何人不離偽？（入寺先看匾額，從早到晚，跑上跑下，都是坐斷，雪竇重顯就是離偽之人。）

圜悟克勤評唱：「泥佛不度水，神光照天地。」第一句頌詞已經很明白地頌出所要說的意思了，雪竇重顯為什麼還要引用神光來說明呢？二祖慧可剛出生的時候，一道神光照亮天空，一直橫穿在九天之上，他因此得名叫神光。神光第一次到少林寺去參訪達摩祖師，一直站到大雪齊腰，總算得到了禪法。達摩非常器重他，把他的名字改為「慧可」。後來二祖慧可傳法給三祖僧璨，僧璨住司空山。隋末唐初之際，三十五代混亂，正當毀佛之時，在道宣律師的《續高僧傳》中對三祖僧璨的事跡沒有記載。《傳燈錄・三祖傳》中說：二祖妙法，不傳於世，幸虧此後的四祖道信仍舊像三祖僧璨那樣頓悟二祖慧可站立雪中的玄旨。所以雪竇重顯說：「立雪如未休，何人不離偽？」這句話的意思是說為求得佛法而站立在大雪之中的行為如果一直延續下來的話，那麼那些奸詐諂媚偽裝得非常恭敬的人也都會紛紛仿效，這種行為就變成虛偽的做作了，禪宗僧人就會變成奸詐諂媚之徒。

雪竇重顯本來是頌「泥佛不度水」的，為什麼卻要引用這段因緣？只因為他參得意根下沒有一點事，一絲不掛赤條條，一塵不著潔白白，才能頌得這樣。五祖法演平常教人看以下三首頌：

洞山守初和尚〈法身頌〉說：「五臺山下雲蒸飯，佛殿街前狗吠天；幡竿頭上煎鎚子，三箇胡孫夜賭錢。」

傅大士有頌說：「空手把鋤頭，步行騎水牛；人從橋上過，橋流水不流。」又說：「石人機似汝，也解唱巴歌；汝若似石人，雪曲也應和。」

土順和尚〈法身頌〉說：「懷州牛喫禾，益州馬腹脹，天下覓醫人，灸豬左膊上。」你如果懂這幾首頌，自然就明白雪竇重顯的頌古了。

頌第二

金佛不度爐，（燎❶卻眉毛，天上天下。）

人來訪紫胡；（又恁麼去也，只恐喪身失命❷。）
牌中數箇字，（不識字狗兒也無話會，天下衲僧插嘴不得。）
清風何處無？（頭上漫漫，脚下漫漫❸，又云來也。）

評唱

「金佛不度爐，人來訪紫胡」，此一句亦頌了也。為什麼卻引「人來訪紫胡」？須是作家爐鞴始得。

紫胡和尚，山門立一牌，牌中有字云：「紫胡有一狗，上取人頭，中取人腰，下取人脚，擬議則喪身失命。」凡有新到相看，便喝云：「看狗！」僧擬議，便歸方丈，乃至❹趙州去問：「如何是紫胡狗？」為什麼卻咬他趙州不得？又三更於後架❺叫云：「捉賊捉賊！」見一僧，便扭住云：「捉得也，捉得也。」僧云：「不是我。」胡托開❻云：「是則是，只是不肯承當。」你若會得，許你咬殺一切人，處處清風凜凜；若也未然，牌中數箇字，決定不奈何。

且道，雪竇頌「金佛不度爐」，為什麼卻引紫胡話來頌？你若要見，但透得盡，方可見得此頌。

【注釋】❶燎 被火焰燒焦。❷只恐喪身失命 意謂這玄境如同大火聚集。❸頭上漫漫二句 喻指一片真佛境界。❹乃至 以至;甚至。❺後架 指禪林設在僧堂後方的洗面架,是僧眾的洗面處。❻托開 脫離開。

【語譯】雪竇重顯第二首頌古:金佛不度爐,(一進入火爐之中,就要燒焦眉毛,天上天下。)人來訪紫胡,(又這樣去了,只恐怕喪失生命。)牌中數箇字,(不識字的狗無法通過語言來交流和領會,天下的禪宗僧人也無法插嘴。)清風何處無?(頭上漫漫,腳下漫漫,又說來了。)

圜悟克勤評唱:「金佛不度爐,人來訪紫胡。」第一句頌詞已經很明白地頌出所要說的意思了,為什麼還要引用「人來訪紫胡」呢?這必須得具備大禪師的手段才能做到這樣。

紫胡和尚在他所住寺院的大門口,立了一塊牌子,牌上寫著:「紫胡有一狗,上取人頭,中取人腰,下取人腳,稍有思慮就會喪身失命。」每當有新來參訪的僧人駐足觀看時,紫胡和尚便大喝一聲說:「看狗!」那位僧人還在猶豫之中,紫胡和尚便走回方丈室。當趙州從諗前來問「什麼是紫胡狗?」時,紫胡和尚為什麼咬不著趙州從諗?半夜三更的時候,紫胡和尚在僧堂後面的洗漱處大聲喊叫:「捉賊!捉賊!」在黑暗中遇見一位僧人,便抓住他說:「捉到了!捉到了!」僧人說:「我不是賊。」紫胡和尚放開他說:「是賊就是賊,只是不肯承擔。」你如果明白了這段話,我就印可你有咬死一切人的本事,處處清風凜凜;你如果不明白這段話,對於紫胡和尚所住寺院大門前那塊牌子上所寫的一行字,你一定會感到莫名其妙。

你來說說看,雪竇重顯頌「金佛不度爐」,為什麼還要引用紫胡和尚的話頭來頌?你如果想要瞭解雪竇重顯的用意,只要悟得透,自然也就明白了。

頌第三

木佛不度火,(爛卻了也,唯我能知❶。)

常思破灶墮；（東行西行，有何不可❷？癩兒牽伴❸。）
杖子忽擊著❹，（在山僧手裡。在誰手裡❺？山僧不用。）
方知辜負我。（有什麼用處？蒼天蒼天！）

評唱

「木佛不度火，常思破灶墮」，此一句亦頌了也。雪竇回引此「木佛不度火」，為什麼卻引「破灶墮」話？此乃嵩山❻安和尚❼，參見五祖大滿禪師❽，有十七人隨嗣安師，隱居嵩山。一日領徒，入於山塢❾間，見一火樂人❿，在廟樂神，乃問元由⓫。人謂師⓬曰：「此乃灶神⓭。若不祭祀⓮，即為禍祟⓯。」師遂以拄杖子敲灶⓰三下云：「汝本是磚瓦、泥土合成，靈從何來？聖⓱從何起？恁麼烹殺物命⓲！」遂以杖擊之云：「破也，墮⓳也。」灶遂傾墮，其神乃悟去。眾僧云：「某等久依和尚，不蒙開示。」山云：「汝禮拜。」僧作禮⓴，山乃亦將杖向眾僧頭上敲云：「破也，墮也。」眾僧各得開悟。

後有僧舉似安國師。師歎云：「此子會盡物我一如㉑。」灶神悟此則故是，其僧乃是五蘊成身，亦云：「破也墮也」，因什麼卻二俱開悟？且道，四大㉒五蘊，與磚瓦泥土，是同是別？既是如此，為什麼卻成「辜負」去？只是未得拄杖子在。雪竇頌「木佛不度火，常思破灶墮」，為什麼卻引此公案？老僧直截與你說，他大意只是絕得失、意想、情塵，淨裸裸地，自然見得親切。

【注釋】❶唯我能知　意謂「木佛不度火」的禪機自知自證。❷東行西行二句　意謂之所以不度，原來自由自在。❸癩兒牽伴　喻指雪竇重顯和破灶墮是知音。❹杖子忽擊著　謂用拄杖擊破土灶，露出真性。❺在誰手裡　謂人人本具拄杖。❻嵩山　山名。在河南登封北，為五嶽中的中嶽。其峰有三：東為太室山，中為峻極山，西為少室山。❼安和尚　即慧安國師（西元五八二～七〇九年），唐代禪僧。荊州支江（今屬湖北境內）人，俗姓衛氏。為五祖弘忍的十大弟子之一。武后聖曆二年某夜，風雨交加，他為嵩山神授菩薩戒。中宗神龍二年，帝賜紫衣，尊以師禮，延入宮中，供養三載。景龍三年，辭歸嵩山少林寺。❽大滿禪師　唐代宗追謚五祖弘忍為「大滿禪師」。❾山塢　山坳；山間的平地。❿樂人　歌舞演奏藝人的泛稱。⓫元由　原由。事情的起始和原因。⓬師　指破灶墮和尚，慧安國師的嗣法弟子。⓭灶神　舊俗供於灶上的神。傳說灶神於農曆臘月二十三日至除夕上天陳報人家善惡。⓮祭祀　對陳列物品供奉神鬼祖先的通稱。⓯禍祟　舊謂鬼神所興作的災禍。⓰灶　磚石或其他材料製成的一種設備。供烹飪、冶煉、烘焙等用。⓱聖　事無不通，光大而化，超越凡人者。⓲物命　有生命的物類。⓳墮　損毀；敗壞。⓴作禮　舉手施禮。㉑物我一如　即「人境不二」、「人法一如」等意，皆謂主觀、客觀本非對立，而同為生命活動的要素。物我，指我與物，亦即人、法，人、境。物，即客觀之境。我，即主觀之人。㉒四大　佛教以地、水、火、風為四大。認為四者分別包含堅、濕、暖、動四種性能，人身即由此構成。因亦用作人身的代稱。

【語譯】雪竇重顯第三首頌古：木佛不度火，（一入火中就爛掉了，只有我才能知道。）常思破灶墮；（東奔西走，有什麼不可以？無癩小兒手牽著手一道走。）杖子忽擊著，（拄杖在我手裡，還在誰手裡？我不用拄杖。）方知辜負我。（辜負我有什麼用處？蒼天啊蒼天！）

圜悟克勤評唱：「木佛不度火，常思破灶墮。」這一句頌詞已經很明白地頌出所要說的意思了，雪竇重顯頌「木佛不度火」這句話時，為什麼會引用「破灶墮和尚」的話頭呢？嵩山慧安國師在參見五祖大滿禪師之後，有十七位弟子跟隨著他隱居在嵩山。有一天，慧安國師的弟子破灶墮和尚率領僧徒走進一條山谷，只見一群樂人在廟裡祭神，於是進去問清緣由。有人對破灶墮和尚說：「這是灶神，如果不祭祀它，就會給百姓帶來災難。」破灶墮和尚拿起拄杖敲打了三下灶，然後說：「你本來就是磚瓦、泥土混合而成的，靈從哪裡來？聖從哪裡起？讓百姓烹煮宰殺牲畜來祭祀你！」他又用拄杖敲擊灶，說：「敲碎了，倒塌了。」那口灶於是就順著他的聲音倒塌了，灶神也開悟而去。僧眾問破灶墮和尚：「我們隨侍師父多年，從未受過師父的開示。」破灶墮和尚說：「你向我禮拜。」僧人便行禮。破灶墮和尚用拄杖敲著僧眾的頭說：「敲碎了，倒塌了。」眾僧各自得以開悟。

後來有僧人把這件事告訴慧安國師。慧安國師感歎地說：「此人徹悟『物我一如』的道理。」灶神領悟這個意思也就算了，這些僧人可是由色、受、想、行、識五者假合而成的肉身，破灶墮和尚也是這樣說「敲碎了，倒塌了」。為什麼灶神和僧人聽了同樣的話都能開悟呢？你來說說看，四大五蘊之身和磚瓦泥土混合而成的灶是一樣還是不一樣呢？既然這樣，雪竇重顯為什麼卻說成是「辜負」去呢？只是因為沒有得到拄杖。雪竇重顯頌「木佛不度火，常思破灶墮」，為什麼卻要引用這則公案呢？老僧在此就直截了當地告訴你吧，雪竇重顯的意思就是要你斷除一切得失、意想、情塵，達到一絲不掛赤條條的地步，自然就能明白他的意思了，從而與禪法協合相應。

【說　明】那些泥塑木雕、穿金著色的佛祖菩薩，都是人塑造的，並不是真正的佛。向這些假佛求神光求靈驗，又有多大用處呢？其實真正的佛在人的心中，如果誰無視這一點，煩惱很快就會出現，因為他會不顧自身就是佛的現實，而去四處妄求，變成「貪看天邊月，失去掌上珠」。只有返回自身，感悟心中的純真人性。這純真人性，才是水火不可侵犯、風雨不能動搖的真佛。禪者對佛有虔誠之心，但從不崇拜偶像，甚至有蔑視、打破偶像的勇敢精神。

雪竇重顯三首頌古的旨在於掃除參禪者的一切分別心，指引他們顯發「神光」，睜開法眼，徹悟禪法。

第九七則　剛經輕賤

【題解】《金剛經》中說：當你被他人輕視、看賤時，你應該做如是觀：你肯定在前世跟人有冤孽，把人墮入了三惡道（地獄、餓鬼、畜生）之中，所以現世遭人輕視、看不起時，前世的罪業因此而全部抵消了。雪竇重顯對此頌道：人人手中都有一顆明珠，有罪者挨罰，有功者授獎，獎罰分明。在人們迷悟未明之際，明珠既已高懸在上，大放光彩；正因為這樣，惡魔才無立身之地。這就是禪者的高尚境界。在掃除了一切凡塵迷悟的「大空無相」的禪境裡，佛陀金口所說的罪孽、因果報應之類的高論，已經是不在話下了。

示眾

拈一放一❶，未是作家；舉一明三，猶乖宗旨❷。直得天地陡❸變、四方絕唱；雷奔電馳、雲行雨灑；傾湫❹倒嶽、甕❺瀉盆傾，也未救得一半在。還有轉天關、移地軸❻底麼？舉看。

舉

《金剛經》云：「若為人輕賤❼，（放一線道❽何妨？）是人先世❾罪業❿，（驢駄馬載。）應墮惡道⓫，（陷墮了也！）

以今世人輕賤故，（酬本返末⓬，只得忍受。）先世罪業，（向什麼處摸索⓭？種穀不生豆芽⓮。）則為消滅。」（雪上加霜，如湯⓯消冰。）

【注釋】❶拈一放一　片念不留之意。❷宗旨　指心心相印的禪法。❸陡　頓時；突然。❹湫　深潭。❺甕　小口大腹的陶製汲水罐。❻轉天關移地軸　喻指具大活用格外自在手段。天關，天宮之門。地軸，古代傳說中大地的軸。又泛指大地。❼輕賤　卑下低賤。❽放一線道　於一真如上無輕賤等事，《金剛經》中如此說者是方便說法。❾先世　即前世，指眾生前世的生存。佛教認為今世為前世之果，又為來世之因，而前世則是今世之因。❿罪業　指身、口、意三業所造之罪。⓫惡道　為「善道」的對稱。道，為通之義。指生前造作惡業，在死後趨往苦惡處所。是對所趨之依身及器世界的總稱，主要指地獄。在六道之中，一般以地獄、餓鬼、畜生三者稱為三惡道，阿修羅、人間、天上則稱為三善道。⓬酬本返末　意謂抵消根本重罪，不受全分業報，得枝末輕。⓭向什麼處摸索　意謂罪業、罪性本來空。⓮種穀不生豆芽　惡有惡報、善有善報之意。⓯湯　沸水；熱水。

【語譯】圜悟克勤開示：拈一放一，這樣的人算不上是參禪的行家高手；舉示其一而明瞭其三，還是與禪門旨意相違背。即使具有足以讓天地突變、四方絕唱和的神通變化，即使機鋒快如雷奔電馳、雲行雨落，足以傾泄潭水、摧倒高山，即使滔滔不絕的雄辯像盆罐中的水一瀉而出，但從大徹大悟的角度來講，連一半都談不上。你們各位可以轉動天關，移動地軸嗎？我舉一則公案給你們看看。

舉說公案：《金剛經》中說：「如果被世人瞧不起，（不妨放開一線之道，讓人有路可循。）那是因為他前世所造的罪業，（這罪業深重得要用驢馱馬載。）本應該墮入三惡道之中，（已經墜落在惡道裡了。）因為今世被人瞧不起，（所造重罪轉輕，不受極苦，只得忍受。）前世罪業（到什麼地方去尋求？種下穀子長不出豆芽。）就會消失。」（雪上加霜，如同熱水融化冰塊。）

評唱

若據平常講究❶，乃經中常論。雪竇拈來頌者意，欲打破教家鬼窟裡活計。昭明太子，科❷為持經❸功德❹分，教中大意，說此經靈驗。如此之人，先世所造惡業❺，應墮惡道，為善力❻強故未受。以今世人輕賤故，先世罪業則為消滅，故不入惡道。為持此經故，能滅無量劫來罪業，轉重成輕、轉輕不受。後得佛果菩提❼。據教家，說此三十二分經文，便喚作「持經」，有什麼交涉？有底道：「經自有靈驗。」若恁麼，你試將一卷經放在閑處❽，看他有感應❾也無？

法眼云：「證佛地❿者，名曰持經。」經中道：「一切諸佛，皆從此經出。」且喚什麼作「此經」？莫道黃卷赤軸⓫底是麼？且莫錯認定盤星。金剛喻於法體堅固，物不能壞，用之能利故，摧一切物。擬⓬山則山崩，擬石則石裂，擬海則海竭。就喻彰名⓭，其法亦然。

般若有三種：一實相⓮、二觀照⓯、三文字⓰。實相即是大智，乃諸人腳跟下，一大事因緣⓱，輝古騰今，迥絕⓲智見，淨裸裸、赤灑灑者是。觀照即是真境⓳，於二六時中，放光⓴動地，聞聲見色者是。文字則能詮㉑文字。如今說者聽者，且道，是般若？不是般若？古人道：「人人有一卷經。」又云：「手不執經卷㉒，常轉如是經㉓。」若據此經靈驗，何止轉重令輕，輕轉不受？設使敵聖功能，亦未為奇特。

【注　釋】❶講究　研究。❷科　品類；等級。❸持經　受持誦讀經典。在《金光明最勝王經》卷七、《法華經》卷六均有誦讀書寫經典者可獲無量功德的記載。❹功德　意指功能福德。亦謂行善所得到的果報。❺惡業　「善業」的對稱。謂身、口、意所造乖理之行為。指出於身、口、意三者之壞事、壞話、壞心等，能招感現在與未來之苦果。通常指造五逆、十惡等業。❻善力　指菩薩所具足的二十種力用之一，謂修善法。❼佛果菩提　佛果指成佛。佛為萬行之所成，故稱佛果，即能成之萬行為因，而所成之萬德為果。亦即從修行之因到達佛果之位，又指從聲聞、菩薩之位至無上正等止覺之位。證得佛果之因，稱為佛因，即指一切萬行之善根、功德。佛、緣覺、聲聞各於其果所得之覺智，稱為菩提。❽閑處　僻靜的處所。❾感應　謂神明對人事的反響。❿佛地　謂超脫生死、滅絕煩惱的境界。⓫黃卷赤軸　指佛教經卷。以經文書寫在黃紙上而卷之以朱軸，故稱黃紙赤軸。⓬擬　指向；比劃。⓭就喻彰名　意謂法體無相無名。⓮實相　以世俗認識的一切現象均為假相，唯有擺脫世俗認識才能顯示諸法常住不變的真實相狀，故稱實相。實相般若，即以般若智慧所觀照一切對境的真實絕對者；此雖非般若，但可起般若之根源，故稱般若。⓯觀照　即以智慧觀事、理諸法，而照見明瞭之意。觀照般若，即能觀照一切法真實絕對實相的智慧。⓰文字　文字般若包含實相般若、觀照般若諸經典。⓱一大事因緣　謂佛陀出現於世間的唯一大目的，是為開顯人生的真實相，此即所謂一大事。⓲迥絕　猶迥別。迥，副詞。表示程度深。為甚或全之義。⓳真境　與「妄境」相對。境，或意謂感覺作用的區域，或意為對象，或意謂心的活動範圍。⓴放光　指佛菩薩的發光。佛的光明可分為常光（圓光）與現起光（神通光、放光）二種，前者指恆常發自佛身，永不磨滅之光；後者指應機教化而發之光。㉑詮　詳盡解釋；闡明。㉒經卷　記載經文的卷帙，稱為經卷。北宋之前，佛典皆為卷帙。現今仍有將卷帙插在經卷架上或放置佛前的習慣。㉓常轉如是經　是禪宗於印度相承二十八祖中，第二十七祖般若多羅之語。是般若多羅自言日常行為即合乎真如實相的狀態，而以經典譬喻真如實相，並謂自身與諸法融為一體之語。

【語　譯】圜悟克勤評唱：如果按照平常講經來理解，《金剛經》中的這段話不過是佛經中的老生常談。雪竇重顯拿這段話來頌《金剛經》的本意，主要是為了要破除經教家從言句上來理解的做法，這種做法就像在俗情妄念的鬼窩裡轉來轉去。從前昭明太子科判這一段話為持經功德分，經教家也都認為受持這部《金剛經》非常靈驗。譬如這個在今世被人瞧不起的人，他的前世造作了惡業，應該墮入惡道，由於誦讀佛經的功德力強，因而沒有受到墮入惡道的果報。只因為這一生能承受得了別人對他的打罵、歧視、污蔑，前世所造下的惡業也就消失了，所以沒有墮入惡道。由此看來，受持《金剛經》確實可以消除一個人無量劫以來所造的一切罪業，至少也可以把重的罪業轉為輕的罪業，輕的罪業轉為不受業報，善根強的人還可以證得佛果菩提。根據經教家說這三十二分經文，就叫做「受持《金剛經》」。這樣做真的會有效果嗎？有的人說：「《金剛經》本身就有靈驗。」如果經書本身真的有靈驗的話，你不妨也拿一本《金剛經》放在安靜的地方，然後看它是否真的會有靈驗。

法眼文益說：「證得佛的境界的人，才算得上是真正地受持《金剛經》。」《金剛經》中說：「一切諸佛都是從這部經中出來。」這部經該叫什麼？如果把它叫做「黃卷紅軸」可以嗎？千萬不要錯認定盤星。「金剛」這個語詞是用來譬喻法體堅固的意思，因為它堅固的緣故，所以萬物不能摧毀它，而它卻銳利無比，可以摧毀萬物。它指向高山，高山就要倒塌；它指向巨石，巨石就會開裂；它指向大海，大海就會枯竭。根據這個譬喻命名為「金剛」，法體堅固也像金剛這樣。

般若有三種：一、實相般若，二、觀照般若，三、文字般若。實相般若就是你們開悟以後所證得的大智大慧，它就在你們的腳跟之下，是佛祖與眾生的一大事因緣，其光輝照耀古今，徹底斷絕了智見，一絲不掛，一塵不著，這就是實相般若。觀照般若是指開悟以後，進入一種真境，從早到晚，放射光輝，震動大地，這是一種聞聲見物的智慧。文字般若就是要能解釋佛經文字。現在講經的人與聽經的人，你來評評看，他們說的、聽的是不是般若？從前的禪師說：「人人有一卷佛經。」又說：「手不拿經卷，常轉如是經。」如果《金剛經》本身就有靈驗，那就不僅僅限於把重的罪業轉為輕的罪業，把輕的罪業轉為不受業報而已，即使說他和證得佛果的人沒有差別，那是一點也不過分的。

不見龐居士曾聽講此經，問座主云：「俗人❶敢有小問，不知如何？」主云：「但請問。」士云：「無我相❷、無人相❸，教阿誰講阿誰聽？」主無語，乃云：「某甲只依文解義❹，不會此意。」居士乃有頌云：「無我亦無人，作麼有親疏？勸君休取相❺，不似直求真❻。金剛般若性❼，內外絕纖塵❽；我聞並信受❾，盡是假名❿陣。」此頌最好，分明一時說了也。

圭峰⓫科四句偈云：「凡所有相，皆是虛妄⓬。若見諸相⓭非相⓮，即見如來。」此四句偈⓯義，全同證佛地者，名持經。亦有四句偈：「若以色見我，以音聲求我，是人行邪道，不能見如來⓰。」非四句是四句。僧問晦堂⓱：「如何是四句偈？」堂云：「話墮也不知⓲。」

雪竇於經上指出：若有人持此經者，如佛現在。「此經」者乃諸人本地風光⓳、本來面目⓴。若據祖令當行，本地風光、本來面目皆斬為三段；三世諸佛、十二分教㉑，不消一捏。到者裡，設使萬種功能，都不能管得。如今人只管看經，不知是箇什麼道理？只管言我一日轉㉒多少經，只認黃卷赤軸，隨行㉓數字，不知全從自己本心上流出，者箇唯是轉處些子。

大珠和尚㉔云：「向空屋裡，堆一堆經，看他放光也無？」只是自家一念發底心，便是功德。何故？於一切法，萬法出自心源㉕，於一一念中是靈。既靈即通，既通即變。古人道：「青青翠竹，盡是真如；鬱鬱黃花，無非般若㉖。」你若見得徹去，即是真如。忽若未然，作麼生喚作真如？

如《華嚴經》云：「若人欲了知，三世一切佛，應觀法界㉗性，一切唯心造。」你若識得去，遇緣㉘逢境、為主為宗；若未能明得，且伏聽處分。雪竇出眼㉙頌大意，明經功驗。

【注釋】❶俗人　佛教指未出家的世俗之人，與出家人相對。❷我相　四相之一。謂眾生於五蘊法中，妄計我、我所為實有。❸人相　四相之一。謂眾生於五蘊法中，妄計我生於人道為人，而異於其餘諸道。❹依文解義　指僅依據經典、語錄等所述，以理解佛法義理的修學方法。即謂一般學者拘泥於文字、言句的表面意義，執著於為方便權巧所述之世間法理，未能深入經藏，更對出世間的真理妙諦作透徹的觀照、修證。故此類依經解義之徒必受文詞的束縛、障礙，難以了悟究竟解脫的最高境界。❺相　即形相或狀態之意；乃相對於性質、本體等而言者，即指諸法之形像狀態。❻不似直求真　意謂講經說法不如直悟本性。❼金剛般若性　謂自性上真般若。❽內外絕纖塵　謂自性本來清淨而無塵垢。❾信受　謂信受如來所說之法。❿假名　意指假他而得之名。略稱假。亦即立於眾緣和合而生之法上假施設之名詞。⓫圭峰　法名宗密（西元七八〇～八四一年），唐代僧人，果州（治今四川西充）人，俗姓何氏。號定慧禪師。元和五年，入澄觀座下，受持華嚴教學。後入終南山草堂寺，潛心修學。被尊為華嚴宗第五祖。⓬虛妄　虛假、非真實之意。這裡指如來佛的各種身相並非恆常寂靜、萬德圓滿的真如法身。⓭諸相　乃總稱一切差別的形相事物。相，指諸法的形相狀態，即認識中的表相和概念。⓮非相　謂擺脫世俗的「有相」認識所獲得的常住不變的真實相狀，即法性真如，這裡指佛的法身。⓯四句偈　指由四句所成之偈頌。佛書所載偈頌，由四句組成者，字數多少不拘。四句偈往往能涵蓋經論佛法之要義，故經中云，以四句偈教人，或持受某四句偈，皆有甚大功德。⓰若以色見我四句　謂如果有人以眼根可見的各種顏色、明暗、形象、動靜等（統稱為「色」）觀看如來佛；

以耳根可聞的各種音聲特性來追尋如來佛，那麼，這個人就是行於邪道，即偏離了佛所講的非實假有、離相無住的中道實理之理。這樣去認識如來佛是永遠也不能悟得如來的法身本性的。⑰晦堂　法名祖心（西元一〇二五～一一〇〇年），宋代禪僧。始興（今屬廣東境內）人，俗姓鄔氏，號晦堂。黃龍慧南的嗣法弟子。慧南示寂，遂繼黃龍法席。⑱話墮也不知　意謂執著四句偈。話墮，失言；失策。⑲本地風光　自己的心性本源。⑳本來面目　乃人人本具、不迷不悟的面目。即身心自然脫落而現前的人人本具的心性。㉑十二分教　指佛陀所說法，依其敘述形式與內容分為十二種類：㈠契經，又作長行。以散文直接記載佛陀的教說，即一般所說之經。㈡應頌，與契經相應，即以偈頌重複闡釋契經所說的教法，故亦稱重頌。㈢記別，又作授記。本為教義的解說，後來特指佛陀對眾弟子的未來所作的證言。㈣諷頌，又作孤起。全部皆以偈頌來記載佛陀的教說。與應頌不同者，應頌是重述長行文中之義，此則以頌文頌出教義，故稱孤起。㈤自說，佛陀未待他人問法，而自行開示教說。㈥因緣，記載佛說法教化的因緣，如諸經的序品。㈦譬喻，以譬喻宣說法義。㈧本事，載本生譚以外的佛陀與弟子前生的行誼。或開卷語有「佛如是說」之經亦屬此。㈨本生，載佛陀前生修行的種種大悲行。㈩方廣，宣說廣大深奧的教義。(十一)希法，又作未曾有法。載佛陀及諸弟子稀有之事。(十二)論議，載佛論議抉擇諸法體性，分別明瞭其義。㉒轉　誦讀佛經。㉓隨行　泛指跟隨，伴隨。㉔大珠和尚　法名慧海。唐代禪僧。建州（治今福建建甌）人，俗姓朱氏。生卒年不詳。馬祖道一的嗣法弟子。悟道之後，歸返越州闡揚禪旨。世稱「大珠和尚」。㉕心源　指心性，亦即真如。心為一切萬有之根源，故稱心源。㉖青青翠竹四句　意謂真如佛性處處存在，是除盡分別妄心、做到萬物一如後的境界。鬱鬱，茂盛貌。黃花，指菊花。㉗法界　指意識所緣對象的所有事物。為十八界之一。廣義泛指有為、無為的一切諸法，亦稱為法界。於華嚴宗，法界有如下三義：㈠生聖法之因，㈡諸法的真實體性，㈢諸法各持分齊，可區別相狀。亦即指真如或指一切諸法。㉘緣　塵緣的簡稱。謂心識所緣色、聲、香、味、觸、法六塵之境。㉙出眼　顯示法眼。

【語譯】 龐蘊居士在聽人講解《金剛經》的時候就問講經的座主：「俗人有個小問題，不知該問不該問？」座主說：「請你儘管發問吧！」龐居士問：「既然沒有我相，沒有人相，沒有你我之分時，那麼是誰在講經？又是誰在聽經呢？」座主回答不出來，只好說：「我只是根據經典來解釋其意義，並不明白你說的意思。」龐居士就說了一首頌：「無我亦無人，作麼有親疏？勸君休取相，不似直求真。金剛般若性，內外絕纖塵。我聞並信受，盡是假名陣。」這首頌說得很好，意思也都很清楚地表達出來了。

圭峰宗密科判四句偈說：「凡所有相，皆是虛幻。若見諸相非相，即見如來。」這四句偈和龐居士的那首偈意思是相同的，都是在強調證入佛地的人，才稱得上是真正地受持《金剛經》。又有四句非偈說：「若以色見我，以音聲求我，是人行邪道，不能見如來。」非四句偈是四句偈。有一位僧人問晦堂禪師：「什麼是四句偈？」晦堂禪師回答說：「這話問得太冒失了，你自己難道不知道嗎？」

雪竇重顯就這部《金剛經》指出：如果有人能真正受持這部《金剛經》，那就能當即見到佛祖釋迦牟尼。這部《金剛經》就是你們自己的心性本源，不迷不悟的面目。如果實行正宗本色的禪機施設，連自己的心性本源，不迷不悟的面目都得斬為三段，三世諸佛、十二分教也不值得一捏。達到了這個境地，即使這部《金剛經》有萬種功能也不管用，現在的人只顧看這部《金剛經》，卻不知道是個什麼道理？動不動就說我一天當中就看了多少部經，這種人只認得黃卷紅軸，隨著經典中的文字轉，不知道悟道的心得要完全從自己的本心之中流出來，這樣才是真正地在活用這部經典。

大珠和尚說：「在一間空屋子裡堆放一大堆經典，你看這些經典自己會放光嗎？」其實從自己一念之中所發的心才是功德。為什麼這樣說呢？因為世界上的萬事萬物都是出自心性，自己的每一心念都有靈驗。既有靈驗又有通達，既有通達又有變化。從前的禪師說：「青青的翠竹，都是真如實相；茂盛的菊花，無一不是般若智慧。」你只要見得透徹，萬事萬物通通都是真如。如果不這樣的話，到底該把什麼叫做真如呢？

《華嚴經》說：「若人欲了知，三世一切佛，應觀法界性，一切唯心造。」如果你懂得這個道理，不論遇上什麼樣的塵緣塵境，不但可以自己做主，而且還可以做眾人的首領；如果你還不明白，那就只好老老實實地聽別人的擺佈了。雪竇重顯作這首頌，挑明《金剛經》的玄旨，顯示受持《金剛經》的靈驗。

頌

明珠在掌❶，（上通霄漢❷，下澈❸黃泉❹，四邊訛疊，八面玲瓏❺。道什麼？）

有功者賞。（多少分明，隨他去也❻。忽若無功時，作麼生賞？）
胡漢不來，（內外絕消息❼，猶較些子。）
全無伎倆❽。（展轉沒交涉❾，向什麼處摸索❿？打破漆桶來相見。）
伎倆既無，（休去歇去⓫，誰恁麼道⓬？）
波旬失途⓭。（勘破了也！者外道王，尋瑕覓迹。）
瞿曇⓮！瞿曇！（佛眼⓯覷不見。）
識我也無？（咄！）
復云：「勘破了也。」（一棒一條痕⓰，已在言前。）

【注釋】❶明珠在掌　意謂人人都擁有佛性，且能自在活用。明珠，透明的寶石，這裡喻指佛性。❷霄漢　天河。亦借指天空。❸澈　穿透；透徹。❹黃泉　地下的泉水。喻指人死後埋葬的地方；陰間。❺四邊訖疊二句　謂明珠上天入地，光耀四面八方。❻隨他去也　意謂對「有功者賞」不說是非，隨雪竇重顯之意。❼內外絕消息　意謂無內可照之主，無外可映之緣。❽全無伎倆　意謂此境界非言說所及，得自證自悟。❾展轉沒交涉　意謂如同「胡漢不來」處無法窺測一樣，這「全無伎倆」處也無法窺測。展轉，即順次連續之意。❿向什麼處摸索　意謂這「全無伎倆」處無古無今，無佛無法。⓫休去歇去　喻指無伎倆的境界。⓬誰恁麼道　意謂既然無伎倆，也就無人能夠「恁麼道」。⓭波旬失途　意謂既無伎倆，故無途窺測。波旬，指斷除人的生命與善根的惡魔。為釋迦牟尼在世時的魔王名。波旬即欲界第六天之主，魔名為「自在天王」。此魔王常跟隨佛及諸弟子，企圖擾亂之；而違逆佛與撓亂僧之罪，乃諸罪中之最大者，故此魔又名「極惡」。⓮瞿曇　為印度剎帝利種中的一姓，瞿曇仙人的苗裔，即釋尊所屬本姓。亦作佛的代稱。⓯佛眼　指諸佛照破諸法實相，而慈心觀眾生之眼。是五眼之一。謂諸佛具有肉、天、慧、法四眼之用，乃至無事不見、無事不知、無事不聞，聞見互用，無所思惟，一切皆見。⑯一棒一條痕　喻指這勘破透徹。

【語　譯】雪竇重顯頌古：明珠在掌，（這明珠上通雲天，下透黃泉，四邊訛疊，八面玲瓏。說什麼？）有功者賞。（有功者賞賜得非常分明，隨他去吧。如果無功之時，怎麼賞賜？）胡漢不來，（內外斷絕消息，還差一點。）全無伎倆。（輾轉沒關係，到什麼地方去摸索？打破像漆桶一樣的無明厚重，再來相見。）伎倆既無，（休去歇去，誰這樣說？）波旬失途。（看穿了！這外道王前來尋找「全無伎倆」的蹤跡。）瞿曇！瞿曇！（佛眼看不見。）識我也無？（咄！）又說：「看穿了。」（一棒打下去就是一道傷痕，這看穿處在言句出現之前。）

評唱

云：「明珠在掌，有功者賞。」若有人持此經，有功驗者，則以珠賞之。他得此珠，自然會用。胡來胡現、漢來漢現；萬象森羅，縱橫顯現❶，此是有功勳❷。法眼云：「證佛地者，名為持經。」此兩句頌公案了也。

「胡漢不來，全無伎倆。」雪竇裂轉鼻孔，也有胡漢來則教你現；若胡漢俱不來時，又且如何？到者裡，佛眼也覷不見。且道，是功勳、是罪業？是胡是漢？直似羚羊挂角，莫道聲響蹤跡，氣息也無，向什麼處摸索？假使諸天❸捧花無路，外道潛窺無門，洞山土地神❹，亦乃窺之不得。

雪竇道：「伎倆既無，到者裡無伎倆處，波旬也教失途。」世尊以一切眾生為子，若有一人發心❺修業，波旬宮殿摧裂❻。他作魔事❼來相惱亂❽。雪竇道：「直饒波旬恁麼來，也須教他失途。」雪竇點胸云：「瞿曇！瞿曇！識我也無？」莫道是波旬，任是佛來，還識我也無？釋迦老子尚自不見，汝等諸人向什麼處摸索？復云：「勘破了也。」且道，瞿曇勘破雪竇、雪竇勘破瞿曇？試定當❾看！

【注釋】❶縱橫顯現　意謂逢大現大，逢小現小。縱橫，肆意橫行，無所顧忌。顯現，顯露；呈現。❷功勳　這裡指得明珠而使其現萬物。❸諸天　欲界有六天（六欲天），色界的四禪有十八天，無色界的四處有四天，其他尚有日天、月天、韋馱天等諸天神，總稱為諸天。❹洞山土地神　洞山良价住持僧院期間，不令土地神窺知其蹤跡。一日他見僧人拋散米粒，念頭一動：「怎麼可以這樣輕易糟蹋糧食？」土地神就在這一剎那瞧見了洞山良价，便向洞山良价禮拜。❺發心　謂發願求無上菩提之心。亦泛指許下向善的心願。❻摧裂　崩裂。❼魔事　障礙之事。即障礙修行、偏離正道的思想行為。❽惱亂　煩憂；打擾。❾定當　辨別；判明。當，詞綴。

【語譯】圜悟克勤評唱：雪竇重顯說：「明珠在掌，有功者賞。」這句話的意思是說，如果有人受持這部《金剛經》且有靈驗的話，就用這顆明珠獎賞他。他得到了這顆明珠，自然會玩弄。胡人來了就會出現胡人，漢人來了就會出現漢人，世界上的一切事物和現象，都會隨意顯現，這就是有功勳。法眼文益說：「證入佛的境地的人，才可以算得上是真正地受持《金剛經》。」上面兩句把這則公案的意思都頌出來了。

「胡漢不來，全無伎倆。」雪竇重顯扭轉鼻孔，換了一層意思說：當胡人、漢人前來的時候，就讓明珠顯現；可是當胡人、漢人都不來的時候，那到底是顯現還是不顯現呢？到這伎倆全無之處，即使連佛的慧眼也看不出來。你來說說看，這是功德呢？還是罪業？是胡人呢？還是漢人？簡直就像羚羊掛角一樣，不要說什麼聲音、蹤跡，就是連呼吸的氣息都沒有，到什麼地方去摸索呢？即使各位天神捧著香花前來讚歎，也找不著道路；外道想暗中窺視，也摸不著門徑；洞山的土地神也無法窺視。

雪竇重顯接著又說：「伎倆既無，到了這『無伎倆』的地步，波旬也找不到你了。」佛祖把所有的眾生都看作是佛子，如果有一個人下定決心修行，波旬的魔宮就會受到震動而倒塌，他只有作魔事來干擾下決心修行的人。雪竇重顯說：「即使波旬前來搗亂，也要讓他找不到門路。」最後雪竇重顯非常自負地說：「瞿曇！瞿曇！識我也無？」這句話的意思是說，不要說波旬，即使是佛祖來了，他還能知道我嗎？釋迦牟尼老漢尚且看不見，你們各位到什麼地方去摸索呢？雪竇重顯又說：「看穿了！」你來說說看，究竟是佛祖看穿了雪竇重顯？還是雪竇重顯看穿了佛祖？請仔細地看看清楚！

【說　明】圜悟克勤評唱這則公案說道：「如今人只管看經，不知是箇什麼道理？只管言我一日轉多少經，只認黃卷赤軸，隨行數字，不知全從自己本心上流出，者箇唯是轉處些子。大珠和尚云：『向空屋裡，堆一堆經，看他放光也無？』只是自家一念發底心，便是功德。」意謂經典本身沒有功德，如果不能以心去受持，那麼文字只是文字。圜悟克勤批評那些只記憶經典、計算一天讀多少字的人，亦反對經教家將此三十二分經文喚作「持經」。對圜悟克勤而言，「持經」與「功德」，都是自己本來清淨的自性，文字本身沒有任何功德，參禪必須要親自實踐，用生命去體驗，才有大徹大悟的可能。

雪竇重顯頌古的一、二句以明珠照映的對象喻指獎善罰惡的經典教義，三、四句以明珠失去照映的對象喻指去除了一切分別妄念之後超越了經典教義的說教，進入了大徹大悟的禪境。後四句進一步闡述此意，以「波旬失途」乃至佛祖也不「識」喻指大徹大悟的禪境不可靠近。

第九八則　天平行腳

【題解】這則公案的核心在於西院思明的「錯」與天平從漪的「錯」有著境界上的差異，顯示出禪法有深淺。從這個意義上講，《碧巖集》不愧為古今一大「探試禪法深淺」的奇書。

示眾

一夏嘮嘮❶打葛藤，洎乎笑倒五湖僧❷；金剛寶劍當頭擲❸，始覺從來百不能❹。且道，作麼生是「金剛王寶劍」？眨上眉毛❺，試露鋒鋩，看。

舉

天平漪和尚❻行腳時參西院❼，常云：「莫道會佛法，覓箇舉話❽人也無！」

（漏逗不少❾。是則是，爭奈靈龜曳尾❿？）

一日西院遙見，召云：「從漪！」（鐃鉤搭索⓫。）

平舉頭，（著！兩重公案。）

西院云：「錯。」（也須爐裡鍛過始得，劈腹剜心⓬。三要印開朱點窄，未容擬議主賓分⓭。）

平行三兩步，（正見半前落後⑭，者漢泥裡洗土塊。）

西院又云：「錯！」（喚作兩重公案，殊不知水入水、金博金⑮。）

平近前。（依舊不知落處。展轉沒交涉去！）

西院云：「適來這兩錯，是西院錯？上座錯？」（前箭猶輕後箭深。）

平云：「從漪錯。」（錯認驢鞍橋，喚作爺下頷⑯，似恁麼衲僧，打殺千箇萬箇，有什麼罪？）

西院云：「錯。」（雪上加霜。）

平休去，（錯認定盤星⑰，果然不知落處。軒知鼻在別人手裡？）

西院云：「且在這裡過夏，待共上座商量這兩錯。」（西院尋常脊梁硬如生鐵，何不直下打出去？）

平當時便行。（也似箇衲僧，似則似，是則不是⑱。）

後住院，謂眾云：（貧兒思舊債⑲，點過。）

「我當初行腳時，被業風⑳吹到思明長老㉑處。連下兩錯，更留我過夏，待共我商量。我不道恁麼時錯，發足㉒向南方去時，早知道錯了也。」（爭奈者兩錯，轉見郎當。千錯萬錯，爭奈沒交涉？）

【注釋】❶嘮嘮　形容言語絮叨。❷洎乎笑倒五湖僧　意謂文字語言迷惑真修之人。五湖，泛指全國各地。❸金剛寶劍當頭擲　意謂真智現前，截斷文字語言。❹始覺從來百不能　意謂一用智慧之劍，才知道以前從語句上尋覓禪法是錯誤的。❺眨上眉毛　禪家勸人振作精神迅速領會禪機的習語。❻天平漪和尚　法名從漪。五代禪僧。生卒年不詳，清溪洪進的嗣法弟子，住相州（治今河南彰德）天平山。❼西院　法名思明。五代禪僧。生卒年不詳。寶壽沼禪師的嗣法弟子，住汝州（治今河南臨汝）西院寺。❽舉話　舉示話頭公案。❾漏逗不少　意謂天平從漪逐末不知本。❿是則是二句　意謂天平從漪的話擊中時弊，但未截斷根源，如同泥中之龜。⓫鐃鉤搭索　鐃鉤和搭索均係鉤物的器具，喻指間接迂迴而非直截了當。⓬劈腹剜心　喻指從根源上說過來。⓭三要印開朱點窄二句　臨濟三句中的第一句，指言語以前的真實意味。三要，指真佛。印開，即開顯佛心印。三要印開，指一念開悟，真佛具現，以至成佛。朱點，紅點。主，指禪師。賓，指參禪者。⓮半前落後　意謂一步進，一步退，不能截斷兩頭。⓯水入水金搏金　喻指同出一轍。⓰錯認驢鞍橋二句　愚癡之子尋找戰死異地的父親的骨骸時，錯認驢骨的部分殘片為其父親的下頷骨，並小心謹慎地帶回家。這一故事，後引申為罵人愚笨、不辨真假之語，故禪林中常用來比喻愚昧、不辨真假法義的情形。驢鞍橋指驢骨中形狀酷似馬鞍之骨。鞍橋，即指馬鞍；其形狀頗似橋，故有此稱。⓱錯認定盤星　意謂天平從漪自始至終不知道西院思明的用意，只在死水裡作活計。⓲似則似二句　魚目混珠之意。⓳貧兒思舊債　喻指天平從漪一直不忘西院思明的一番苦心。⓴業風　以風比喻業力，謂眾生因善惡業力而飄流生死海中，猶如風吹枯葉或風吹船舶。㉑長老　住持僧的尊稱。㉒發足　起程；出發。

【語　譯】圜悟克勤開示：一個夏天都在嘮嘮叨叨地說禪法，幾乎要笑倒全國各地的僧人；金剛王寶劍當頭劈斬，才發現從前一事無成。你來說說看，什麼是「金剛王寶劍」？豎起眉毛，請露出鋒芒來看看。

舉說公案：天平從漪和尚四處行腳，一天，前來參訪西院思明。天平從漪時常自負地說：「不要說找一個懂佛法的人，就是想找一個會舉說公案的人也很難！」（這話有不少疏漏。說得對倒是對，怎奈像神龜拖著一條尾巴。）有一天，西院思明老遠就看見了天平從漪，喊道：「從漪！」（東拉西扯。）天平從漪剛一抬頭，（果然喊著了，兩重公案。）西院思明說：「錯。」（也得經過千錘百煉才能知道錯在哪裡，這話就像剖腹挖心一樣。三要印開朱點窄，未容擬議主賓分。）天平從漪向前走了兩三步，（正見半前落後，這傢伙像在泥水裡洗土塊一樣不灑脫。）西院思明又說：「錯。」（這也叫做兩重公案，竟然不知道水入水、金搏金。）天平從漪走到西院思明面前。(天平從漪仍舊不知道錯在什麼地方?先後兩次錯過禪機。) 西院思明問:「剛才我說了兩回『錯』,到底是我錯了呢?還是你錯了呢?」(前面射出去的箭程度輕,後面射出去的箭程度深。) 天平從漪回答說:「是我從漪錯了。」(錯把驢骨當作先父的下巴骨,像這樣的禪宗僧人,即使打死一千個、一萬個,也沒有什麼罪過?) 西院思明說:「錯。」(這真是雪上加霜。) 天平從漪便沉默不言。(錯認定盤星,果然不知道西院思明的用意。早就料到他的鼻子掌握在西院思明的手裡。) 西院思明又說:「你還是在這裡過夏安居吧,等我有機會和你一起討論這兩個錯。」(西院思明平常的脊梁骨像生鐵一樣堅硬,當時為什麼不直接把天平從漪打出去?) 天平從漪當時並沒有留下,而是離開了西院思明。(這舉止也像個禪宗僧人的樣子,像倒是有點像,說到底還不是禪宗僧人的手段。)

後來天平從漪擔任寺院的住持之後,對僧眾說:(貧兒思舊債,得反省那兩個錯才行。)「我當初行腳參訪的時候,被業風吹到西院思明長老那裡,他接連說了兩個錯,還要留我在那裡過夏安居,準備找個機會和我討論那兩個錯。我當時沒有說我錯了,其實當我啟程要往南方行腳的時候,就已經知道我錯了。」(自知早就錯了暫且不說,對西院思明說的這兩個錯該怎麼辦?這樣說顯得更加囉嗦。即使說自己有千錯萬錯,但和西院思明說的這兩個錯沒有關係?)

評唱

天平從漪和尚,行腳參見西院。思明先參大覺❶,承嗣前寶壽❷。一日問:「踏破化城❸來時,如何?」壽云:「利劍❹不斬死漢。」明云:「斬。」壽便打。凡十四回道:「斬。」壽十四回打云:「者漢著甚死急!將箇死屍抵他痛棒。」

遂喝出。會下有一僧，問寶壽云：「適來問話僧，甚不可得，和尚方便接他！」壽亦打，趕出者僧。且道，寶壽亦趕出者僧，為復他來說是說非，且道，意作麼生？後來出世，俱承嗣寶壽。

天平曾參進山主❺來。他在諸方，參得些子蘿蔔頭禪❻在肚皮裡，到處輕薄❼，亂開大口道：「我會禪會道！」尋常云：「莫道會佛法，覓箇舉話人也無！」屎臭氣薰人❽，只管輕薄。

你且道，諸佛未出世，祖師未西來，未有問答公案已前，還有禪道麼？古人事不獲已，對機垂示，後來人喚作公案因緣。世尊拈花，迦葉微笑，後阿難倒剎竿話❾，只如未拈花、阿難未問已前，甚處得公案來？只管被諸方蘿蔔印子，一一印定了，便道：「我會禪道、佛法奇特，莫教人知。」

天平被西院叫來，連下兩錯，直得周章❿惶怖⓫，分疏不下；前不搆村⓬，後不搆店⓭。有者道：「說箇西來意，早錯了也。」殊不知西院者兩錯落處，諸人且道，在什麼處？所以道：「他參活句，不參死句。」天平舉頭，便是落二落三了也。西院云：「錯！」他卻不薦自執，道「我肚皮裡有禪，莫管他。」又行三兩步，西院又云：「錯！」依舊黑漫漫地。天平近前，西院云：「適來者兩錯，是西院錯？上座錯？」平云：「從漪錯。」且喜勿交涉，已是第七第八了也。西院云：「且在這裡過夏，待共上座商量這兩錯。」平當時便行。似則似，是則未是。也不道他不是，只是跳不上。雖然如是，卻有些子衲僧氣息。

後住院，謂眾云：「我當初行腳時，被業風吹到思明長老處，連下兩錯，更留我過夏，待共我商量。我不道恁麼時錯，發足向南方去時，早知道錯了也。」者漢也煞道，只是落七落八，料掉勿交涉⑭。如今人聞道：「發足南方去，早知道錯了也」，便去卜度道：「未行腳時，幸自⑮無許多佛法禪道；及至行腳，後卻被諸方熱瞞⑯。不可未行腳時，喚地作天、喚天作地，見地不可喚作天、見山不可喚作水，幸自無一星事。」若恁麼，只是流俗⑰見解，何不買一片帽子戴？大家過時，更須圓頂方袍⑱，有什麼用處？佛法不是者箇道理。若論此事，豈有許多葛藤？你若道：「我會他不會。」擔一檐⑲禪，遶天下走，被明眼人勘著，一點也用不著。雪竇極頌得妙。

【注　釋】❶大覺　唐代禪僧。臨濟義玄的嗣法弟子，住魏府（治今河北大名）。❷前寶壽　即寶壽沼禪師，唐代禪僧，臨濟義玄的嗣法弟子，住鎮州（治今河北正定）寶壽寺。❸踏破化城　意謂出過方便門。化城，指變化的城邑，比喻二乘之涅槃。《法華經》卷〈三化城喻品〉載，有眾人將過五百由旬險難惡道以達寶處，疲極欲返，其導師為振奮眾人，以方便力，在道中過三百由旬處化作一城，使他們得以休息，終能向寶處前進。即借化城比喻二乘所得之涅槃非為真實，而是佛祖為使他們到達大乘至極佛果的方便假說。❹利劍　喻指智慧，謂智慧能斷除一切煩惱魔障。❺進山主　即清溪洪進，羅漢桂琛的嗣法弟子，住襄州（治今湖北襄樊）清溪山。山主，即一山之主，乃一寺住持的尊稱。寺院原多建於山林之間，寺稱山號，故住持稱山主。❻蘿蔔頭禪　意謂參禪有些小心得。❼輕薄　輕佻浮薄。❽屎臭氣薰人　喻指不害臊。❾阿難倒剎竿話　禪宗公案名。為摩訶迦葉與阿難之間的嗣法因緣。阿難問迦葉：「世尊傳金襴袈裟外，別傳何物？」迦葉喊道：「阿難！」阿難應諾，迦葉說：「放倒門前剎竿！」門前剎竿，係標示寺塔所在之物，亦即表示弘法之所，故迦葉謂「放倒門前剎竿」即意味停止弘法。阿難一生隨侍世尊聽聞說法，一毫不漏，然卻未能領會學佛乃學自己的本來面目，此外更無一物可得。故阿難問以「別傳何物」時，迦葉乃以「放倒門前剎竿」一語令其省悟。❿周章　驚恐；遑遽。⓫惶怖　恐懼。⓬前不搆村　喻指天平從漪不能呈送自己的見解。⓭後不搆店　喻指天平從漪不知道西院思明的用意。⓮料掉勿交涉　禪家習語，意謂根本不契合禪法。⓯幸自　本自；原來。⓰熱瞞　著實地矇騙；欺謾。⓱流俗　平庸粗俗。⓲方袍　僧人所穿的袈裟。因平攤為方形，故稱。又借指僧人。⓳檜　量詞。

【語　譯】圜悟克勤評唱：天平從漪和尚四處行腳，前來參訪西院思明。西院思明原先在魏府大覺那裡參學，後來成為寶壽沼禪師的嗣法弟子。有一天，他問寶壽沼禪師：「踏破了化城的時候會怎麼樣？」寶壽沼禪師回答說：「鋒利的寶劍不斷死了的人。」西院思明說：「斬。」寶壽沼禪師就把他打出去。西院思明說了十四次「斬」，寶壽沼禪師也就打了他十四次，並說：「這傢伙死到臨頭了，拿個死屍來抵擋痛棒。」打過之後又把他喝出去。寶壽沼禪師門下有一位僧人，問寶壽沼禪師：「剛才問話的那位僧人，是個很難得的人才，師父可用方便法門接引他。」寶壽沼禪師也把他打了一頓之後，趕了出去。你來說說看，寶壽沼禪師之所以連這位僧人也趕了出去，就是因為他來說是說非。你來說說看，寶壽沼禪師的用意是什麼呢？後來這位僧人和西院思明出世說法，都繼承了寶壽沼禪師的衣缽。

天平從漪曾經在清溪洪進山主那裡參學過，後來又參訪過各地的許多禪師，肚子裡參到了一些蘿蔔頭禪，便到處誇耀，吹牛說大話，說：「我會禪法，我懂佛道。」他常常說：「不要說要找一個懂佛法的人，就是想找一個能夠舉說公案的人也很難。」天平從漪那一副惹人討厭的臭架子就像屎臭氣熏人，真叫人受不了，他只管用這種狂妄的態度和別人談禪論道。

你來說說看，如果按照天平從漪的說法，那麼在諸佛未出世之前，在達摩祖師沒來中國之前，在沒有問答、沒有公案之前，人世間還有禪法嗎？從前的禪師迫不得已，為了應對禪機而用言句開示，後人稱之為公案因緣。從前佛祖在靈山法會上拿著一枝花，迦葉看見之後發出會心的微笑，此後迦葉又對阿難說放倒門前剎竿的話頭，這些就是最早的禪門公案。至於在佛祖手裡沒有拿花、阿難沒問迦葉之前，哪裡有什麼公案呢？有些參禪者一旦被各地禪師的「蘿蔔禪印子」印定了，就會沾沾自喜地說：「我明白禪法了，佛法奇特，不要讓別人知道。」

天平從漪被西院思明叫過來，又被西院思明接連說了兩個錯，弄得他誠惶誠恐，分不清條理；就像向前走看不見村莊，往後退找不著客店。有的人說：「說一個祖師西來意就已經錯了。」竟然不知道西院思明說這兩個錯的用意，你們各位來說說看，西院思明說這兩個錯的用意在什麼地方？所以說：「西院思明參活句，不參死句。」當天平從漪剛一抬頭的時候，就已經落在第二機、第三機了。西院思明又說：「錯！」天平從漪卻無法認識到自己的執著之處，只是在想「我有一肚子的禪，不必理他。」他又向前走了兩三步，西院思明又說：「錯！」天平從漪仍舊像一個黑漫漫的漆桶。當他走到西院思明面前，西院思明又問：「剛才我說了兩個錯，到底是我西院思明錯了呢？還是您錯了？」天平從漪回答說：「是我從漪錯了。」他這樣回答根本就沒有摸到邊，更是落在第七機、第八機了。西院思明說：「你還是在這裡過夏安居吧，等我有機會和您一起討論這兩個錯。」天平從漪當時並沒有留下，而是離開了西院思明。這舉止也像個禪宗僧人的樣子，像倒是有點像，如果要說他對的話，卻未必見得對。不過我這樣講，並不是說他不對，只是說他跟不上西院思明的禪機。儘管這樣，他還算得上有幾分禪宗僧人的氣概。

後來天平從漪擔任寺院的住持之後，對僧眾說：「我當初行腳參訪的時候，被業風吹到西院思明長老那裡，他接連說了兩個錯，還要留我在那裡過夏安居，準備找個機會和我討論那兩個錯。我當時沒有說我錯了，其實當我啟程要往南方行腳的時候，就已經知道我錯了。」這傢伙也真會東拉西扯，只是他這樣說，早已經落在第七機、第八機了，和禪法一點關係也沒有。現在有人聽他說：「當我啟程要往南方行腳的時候，就已經知道我錯了。」就在這句話上面猜測說：「當天平從漪還沒有行腳參訪的時候，本來就沒有那麼多的佛法禪道；等到他行腳參訪的時候，卻被各地的禪師蒙混過去了。不可在還沒行腳的時候，把地叫做天，把天叫做地，看見大地不可把它叫做是藍天，看見高山不可把它叫做是江水，本來就沒有一點事。」如果這樣理解的話，也只是一種庸俗的見解，何不買一頂帽子戴在頭上，和別人一道行腳看看，穿上這身圓頂方袍，做個僧人，有什麼用處？佛法不是這個道理。如果要說參禪問道這事，難道用很多言句就能說得清楚嗎？你如果說：「我會他不會。」挑著一擔禪，走遍天下去參訪禪師，被法眼明亮的人看穿了，那就一點也派不上用場。雪竇重顯針對這一點，頌得最妙。

頌

禪家流❶，（漆桶！一狀領過。）
愛輕薄，（也有些子，呵佛罵祖❷。）
滿肚參來用不著。（只宜有用處，方木不逗圓孔❸，闍黎與他同參。）
堪悲堪笑天平老❹，（天下衲僧跳不出，不怕傍人攢眉❺，也得人鈍悶❻。）
卻謂當初悔行腳。（未行腳已前錯了也。踏破草鞋，堪作何用？）
錯！錯！（是什麼？雪竇已錯下名言❼，摸索不著。）

西院清風頓銷鑠❽。（西院在什麼處？何似生？莫道西院，三世諸佛、天下老和尚，亦須倒退三千里始得。於此會得，許你天下橫行❾。）

復云：「忽有箇衲僧出云：錯。（一狀領過，猶較些子❿。）雪竇錯，何似天平錯？」（西院又出世⓫，據款結案，總沒交涉。且畢竟如何？錯。）

【注　釋】❶禪家流　對禪宗僧人的泛稱。❷呵佛罵祖　禪家認為所謂佛聖祖師，一旦說出口，或存念於心，便是對清淨佛性的污染，同時禪宗重視自我，強調自心是佛，不承認外在的權威，蔑視佛聖祖師，因而常常呵斥、責罵佛祖。❸方木不逗圓孔　喻指用不著故成差異。❹堪悲堪笑天平老　嘲笑天平從漪不知道西院思明說兩個錯的用意。堪悲，可悲。堪笑，可笑。❺攢眉　皺起眉頭。不快或痛苦的神態。❻鈍悶　無情無緒貌。❼名言　指名字、名目與言句、言說。❽西院清風頓銷鑠　意謂如有人能明白這兩錯，西院思明的機鋒便頓然消失。銷鑠，消逝。❾天下橫行　形容悟道者隨處作主、不受人瞞、運用無礙的氣勢。❿猶較些子　謂這位僧人雖然也說錯，但還欠火候。⓫西院又出世　意謂雪竇重顯這種辛辣的禪機，與西院思明就像是一個模子裡鑄出來一樣。

【語　譯】雪竇重顯頌古：禪家流，（一個漆桶！一張狀子記錄在案。）愛輕薄，（也有點兒，呵斥佛祖罵祖師。）堪滿肚參來用不著。（參禪就應該有用武之地，方形木塊無法嵌入圓形孔洞，雪竇重顯和天平從漪是同參。）堪悲堪笑天平老，（天下的禪宗僧人跳不出這圈套，不怕別人皺眉頭，被人弄得悶悶不樂。）卻謂當初悔行腳。（還沒行腳之前就已經錯了。光磨破草鞋，又有什麼用？）錯！錯！（這是什麼？雪竇重顯已經錯下言句了，摸索不著。）西院清風頓銷鑠。（西院思明到什麼地方去了？像個什麼東西？不要說西院思明，就是三世諸佛、天下的老和尚，也應該倒退三千里才行。明白了這一點，你就可以橫行天下無敵手了。）

雪竇重顯又說：「如果有一位禪宗僧人突然走出來說：『錯。』（一張狀子記錄在案，功夫還未到家。）我雪竇重顯的錯，又怎麼比得上天平從漪的錯？」（西院思明又出世了，根據天平從漪的口供結案，都沒關係。到底是怎麼回事？錯。）

評唱

云：「禪家流，愛輕薄，滿肚參來用不著。」者漢會則會，只是用不著❶。尋常道：他會得多少禪？及至烘爐裡烹，元來一點也無❷！五祖道：「有般人參禪，如琉璃瓶裡擣餈糕❸，抖擻❹不出，打即便破。若要活潑潑地，但參皮袋裡禪❺，自然撲不破。」古人道：「設使言前薦得，猶是滯殼迷蹤❻。」

「堪悲堪笑天平老，卻謂當初悔行腳。」雪竇道，堪悲他對人說不出，堪笑他會一肚皮禪，更使不著。「錯！錯！」者兩錯也，有人道：「天平不會是錯。」又道：「無語是錯。」有什麼交涉？殊不知，這「錯！錯！」如擊石火、似閃電光，是他向上人行履處。如仗劍斬人，直取咽喉命根方斷❼。若向此劍刃❽上行得，便可七縱八橫。你若會者兩錯，可以見「西院清風頓銷鑠」。雪竇於法堂上，舉此話了，意道：錯，我且問你：雪竇錯，何似天平錯？且參三十年！

【注　釋】❶者漢會則會二句　意謂天平從漪的禪機偏枯。❷及至烘爐裡烹二句　喻指在禪師面前一較量機鋒，就敗下陣來。烘爐，火爐。烹，冶煉。❸餈糕　用糯米煮飯搗爛或用糯米粉製成的糕。❹抖擻　以手舉物而振拂。❺皮袋裡禪　指任運自在的禪機。皮袋，比喻不破，這裡有強固之意。❻滯殼迷蹤　意謂癡迷愚鈍，不開竅。❼直取咽喉命根方斷　喻指截斷根源，一法也不立。❽劍刃　喻指能截斷一切的智慧。

【語　譯】圜悟克勤評唱：雪竇重顯說：「禪家流，愛輕薄，滿肚參來用不著。」這句頌詞的意思是說，天平從漪這傢伙對禪法說懂倒是有點懂了，只是在較量機鋒時還用不上。天平從漪平時曾自負地說他懂得多少禪，等到送進大火爐裡一燒，卻一點也不能派上用場。五祖法演說：「有一種人參禪就如同在玻璃瓶裡搗餈糕一樣，無法上下抖動，稍微用力擊打就破了。如果想要活潑潑地靈活運用，就得參皮袋裡的禪，無論如何用力也打不破。」從前的禪師也說：「即使是由於聽了別人的話而認識禪法，也還是沒有徹悟禪法。」

「堪悲堪笑天平老，卻謂當初悔行腳。」雪竇重顯的意思是說，可悲的是天平從漪在西院思明面前說不出禪機來，可笑的是他有著一肚子的禪，卻一點也派不上用場。「錯！錯！」對於這兩個錯，有的人說：「天平從漪不懂西院思明的意思，這就是錯。」又有人說：「無言回答是錯。」這些說法一點也沒有摸到邊。他們竟然不知道這兩個錯就如同擊石火、閃電光一樣，這是進入大徹大悟境界中的人，才能具有這樣的言行。好像手持利劍要殺人的時候，必須看準對方的咽喉，才能截斷他的命根。如果能靈活地揮舞這把利劍，就能夠七縱八橫，自由自在。你如果懂得這兩個錯，就可以看出「西院清風銷鑠處」。雪竇重顯在法堂上舉說完了這段話頭，說道：錯，我來問問你：我雪竇重顯的錯，又怎麼比得上天平從漪的錯？我看你們還得再參三十年。

【說　明】雪竇重顯頌道：「禪家流，愛輕薄，滿肚參來用不著。」意謂天平從漪狂妄自負，自以為懂得很多禪法，誰知在西院思明的禪機面前卻不堪一擊。「堪悲堪笑天平老，卻謂當初悔行腳。」意謂天平從漪在西院思明處受到了挫折，不僅沒有覺悟，反而後悔當初不該行腳。雪竇重顯接著又連下了兩個「錯」字，其禪機稍縱即逝，如果對此能迅疾悟入，就能理解「西院清風頓銷鑠」。

第九九則　肅宗十身

【題解】佛德分為十種，所以有十佛身之說，調御身是十佛身之一，所以唐肅宗的問題簡單一點來說就是「佛是什麼？」唐肅宗以為：一旦自己有了見性的體驗，自己儼然就是一尊佛了。其實不是這樣。南陽慧忠國師告誡唐肅宗不要囿於一悟之念中。要做到這點，就必須拋棄一己之念，大膽地在法身佛的頭頂上行走，超越佛性，到達「佛之上」的境界。悟到這裡，才能明白佛是什麼。

舉

肅宗帝問忠國師：「如何是十身調御❶？」（作家君王，大唐天子，合知恁麼頭上捲輪冠❷，腳跟下無憂履❸。）

師云：「檀越❹踏毗盧頂上行❺。」（須彌南畔，把手共行，猶有者箇❻在。）

帝云：「寡人❼不會。」（何不領話？可惜許。好彩不分付❽，帝當時好與一喝，更用會作什麼？）

師云：「莫認自己清淨法身❾。」（雖是葛藤，卻有出身之處。醉後郎當❿。）

【注釋】❶十身調御　佛德分為十種，所以有十佛身之說，調御身是十佛身之一。❷捲輪冠　猶言寶冠。帝王所戴冠冕的美稱。❸無憂履　古時帝王所穿的鞋子。❹檀越　梵語音譯，即施與僧眾衣食，或出資舉行法會等佈施行為的信眾。這裡指唐肅宗。❺踏毗盧頂上行　謂法身必須踏過而行。毗盧，為佛的報身或法身。毗盧佛修習無量劫海的功德，乃成正覺，住蓮華藏世界（佛報身的淨土），放大光明，照遍十方，毛孔現出化身之雲，演出無邊之契經海。❻者箇　謂踏過而行。❼寡人　古代君主的謙稱。❽好彩不分付　稱讚南陽慧忠國師示向上機而不加解釋。好彩，幸好。❾清淨法身　形容佛身清淨，無諸染垢。❿醉後郎當　嘲諷南陽慧忠國師說破。

【語　譯】 舉說公案：唐肅宗問南陽慧忠國師：「什麼是十身調御佛？」（擅長參禪的帝王，大唐王朝的皇上，也應該知道這些，頭上戴捲輪冠，腳跟下穿無憂履。）南陽慧忠國師說：「請施主踩在毗盧佛的頭頂上行走。」（須彌山南畔，南陽慧忠國師和唐肅宗手拉著手一道走，還有這個心念在。）唐肅宗說：「我不明白你的意思。」（為什麼不承受禪機？太可惜了。南陽慧忠國師語意超格，唐肅宗當時就應該大喝一聲，還用會不會來回答做什麼？）南陽慧忠國師說：「你不要只認得自己的清淨法身。」（雖然是言句，卻有出身要路。酒醉之後的胡言亂語。）

評唱

帝在東宮❶時，參忠國師。後來即位，愈加敬之，出入迎送，親自捧車輦❷，群臣不悅。師神心通鑒，遂奏之：「我在天帝釋前，見粟散天子，如閃電相似。」帝問：「如何是十身調御？」師云：「檀越踏毗盧頂上行。」

國師生來一條脊梁骨硬如鐵❸。及至帝王前，似爛泥相似❹。雖然答得廉纖，卻有箇好處❺。若要會，檀越須是「踏毗盧頂上行」始得。他卻不薦，卻云：「不會。」國師後面忒煞郎當落草，為他注腳一句云：「莫認自己清淨法身。」者箇法身，人人具足，箇箇圓成❻。看他一放一收❼，八面玲瓏。

不見道：「善為人師者，應機設教，看風使帆。若僻守一隅，豈能回互❽？」如黃檗接臨濟，三頓痛棒；及至為裴相，則葛藤太甚，此豈不是善為人師？忠國師善巧方便❾，接肅宗帝，蓋為他有八面受敵底手段。

「十身調御」者，則是十種他受用身❿。然法報化三身⓫，即法上現也。何故？教中道：「報化非真佛，亦非說法者；法身則一片虛凝，靈明寂照⓬。」

舉：太原孚上座說法身云：「忽若總認昭昭靈靈⓭，落在驢前馬後，須是打破業識⓮，無一絲毫，須猶只得一半。」古人道：「不起纖毫修學心，無相⓯光中常自在⓰。」礙塞⓱煞人。但識常寂⓲，莫認聲色；但識常靈，莫認妄想。所以道，假使鐵輪頂上旋⓳，定⓴慧㉑圓明㉒終不失。

二祖覓心了不可得，正當恁麼時，法身在什麼處？長沙云：「學道之人不識真㉓，只為從前認識神㉔；無量劫來生死㉕本，癡人喚作本來人㉖。」今時人認得箇昭昭靈靈，便瞠目努眼㉗、弄精魂，有甚麼交涉？他道：「莫認自己清淨法身。」且道那箇是自己清淨法身？你也未夢見在，更說什麼「莫認」？只如教家以法身為極則，為什麼卻不教他認自己法身？所以道：「認著依前還不是，咄！便棒。」

會得此意者，始會他道：「莫認自己清淨法身。」雪竇嫌他老婆心切，爭奈爛泥裡有刺㉘？

會得三玄路㉙，便會得者箇話，方有少分相應；直下打疊，教削跡㉚吞聲，猶是衲僧門下沙彌㉛行者見解在，更須回首塵勞㉜，繁興㉝大用始得。

【注釋】❶東宮　太子所居之宮，亦指太子。❷車輦　泛指各種車輛。❸一條脊梁骨硬如鐵　喻指南陽慧忠國師平時接引學人的手段非常剛烈。❹似爛泥相似　喻指南陽慧忠國師太慈悲，用言句來接引唐肅宗。❺卻有箇好處　意謂南陽慧忠的答語是透法身之句。❻圓成　成就圓滿。後轉指現成自然。❼一放一收　「一放」指後面的答語，「一收」指前面的答語。❽回互　指事物間相互涉入，相依相存，無所區別，相當於華嚴宗的理事無礙、事事無礙。❾善巧方便　善良巧妙之意。指佛菩薩教化眾生的方法巧妙。佛菩薩為適應眾生，而巧妙運用種種方法以救度之，這種方法，則稱之為善巧方便。❿他受用身　是佛的平等性智所示現的、化他的微妙淨功德身。佛以大慈悲而應十地菩薩的根性，示現十重相海，居住在純淨佛土，現身說法，令諸菩薩受大乘法樂。佛為初地菩薩所示現的形相為百葉臺上之身；為第二地菩薩所現者，為千葉臺上之身；乃至為第十地菩薩所現者，為不可說臺上之身；其一葉即三千大千世界。十地大菩薩歷三無數劫，修利他之行，滿足所證之色等化身；為眾生現種種形，說種種法，而受大法樂，稱為他受用身。此身有應身示現之義，故亦稱應身。⓫法報化三身　身即聚集之義，聚集諸法而成身，故理法的聚集稱為法身，智法的聚集稱為報身，功德法的聚集稱為化身。⓬寂照　寂，寂靜之意。照，照鑑之意。智的本體為空寂，有觀照的作用，即坐禪的當體、止觀。⓭昭昭靈靈　指意識分別鑑覺。⓮業識　謂依根本無明之惑而始動本心者，即指有情流轉的根本識。⓯無相　無形相之意。為「有相」的對稱。此即謂一切諸法無自性，本性為空，無形相可得，故稱為無相。⓰自在　即自由自在，隨心所欲，做任何事均無障礙。⓱礙塞　阻塞不通。⓲常寂　即指涅槃。常，無生滅之意。寂，無煩惱之意。⓳假使鐵輪頂上旋　喻指生死須臾之際。⓴定　令心專注於一對象，而達到不散亂的精神作用，或指其凝然寂靜的狀態。定可攝散澄神、摒除雜念，見性悟道。㉑慧　指推理、判斷事理的精神作用。慧能顯發本性，斷除煩惱，見諸佛實相。㉒圓明　謂徹底領悟。㉓真　真實。相對於假、俗、偽等義而言。最究竟者，稱為真。㉔

識神　為心識的主體，即指心。禪宗專指精神作用，即能起意識作用者。㉕生死　又作輪迴。謂依業因而在天、人、阿修羅、餓鬼、畜生、地獄等六道迷界中生死相續、永無窮盡之意。㉖本來人　指人們本來清淨的自性，與「本來身」、「本來面目」同義。㉗努眼　猶怒目。把眼睛張大，使眼球突出。㉘爛泥裡有刺　喻指南陽慧忠國師言中有意。㉙三玄路　洞山良价為接引學人而設的三種手段：㈠鳥道，鳥飛空中，其跡不存，取無蹤跡、斷消息，往來空寂處之意。㈡玄路，玄玄微妙之路。取離言語文字之意。即超越有無、迷悟等二見的空寂路。㈢展手，與垂手同義，不止向上一路，更係為人度生的化他門。前二者屬自受用門，後者則屬他受用門。㉚削跡　消蹤匿跡。㉛沙彌　指佛教僧團（即僧伽）中，已受十戒，未受具足戒，年齡在七歲以上、未滿二十歲的出家男子。㉜塵勞　為煩惱的異稱。因煩惱能染污心，猶如塵垢使身心勞憊。㉝繁興　興起甚多。

【語　譯】圜悟克勤評唱：當唐肅宗還是太子的時候，就已經在南陽慧忠國師那裡參學，後來即位做了皇帝，對南陽慧忠國師更加禮敬。當南陽慧忠國師進出皇宮的時候，都要親自跟隨在國師的車輛後面迎送，大臣們對此感到很不高興。南陽慧忠國師神心通明，於是上奏道：「我在天帝釋面前，看見粟散天子，如同閃電一樣。」有一天，唐肅宗問：「什麼是十身調御佛？」南陽慧忠國師說：「請施主踩在毗盧佛的頭頂上行走。」

南陽慧忠國師生來一條脊梁骨硬得像鐵一樣，可是他在帝王面前卻很慈悲。他的答語雖然很仔細，卻有個好處。如果要明白的話，施主就應該「踩在毗盧佛的頭頂上行走」才行。唐肅宗並不明白，只好回答說：「我不懂。」南陽慧忠國師後面這句答話說得更加露骨，為前面那句答話做注釋說：「你不要只認得自己的清淨法身。」這個法身，人人具足，個個現成。看他南陽慧忠國師一放一收，八面玲瓏。

常言道：「善於接引學人的禪師，要能應機施教，看風使帆。如果僻守一隅，那怎麼能相互聯繫、相互依存呢？」譬如黃檗希運接引臨濟義玄就是三頓痛打；可是後來接引裴休宰相的時候，言句又顯得非常之多，這難道能說他是一位不善於接引學人的禪師嗎？南陽慧忠國師用善巧方便的方法接引唐肅宗，就是因為他具有八面受敵、收放自如的手段。

所謂「十身調御」，指的是十種「他受用身」。不過法身、報身、化身都是在法身上顯現。為什麼這樣說呢？因為經教家說：「報身、化身並不是真佛，也不是說法者；法身則是一片虛凝，靈明寂照。」

舉說公案：太原孚上座解釋法身的時候說：「如果你們各位只是認得分別意識的境界，那就像跟在驢前馬後奔跑的奴僕一樣，失去了把握自己的主動權。即使你打破了業識，達到了無一絲一毫可得的境地，還只能說是只有一半而已。」從前的禪師說：「不起纖毫修學心，無相光中常自在。」分別意識的境界把人覺悟的道路阻住了。！所以你們只可認取涅槃真心，不要認取外界的聲色；只可認取靈知，不可認取妄想。所以說，即使鐵輪在頭上旋轉，定慧圓明之心始終不會改變。

二祖慧可一直找不到自己的心，就在這個時候，法身在什麼地方？長沙景岑說：「參禪的人之所以不認識自己的本來面目，就是因為從前只把識神認作是本來面目；識神是無量劫來生死輪迴的根源，愚昧無知的人卻把它叫做是本來人。」現在的人往往僅僅認得一個分別意識的境地，便睜大眼睛，故弄玄虛，這樣做和參禪問道有什麼關係？南陽慧忠國師說：「你不要只認得自己清淨的法身。」你來說說看，哪個是自己的清淨法身？我看你們這些人連做夢都沒夢見過，還奢談什麼「不要只認得自己的清淨法身」？經教家認為清淨法身是最高準則，為什麼禪家卻不讓人只認得自己的清淨法身？所以說：「就算認得了，仍舊不是，咄！還得再吃棒。」你如果明白了這個意思，也就能明白南陽慧忠國師所說的「不要只認取自己的清淨法身」這句話的意思。雪竇重顯嫌南陽慧忠國師像老婆婆一樣慈悲心切，怎知他的言句中有機鋒。

明白了洞山三路，也就能明白這個話頭，才能有少許相應；否則即使你當場能收拾得乾乾淨淨，無跡可尋，也只能算是禪宗僧人門下還未剃度的小沙彌的見解而已，還得再回到塵勞之中，才能得到更多的大用自在。

頌

一國之師亦強名❶，（何必空花❷水月❸！風過樹頭搖❹。）

南陽獨許振嘉聲❺。（果然坐斷要津❻，千箇萬箇中，難得一箇半箇。）
大唐扶得真天子❼，（可憐❽生！接堪作何用？接得瞎衲僧，濟什麼事？）
曾踏毗盧頂上行。（一切人不恁麼，直得天上天下，上座作麼生踏？）

又頌：

鐵鎚擊碎黃金骨❾，（暢快❿平生，已在言前。）
天地之間更何物？（茫茫四海⓫，知音者少。全身擔荷，撒沙撒土。）
三千剎海夜澄澄⓬，（高著眼，把定疆封⓭，你待入鬼窟裡去那。）
不知誰入蒼龍窟？（三十棒一棒少不得，拈了也，還會麼？過也！咄。）

【注釋】❶一國之師亦強名　意謂本來離名相，這國師不過是虛名。強名，勉強稱作。❷空花　指空中之花。空中原無花，然眼有疾病者因眼中有翳，常在空中妄見幻化之花。比喻本無實體的境界，由於妄見而起錯覺，以為實有。❸水月　水中月影，喻指妄想和假相。❹風過樹頭搖　喻指名無主宰。❺南陽獨許振嘉聲　謂南陽慧忠在唐肅宗、唐代宗兩朝為國師，德行、盛名振大唐。嘉聲，美好的聲譽。❻果然坐斷要津　喻指南陽慧忠作帝師，無人可比。❼真天子　謂唐肅宗棲心於禪法，不像梁武帝那樣虛偽。❽可憐　可愛。❾黃金骨　猶仙骨。這裡指唐肅宗所認的「十身」。❿暢快　舒暢快樂。⓫四海　猶言天下，全國各處。⓬三千剎海夜澄澄　頌本地風光深寂之致。三千，泛指一切萬法的總稱。剎海，全稱剎土大海。指十方世界而言。俗稱為宇宙。澄澄，清澈明潔貌。⓭把定疆封　意謂一片凝寂的區域，故不容他物。

【語譯】雪竇重顯頌古：一國之師亦強名，（何必要這虛名，就像空花水月一樣。風吹過後大樹搖。）南陽獨許振嘉聲。（果然天下第一，在一千個一萬個僧人當中，也找不到一個半個像南陽慧忠這樣的人。）大唐扶得真天子，（唐肅宗實在是太可愛了！接引了又能派什麼用場？接得法眼不明的禪宗僧人，能管什麼用？）曾踏毗盧頂上行。（所有的人都不這樣做，弄得天上天下無一不是毗盧真土，你們各位試著踏踏看？）又頌：鐵鎚擊碎黃金骨，（一生痛快，還在雪竇重顯頌之前，南陽慧忠就已經擊碎了。）天地之間更何物？（茫茫神州大地，知音甚少。全身承擔，雪竇重顯這樣頌是在撒沙撒土。）三千剎海夜澄澄，（不可等閒視之，牢牢守住邊界，不讓他人進入，你還想到鬼窩裡去嗎？）不知誰入蒼龍窟？（痛打三十棒，一棒也不能少，拈提過了，你們還明白雪竇重顯的用意嗎？過去了，咄！）

評唱

「一國之師亦強名，南陽獨許振嘉聲。」此頌一似箇真讚❶。不見道：「至人❷無名，喚作國師亦是強名。」國師之道，不可比倫❸，他善能恁麼接人。獨許南陽是箇作家。

「大唐扶得真天子，曾踏毗盧頂上行。」若是具眼衲僧眼腦❹，須是向「毗盧頂上行」，方見此「十身調御」。佛號為「調御❺」，是十號❻之一數。一身化十身、十身化百身、百身化千身萬億身，亦復如是，大綱只是十身。者一頌卻易說。

後頌他道：「莫認自己清淨法身」。頌得水洒不著，最難說。

又頌：「鐵鎚擊碎黃金骨」，此頌「莫認自己清淨法身」。雪竇忒煞讚歎他，

「黃金骨」一鎚擊碎了也。天地之間，更有何物？直須淨裸裸，赤洒洒地，無一物可得，乃是本地風光，一似「三千剎海夜澄澄」，三千大千世界，諸香水海❼中，有無邊剎，一剎有一海。正當夜靜更深❽時，天地一時澄寂❾，切忌作閉眼合目會。若與麼會，正墮在毒海。

「不知誰入蒼龍窟」，展縮❿腳手，且道是誰？諸人鼻孔，一時被雪竇穿卻了也。

【注釋】❶真讚　對人物畫像的讚語。❷至人　指達到無我境界的人。❸比倫　比並；匹敵。❹眼腦　眼睛。❺調御　即調御丈夫，佛十號之一。佛能教化引導一切可度者，故稱。❻十號　佛的十種名號。即：如來、應供、正遍知、明行足、善逝、世間解、無上士、調御丈夫、天人師、佛世尊。❼香水海　即注滿香水的大海。據佛教傳說，世界有九山八海，中央是須彌山，其周圍為八山八海所圍繞。除第八海為鹹水外，其他皆為八功德水，有清香之德，故稱香水海。❽更深　夜深。❾澄寂　清靜；靜寂。❿展縮　伸縮。

【語譯】圜悟克勤評唱：「一國之師亦強名，南陽獨許振嘉聲。」這句頌詞就像是南陽慧忠國師畫像的讚語。有人說：「超凡脫俗的人不追求名聲，叫作國師也是虛名。」南陽慧忠國師的禪法無與倫比，他善於這樣接引世人。雪竇重顯特別稱讚南陽慧忠是參禪的行家高手。

「大唐扶得真天子，曾踏毗盧頂上行。」你如果是一個具備法眼的禪宗僧人，就應該到毗盧佛的頭頂上行走，這樣才能明白什麼是「十身調御佛」。「調御」是佛祖的十種名號之一。佛祖能夠把一種法身變成十種法身，十種法身變成一百種法身，一百種法身變成一千種法身，一萬億種法身，乃至無數種法身。而百千億種法身歸根到底又是十種法身。所以這首頌古容易解說。後面這首頌古是在頌南陽慧忠說的「不要只認得自己的清淨法身」。頌得水潑不進，最難解說。

「鐵鎚擊碎黃金骨」，這句頌「不要只認得自己的清淨法身」。雪竇重顯特別讚歎南陽慧忠一鎚就擊碎了「黃金骨」，天地之間，還會有什麼東西呢？一位參禪者只要能夠做到一絲不掛，一塵不著，無一物可得，那就是本地風光。這就像「三千剎海夜澄澄」，也就是說，在三千大千世界、各香水海之中，有無數的世界，每一世界之中有一座海。正當夜深人靜的時候，天地一齊澄寂，千萬不要當作閉目合眼來理解。你如果這樣理解，正好是墮入了毒海。

「不知誰入蒼龍窟」，伸縮手腳？你來說說看，到底是誰？各位的鼻孔，全都被雪竇重顯穿住了。

【說　明】南陽慧忠所謂「踏毗盧頂上行」，不論是超越客觀意義上的佛身，還是超越主觀意義上的法身，都表達了他那企圖擺脫傳統佛教的種種束縛、要求得到更多的個人自由的志向。

雪竇重顯對這則公案作了兩首頌古。第一首頌道：「一國之師亦強名，南陽獨許振嘉聲。」意謂「國師」不過是外人所強加的名號，南陽慧忠國師最善於接引學人。「大唐扶得真天子，曾踏毗盧頂上行。」意謂一定要向毗盧頂上行，才能見到這「十身調御佛」。

有了法身的觀念，又容易執著，於是雪竇重顯又作了第二首頌古：「鐵鎚擊碎黃金骨，天地之間更何物？」南陽慧忠國師一鎚擊碎了唐肅宗珍貴得如同黃金骨一樣的清淨法身意念，到了無一物可得的境地時，就像「三千剎海夜澄澄」，這是一幅廣袤無垠、寧靜澄澈的境界。至此一定要有進入蒼龍窟探取驪龍寶珠的大機大用，這才是清淨法身。「不知誰入蒼龍窟」，暗示出對此清淨法身不可執著。

第一百則 巴陵毛劍

【題 解】吹毛劍，指鋒利之劍，毛髮放在劍刃上，輕輕一吹即可斷為二截；就心性而言，吹毛劍喻指般若智劍的作用，能照破萬象，截斷乾坤。巴陵顥鑒的答語，意謂滌盡無明妄念而心地光明之時，猶如珊瑚枝，一一撐映天邊之月，八面玲瓏，顯示出光境雙亡雙收的運用自如，寓有頭頭物物都是吹毛劍之意。其言外之意，就是更須看取人人具足、個個圓成的般若自性。

示眾

收因結果❶，盡始盡終；對眾無私，元不曾說。忽若有箇出來道：「一夏請益，為什麼不曾說？」只向伊道：「待你悟了，即向你道❷。」為復當面諱❸卻？為復別有長處？舉看。

舉

僧問巴陵：「如何是吹毛劍？」（斬！嶮。）

陵云：「珊瑚枝枝撐著月。」（光吞萬象。）

【注 釋】❶收因結果 謂了卻前緣，得到結果。❷待你悟了二句 意謂悟了之後就會明白不說之意。❸諱 隱諱；隱瞞。

【語 譯】圜悟克勤開示：前有因緣，則必有相對的後果，這是天地之間始終不變的規律；面對僧眾不存私心，卻又從來不曾說過。如果有一個人走出來問：「整個夏天都有人來向你請教禪法，你為什麼不曾說過一句話呢？」我只對他說：「等你開悟了，我才告訴你。」這是當面避而不談呢？還是別有長處呢？我試舉一則公案給你們看看。

舉說公案：有一位僧人問巴陵顥鑒：「什麼是吹毛劍？」（斬！險。）巴陵顥鑒回答說：「珊瑚枝枝撐著月。」（月光包含了一切事物和現象。）

評唱

僧問：「如何是吹毛劍？」陵云：「珊瑚枝枝撐著月。」四海五湖多少人，不動干戈❶，舌頭落地❷？雲門接人如此，他是雲門的子，亦各具箇作略。古人云：「我要❸韶陽三月裡，鷓鴣啼處百花新。」者話正是恁麼地，於一句中自然具三句，不妨奇特。

遠錄公云：「未透底人，參句不如參意；透得底人，參意不如參句。」雲門下有三尊宿，答此話俱云「了」，唯有巴陵答得過於「了」字，此乃得句❹也。且道，「了」字與「珊瑚枝枝撐著月」，是同是別？前來道：「三句可辨，一鏃遼空。」要會此話，須是絕情塵意想，淨盡方見得。

他道：「珊瑚枝枝撐著月。」你若作道理，即摸索不著。此是禪月〈答友人詩〉曰：「厚似鐵圍山上鐵❺，薄似雙成仙體纈❻；蜀機鳳雛動蹴蹩❼，珊瑚枝枝撐著月❽。王凱家中藏難掘❾，顏回飢漢愁天雪❿；古檜筆直雪不折⓫，雪衣石女蟠桃玦⓬。佩入龍宮步遲遲⓭，繡簾銀簟何參差⓮！驪龍失珠⓯知不知？」巴陵於句中，取一句答此話。「吹毛劍」只是快利，刃上吹毛試之，其毛自斷，謂之「吹毛劍」也。巴陵只就他問處便答，者僧頭落了不知！

【注　釋】❶干戈　干和戈是古代常用武器，因以「干戈」用作兵器的通稱。這裡喻指言句。❷舌頭落地　意謂出言句不得。❸要　想；希望。❹得句　謂覓得佳句。❺厚似鐵圍山上鐵　意謂友人受天機之厚。鐵圍山，佛教的世界觀以須彌山為中心，其周圍共有八山八海圍繞，最外側為鐵所成之山，稱鐵圍山。即圍繞須彌四洲外海之山。❻薄似雙成仙體纈　與前句一起稱讚友人的全才。雙成，即董雙成。神話中西王母的侍女名。纈，染有彩紋的絲織品。❼蜀機鳳雛動蹴蹩　謂友人衣錦文，寬步處，不是凡庸之人。蜀機，代指蜀錦，原指四川生產的彩錦。後亦為織法似蜀的各地所產之錦的通稱。多用染色熟絲織成，色彩鮮豔，質地堅韌。鳳雛，比喻俊傑。蹴蹩，慢慢行走的樣子。❽珊瑚枝枝撐著月　喻指友人有文才。❾王凱家中藏難掘　謂王凱家中珍藏難得。王凱，又作王愷，晉人，為當時巨富。❿顏回飢漢愁天雪　借顏回饑寒交迫之事喻指友人懷才不遇。顏回，孔子弟子，窮居陋巷，簞食瓢飲。⓫古檜筆直雪不折　讚美友人筆力之健。檜，木名，常綠喬木，木材細緻堅實。⓬雪衣石女蟠桃玦　述人品不凡。雪衣石女，白鸚鵡。蟠桃，神話中的仙桃。玦，古時佩帶的玉器，環形。⓭佩入龍宮步遲遲　謂佩玉環入龍宮之狀。遲遲，慢步行走的樣子。⓮繡簾銀簟何參差　謂光麗文雅之質，如同繡簾銀簟互相映襯。簟，供坐臥鋪墊用的葦席或竹席。何，副詞。多麼。表示感歎。⓯驪龍失珠　喻指自己從此失去好友。驪龍，黑龍。

【語　譯】圜悟克勤評唱：有一位僧人問：「什麼是吹毛劍？」巴陵顥鑒回答說：「珊瑚枝枝撐著月。」他的機鋒十分快利，不用多少言句，天下的人就好像被他截斷了舌頭一樣說不出話來。雲門文偃接引學人都是這樣，巴陵顥鑒是雲門文偃的嗣法弟子，也同樣具有雲門文偃的機鋒。從前的禪師說：「我料想在韶陽的暮春三月，鷓鴣啼叫之處，百花盛開。」在這則公案中，巴陵顥鑒的這句答話正是與雲門文偃的禪機一樣，在一句之中自然具備三句，回答得非常奇特。

浮山法遠說：「還未大徹大悟的人，參言句不如參禪意；大徹大悟之後的人，參禪意不如參言句。」雲門文偃的門下有三位老禪師，他們在回答「什麼是吹毛劍」這句話時都說「了」，只有巴陵顥鑒的答語超過「了」字，這就是從他人詩句之中得來的佳句。你來評評看，「了」字和「珊瑚枝枝撐著月」相比，到底是一樣還是不一樣呢？前面他曾經說過：「三句可分辨，一隻箭頭橫穿天空。」你如果想明白這句話的意思，必須把一切情塵意想斷除得一乾二淨，才能明白。

巴陵顥鑒說：「珊瑚枝枝撐著月。」對於這句話的旨意，如果你推理尋思反而摸索不著。這句話出自禪月貫休的〈答友人詩〉：「厚似鐵圍山上鐵，薄似雙成仙體縭；蜀機鳳雛動蹶甃，珊瑚枝枝撐著月。王凱家中藏難掘，顏回飢漢愁天雪；古檜筆直雪不折，雪衣石女蟠桃玦。佩入龍宮步遲遲，繡簾銀簟何參差！驪龍失珠知不知？」巴陵顥鑒摘取詩中的「珊瑚枝枝撐著月」這句話來回答那位僧人。「吹毛劍」是一種十分鋒利的劍，拿著幾根毛髮放在劍刃上，呼口氣一吹，毛髮便斷了，這樣鋒利的劍就叫做「吹毛劍」。巴陵顥鑒只是針對那位僧人的問題來回答，而那位僧人的腦袋落地了，他自己還不知道！

頌

要平不平，（細若芙蕖❶，大丈夫須是恁麼。）
大巧若拙❷；（不動聲色❸，藏身露影。）
或指或掌，（看，果然是者箇不是。）

倚天❹照雪❺。（斬！覷著即郎當❻。）

大冶❼兮磨礱❽不下，（更用煅煉作什麼？千兵易得，一將難求。）

良工兮拂拭未歇❾。（人莫能行❿，直饒干將⓫出來，也須倒退。）

別，別⓬，（咄！有什麼別⓭？）

「珊瑚枝枝撐著月」。（光吞萬象。）

【注　釋】❶芙渠　荷花的別名。❷大巧若拙　謂真正靈巧的人，不自炫耀，外似笨拙。❸不動聲色　不說話，不流露感情。形容神態鎮靜。❹倚天　靠著天。形容極高。❺照雪　謂寶劍輝耀如雪光。❻郎當　疲軟無力貌。❼大冶　古稱技術精湛的鑄造金屬器的工匠。❽磨礱　磨治；磨練。❾良工兮拂拭未歇　意謂即使良工拂拭，還是無法見其刃光。良工，古代泛稱技藝高超的人。拂拭，撣拂；揩擦。❿人莫能行　意謂一行走就要喪失性命。⓫干將　相傳春秋吳有干將、莫邪夫婦善鑄劍，為闔閭鑄陰陽劍，陽曰「干將」，陰曰「莫邪」。干將藏陽劍獻陰劍。吳王視為重寶。⓬別別　特別之意。稱讚巴陵顯鑒的答語。⓭有什麼別　意謂原是一相。

【語　譯】雪竇重顯頌古：要平不平，（劍光細如荷葉，男子漢大丈夫就應該這樣。）大巧若拙；（不動聲色，藏起身子，露出影子。）或指或掌，（看，認指為劍，果然不對。）倚天照雪。（斬！一看見這劍就要敗下陣來。）大冶兮磨礱不下，（這樣的劍還要錘煉幹什麼？千兵易得，一將難求。）良工兮拂拭未歇。（人不能行走，即使干將出世，看見這把劍也要往後退。）別，別，（咄！有什麼特別？）珊瑚枝枝撐著月。（月光吞萬象。）

評唱

「要平不平」，古有俠客❶，路見不平，以強凌弱，則飛劍取強者頭，以謝❷不平者，所以按劍❸。宗師家，眉藏寶劍，袖掛金鎚❹，以斷不平之事。

「大巧若拙」，巴陵答處，正要平不平之事，為他語忒煞❺傷❻巧，返成拙相似。何故？為他不當面揮來，卻去僻地裡，一截暗取人頭，而人總不覺。

「或指或掌，倚天照雪。」會得則如倚天長劍，凜凜威風。古人道：「心月孤圓，光吞萬象。光非照境，境亦非存。光境俱忘，復是何物？」此寶劍忽現在指頭，或現在掌上❼。慶藏主說到者裡，豎手云：「還會麼？」不必在手指上。雪竇借路經過，教你見古人意。且道，一切處不可不是吹毛劍也。如「三級浪高魚化龍，癡人猶戽夜塘水。」

赤眉干將鏌鎁劍，雪竇道：「此劍能倚天照雪」。尋常道，「倚天長劍，光能照雪。」者些子用處，直得「大冶兮磨礱不下」，任是良工，亦只「拂拭未歇」。良工，即如干將等是也。故事中也自說。雪竇頌了，末後顯出巴陵。

「別，別」，不妨奇特，別有好處，與尋常劍不同。且道，什麼處是別處？

「珊瑚枝枝撐著月」，可謂光前絕後、獨據寰中，更無等匹。畢竟如何？諸人頭落了也！

佛果拈畢乃成一頌：

萬斛❽盈舟信手拏，卻因一粒甕吞蛇❾。

拈提百轉舊公案，撒卻時人幾眼沙？

【注　釋】❶俠客　舊稱急人之難、出言必信、抑弱扶強的豪俠之士。❷謝　告慰。❸按劍　以手撫劍。預示擊劍之勢。❹眉藏寶劍二句　寶劍、金鎚，喻指智見。❺忒煞　太；過分。❻傷　太；過度。❼此寶劍忽現在指頭二句　喻指無固定所在，活潑潑地。❽萬斛　極言容量之多。古代以十斗為一斛。這裡用萬斛米養人生命比喻萬千公案續人慧命。❾卻因一粒甕吞蛇　謂蛇貪甕中一粒米而落入甕中出不來，言外之意人人本具一粒。

【語　譯】圜悟克勤評唱：「要平不平」，這句話的意思是說，古時候的俠義之士，往往是路見不平，拔刀相助。當他看見強者欺凌弱者的場合，往往飛劍取下強者的腦袋，以告慰受到欺凌的弱者，所以時時刻刻用手握住劍。禪門的大宗師，眉宇之間暗藏寶劍，衣袖之中掛著金鎚，以判斷不公正的事情。

「大巧若拙」，巴陵顥鑒的回答就是要使那不公正的事情歸於公正，因為他的話說得太巧妙了，反而顯得大巧若拙。為什麼這樣說呢？因為他不是當面把劍揮舞過來，而是暗地裡一截，斷取人頭，別人倒是不知不覺。

「或指或掌，倚天照雪。」這是說，悟道的人就像倚天長劍，威風凜凜。從前的禪師說：「心月孤圓，光吞萬象，光不照境，境亦不存，光境俱忘，又是何物？」這寶劍有時出現在手指上，有時出現在手掌中。慶藏院主說到這裡，豎起手說：「還明白嗎？」其實不一定就在手指上。雪竇重顯借用這句話讓你們能夠明白從前禪師的用意。你來說說看，一切地方無一不是吹毛劍。如果認為手指、手掌就是寶劍，那就如同「三級浪高魚化龍，癡人猶戽夜塘水」。

赤眉干將鏌鋣劍。雪竇重顯說：「這吹毛劍能倚天照雪。」平常說：「倚天長劍，光能照雪。」這點用處，也要弄得「大冶兮磨礱不下」，即使是技藝高超的工匠，也只是「拂拭未歇」。所謂良工，就是像干將這樣的人。干將鑄劍的故事把意思都表露無遺了。雪竇重顯頌完之後，最後又把巴陵顥鑒的答語顯示出來。「別，別」，這是在說吹毛劍非常奇特，別有好處，和普通的劍不一樣。你來說說看，什麼地方是特別之處呢？

「珊瑚枝枝撐著月」，這句話真稱得上是空前絕後，獨步天下，無與倫比。這到底是怎麼一回事呢？依我看來，你們各位的腦袋一碰到這把吹毛劍，個個都要人頭落地啊！

佛果克勤拈說完畢，又作了一首頌：

萬斛盈舟信手拏，卻因一粒甕吞蛇。

拈提百轉舊公案，撒卻時人幾眼沙？

【說　明】吹毛劍象徵著每個人都本來具備的般若智慧與卓見，是臨濟喝、德山棒中閃爍出來的禪。但巴陵顥鑒是雲門文偃的嗣法弟子，對禪法的表達自然與臨濟義玄、德山宣鑒不一樣。雲門宗注重「紅旗閃爍」般高雅的宗風，講究「言句的妙祕」，所以巴陵顥鑒就驚人地道出了一句「珊瑚枝枝撐著月」。如果想知道其中的奧妙，只須參照「銀碗裡盛雪」的公案，就可以看出：珊瑚枝、銀碗、雪、月，都是雲門宗高雅宗風的象徵物。

圜悟克勤的評唱，時而用詩詞韻語，時而用白話方言，機鋒禪語，直指暗喻，都是為了說明「珊瑚枝枝撐著月」那種光吞萬象、函蓋乾坤的含義。

雪竇重顯的頌古形象地描繪了吹毛劍的神奇妙用。「要平不平」，意指吹毛劍能把分別妄念斬成兩段。「大巧若拙」，意指巴陵顥鑒的答語達到了爐火純青的地步，卻毫無標新立異的痕跡。「或指或掌，倚天照雪。」

吹毛劍或出現在手指上，或出現在手掌上，有吹毛立斷的妙用，有倚天照雪的神采。「大冶兮磨礱不下，良工兮拂拭未歇。」意謂吹毛劍（實為自性劍、般若智慧劍）天生鋒利，與人間的良劍大不相同，良工巧匠打造不出來。「別，別」二字，又引向巴陵顥鑒的答語所表達的高遠神妙的境界中來。「珊瑚枝枝撐著月」，澄澈空靈，不盡之意，溢於言表。